探検家ヘディンと京都大学

残された60枚の模写が語るもの

田中和子[編]
佐藤兼永[撮影]

京都大学学術出版会

まえがき

　本書は、2015年から2017年の3年間にわたる、日本学術振興会科学研究費助成事業「新発見絵画資料による近代日本の学術史とスウェン・ヘディンに関する多分野横断的研究」での成果をもとにしたものである。

　そもそもの始まりは、2014年初頭、田中が地理学教室の資料整理をしているおりに、「中央アジア　地形風俗　模寫」と墨書きされた、煤けて汚れた封筒の中から、おどろくほど鮮やかな絵が出てきたことであった。厚紙の間に挟まれたものも合わせると、水彩画やペン画、鉛筆画など60枚あり、それらには、山々や寺院や人々の様子が活き活きと描かれていた。「これらの絵は何なのか？」という疑問とそれを明らかにしたいと思わせる絵の魅力に背中を押されて予備的な調査を始め、共同研究に発展させることができた。この間の経緯については、第Ⅰ編の序「百年前の模写に描かれていたチベット、そしてヘディンへの追走」（池田巧）と第Ⅱ編に収めたコラム「ヘディンの具足」（田中和子）をお読みいただきたい。

　共同研究に参加したのは、京都大学の文学研究科の松田素二（社会人間学）、木津祐子（中国語学・中国文献学）、水野一晴（自然地理学）ならびに田中（人文地理学）、人文科学研究所の池田巧（シナ＝チベット語方言史）のほか、京都市立美術館に勤務されていた平野重光（近代美術史）、スウェーデンのヘディン財団のホーカン・ヴォルケスト（人類学・探検史）の各氏であった。「なんだか面白そう」と集まってくれたメンバーではあるが、それぞれの研究分野は異なり、関心の焦点も、ヘディン、チベット、異文化、絵、小川琢治などさまざまで、まさに分野横断的な顔ぶれであった。

　京都での研究会やストックホルムでの調査、チベット踏査を踏まえて、2016年12月にシンポジウム（文学研究科主催）、さらに2017年12月には展覧会（文学研究科主催・スウェーデン大使館後援）を開催することができた。本書は、こうした一連の研究活動の総括でもある。研究会には、金子民雄（ヘディン研究）や白須淨眞（内陸アジア近代探検史）、高本康子（比較文化論・日本近代史）、佐藤兼永（写真家）などの諸氏をお招きして、お話しいただいた。出版を企画する段階で、探検への関心から山極壽一（京都大学総長、霊長類学）、ヘディンの見学先の1つである四天王寺に縁の深い出口康夫（文学研究科、哲学）のお二人にも加わっていただくことができた。また、展覧会については、平野とヴォルケストの両氏に、準備から開催に至るまでご尽力いただいた。

　本書は、第Ⅰ編「図録——残された模写とヘディンの原画、現代のチベット」と第Ⅱ編「報告集——近代日本とヘディンの

チベット探検」とから構成される。第Ⅰ編は写真・絵画が中心となる。ヘディンによる原画と関西美術院の画学生たちによる模写と現地写真を組み合わせて、1世紀前にヘディンが描いたチベットと現在のチベットを対比させ、それらに解説を加えている（池田・佐藤）。さらに、自身のチベット体験とヘディンの見聞についてのコラム（水野）を収める。第Ⅱ編は論文集である。探検大学の源流（山極）から始まり、1908年のヘディン来訪ならびに模写の作成（田中）、チベットをめぐる近代国際政治の状況（白須）と日本人のチベット観（高本）、探検と異文化表象（松田）、芸術・地図・写真に関するヘディンの技量と特質（ヴォルケスト）、ヘディンと漢籍（木津・田中）といった論考のほか、画学生たちの模写（平野）と四天王寺の大釣鐘（出口）のコラムを収録する。

　ヘディンが来日し、京都を訪れたのは1908年冬のことであった。世界的な探検家を迎え、最新のチベット情報に触れる人々の興奮や高揚感は、どれほどのものだったろうか。4人の若い画学生たちは、チベットを描いたヘディンの原画を模写しながら何を思っただろうか。ヘディンの訪問は、さまざまな学術や芸術の分野の人々に大きなインパクトを与えたはずである。ヘディンもまた、初めて滞在した京都から大きな刺激を受けたであろう。1908年、ヘディンの来訪が引き起こした多くの出会いと交流は、未知のものへの強い好奇心や、新しい活動につながるエネルギーをかきたてる力を持っていたかもしれない。20世紀初頭の京都で生まれた邂逅と交流には、21世紀の今にも通ずる意義と魅力がある。

　2014年に発見されたヘディン原画の模写は、京都以外の地では作成されていないという点で、ユニークかつ奇妙で、好奇心をそそられる素材である。こうした模写もヘディン来訪による産物である。他方、模写の発見をきっかけに共同研究が企画・実行され、その成果として本書が刊行されるのは、1世紀前にヘディンが京都に残した遺産の今日的な結実かもしれない。

　わたしたちの共同研究と本書の出版には、多くの方々から多大な協力をいただいた。ヘディン財団には多数の画像の使用を認めていただいた。本書の編集と出版に際しては、京都大学出版会の鈴木哲也氏と永野祥子氏、デザイナーの森華氏の大きな助力をいただいた。すべての方々に心から感謝の言葉をお伝えしたい。

2018年1月
京都大学大学院文学研究科　　田中和子

Contents

まえがき　[田中和子]

ヘディンの探検ルートとキャンプ地（1906-1908年）／凡例

第 I 編　図　録 —— 残された模写とヘディンの原画、現代のチベット

[池田　巧／佐藤兼永（撮影）]

序章　百年前の模写に描かれていたチベット、そしてヘディンへの追走 …………………………………… 8

1章　タシルンポ大僧院 ………………………………………………………………………………………………… 14

2章　シガツェの人々 …………………………………………………………………………………………………… 50

3章　トランスヒマラヤ ………………………………………………………………………………………………… 64

4章　チベット人 …… 72

5章　チベットの寺と僧院 …………………………………………………………………………………………… 116

模写60点とそれらの原画およびヘディンによる著作中の挿絵等の対応リスト　140

【コラム】ヘディンの見たチベットと私の見た「チベット」　[水野一晴]　146

第 II 編　報告集 —— 近代日本とヘディンのチベット探検

第一部　探検家ヘディンの京都訪問

1章　探検大学の源流　[山極壽一] …………………………………………………………………………… 155

2章　1908年、京都におけるヘディン歓迎行事とその特質 —— 京都帝国大学と文科大学と東洋学　[田中和子] ………… 158

3章　ヘディンによる京都滞在の遺産 —— 京都大学に残されたヘディン原画の模写　[田中和子] …………… 170

【コラム】ヘディンは大阪で何を見たのか：鳴らずの釣鐘異聞　[出口康夫]　179

第二部　20世紀の政治・社会・科学とヘディン

4章　20世紀初頭の国際政治社会と日本 —— 大谷光瑞とスヴェン・ヘディンとの関係を中心として　[白須淨眞] ………… 183

5章　ヘディン・インパクト —— 近現代日本人の「ヘディン」　[高本康子] …………………………………… 196

6章　探検・科学・異文化理解 —— ヘディンの軌跡を通して考える　[松田素二] ………………………… 205

【コラム】ヘディンの具足　[田中和子]　218

第三部　芸術・学術におけるヘディン

7章　芸術家ならびに写真家としてのスウェン・ヘディン
　　　——19世紀と20世紀における絵と地図にかかわる技法の拡張
　　　　　　　　　　　　　　　　　　　［ホーカン・ヴォルケスト／田中和子（訳）］……221

8章　ヘディンと漢籍　［木津祐子／田中和子］………………………………………………237

【コラム】ヘディンの「中央アジア　地形　風俗」画の模写を見て　［平野重光］　249

付録1　ブラマプトラとサトレジの水源に関する『水道提綱』の記述を引用した"Southern Tibet"のテキストおよび和訳　［田中和子（訳）］　254

付録2　齊召南著『水道提綱』巻二十二　訳注　［木津祐子（訳）］　266

付表　ブラマプトラとサトレジの水源域の記述にかかわる地名一覧表　271

付図　ブラマプトラとサトレジの水源域の水系と山岳　276

索引　277

執筆者一覧　279

ヘディンの探検ルートとキャンプ地（1906-1908年）
—— 模写60点に記載されたメモなどから描かれた場所が特定できる箇所を示す

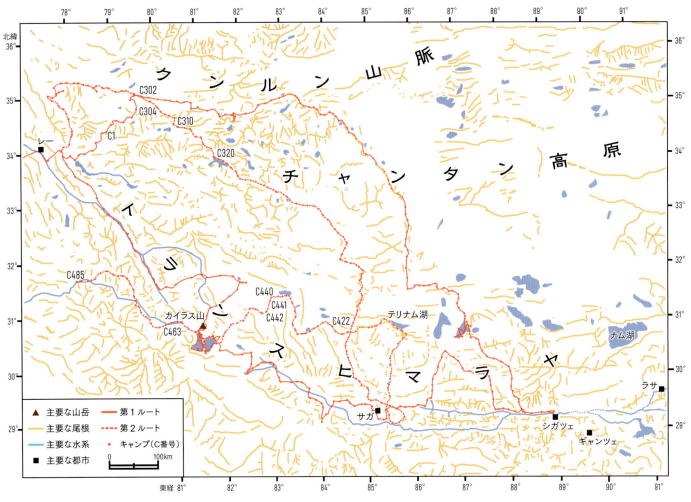

[地名表記の参考文献] (1) Map of Tibet showing Sven Hedin's Routes 1906-1908 in Hedin, S., 1910, *Trans-Himalaya*, Vol.II. (2)「スウェン・ヘディン中央アジア探検総覧図」(青木秀男[訳]『トランスヒマラヤ』上(ヘディン中央アジア探検紀行全集4、白水社、1965年)内表紙。(3)『世界大地図帳　七訂版』2015年、平凡社。(4)『タイムズ世界地図帳　第13版』2011年、Times Books Group Ltd.（日本版：雄松堂書店）

[作成：田中和子]

凡例——第Ⅰ編の記述について

— 本書[本稿]では、チベットを示す固有名詞の場合には〈藏〉の文字を用いて区別した。

— 現代中国語による翻訳あるいは音写の漢字は〈　〉で括り、表記は日本の常用漢字を用いた。

— ヘディン自身による解説の引用は《　》で括って示し、引用元は以下のように略記する。
　as Artist …… SVEN HEDIN AS ARTIST (1964) 日本語訳は引用者による。
　Trans-Himalaya …… *Trans-Himalaya* (1909) Ⅰ; (1910) Ⅱ; (1913) Ⅲ. 日本語訳は引用者による。

『素描画集』……金子民雄[訳]『ヘディン素描画集』白水社 (1980)

『トランスヒマラヤ』……青木秀男[訳]『トランスヒマラヤ』上／下. 白水社 (1965/1979/1988)

— 歴代のパンチェン・ラマの称号は、今日では初代から遡って追贈された3代を加えて「〜世」と呼ぶのが一般的だが、ヘディンは追贈者を省いた「第〜代」という呼びかたをしている。便宜的に本書では「第6代パンチェン・ラマ(＝九世)」のように表記した。

— チベット語の引用は、カタカナによる近似の発音／チベット文字表記／綴字のローマ字転写 (Wylie方式に準拠) の順を基本とした。

— *SVEN HEDIN AS ARTIST* (1964) および日本語訳の『ヘディン素描画集』に掲載された絵を引用する場合には、(*as Artist* 108)のように[英訳／日本語訳共通の]素描番号を示した。

— 写真は特に記載がないものは、すべて佐藤兼永さんの撮影になるものである。筆者(池田)が撮影した写真については©IKDの印をつけてある。またすべてのキャプションは、筆者がつけたものである。

— 各模写のタイトルは、関係諸資料を参照して、第Ⅰ編の筆者(池田)がつけたものであり、ヘディン自身がそれぞれの絵にタイトルをつけていたわけではない。

第 I 編

図録

残された模写とヘディンの原画、現代のチベット

池田 巧
IKEDA Takumi

佐藤兼永［撮影］
SATO Kenei

序章

百年前の模写に描かれていたチベット、そしてヘディンへの追走

池田　巧
IKEDA Takumi
(京都大学人文科学研究所教授)

祈りの真言を刻んだ石積み(ラサ：薬王山摩崖石刻付近)©IKD

　京都大学の地理学教室に由来のわからない、チベットを描いたスケッチがあるから、いちど見に来て欲しい、と文学研究科の木津祐子教授から電話があったのは、2014年の初夏のことだったと思う。木津さんの話では、恐らく明治の頃に描かれたかなり古いもので、中にはカラーの水彩画も何点かある、という。明治期にはチベットに関する情報の入手先は極めて限られており、チベットを訪れた日本人は特定できる。日本のチベット研究の基礎を築いた多田等観(僧侶、仏教学者：1890［明治23］年 − 1967［昭和42］年)のチベット入りが明治45年、それに先んずる河口慧海(黄檗宗の僧侶、仏教学者にして探検家：1866［慶應2］年 − 1945［昭和20］年)のチベット行が明治34年である。しかし彼らが自らまとまった量のスケッチを残した、あるいは現地で描かれた絵を将来したという話は聞いたことがなかった。河口慧海の『チベット旅行記』には、新聞に連載された時の挿絵があって、日本のチベットイメージの形成にも大きな影響を与えたが、写実的とはとても言えないものであったし、当時の河口は、その冒険行が評判を呼ぶいっぽうでホラ吹き呼ばわりもされていた[1]。だからもし実証的な絵画を所持していたのであれば、早々に世間に公表していたはずである。残る可能性としては、誰かがチベットで撮影した写真をもとにして描き起こした絵かも知れない、と思ったが、明治期にカラー写真があるはずがない。あるいはモノクロ写真に彩色を施したものに基づいたのだろうか。

1. 地理学教室に残されていた模写

　スケジュールを調整して地理学の田中和子教授を訪ね、京都大学博物館の建物の中にある地理学資料室に御案内いただき、60枚の絵を見ることになった。大小さまざまなスケッチが、筆字で「石田金三　西村純二　安達伊太郎　模寫　中央アジア（？）地形・風俗 I.」と書かれた厚紙の間と、やはり筆字で「中央アジア　地形　風俗　模寫 II」と表書きのある紙袋に分けて保存されていた。案内された資料室の壁には、1908［明治41］年から京都帝国大学文科大学教授として地理学講座を担当した小川琢治教授の肖像が掲げてあった。京都大学が生んだ天才的な学者兄弟として知られる貝塚茂樹(東洋史)、湯川秀樹(物理学)、小川環樹(中国文学)の尊父である[2]。田中さんによると、絵には厚紙に名前のある模写をした人物の署名のほか、ところどころにチベット語と思われる書込みもあるという。模写をした人物は、明治の終わり頃に関西美術院の学生だったらしい。絵はいずれも正統的かつ写実的な西洋絵画の手法によるもので、素描にしても水彩画にしてもそのレベルは相当に高いと思われた。一般に知られている歴史や資料で判断する限り、早期にチベットを訪れた河口慧海や多田等観が、このような西洋画を描けたはずはない。

2. ヤクに乗った民兵の線画

　模写には、確かにチベットの地名や人名と思しき鉛筆による書込みも散見されたものの、崩した筆記体であり、チベット語の発音を記したと思われる単語もあるが、なじみのある綴りかたではないため、よくわからない。田中さんによると、書込みには、年号や元号など、書写された時期を特定できる情報はない、とのことだった。鉛筆またはペンで描かれた線画が多いが、なかには寺院の内部や女性の服装を描いた色鮮やかな水彩画もある。一枚一枚ひととおり丁寧に見ていくと、大寺院の全景を屋根の上から斜めに俯瞰した一枚のスケッチに目がひかれた。薄い鉛筆画ではあったが、建物の構成と特徴ある屋根には見覚えがある。ほぼ同じ場所に立って同じ景色を眺めた記憶があった。呼び起こされた記憶のなかに金色の屋根を頂く建物の赤い

壁が鮮やかなコントラストとなって蘇る。「これは中央チベットのシガツェという町にあるタシ・ルンポ寺に違いない」と田中さんに説明した。また寺院内部の祭壇などを描いた水彩画の色調は非常に正確で、現地で直接観察して、正確に色付けをしたとしか考えられない。写真をもとに描いた絵に想像で色を加えたのでは決してない、とも申し上げた。ふたつめの袋には人物画の素描がたくさん含まれていた。銃を持った兵士の姿が多い。そのなかの一枚に目がとまった。それはヤクの背に乗った民兵の線画だった。この絵はどこかで見たことがある。記憶を辿っていくうちに、スウェン・ヘディンのチベット探検にかんする著書の挿絵にあったイラストの一枚に違いない、と気がついた。だとしたら、ほかの絵もヘディンの著作をあたれば、その挿絵として使われている可能性がある。とすると、これらの模写はあるいは、ヘディンの著作の挿絵を写したものかも知れない……

3．ヘディンの著作の挿絵か

そこでまず田中さんと手分けをして、ヘディンの著作の挿絵を確認することから探索に着手することとなった。ヘディンの中央アジア探検は 4 回にわたり敢行されたが、なかでも *Trans-Himalaya* という著作が、第 3 次探検のチベット行の詳細な記録であり、邦訳（青木秀男［訳］『トランスヒマラヤ』上/下、白水社、1979年）もあって広く知られていた。人文科学研究所の図書室には Sven Hedin. *Trans-Himalaya: discoveries and adventures in Tibet.* London: Macmillan. I 1909, II 1910. が所蔵されていたので確認してみると、模写に含まれていたかなりの絵が挿絵のなかに見つかった。このほかに『ヘディン素描画集』という本も出ていることを知り、古書店で入手して確認してみたところ、そこにも数点、模写に含まれている絵を見つけることができた。田中さんも文学研究科の所蔵図書で同様の確認を行い、その報告を持ち寄って検討した結果、我々の把握した事実とそれに基づく考えは、次のようなものであった。

(1)　模写の大部分は、第 3 次のチベット探検時に描かれた絵にもとづく。

(2)　かなりの絵がヘディンの著作のなかで、挿絵として使われている。

(3)　しかし著作の挿絵は縮小されていて、サイズがとても小さい。

挿絵に対応する模写はサイズがはるかに大きく、挿絵では判別しにくい細部までしっかり描き込まれているものがある。また残された模写は彩色の水彩画なのに、挿絵はモノクロのものもあった。何より対応する挿絵が見つからない模写もある。このことから、ヘディンの著作の出版後に、その書物を見て挿絵を模写したものではありえない、という結論に達した。

模写は、ヘディン自らが描いた原画をもとに製作されたもの

に違いない。だとすると、画学生たちがヘディンの原画を目にすることができたのは、いったい、いつのことであろうか。

4．ヘディンの来日と京都滞在

第 3 次中央アジア探検を終えたヘディンは、帰国前に日本からの招待を受けて来日、東京での歓迎行事の後で京都にも滞在し、京都帝国大学において学術講演を行っている。画学生が原画を目にすることができ、模写が作成されたのは、この京都滞在期間に違いない。それにしても、いったい誰が何のためにヘディンのチベット探検のスケッチを模写させ、それが地理学教室に残されることになったのだろうか。

田中さんは模写の作成された経緯について、そして私はスケッチに描かれたチベット社会について、2 つの方向への探究を開始した。

ヘディンの来訪は、当時の日本、そして京都帝国大学にどのような学術的なインパクトをもたらし、それが如何なる影響を残したのか。目の前に存在する模写は、その象徴的な遺産と言えるのではないか。田中さんは近代日本における学術と芸術の邂逅という観点から調査を進め、ヘディンの来日と模写の製作をめぐるさまざまな経緯と歴史的背景、そしてその影響の広がりが明らかになった。詳細は本書の第 II 編に収められた各論考を参照されたい[3]。

いっぽうチベットの言語研究で、現地調査の経験がある私は、ヘディンが描いたチベットの景観、ひと、ものを精査することとなった。そして、なぜこれらの絵が選ばれて模写されたのかという疑問については、ヘディンの見たチベットを現地取材で追体験することによって解明できる部分があるのではないかと考えた。その成果を提示したのが本書の第 I 編であり、いわば「ヘディンへの追走」である。

5．ストックホルムに所蔵されるヘディンの原画

研究に不可欠な準備として、まずヘディンの原画を確認したい、という我々の希望は、幸運にもヘディン財団のホーカン・ヴォルケスト氏の協力のもとで2015年秋に実現した。ヴォルケストさんは、チベット・ヒマラヤ地域の人類学的研究を専門としており、長くスウェーデン民族学博物館に勤務し、ヘディン財団の理事も務めておられた。私はたまたま国立民族学博物館での研究交流を通じてヴォルケストさんと面識があったので、田中さんに紹介して連絡を取っていただき、文学研究科の木津祐子さん、松田素二教授、水野一晴教授とともに、2015年の11月にストックホルムのスウェーデン民族学博物館を訪れて、原画の所在と模写との対応を確認した。その結果、60点の模写の

うち11点については、原画はすでに失われてしまっていることが判明した。また模写をした画学生の技量は極めて高いもので、原画を精密かつ忠実に複写していることがわかった。この調査行では何よりヘディン自身による原画の書込みを確認できたことが大きな収穫であった。原画には模写には記載のない、スケッチをした年号とヘディンのサインが書き込まれていた。田中さんは原画の書込みを撮影し、拡大して整理してくださったので、模写の書込みと対照させることにより、キャンプ番号あるいは地域名、描かれた人物の名前や年齢など、判読可能な部分が増加した。この書込みの情報は、現地取材で訪れるべき場所の特定にあたり、重要な基礎データとなった。

ほかにもスウェーデン民族学博物館には、ヘディンが京都に滞在していた当時の新聞記事の切り抜きをスクラップブックに整理したものが寄贈されており、それらの記事にもひととおり目を通して、当時の歓待ぶりを知ることができた。またヘディンの来日の記念品として京都帝国大学が贈った具足一式も、博物館内に展示されていた[4]。

ヘディンがかつて住んでいたアパートのエントランスに描かれた記念の壁画（ストックホルム）©IKD

6．中央チベットでの現地取材

翌2016年8月、私はカメラマンの佐藤兼永さんとともにチベットで現地取材を行った。ヘディンによるチベット探検のルート上で、外国人観光客が一般の旅行で訪れることができる場所はきわめて限定的である。中央チベットの観光地として開放されているラサ、シガツェ、ギャンツェの各都市とその周辺、それと西チベットのマナサロワル湖とカイラス山への巡礼の道くらいである。もとよりヘディンの探検ルート全域を踏査することなどは取材旅行の目的として掲げようもなかった。ヘディンがトランスヒマラヤと名付けた西チベットの山岳地帯の再踏査を行うとなると、相応の学術調査団を組織しなければ、実現はきわめて難しい。我々は、ヘディンがスケッチをしたチベットの姿を再確認することに目標を限定した。したがって、取材の中心は、ヘディンが約1ヵ月にわたって滞在し、数多くのスケ

ッチを残したシガツェのタシ・ルンポ寺に絞られた。我々は模写のカラーコピーを収めた分厚いファイルを持参してタシ・ルンポ寺へと何度も足を運び、現地ガイドと寺の僧侶の協力のもとで、絵に描かれた場所と、ヘディンがその絵を描くために立っていたであろう地点を捜索した。

結果的には「ヘディンがスケッチをしたのは、まさにこの場所からの眺望である」と特定できたのは、わずか数枚の絵に過ぎない。しかし文化大革命期に徹底的に破壊されたタシ・ルンポ寺が、ヘディンの訪れた当時の伝統を守ってかなり忠実に復興されていたことには驚きを禁じ得なかった。なぜなら取材時に立ち寄ったラサのデプン寺などは、タシ・ルンポ寺とは対照的に、いくつもの新しい建物が作られて改修が進んだことに加え、観光客のためにコンクリートで固めた参観の順路が設けられるなどして、1991年に訪れた当時[5]を思い出すのが困難なほど、わずか25年の間にその容貌を大きく変えてしまっていたことに、強い衝撃を受けたからである。実際、私がこの四半世紀にわたりラサを訪れることがなかったのは、主たる研究のフィールドが四川省内のチベット自治州だったため、中央チベット地区を訪れる機会に恵まれなかったことが大きな理由ではあったが、チベット人の友人たちから異口同音に、80年代頃のラサを知っているなら、その想い出を大切にして、今のラサには行かないほうがいい、と言われていたからでもあった。

7．継承とレジリエンス

それにしても、タシ・ルンポ寺のありようと現代のチベット社会のなかに、今日人類学や心理学でレジリエンス（resilience）という概念で語られる「復元力、回復力、弾力」あるいは「困難な状況にもかかわらず、しなやかに適応して生き延びる力」を目の当たりにすることができたのは、現地取材の大きな収穫であった。ヘディンのスケッチに描かれた人々は、100年前に確かにこのチベットの地に生きていたが、今はもういない。当時の文化にしても、歴史上の動乱による破壊や弾圧、そして近代化の波のなかで大きな変化を免れようもなかったが、チベットの人々により次世代へと継承されて生き延び、あるいは回復したものも少なくない。我々は、描かれた対象そのものがすでに過去の時間の彼方へと消え去ってしまった絵については、その絵が残された歴史的な意義を相対化して理解できるように、たとえ時間と場所は異なっても、ヘディンの描いたチベットの社会と文化が、どのような形で今日に継承されているのかが実証できるような写真を撮影することにした。現地取材に同行していただいたカメラマンの佐藤兼永さんは、この意図のもとに数々の鮮やかなショットを切取って提供してくださった。第Ⅰ編に掲載したチベットの写真の大部分は、佐藤兼永さんの撮影によるものであるが、模写のアングルを参考にした写真の一部には、筆者の撮影になるものも含まれている。

8.『ヘディン素描画集』の刊行

　模写として残されたスケッチと水彩画は、いずれも1906年から1908年にかけてのチベット踏査行の途中で描かれたものである。数ある探検記録のスケッチのなかから、模写を製作して残されることとなったこれら60点の絵は、いったい如何なる基準で選ばれたのだろうか。

　その答えにつながる有力な手がかりは、ヘディン自身が自ら描いた絵について解説した文章のなかに見つかった。

　探検家スウェン・ヘディン（1865-1952）の生誕百年を記念し、ヘディンがその探検記録の一部として描いた数々のスケッチを収録した画集が1964年に出版されている。編者はヘディン門下のヨースタ・モンテル博士で、『画家としてのスウェン・ヘディン』（*Sven Hedin som tecknare. / Sven Hedin as Artist.*）というタイトルのもと、スウェーデン語版と英語版が同時に上梓された。のち1980年には、金子民雄氏による日本語訳『ヘディン素描画集』（白水社）が刊行されている。金子民雄氏の「訳者あとがき」によると、金子氏がスウェーデン語版から訳出したヘディンの解説文は、おそらく草稿のまま残されていたものを、モンテル博士が編集し直したものと思われる、と述べている。またヘディンが描いた絵については、この『素描画集』以前にもいちど書籍として刊行されたことがあって、モンテル博士のまえがきによれば、1920年にヘディンは戦災児童の学校のためにと、彼の手になる素描画と水彩画の展覧会をストックホルムで開催し、それにあわせて『生涯の素描画集』（*En Lennads Teckning. Stockholm, 1920*）と題した冊子が作られたという。モンテル博士は、「そのなかではじめて、しかもたった一度だけであるが、この画家は、鉛筆とスケッチ・ブックを持っていかにしてアジアを放浪したかを語っている。」と述べている。金子民雄氏は「この（引用注：『生涯の素描画集』をさす）解説文が本書（引用注：『ヘディン素描画集』）の基礎になったものである。しかし、この冊子（引用注：『生涯の素描画集』）のなかにはスケッチはわずか12枚しか入っていない。」と述べている。なおこの『生涯の素描画集』は稀覯本に属し、日本国内の公的機関には所蔵がなく、未見である。

9.ヘディン自身による絵の解説

　Sven Hedin as Artist. の出版当時、カラーの画集を出版することは技術的、経費的に難しかったことは想像に難くない。水彩画をカラーで収録することが困難だったため、結果として『素描画集』という形に再編集されたのであろう。モンテル博士のまえがきには、石版印刷によるスケッチの再現性のすばらしさについて言及があることからもそれがわかる。ところが as Artist 所収のヘディンによる解説を読んでみると、画集には収録されることのなかったいくつもの素描についての説明が含まれており、水彩画の色あいなどについてもたびたび言及していることから、

金子氏が指摘するように、この文章が、もともと1920年にストックホルムで開催した素描画と水彩画の展覧会のために書かれた解説に基づいていることは明らかである。

　『素描画集』の文章を繰り返し読むうちに、模写として残された60点の絵画のうちのかなりの部分が、解説の「タシルンポ大僧院」「シガツェの人々」「トランスヒマラヤ」「チベット人」「チベットの寺と僧院」という5つの章で言及されている内容にとてもよく合致することに気がついた。試しに模写のコピーをこの文章に沿って配置してみると、みごとに収まり、まるで京都大学の地理学教室に残された模写のために書かれた解説なのではないかと思えるほどであった。これほどの構成上の一致は、決して偶然ではありえない。これはいったい何を意味しているのであろうか。

10.現地情報を報告するために

　思うに今日、我々が現地調査の報告をするときには、大まかなストーリーに沿って選んだ写真を並べて、スライドショーの構成を考える。おそらくヘディンも各地で講演会をする際には、限られた時間で効率よく的確な解説をするために、テーマごとのストーリーに沿って選んだ絵画を示しながら説明をしたに違いない。展覧会の解説として書かれたヘディンの文章は、そうしたプレゼンテーションの構成に基づいて絵を紹介した原稿なのであろう。

　そこで本書の第I編では、『素描画集』に収録されたヘディンの解説に沿って模写を分類し、上述の「タシルンポ大僧院」「シガツェの人々」「トランスヒマラヤ」「チベット人」「チベットの寺と僧院」の5章に分けて再配置を行った。各章のはじめにはヘディン自身による解説をおき、そのストーリー展開にあわせて見開きで模写と原画、現地写真を配して、必要な解説を加える構成とした。なおヘディンの解説を本書に再録するにあたっては、英語版 *Sven Hedin as Artist.* に基づいて新たに日本語訳を作成した。翻訳の文章は、どうしても時代とともに古くなる宿命にある。今回、新訳を作成するにあたっては、現地調査によって明らかになった事実を踏まえ、ヘディンの絵画と対照しつつ、描かれたチベット世界の解説として、よりわかりやすい日本語表現となるように工夫をした。

　1908年の来日時にヘディンが展示したこれらの絵は、当時の世界情勢に鑑みるなら、前人未到の内陸アジアに関する最新の現地情報そのものであった。20世紀初頭といえば、今日のような動画はおろか、カラー写真用のカラー乾板は発明されてはいたものの、未だ普及にはほど遠かった時代のことである。モノクロの写真にしても、乾板や機材は重く、露光にも相当な時間がかかり、しかも高価であった。バターの灯明のわずかな光に照らし出されるチベットの寺堂のほの暗い内部は、今日のような高感度センサーあるいは高感度フィルムがなければ、撮影は

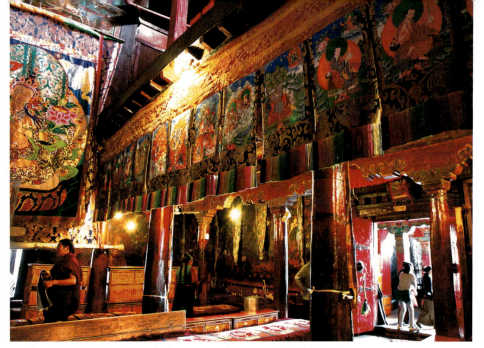
ほの暗い寺堂の灯りに浮かび上がる色鮮やかなタンカ(タシ・ルンポ寺：釈迦牟尼殿)©IKD

きわめて難しい。そうした条件下で現地の様子を活き活きと伝えることのできる最も確実な手段は、精密なスケッチと鮮やかな色彩の水彩画だったのである[6]。

11. 歴史資料としての再評価

　来日当時、ヘディンが持参してきた現地取材の記録と数々のスケッチは、まぎれもなく学術的かつジャーナリスティックな最新情報そのものあった。中央アジアの地誌に関する情報は、当時の世界情勢と時代の風潮のなかで、さまざまな分野から注目を集めた。ところがヘディンの探検は、科学的な現地踏査であったにもかかわらず、地理学における功績と評価に比して、チベット学の分野においては、その影響はあまり大きくない[7]。主な理由には、ヘディンの現地滞在記や観察記録が、近代的な研究手法によって民族誌が記述されるようになる前夜の「探検の時代の踏査記」を出ていないことに加え、ヘディン自身は仏教にも文献にもあまり関心がなかったらしく、チベット学の中核をなすこれらの分野に積極的な貢献をしていないことが挙げられよう。この点で、同時代に活躍した日本の河口慧海や多田等観、あるいはイギリスのオーレル・スタインやフランスのポール・ペリオといった、文献に着目して一次資料を収集し、学術界に大量の研究情報を提供した「探検家」たちとは、目指したものや方向性が異なるとはいえ、どうしても大きく評価が分かれてしまう。ヘディンの描いた地理的景観や建築物のスケッチにおける精密性、人物描画の写実性とは対照的に、寺院内部の仏像や仏画を描いた絵は、意外なほどに稚拙、もしくはラフな印象を与える。模写を見たチベットの友人たちも必ずこの点を指摘した。そこには西洋絵画の手法に沿わないチベットの伝統的な仏教美術の造形について、ヘディンの無関心ぶりが象徴的に表れていると見ることもできるのではないだろうか。

　ヘディンの来日から100年の時を経て、残された絵とその模写は、作成された当初の目的からは異なる、新たな価値を有する史料として、我々の目の前にその存在の重みを増している[8]。ヘディンの残したスケッチは、チベットに関する最も早い科学的な現地調査の記録であることは疑う余地がない。一例を挙げるなら、近代の歴史に翻弄され破壊されてしまったタシ・ルンポ寺の霊廟や霊塔の在りし日のスケッチには、栄光を誇っていた時代の姿が活写されていて、細部にわたりその有様を確認できる図版資料として一級の価値をもつ。事実、ヘディンが当時撮影したギャンツェ・ヅォンの写真とスケッチは、近年になって再建されたヅォンの復元にあたり重要な資料として利用されたという[9]。

　ヘディンがチベットを描いたスケッチは、いずれも失われた時間と失われた場所の貴重な記録であると同時に、チベット民族とチベット社会のレジリエンスを示す重要な証拠となりうることも、指摘しておきたいと思う。

［注］

(1) 明治期の日本におけるチベットイメージの形成については、高本康子(2010)に詳説されている。そこにヘディンの来日が大きなインパクトを与え、戦前の大陸イメージの刷新と拡大につながった。第二次大戦をはさんで戦前戦後の日本におけるヘディンの評価と認知度、人物イメージの定着については、本書第II編に所収の論考：高本康子「ヘディン・インパクト——近現代日本人の「ヘディン」」を参照されたい。

(2) この時にはまだ知る由もなかったが、小川琢治はヘディンの来日時、京都帝国大学における招待講演および学術交流の中心的な役割を担っていたことが、田中和子教授の調査によって明らかになった。本書第II編に所収の論考：田中和子「1908年、京都におけるヘディン歓迎行事とその特質——京都帝国大学と文科大学と東洋学」を参照。1908年11月29日、小川琢治は内藤虎次郎(湖南)とともに、ヘディン自身の手になる稿図の展示にあわせて地理書を中心とする漢籍の展示を行い、『水道提綱』巻22「西藏」の一部を英訳してヘディンに提供した。小川の協力を得てヘディンが利用した漢籍については、本書第II編に所収の論考：木津祐子・田中和子「ヘディンと漢籍」を参照。

(3) 模写の作成にはヘディン歓迎行事に協力した洋画家の鹿子木孟郎が深く関わっていたことを、当時の記録と京都における学術界と芸術界の交流関係を精査して実証したのが本書第II編に所収の論考：田中和子「ヘディンによる京都滞在の遺産——京都大学に残されたヘディン原画の模写」である。この論考には模写の製作された背景が詳述されており、担当した画学生の事跡についても紹介している。

(4) 本書第II編に所収のコラム：田中和子「ヘディンの具足」を参照。

（5）　『雲上の秘境チベット』1/2（VHS）EMIミュージック・ジャパン；（LD）東芝EMI，1992年．

（6）　スウェン・ヘディンの撮影した写真と機材、地図製作者そして画家として描いたスケッチの技法については、本書第II編に所収の論考：ホーカン・ヴォルケスト「芸術家ならびに写真家としてのスウェン・ヘディン——19世紀と20世紀における絵と地図にかかわる技法の拡張」田中和子［訳］が詳細に論じている。

（7）　加えて当時の地理学探検は、列強の領土的野心やパワーバランスといった政治性と不可分のものであったという時代的な背景もあって、現在に至るまで中国ではヘディンのチベット探検についての評価がなされていない。ヘディンが探検を行った当時の緊張を孕んだ国際政治の背景については、本書第II編に所収の論考：白須淨眞「20世紀初頭の国際政治社会と日本——大谷光瑞とスヴェン・ヘディンとの関係を中心として」を参照されたい。

（8）　松田素二教授はヘディンの実践と異文化表象を通じてその思想的背景を分析し、ヘディンは19世紀末の「探検の時代」に探検家としてデビューしたが、探検から学術へと実践の意味が変化していく時代に、当時の支配的な異文化認識の枠組であった文明と未開の二分法を超克した新たな認識の枠組をつくりあげていたことを再評価している。本書第II編に所収の論考：松田素二「探検・科学・異文化理解——ヘディンの軌跡を通して考える」を参照。また「探検の時代」ののち、京都帝国大学では近代的な科学研究の手法を積極的に取り入れ、第二次世界大戦をはさんで、より洗練された「学術探検」や「野外調査」が試みられるようになった。本書第II編に所収の論考：山極壽一「探検大学の源流」に、その歴史的な展開について紹介がある。

（9）　シガツェ・ヅォンの復元については，建築学の観点から専著が刊行されており，復元にあたり調査した歴史的な資料についても，わずかながら言及がある。常青（2015）を参照．

文献目録（第I編）

第I編の解説にあたって参照した主な参考文献を挙げておく。

［ヘディンの著作と翻訳］

スウェン・ヘディン［著］深田久弥・榎一雄・長沢和俊［監修］
　（1964-1966）『ヘディン中央アジア探検紀行全集』全11巻．白水社；
　（1978-1979）『ヘディン探検紀行全集』全15巻・別巻2．白水社；
　（1988-1989）『スウェン・ヘディン探検記』全9巻．白水社．

スウェン・ヘディン『トランス・ヒマラヤ』上/下，青木秀男［訳］
　（1965）『ヘディン中央アジア探検紀行全集』4–5；
　（1979）『ヘディン探検紀行全集』7–8；
　（1988）『スウェン・ヘディン探検記』4–5．

Sven Hedin. *Trans-Himalaya: discoveries and adventures in Tibet.* London: Macmillan. (1909) I；(1910) II；(1913) III.

スウェン・ヘディン（1992）『チベット遠征』金子民雄［訳］中公文庫．

Sven Hedin（1934）*A Conquest of Tibet.* New York: E.P.Dutton and Co.

スウェン・ヘディン（1980）『ヘディン素描画集』ヨースタ・モンテル［編］スウェン・ヘディン［文］金子民雄［訳］白水社．

Sven Hedin（1964）*Sven Hedin as Artist: for the centenary of Sven Hedin's birth.* Gösta Montell [revis.], Donald Burton [trans.]. Stockholm: Sven Hedins Stiftelse: Statens Etnografiska Museum.

［ヘディンの探検と生涯］

金子民雄（1972）『ヘディン伝——偉大な探検の生涯』新人物往来社；（1989）『ヘディン伝 偉大なシルクロードの探検者』中公文庫．

金子民雄（1982）『ヘディン 人と旅』白水社；［増補改訂文庫版］（2002）『ヘディン交遊録』中公文庫．

白須淨眞［編］（2014）『大谷光瑞とスヴェン・ヘディン——内陸アジア探検と国際政治社会』勉誠出版．

［パンチェンラマとタシルンポ寺］

牙含章［編著］《班禅額尒徳尼伝》西藏人民出版社，1987年．

蘇発祥［主編］《歴輩班禅額尒徳尼》青海人民出版社，2009年．

イザベル・ヒントン（2001）『高僧の生まれ変わり チベットの少年』三浦順子［訳］世界文化社；（2006）［修訂文庫版］『ダライ・ラマとパンチェン・ラマ』ランダムハウス講談社．

Isabel Hilton（2001）*The Search for the Panchen Lama.* New York: W. W. Norton.

蒙紫廖頻［編輯］（1993）《班禅大師駐錫地 扎什倫布寺》丹迥・冉納班雑（第五世）［撰文］外文出版社/民族出版社．

彭措朗杰［編著］（1999）《扎什倫布寺》中国大百科全書出版社．

彭措朗杰［編著］（2010）《中国西藏文化之旅 扎什倫布寺》中国大百科全書出版社．

喻淑珊［編著］（2010）《中国文化知識読本 扎什倫布寺》吉林文史出版社．

［チベット文化と人名地名］

常青（2015）《西藏山巓宮堡的変遷——桑珠孜宗宮的復生及宗山博物館設計》同済大学出版社．

楊清凡（2003）《藏族服飾史》青海人民出版社．

曾布川寛、鷹信祐爾［監修］（2009）『聖地チベット——ポタラ宮と天空の至宝』（展覧会図録）大広．

王貴（1991）《藏族人名研究》民族出版社．

星球地図出版社［編］（2009）《中国分省系列地図集 西藏自治区地図集》星球地図出版社．

中国地図出版社［編］（2016）《中国分省系列地図冊 西藏》中国地図出版社．

［チベット探検史］

河口慧海（1904）『西藏旅行記』上/下．博文館；（1978）日本山岳会［編］（新選覆刻日本の山岳名著）上/下．大修館書店；（2015）高山龍三［校訂］上/下．講談社学術文庫．

多田等観（1984）『チベット滞在記』牧野文子［編］白水社；（2009）講談社学術文庫．

ピーター・ホップカーク（2004）『チベットの潜入者たち ラサ一番乗りをめざして』今枝由郎・鈴木佐知子・武田真理子［訳］．白水社．

金子民雄（2013）『聖地チベットの旅』連合出版．

薬師義美（2006）『大ヒマラヤ探検史』白水社．

高本康子（2010）『近代日本におけるチベット像の形成と変遷』芙蓉書房出版．

江本嘉伸（1993）『西蔵漂白 チベットに魅せられた十人の日本人』上，（1994）下，山と渓谷社；（2017）『新編 西蔵漂白 チベットに潜入した十人の日本人』ヤマケイ文庫．

謝辞：第I編の解説を執筆するにあたり、描かれたチベット文化の諸相について、ダワダシさん、星泉さん、大羽恵美さん、岩尾一史さんより懇切なる御教示を賜りました。記して感謝申し上げます。ただし、もし論述内容に何らかの誤りや不適切な表現が含まれている場合には、すべて筆者の理解不足に起因するものであることをあわせて明記しておきたいと思います。

1章 タシ・ルンポ大僧院

我々のキャラバンはチベットを目指し北へ向かった。

我々がテントの間で火を燃やしたキャンプ地、風が優しく馬をなでる峠の上から、私は眺望をスケッチした。チベット全域を斜めに横断する長い旅の途中で、私は描くべき人影も住居も見ることはなかった。3カ月にわたり無人の地帯を通り抜け、煌めく寒冷地を抜けた。撮影機材も、もちろん、ずっと使い続けていた。しかしナクツァン（Naktsang）の長官であるルハジェ・ツェリン（Hladje Tsering）に私は阻止されることになる。彼の見かけはまるで老婆のようで、パイプを吸い、シナ服に身を包んでいた（as Artist 106）。1901年に私がラサを目指して進んでいたときに、無理矢理引き返すように強いたのは彼であった。しかし今や彼は、私がブラフマプトラあるいはツァンポの上流の南岸にあるタシ・ルンポ大僧院へと向かう道を通ることを邪魔しようとはしなかった。

我々がこの有名なタシ・ルンポ大僧院に到着する前に、1907年を迎えてしまっていた。チベットで最も素晴らしい大都市ラサに次ぐ、もうひとつの都市であるシガツェの街に隣接して、この僧院はある。タシ・ルンポ寺にはタシ・ラマが住んでいた。南チベットの法王であり、宗教的神聖さにおいてダライ・ラマより高位にあり、当時の情勢下にあっては、［ダライ・ラマよりも］有力であった。

僧院は［古代ローマの］円形劇場のような尾根に囲まれた山の麓にあり、寺院それ自体が、さまざまな建築物からなるひとつの街を構成しているかのようである。［その全景を］墨で描いた線画があるが、短時間で描いた他のスケッチと同じく、この寺院都市の一部の概観を伝えられるだろう【模写1】。五つの霊廟のうちの三つが見えており、厚い鍍金を施した中華風の屋根を頂くそれぞれの霊廟にはタシ・ラマが眠っている。

もう一枚の絵は、色は参考にしかならないが、ラブランと呼ばれる［高僧の住まいとして建てられた］最も壮麗な寺院建築の前壁を示している【模写2】。この前壁の前から他の建物へとつづく石のテラスには、いくつもの仏塔が聳えている。並びたつこれら独特の記念物の基部に、僧侶や女たちの群衆が集まって、不可解な私の仕事を観察していた（as Artist 108）。

［前壁の内側にある］やや小さめの中庭からは、木の階段がベランダ風の開け放った玄関へと通じており、そこから高僧を埋葬した五つの霊廟にそれぞれ入れるようになっている【模写3】。これらの入口は色とりどりの様式で漆塗りされており、圧倒的に優勢な色は、血のようにあざやかな

真紅である。入口ホール側面［突き当り］の両壁と、訪問者が入口の扉を前にしてその両側の外壁には、空想世界の絵画が描かれている。描かれた四天王は、虚空世界の悪鬼を鎮める護法尊であり、聖域たる奥殿への入口を守護し、天空のあらゆる邪気を追い払っていることを表現している【模写4】。

入口は二枚の重厚な木製の扉で閉ざされていた。暗赤色の漆塗りの扉には、いくつも真鍮製の半球状の基部と重い環が取り付けてある。

私を案内して寺院の栄華をひとつ残らず説明するよう、高僧から直々に命ぜられたラマが、聖域への扉をゆっくりと押し開いていくと【模写5】、私は高い祭壇に面していた。祭壇は5つの霊廟ごとに異なった形をしている【模写6】。脚付の盃のような形をした金銀製の寺院の什器には、仏像への供物としてバター、米、水が入れてある。それらのさらに上、祭壇の背後には仏塔(ﾁｮﾙﾃﾝ)が安置されている。宝石を鋲のようにちりばめた厚い銀板を重ねて台座にした霊塔であり、そのなかではタシ・ラマが永遠の眠りについている【模写7】。

案内僧は、柱が並び、天井には天窓のついた御堂へと私を連れて戻った。寺堂にはいくつもの長椅子とテーブルがあり、そこでは修行僧たちが何枚もの経典を前に、かがみ込むように身体を傾けて座っていた【模写11】。このシーンをスケッチするのは容易ではなかった。というのも私は勤行の邪魔にならないように柱の陰にかくれていたからである。不思議なことに彼らは私に構わずひとりにしておいて、私がそこにいても異議を唱えようとはしなかった。私はこの僧院ではすでによく知られており、タシ・ラマの客人だったからだろう。そんなわけで彼らは、誦導するラマのあとについて、唱うようなリズムで読経を続けていた【模写10】。

私の描いた絵のうちの一枚は、タシ・ルンポの厨房を示している（*as Artist* 116）。丸いバスタブほどの大きさの銅製の大きな湯沸かしが石の土台に据え付けられており、その底をかまどの炎が舐めている。その上には数人の料理係の姿が見えるが、彼らは橈ほどの大きさの柄杓でチベット式のお茶をかき混ぜていた。

SVEN HEDIN AS ARTIST p.41-42 THE TASHILHUNPO MONASTERY

ルハジェ・ツェリンの横顔（*as Artist* 106）

タシ・ルンポ寺の厨房（*as Artist* 116）

廃棄された厨房の大鍋（ラサ：セラ寺境内）

1 タシ・ルンポ寺全景

［模写 1］
安達伊太郎
鉛筆　25.1 × 35.4cm

　タシ・ルンポ寺は、チベット第二の都市シガツェにある。歴代のパンチェン・ラマが座主をつとめ、ラサのダライ・ラマ政権に対抗する一大勢力としてチベットの歴史を動かしてきた。いずれもゲルク派に属し、ダライ・ラマは観音菩薩の化身、パンチェン・ラマは阿弥陀如来の化身として、チベットの人々の信仰と尊敬を集めている。ヘディンの残したスケッチとほぼ同じ構図で撮影した現在のタシ・ルンポ寺の写真と比べてみると、建物の配置や配色などの基本構造は維持しつつも、細部が異なっていることがわかる。写真左奥に見える平屋根の高い建物は、1918年に建造された弥勒菩薩殿。高さ26.2メートルを誇る世界最大の金銅の弥勒菩薩座像が納められているが、ヘディンの滞在した1907年当時はまだ存在していなかった。その手前は1989年に円寂した第7代パンチェン・ラマ（＝十世）の霊廟で、1993年に建造された最も新しいもの。中には遺体を納めた霊塔が安置されている。画面中央に位置する最も手前の金色の屋根の建物は、初代パンチェン・ラマ（＝四世）の霊廟である。現在見ることのできる歴代パンチェン・ラマの霊廟は、いずれも文化大革命の破壊を経て再建されたもので、ヘディンの見た風景そのままではない。

1章　タシ・ルンポ大僧院　17

［原画1］
スウェン・ヘディン
鉛筆、ペン　25.1 × 35.4cm　1907

タシ・ルンポ寺の霊廟群と
前壁（シガツェ）

詳説
タシ・ルンポ寺の歴史と霊廟の変遷

最初の霊廟：初代パンチェン・ラマ

　タシ・ルンポ寺は、チベット第二の都市であるシガツェにあり、ラサの三大寺院であるガンデン寺、セラ寺、デプン寺と合わせて、ゲルク派四大寺院のひとつである。正式名をタシ・ルンポ・ペーキ・デチェン・チョー・タムジェーレ・ナムパル・ギェルウェ・リンཔ་བཀྲ་ཤིས་ལྷུན་པོ་དཔལ་གྱི་སྡེ་ཆེན་ཕྱོགས་ཐམས་ཅད་ལས་རྣམ་པར་རྒྱལ་བའི་གླིང་ bkra shis lhun po dpal gyi sde chen phyogs thams cad las rnam par rgyal ba'i gling といい、その意は〈吉祥宏圖資豊福聚殊勝諸方洲〉である。タシ・ルンポ寺はその略称で、意味は〈吉祥須弥山寺〉となる。ゲルク派の開祖ツォンカパの高弟で、のちにダライ・ラマ一世となるゲンドゥン・ドゥプパ དགེ་འདུན་གྲུབ་པ་ dge 'dun grub pa（1391–1474）によって1447年に創建された。1600年にゲルク派の高僧ロサン・チューキ・ゲンツェン བློ་བཟང་ཆོས་ཀྱི་རྒྱལ་མཚན་ blo bzang chos kyi rgyal mtshan（1570–1662）が住持であった時に、大規模な拡張工事が行われた。1662年、ダライ・ラマ五世が、自分の師をつとめたロサン・チューキ・ゲンツェンの没後、パンチェン・ラマという尊称を贈り、その転生者が代々タシ・ルンポ寺を住持するように定めた。ロサン・チューキ・ゲンツェンは92歳という奇跡とも言える高齢で亡くなると、遺体はタシ・ルンポ寺の大弥勒堂に安置され、速やかな転生を願って祈祷が行われた。遺体をミイラにして保存するための黄金をちりばめた霊塔が造られ、それを納めるために黄金の屋根を頂く霊廟が建立された。こうしてタシ・ルンポ寺では、歴代のパンチェン・ラマが世を去るたびに遺体を納めた霊塔を作り、霊廟を造営して寺院を拡張した。ヘディンが訪れた当時のタシ・ルンポ寺の座主は、第6代パンチェン・ラマ（＝九世）であった。ヘディンは第6代パンチェン・ラマ（＝九世）の特別な計らいのもと、タシ・ルンポ寺の歴代ラマの霊廟をすべて訪れ、その詳細な観察記録を Trans-Himalaya I に残している。本章の解説においても、また Trans-Himalaya I においても、ヘディンは繰り返し5つの霊廟があると述べており、当時は初代（＝四世）から5代（＝八世）までの霊廟が造営されていたことがわかる。現在のタシ・ルンポ寺を訪れると、3つの霊廟と弥勒菩薩殿の建物を目にすることができるが、このわずか100年の間にチベット動乱、文化大革命による破壊などを経て、修築と改葬が行われた結果であり、ヘディンの見た霊廟が、そのままの形で今日まで継承されてきたわけではない。

軸装のタンカ絵図：第4代（＝七世）の時代

　霊廟の造営の様子を知ることのできる資料として、タンカのような軸装に仕立てられた絵図（右頁写真）が現存している。タシ・ルンポ寺とその周囲を鳥瞰図風に描いた聖跡図で、上部にはニマ山を背に築かれた寺院都市の伽藍と僧坊群が描かれている。実際とはやや位置がずれているが、画面中央右にはシガツェ・ヅォンが描かれ、その下に広がるシガツェの旧市街、画面下にはパンチェン・ラマの夏の離宮があって、3頭の象が飼われている様子が見える。右側（東）上の大タンカ台〈展仏台〉には三尊仏の大画幅が掛けられており、その左側には鮮やかな赤い色の霊廟が3基描かれていることから、この絵は第4代パンチェン・ラマ（＝七世）、法名はペンデン・テンペー・ニマ དཔལ་ལྡན་བསྟན་པའི་ཉི་མ་ pal ldan bstan pa'i nyi ma（1782-1854）の時代に描かれたものであろうと推測されている。かつて東側の霊廟をチョカン・シャル མཆོད་ཁང་ཤར་ mchod khang shar「霊廟東」（現在は五世から九世の合祀霊廟）と呼び、現在も使われているチョカン・キィ མཆོད་ཁང་དཀྱིལ་ mchod khang dkyil「霊廟中央」（現在は改葬された初代＝四世の霊廟）という呼びかたは、この時代にできたものであろう。かつて第3代（＝六世）の霊塔が納められていたチョカン・ヌプ མཆོད་ཁང་ནུབ་ mchod khang nup「霊廟西」は、文化大革命期に破壊され、現在はこの名称で呼ばれる建物もない。【模写8：第3代パンチェン・ラマ（六世）の霊廟の入口にかかる扁額】の解説を参照。）この絵はタシ・ルンポ寺の収蔵品で、《班禅大師駐錫地 扎什倫布寺》（1993年）に掲載されており、2009年に日本で開催された「聖地チベット－ポタラ宮と天空の至宝－」という展示会にも出品されていた（展示会の図録によれば、大きさは縦61.0cm×横41.5cmとのこと）。なおこの絵は数幅製作されたらしく、ヒマラヤ美術のコレクターの収集品のひとつとして、国外のオークションに出品されていたこともある。

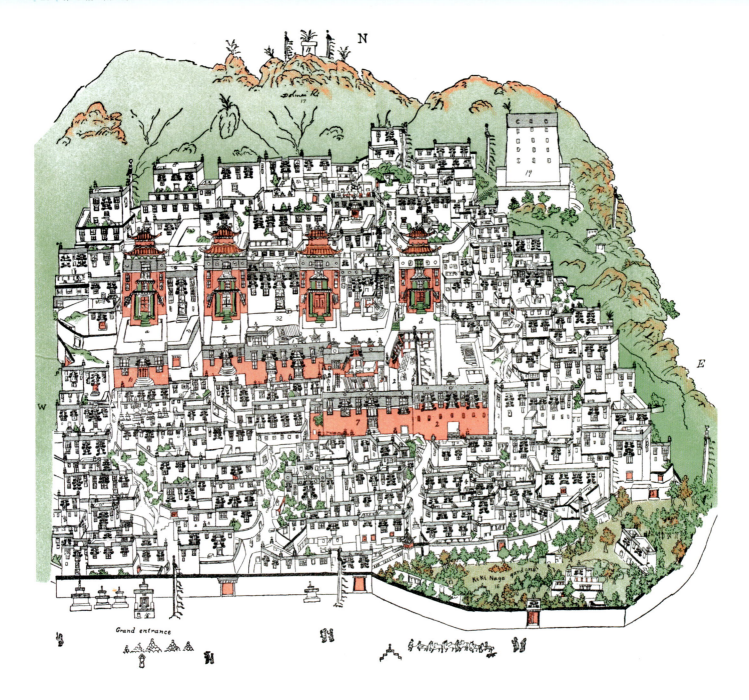

ダス (1902) の折込絵図：
第5代 (=八世) の時代

　比較的よく知られているタシ・ルンポ寺の境内図としては、ダス (1902) に掲載されたカラーの折込絵図（上図）がある。背後の山は緑に、霊廟と前壁は赤に彩色されているが、それ以外の僧坊や学堂の大部分には細かな彩色がなされておらず、全体として線描に近い。サラト・チャンドラ・ダス (Sarat Chandra Das: 1849–1917) はパンディタと呼ばれたインドのチベット学者。1879年と1881年～1882年に中央チベットを旅行し、タシ・ルンポ寺、ラサを訪れ、ヤルルン渓谷を探検している。1902年にRockhillの編集で、その旅行記 *Journey to Lhasa & Central Tibet* が出版されており、ヘディンもこの本を目にしていたことは間違いない。またチベット潜入を目指す河口慧海がダスのもとを訪れてチベット語を学び、情報提供を得たこともよく知られている。この折込絵図を、3基の霊廟を描いた先述のタンカ絵図と比べてみると、その主な違いは、ダスの絵図では右側（東）上の大タンカ台〈展仏台〉に仏画が掛けられておらず、かわりにいくつもの小窓が穿たれた白い壁面を描いていること、また赤く塗られた霊廟の数が4基に増えていることである。したがって、この絵は第5代パンチェン・ラマ（＝八世）、法名はテンペー・ワンチュク བསྟན་པའི་དབང་ཕྱུག bstan pa'i dbang phyug（1855–1882）の時代に描かれたもの（に基づく）と推測される。折込絵図とタンカ絵図では彩色のしかたに大きな違いがあるが、構図はもちろん、線描による霊廟や僧坊の細部の描きかたには共通性が多い。おそらく、3基の霊廟の時代のタンカ絵図をもとに、新たな伽藍図が製作されていたのであろうが、完成品が今日まで伝わっていない。ダスはこの4基時代の絵図の（おそらくは下絵の）線画を入手し、それをもとに正確にトレースしてこの絵を製作させ、自身の取材による解説（折込図

の右下には英文の解説がある：本書では省略）を加えて著作に収録したのであろう。ダス（1902）の本文中ではこの絵に関する詳しい言及がないので、これ以上のことはよくわからないが、かなり正確な絵図であり、資料価値が高い。

河口慧海『チベット旅行記』の挿絵

ダスのもとでチベット語を学び、情報を集めた河口慧海は、1900年にネパールからチベット行に出発、12月にカイラス山の巡礼を果たしたのち、ラサへの途上でタシ・ルンポ寺を訪れ、数日滞在している。時の第6代パンチェン・ラマ（＝九世）は、のちにヘディンが訪れて謁見することになるチョェキ・ニマその人で、当時は18歳。河口の訪問時にはパンチェン・ラマは離宮に行っていて不在で、残念ながら謁見がかなわなかった、と述べている。河口慧海（1904）『チベット旅行記』第五十四回「チベット第二の府に到る」の挿絵には、タシ・ルンポ寺を描いたものがある（下図）。チベット絵画の技法により描かれた軸装のタンカ絵図、およびダス（1902）の折込絵図に比べると、霊廟の形状などはまるで中国の仏閣のようで、基壇の上に3層の屋根を重ねていて、とても写実的とは言いがたい。しかし山を背後に5つの霊廟があり、その右側には大タンカ台〈展仏台〉も描かれていることから、河口の訪れた頃の霊廟の様子をそれなりに正しく描いていると考えられる。大まかな略図とはいえ霊廟の数、山頂に見える宗教的なモニュメント、屋根の上に2本の樹木を頂く〈展仏台〉の形状（小窓が多すぎるが）、境内の中心付近に見える数本の仏塔らしきもの（黒く細く描かれている）といった、タシ・ルンポ寺を象徴する基本要素をきちんと備えていることが注目される。この挿絵は、河口自身が現地で描いたスケッチをもとにした可能性もないわけではないが、絵の構図の類似、および河口とダスの間に密接な交流関係があったことをふまえると、ダスから提供された何らかの情報に基づいて描かれたものと考えるのが自然であろう。河口が日本にもどって『チベット旅行記』を新聞に連載したのが1903年、ダスの旅行記が出版されたのが1902年なので、折込の絵図を目にした可能性は十分にあるけれども、実際に参照したかどうかは、憶測の域を出ない。重要なのは霊廟の数が、ダスの折込図では4基なのに対して、河口の挿絵では正しく5基に描かれているという事実である。

絵巻物の境内図：第6代（＝九世）の時代

　タシ・ルンポ寺にはもう一枚、境内を描いた絵巻物（上の写真）が伝えられている。かなり大きなものらしく、畳んで保存されていたことを示す折り痕が縦横に見える。この絵もやはり《班禅大師駐錫地 扎什倫布寺》（1993年）に掲載されているが、実物の大きさについての記載はない。写真は不鮮明ながらもその描きかたをみると、霊廟が3基の時代に製作されたタンカ絵図の手法を継承して、建物の細部に至るまでかなり精密かつ写実的である。この絵で注目されるのは、5基の霊廟が描かれていることで、第6代パンチェン・ラマ（＝九世）の時代に描かれたものであることがわかる。僧坊の数が増え、所狭しと詳細に描き込まれているなかに、中央よりやや左（西）側には、仏塔（チョルテン）が描かれているのが見える。そのいっぽうで、背後の山のようすは曖昧であり、〈展仏台〉の屋根には樹木状のものが5本並んでいるのが注目される。同じ5基の霊廟の時代を描いていても、河口の挿絵はこの絵巻とは構図も異なっており、この絵を参照して描いたものでないことは明らかである。この絵巻も数幅が作製された模様で、ジャーナリストのイザベル・ヒントンがダライ・ラマ亡命政権下でダラムサーラに再建された「亡命タシルンポ僧院」を訪れた際に見せられた「在りし日のタシルンポ僧院を描いた巨大な絵巻物」というのは、この絵のことであろう。ただしヒントン（2006：360頁）では、製作にかかわる別の伝承が記録されている。

新たな霊塔の造営：
第6代（＝九世）と第7代（＝十世）

　ヘディンが謁見した第6代パンチェン・ラマ（＝九世）は、1914年に高さ26.2メートルの世界最大の弥勒菩薩座像を納める弥勒菩薩殿を造営する。その後は国際情勢に翻弄されてダライ・ラマ（十三世）およびガンデン・ポダンとの関係が悪化し、チベットを離れることを余儀なくされ、1937年に玉樹（青海省）にて54歳で世を去るのだが、遺体はなかなかチベットへの帰還がかなわず、タシ・ルンポ寺に帰着できたのは、1941年になってからであった。到着後は伝統に則って霊塔を造り、法身を納め、あわせて霊廟が建設されたという記録が残る。そしてその転生者として第7代パンチェン・ラマ（＝

十世）に認定されたのが、法名ロサン・ティンレー・ルンドゥプ・チョェキ・ギェンツェン བློ་བཟང་ཕྲིན་ལས་ལྷུན་གྲུབ་ཆོས་ཀྱི་རྒྱལ་མཚན་ blo bzang phrin las lhun grub chos kyi rgyal mtshan（1938–1989）であった。チベット動乱によるダライ・ラマ十四世の亡命後、共産党政権下において、第7代パンチェン・ラマ（＝十世）は、チベットの代表となり、時に批判も厭わずに政治的な建議を続けたため、文化大革命期間中には批判を受けて投獄され、14年にわたる獄中生活を強いられる。旧習打破、迷信打破のスローガンのもとでチベット全土にも紅衛兵による破壊の嵐が吹き荒れるが、中国で刊行された解説書などでは、パンチェン・ラマが共産党と政治的関係があったことにより、座主をつとめるタシ・ルンポ寺は、他の寺院に比べて破壊の程度が軽かったかのような記述を見ることがある。またタシ・ルンポ寺が破壊された経緯を、ネパールとの間で発生した第二次グルカ戦争（1792年）当時の略奪に帰するような記載もあるが、最大の損壊は明らかに文化大革命期に発生している。タシ・ルンポ僧院においても建物の3分の1は破壊され、第2代（＝五世）から第6代（＝九世）までのパンチェン・ラマの霊塔は暴かれ、その中身をまき散らし、河に流したという。こうした被害の具体的な状況について、中国側の資料は黙して語らないけれども、いくつもの生きた証言があることを、ヒントン（2001/2006）が紹介している。文化大革命が終結すると、第7代パンチェン・ラマ（＝十世）も釈放され、名誉回復が行われた。1980年代には全国人民代表大会の常務委員長として政治的な職務を負いつつ、改革開放政策のもとで、チベットの代表としてチベット文化の復興に尽力した。文革で破壊された歴代のパンチェン・ラマの霊塔の再建とその落慶式のために政府の援助をとりつけ、1989年には、新年の儀式のためのチベット訪問にあわせて、第2代（＝五世）から第6代（＝九世）までのパンチェン・ラマを合祀した新たな霊塔の盛大な落慶式が行われたが、その式典の終了直後に十世は急逝する。そして十世の遺体もまた伝統に則って新たな霊塔に納められ、1993年、タシ・ルンポ寺には最も新しい霊廟が建設された。

タシ・ルンポ寺の現在

我々が2016年夏に現地取材で訪れたタシ・ルンポ寺は、抜けるような青空のもと、半円状に囲む山の尾根を背後に、なだらかな山麓にいくつもの学堂や僧院が建ち並ぶ複雑な造形の美しい寺院都市であった。海抜標高は4000メートルに近く、境内はゆるやかな上り坂になっていて、すこし歩くとそれだけで息が切れる。参拝者は一歩一歩ゆっくりと歩いて霊廟へ続く道を登っていく。寺院の入口から続く一本道の正面に聳えるのは、チョカン・キィ མཆོད་ཁང་དཀྱིལ་ mchod khang dkyil「中央霊廟」と呼ばれている建物で、1989年の修築時に改葬された初代パンチェンラマ（＝四世）の霊廟である。訪れた人々は、五世から九世の合祀霊廟を参拝したのち、寺院の周囲を右繞（うにょう）して、ゴェ・ク・ペー གོས་སྐུ་སྤེལ་ gos sku spel〈展仏台〉の横から背後の山へと伸びる巡礼の道を通って、シガツェ・ヅォンの見下ろす旧市街へと向かう。山をめぐる遊歩道には、たくさんのマニ車が設置されていた。寺院の背後の山のうえには、ルンタ［風の馬］と呼ばれる祈りの旗や、経文を印刷した五彩の旗が風になびいている。旗が翻るとそこに書かれた神聖な経文のことばが、風に乗って遥か遠くにまで運ばれて行くのだという。風は僧坊の窓に掛けられた白い布飾りもやさしく波立たせていた。

旧市街区へと続く巡礼の山道
（タシ・ルンポ寺）

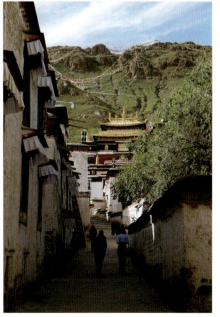

正面に中央霊廟を望む
（タシ・ルンポ寺）©IKD

[参考]
スウェン・ヘディン
(*as Artist* 108) 1907

タシ・ルンポ寺の仏塔(チョルテン)

　白いチベット式の仏塔の周囲に僧たちが集まっている様子を描いた印象的なスケッチがある。模写は作成されていないけれども、現地取材によって、ヘディンが絵を描いた場所と対象を特定できた数少ない例であり、ヘディン自身も言及しているので、とくに紹介しておきたい。《この前壁の前から他の建物へとつづく石のテラスには、いくつもの仏塔が聳えている。並びたつこれら独特の記念物の基部に，僧侶や女たちの群衆が集まって，不可解な私の仕事を観察していた。》(本章冒頭の解説文参照)この絵は *as Aritist* に108として掲載されており、キャプションには《シガツェのチョルテン、1907年》とある。また *Trans-Himalaya* I の挿絵151としても収録されており、《タシ・ルンポのチョルテン》というキャプションがついている。チョルテン mchod rten とは、このスケッチに見られるような形状の、チベット式の「仏塔」をさす。現在のタシ・ルンポ寺で目にすることのできる仏塔は、近年になって修復されたものであるというが、過去のタシ・ルンポ寺の絵図を紐解くと、同じこの場所に古くから、少なくとも第4代パンチェン・ラマ(＝七世)の時代(17世紀後半)にはすでに、仏塔が建てられており、その後の時代に描かれたすべての絵図にも描き込まれている。霊廟の変遷とは対照的に、一貫してこの場所には仏塔が存在し、タシ・ルンポ寺における伝統の継承のシンボルのひとつとなっていた。

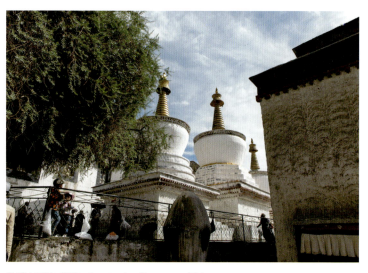

仏塔は参拝の順路となっていた。(タシ・ルンポ寺)

詳説
パンチェン・ラマとダライ・ラマ

　パンチェン・ラマは、ヘディンが訪れたタシ・ルンポ大僧院の座主である。ヘディンは、時の第6代パンチェン・ラマ（＝九世）に謁見し、互いに写真撮影を行っている。今日「パンチェン・ラマ九世」の御影として広く知られるものの一枚は、ヘディンの撮影になる写真である（写真）。

　パンチェン・ラマは、チベット語では པན་ཆེན་བླ་མ paṇchen blama と綴る。漢語表記では〈班禪喇嘛〉と書くが、現地での一般的な尊称は、ペンチェン・リンポチェ པན་ཆེན་རིན་པོ་ཆེ paṇchen rin po che である。パンチェンとは、サンスクリット語のパンディタ（学匠）とチベット語のチェンポ（偉大）の合成略語で、リンポチェとは、宝（のように尊いかた）の意である。またタシ・ルンポ寺の座主という意味でタシ・ラマと呼ばれることもあり、ヘディンもまたそう呼んでいるが、今日では一般的ではない。

　パンチェン・ラマはいわゆる転生ラマで、阿弥陀如来が化身した高僧としてこの世に転生をくりかえし、衆生を救う存在だと信じられている。ヘディンの著述では、当時のチベットでの数えかたに従い、第6代としているが、追贈者3名を参入する中国式の数えかたでは九世となる。対照の便宜のため、本稿では前者を算用数字で第〜代、後者を漢数字で（＝〜世）と表記している。

　パンチェン・ラマは、チベット仏教の最大勢力をなすゲルク派において、ダライ・ラマに匹敵する宗教上の格式を有する。「天に太陽と月があるように、人の世にはダライ・ラマとパンチェン・ラマがいる」と表現されることもあるが、歴代のダライ・ラマが宗教的権威であるとともに政治的最高指導者としてチベット国王を兼ねていたのに対し、パンチェン・ラマの権威は、基本的には宗教的なものであった。

　パンチェン・ラマの支持者の立場からすれば、無量光仏（阿弥陀如来）の化身とされるパンチェン・ラマは、仏教教理的には観音菩薩の化身とされるダライ・ラマをしのぐ存在である。（如来は悟りを開いた覚者であり、菩薩は悟りをめざす修行者とされる。）いっぽうダライ・ラマの支持者の立場からすれば、ダライ・ラマ五世が宗教国家の最高権力者となった時から、パンチェン・ラマは政治とは関わりを持たなくなったという。如来であるパンチェン・ラマは、すでに清浄なる思惟の世界に属しており、俗世にかかわる存在ではない。菩薩は衆生救済のために利他行を行うべき修行者であるから、その化身であるダライ・ラマが、俗世で活躍するのは当然のことであるとされる。

　しかし俗世の権勢においても、タシ・ルンポ寺のあるシガツェ གཞིས་ཀ་རྩེ gzhis ka rtse を中心とする中央チベット西部のツァン གཙང་ gtsang 地方は、ラサ ལྷ་ས་ lha sa を中心とする中央チベット東部のウー དབུས་ dbus 地方と対抗して、相互に相手方を自らの支配下に置こうと画策してきた歴史がある。モンゴルの族長グシ・ハーンによるチベット征服を契機として1642年にダライ・ラマ政権が成立したのち、時のダライ・ラマ五世の師であった聖僧、ロサン・チューキ・ゲンツェン བློ་བཟང་ཆོས་ཀྱི་རྒྱལ་མཚན་ blo bzang chos kyi rgyal mtshan (1570-1662)が殁した。ダライ・ラマ五世は、自らの選定者・授戒の師匠に謝意を込めてパンチェンの尊称を贈り、以後その転生者がタシ・ルンポ寺の法主の座を継承してパンチェン・ラマの称号を名のることに定め、ロサン・イェシェー བློ་བཟང་ཡེ་ཤེས་ blo bzang ye shes (1663-1737)を第2代パンチェン・ラマとして選出し、認定した。しかしやがてタシ・ルンポ寺のパンチェン・ラマのまわりには、ウー地方側に対抗する勢力が集まり、18世紀に入って清朝の干渉と支配が始まると、パンチェン・ラマとその周辺の人々は、親清的態度を示しはじめる。そして清朝側でもダライ・ラマの権威を削ぐために、パンチェン・ラマの権威を利用しようと努めた。

　ヘディンのスケッチのなかにもチベット人でありながらシナ服を身に纏った人物の姿が何人も描かれている。これは当時、パンチェン・ラマの側には少なからぬ親清派の人物がいたことを示す貴重な記録となっている。

2 タシ・ルンポ寺:ラプランの前壁

[模写2]
西川純二
鉛筆、ペン、水彩　25.0 × 35.2cm

　模写と原画の画面左下には、Labrang という書込みがあり、原画にはさらにヘディンのサインと描いた年を示す08の数字が記載されている。この絵は *Trans-Himalaya* にも *as Aritist* にも収録されておらず、残念ながらこれ以上の情報はない。書込みにある Labrang とは、座主の居住する建物のことで、チベット語ではラプランあるいはラダン བླ་བྲང་ bla brang といい、ここにパンチェン・ラマの住まいがあり、執務室を兼ねていた。入口の前にはエントランスの広場があって、その前には内側に廊下のある建物が建てられており、外側は前壁を兼ねていた。ラプランは霊廟に並んで東よりに建てられていたが、歴代パンチェン・ラマの霊廟が西へと順に築造されていくたびに、前壁の建物も横へと延び、ひとつながりの巨大な壁を形成するようになった。前壁は霊廟の壁面と同じ赤い色に塗られていて、ヘディンはその前壁をなす建物の屋根の上から前庭ごしにラプランの正面入口の上にあるテラスを描いた。ヘディンは本章の解説で、この絵についても簡単に言及している。《もう一枚の絵は，色は参考にしかならないが，ラプランと呼ばれる［高僧の住まいとして建てられた］最も壮麗な寺院建築の前壁(ファサード)を示している。》現在はこの前壁をなす建物の上にあがることはできず、前壁のさらに前にある建物の屋上を観光客に開放しており、そこから仏塔(チョルテン)へと参拝の順路が設けられていた。写真はその参拝の順路から前壁と霊廟を撮影したものである。

［原画2］
スウェン・ヘディン
鉛筆、ペン、水彩　25.1 × 35.4cm　1908

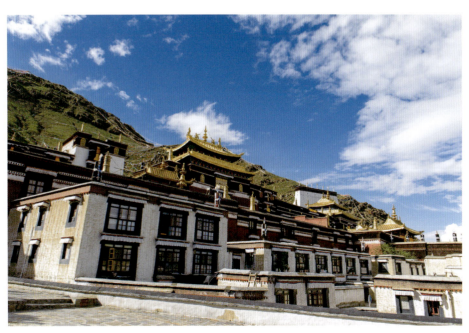

霊廟とその前壁
（タシ・ルンポ寺）

[模写3]
西川純二
鉛筆　25.5 × 35.3cm

3
第5代パンチェン・ラマ（八世）の霊廟入口

　模写と原画の書込みによると、第5代パンチェン・ラマ（＝八世）の霊廟である。この絵は Trans-Himalaya I に挿絵133として掲載されており、《タシ・ルンポ寺の第5代パンチェンラマの霊廟への階段》というキャプションがついている。入口ホールに上がる階段の手摺が特徴的である。装飾を施した2本の柱の奥に入口の扉があり、両脇には壁画が描かれていて、扉の上部には獅子頭のレリーフが並んでいる。模写と原画を見る限りではこれが何なのか判然としないが、復興された歴代パンチェン・ラマの合祀霊廟の写真と比べてみると、入口の扉の上部には7つ並んだ獅子頭のレリーフがあり、ヘディンの訪れた当時の第5代パンチェン・ラマ（＝八世）の霊廟入口にも同様の装飾が施されていたことがわかる。この第5代パンチェン・ラマ（＝八世）の霊廟および霊塔は、文化大革命期間中に破壊され、現存していない。

［原画3］
スウェン・ヘディン
鉛筆、ペン　25.0 × 35.3cm　1907

合祀霊廟入口の獅子頭のレリーフ
（タシ・ルンポ寺）

[模写 4]
田中善之助
水彩　25.4 × 35.2cm

4
霊廟の入口外に描かれた四天王

　Trans-Himalaya III巻頭の口絵ページに、この絵のモノクロ写真が掲載されている。寺堂入口左側の壁画を描いたもので、入口を守護する四天王が描かれているのだが、モノクロ写真では描かれた護法尊がいずれなのかを特定できなかった。この模写の発見と原画の確認によって、描かれた護法尊の顔色が明らかになった。画面の正面、つまり寺堂あるいは霊廟入口にむかって左手突き当たりは赤い顔の広目天であり、その手前、入口扉のすぐ左側には青い顔の増長天が描かれていたことがわかる。この絵について、ヘディンによるキャプションは《タシ・ルンポの寺堂の玄関ホール。入口を守護する護法王の二尊》とあるのみで、場所は特定できない。歴代のパンチェン・ラマの霊廟入口ホールにも四天王が描かれているのだが、ヘディンのスケッチに残る第5代（＝八世）および第3代（＝六世）パンチェン・ラマの霊廟の入口ホールと比べてみると、左に描かれた柱の形状が一致しない。『トランスヒマラヤ』では、第4代タシ・ラマ（＝パンチェン・ラマ七世）の霊廟についての描写のところで、四天王についても詳説していることから、第4代（＝七世）の霊廟入口ではないかと考えられるが、それとわかる書込みなどの確たる証拠は残されていない。寺堂入口に描く四天王の壁画は、現在のタシ・ルンポ寺の合祀霊廟にもかなり忠実に継承されている。模写と同じアングルを撮影した現在の写真と比較されたい。合祀霊廟の入口ホールは奥行きが広く、左手の突き当たりに壁はなかった。

［原画4］
スウェン・ヘディン
水彩　25.0 × 35.3cm　1907

合祀霊廟入口ホール左側
（タシ・ルンポ寺）©IKD

デプン寺の学堂入口に描かれた広目天（ラサ：デプン寺）

[模写5]
西川純二
鉛筆、水彩　24.9 × 35.1cm

5
第5代パンチェン・ラマ（八世）の霊廟の扉を開ける僧

　ヘディンはこの霊廟を訪れたときのことを次のように述べている。《入口は二枚の重厚な木製の扉で閉ざされていた。暗赤色の漆塗りの扉には、いくつも真鍮製の半球状の基部と重い環が取り付けてある。私を案内して寺院の栄華をひとつ残らず説明するよう、高僧から直々に命ぜられたラマが、聖域への扉をゆっくりと押し開いていくと、私は高い祭壇に面していた。》（as Artist p.41-42）またヘディンによれば、当時タシ・ルンポ寺では、第4代までの霊廟は非公開で、この第5代大ラマ（＝パンチェン・ラマ八世）の霊廟のみが大衆に開放され、巡礼者で溢れていたという（『トランスヒマラヤ』290頁）。ヘディンが訪れた1908年当時のパンチェン・ラマは、第6代＝九世にあたり、すぐ先代の第5代＝八世の霊廟が最も新しいものであった。ヘディンは《この霊廟は、ほぼ二〇年を経過したに過ぎず、他よりも新しくきれいだ。》（同前）と述べている。

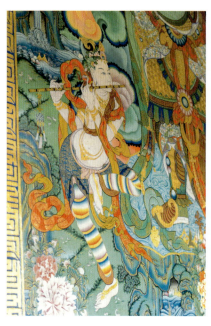

横笛を吹く童子：持国天の眷属（タシ・ルンポ寺）

1章 タシ・ルンポ大僧院 | 33

［原画 5］
スウェン・ヘディン
鉛筆、水彩　25.2 × 40.1cm　1907

合祀霊廟の扉と霊塔前の祭壇（タシ・ルンポ寺）

6
第5代パンチェン・ラマ(八世)の霊塔前の祭壇

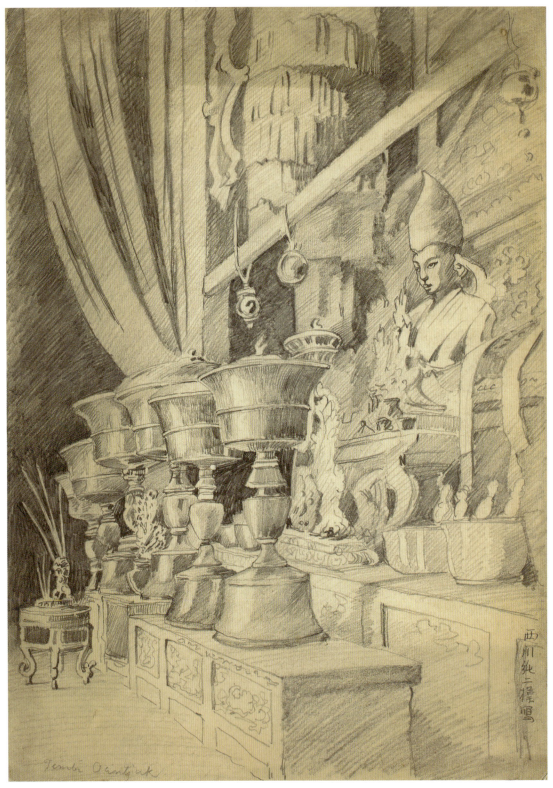

[模写6]
西川純二
鉛筆　35.2 × 25.2cm

1章 タシ・ルンポ大僧院 | 35

[原画6]
スウェン・ヘディン
鉛筆 35.3×25.1cm 1907

原画、模写ともに鉛筆による線描画であるが、*Trans-Himalaya* I に掲載された挿絵126は、墨絵を彷彿とさせるモノクロの水彩画である。おそらく *Trans-Himalaya* に収録するにあたり、原画の素描をもとに複写して水彩で陰影を加えたのであろう。モノクロであることで、霊廟の内部の暗さがよく表現されている。絵の左下角のメモ書きに見える Tembe Oantjuk は、第5代パンチェン・ラマ（＝八世）の法名：テンペー・ワンチュク བསྟན་པའི་དབང་ཕྱུག bstan pa'i dbang phyug（1855-1882）の発音を書き記したもの。霊塔の下部に置かれた仏像は、第5代パンチェン・ラマ（＝八世）の御影を写した像であろうか。この霊廟についてヘディンは次のように述べている。《ことに内面は贅をつくし、金、トルコ珠、珊瑚がかがやいている。だが、純粋にチベットふうの僧院とは異なりインド製のギアマンのシャンデリアや、幾つかの現代の電球が特に、けばけばしい　田舎の庭園ふうに、安物ぞろいではある。祭壇まえには、例により、供物台がそなえられているが、これらは多くがまったく豪奢かつ趣向に富み、高脚の大皿は黄金製で、うえに、えんえんとほのおが燃えている。右手には、貧しい巡礼たちの乏しい捧げものが釘にかかっていた。》（『トランスヒマラヤ』290頁）現在の合祀霊廟の祭壇にも数々の法具が並べられていた。比較してみると、個々の法具の形状やデザインが異なるとはいえ、祭壇の作りは比較的忠実に復元されていることがわかる。合祀霊塔の前にはパンチェン・ラマ九世、十世、十一世の御影の写真が掲げてあった。

合祀霊廟の祭壇
（タシ・ルンポ寺）

7 パンチェン・ラマの霊塔

[模写 7]
西川純二
鉛筆、白黒彩色　35.3 × 24.8cm

1章 タシ・ルンポ大僧院 | 37

[原画7]
スウェン・ヘディン
鉛筆、白黒彩色　35.4 × 25.0cm　1907

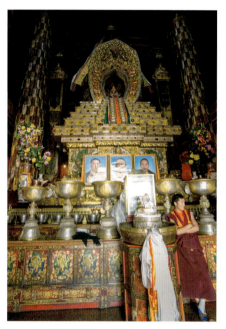

パンチェン・ラマ(五世〜九世)の合祀霊塔。最上部の仏龕には第6代(＝九世)の御影像を納める。(タシ・ルンポ寺)

　パンチェン・ラマの遺体を納めた霊塔。この絵には書込みなどの直接の説明がないため、第何代目のパンチェン・ラマの霊塔なのかは、正確にはわからない。ヘディンは Trans-Himalaya のなかで、パンチェン・ラマの霊塔について、次のように描写している。《墓そのものは、霊廟のなかにあって、石段を積み上げて軒を張り出し、階段をつけたピラミッドのような形状のチョルテン（引用注：チベット式の仏塔）であり、6〜7メートルくらいの高さがある。前面は金銀で蔓草模様などのデザインがなされ、宝石が嵌め込まれている。頂上には、1メートルほどの高さの仏龕が建てられており、あたかも前面を蓮の葉で飾った守衛室のような印象を受ける。それは［仏龕の］なかに遺影を模した座像が安置されているためで、ツォンカパ（訳注：ゲルク派の開祖）像によく見られる黄帽を身につけており、我々は［新年の］祭りの期間中に［黄帽を被った僧の］多くの例を目にした。座像の手から何枚もの絹製の長いカタ（訳注：儀礼用の献布）が吹き流しのように霊塔全体に掛けられていた。また数多くのタンカ（訳注：軸装の仏画）や旗が掛けられていて、これらはラサやタシ・ルンポで製作されたもので、宗派の開祖や霊廟の主の一代記のなかの場面が描かれている。そうした仏画の間や後側には下向きに尖った色とりどりの旗や幡が掲げられているが、いずれも古びて埃を被り、汚れていた。》(Trans-Himalaya I p.332) ヘディンのこの記述は、初代パンチェン・ラマ（＝四世）の霊塔についての描写であるが、このスケッチには「下向きに尖った色とりどりの旗や幡」が描かれていない。現地撮影の合祀霊塔の写真を見ると、霊塔両脇の柱にそれが巻付けてあるのが確認できる。腕組みをする僧の横には、ヘディンの描写にもある白いカタが掛けられている。

8
第3代パンチェン・ラマ(六世)の霊廟の入口にかかる扁額

[模写8]
安達伊太郎
鉛筆　35.1 × 25.1cm

1章　タシ・ルンポ大僧院 | 39

[原画8]
スウェン・ヘディン
鉛筆、ペン　35.3 × 25.2cm　1907

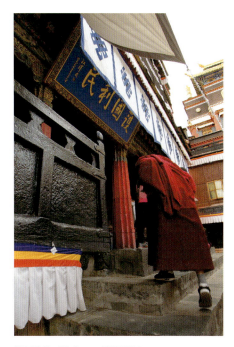

講経場横に掲げられた「護國利民」
の扁額（タシ・ルンポ寺）©IKD

　模写のメモ書きに見えるTjuckan-nupは、チベット語のチョカン མཆོད་ཁང་ mchod khang「霊廟」であろう。ヌプ ནུབ nupは「西」の意だが、このメモ書きからは、次のようなことが推察できる。修復された現在のタシ・ルンポ寺にもチョカンと呼ばれる建物がある。それは〈四世班禅霊塔殿〉で、チベット語の名称を漢字では〈曲康吉〉と音写している。〈曲康〉qǔkāngはチベット語のmchod khangに相当、注目されるのが最後の〈吉〉で、これはチベット語のキィ དཀྱིལ dkyil「中央」の音写である。とすれば、ヘディンが見た第3代（＝六世）の霊廟は、現在の〈曲康吉〉（＝改葬後は〈四世班禅霊塔殿〉）の建物を中心として、そのすぐ西側にあったと考えられる。ヘディンのスケッチには漢字の扁額が描かれている。歴史的経緯から考えて、第3代パンチェン・ラマ（＝六世）と直接交流のあった乾隆帝から贈られたものと推察され、ヘディンもTrans-Himalaya I (p.333)にその旨を記しているが、その経緯については未詳。スケッチからは書かれている漢字も認識し難い。無理を承知で判読を試みるなら（右から）「亨相益宗」（亨みて宗に相い益せん？）であろうか。この扁額はすでに失われており、歴史文献にこの扁額に関する記録が残っていないか調査してみたが不明。識者の御教示を期待したい。現在のタシ・ルンポ寺には、1989年に行われた合祀霊塔の落慶記念に献呈されたという江沢民の扁額が掲げられている。

9
講経場横の二重柱の廊下

［模写9］
西川純二
鉛筆　25.0 × 35.2cm

　この印象的な二重柱の廊下のスケッチは、*Trans-Himalaya* Iに挿絵142として掲載されている。しかし挿絵142は、モノクロの水彩であり、おそらく*Trans-Himalaya*に掲載するにあたり、著者自身が原画の素描をもとに複写し、陰影を加えたのであろう。模写はもとの素描の原画から作成されたものであることは明らかである。タシ・ルンポ寺の再建された歴代パンチェン・ラマ（五世〜九世）の合祀霊廟［ヘディンが訪れた時には、初代（＝四世）の霊廟殿］の前には、講経場と呼ばれる広い中庭がある。1989年にはここで合祀霊廟の落慶記念法要が営まれた。講経場に隣接して西側には経堂があり、その入口は中庭を囲む回廊の一部に面しており、二重柱が支えるやや広い空間になっている。壁面にはたくさんの仏が描かれていることから〈千仏廊〉と呼ばれており、壁の中央付近は毎日夕方6時からの読経に参加する若い僧たちの集合場所となっていた。ホラ貝の音を合図に修行僧たちはこの廊下に集合し、経堂へと入っていく。ヘディンはちょうど勤行の行われる経堂の入口あたりから、薄暗い逆光の廊下に何本もの柱が立ち並ぶさまを斜めに見て、シルエットで描写している。我々はヘディンがここでスケッチをしたと思われるその場所に立って写真を撮った。模写のメモにあるチベット語らしき書込みは、カダン ka brang〈柱殿〉かと思われるが不明。あるいはカダ ka dbrag「（柱の）間；空間」であろうか。

1章　タシ・ルンポ大僧院　41

［原画 9］
スウェン・ヘディン
鉛筆　25.0 × 35.4cm　1907

経堂前の二重柱の廊下：
〈千仏廊〉（タシ・ルンポ寺）

10
勤行する僧侶と導師の影

［模写10］
田中善之助
鉛筆　25.1 × 35.2cm

　タシ・ルンポ寺での勤行の風景。寺堂の内部と読経する僧侶の姿が描かれている。鉛筆画であるが濃いシルエットのタッチは、堂内の暗さをよく表現している。整然と並んで座る僧侶たちの前には床几が置かれ、横長のチベット経典に目を落としながら読誦しているさまがよくわかる。僧たちはいずれもケープを羽織っていて、衣服や柱への光の当たりかたからすると、吹き抜けになった高い天井には天窓があり、そこから光が差し込んでいるものと思われる。画面中央の奥のほうには、監督する立場の僧が、読誦する僧侶たちの間を、立って巡回している姿も見える。この絵についてヘディンは《勤行堂の初学者たち》と紹介している（*as Artist* 114）。また、画面右の黒い影は、唱導する指導的立場の高僧の影であるらしいことが現地取材により判明した。現地撮影の写真と比較されたい。写真画面右の、柱を背にしてやや高いクッションに座っているのが、唱導する高位の僧の後ろ姿である。ヘディンのスケッチの右に見える大きなシルエットは、この唱導僧の影をやや抽象化して描いたものであろう。

1章　タシ・ルンポ大僧院　43

[原画 10]

スウェン・ヘディン
鉛筆　25.0 × 35.3cm　1907

経堂における勤行の風景：指導僧と
修行者たち（タシ・ルンポ寺）©IKD

11
読経する修行僧たち

[模写11]
安達伊太郎
鉛筆　25.1 × 35.4cm

　この絵も as Artist に掲載されており、やはり《勤行堂の初学者たち》というキャプションが付けられている（as Artist 115）。しかし現在、原画は失われていて、スウェーデン民族学博物館では所蔵を確認することができなかった。キャプションにはさらに場所と年を示す Kandjur-lagang 1907と記されている。カンギュル・ラカン བཀའ་འགྱུར་ལྷ་ཁང་ bka' 'gyur lha khang とは「経堂」の意。現在歴代パンチェン・ラマの合祀霊廟の前には講経場という広場があり、その西側にある二重柱の廊下に続く「経堂」では夕方に行われる勤行が一般公開されていた。僧たちは臙脂色の僧衣のうえにゲルク派の象徴である黄色のケープを纏い、帽子を身につけて「経堂」横の廊下に集合する。扉が開くと、僧たちは列を作って堂内に入り、それぞれの席につく。入堂後もケープは身に纏ったままで、帽子だけを取って傍におく。写真の修行僧の横にある、ケープと同じ素材で房のついた黄色いものが、折り畳まれた帽子である。堂内にはヘディンのスケッチと同様に、天井の梁からタンカと呼ばれる軸装の仏画が所狭しと掛けてあった。重厚な柱は塗り直されておらず、ところどころに炭化したような黒ずみがある。ヘディンのスケッチとは異なり、修行僧は経典を持参して読むのではなく、唱導する指導僧について、暗記した経文を唱和していた。修行を始めたばかりの若い僧のための課程らしく、集中力が続かない者が、監督から指導を受けている場面も見られた。まさしく《勤行堂の初学者たち》というキャプションそのままの景観であり、ヘディンが見た100年前の伝統が、時を越えて今も同じ場所に継承されていた。

［参考］

スウェン・ヘディン
(*as Artist* 115)　1907

ケープを身に纏い読経する
少年僧たち（タシ・ルンポ寺）

12
ナムギェル・ラカン〈尊勝殿〉のツォンカパ像［水彩］

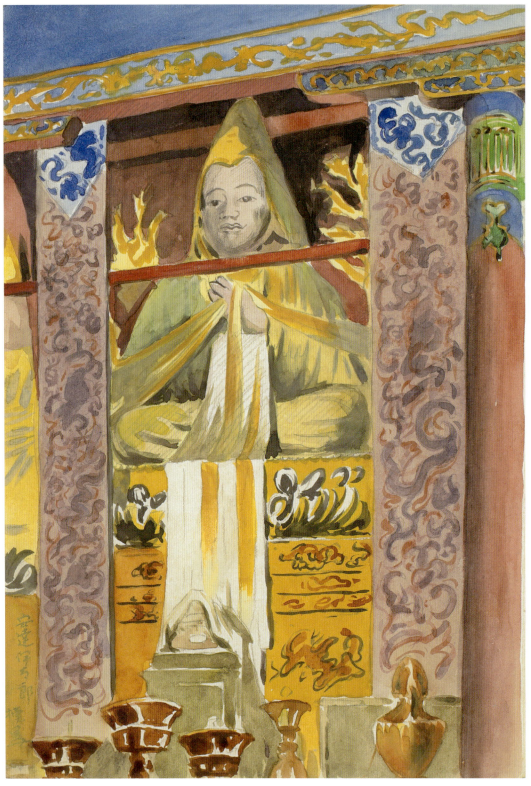

［模写12］
安達伊太郎
鉛筆、水彩　25.2 × 17.5cm

1章 タシ・ルンポ大僧院 | 47

[原画12]
スウェン・ヘディン
鉛筆、水彩　25.1 × 17.5cm　1907

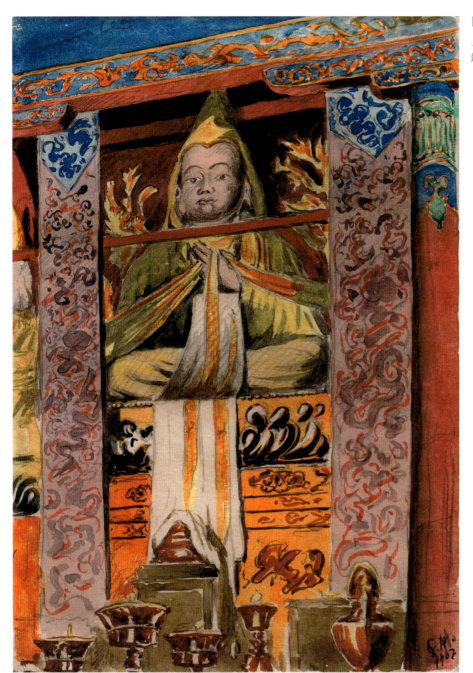

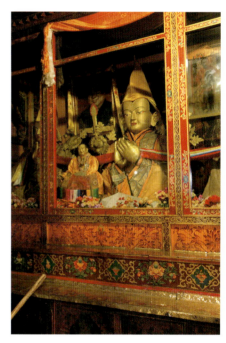

〈釈迦牟尼殿〉のツォンカパ像
（タシ・ルンポ寺）©IKD

　Trans-Himalaya I の挿絵129としてこの絵がカラーで掲載されており、キャプションには《タシ・ルンポ寺のナムギェル・ラカン〈尊勝殿〉のツォンカパ像》とある。模写には書込みは一切なく、原画にはヘディンのサインと描いた年を示す1907の数字があるのみ。現在のタシ・ルンポ寺の〈尊勝殿〉は、正式名をガンデン・ナムギェル・ラカン དགའ་ལྡན་རྣམ་རྒྱལ་ལྷ་ཁང་ dga' ldan rnam rgyal lha khang といい、ヘディンが謁見した第6代パンチェン・ラマ（＝九世）により建造された。のちに同じ第6代（＝九世）により建造された弥勒菩薩殿のすぐ隣に位置している。この弥勒菩薩殿のほうはヘディンの滞在から6年後にあたる1914年の創建なので、ヘディンの滞在時にはまだ存在していないが、先に建てられていた尊勝殿でこのツォンカパ像を見たのであろう。現在の尊勝殿内には、高さ3.78メートルのツォンカパの塑像（座像）が安置され、その両脇には弟子のダルマ・リンチェン དར་མ་རིན་ཆེན་ dar ma rin chen とゲレ・ポザン དགེ་ལྷེ་པོ་བཟང་ dge lhe po bzang の像が控える。建物は二層構造となっており、一階の主殿と二階の尊顔殿からなるというが、ヘディンの訪れたのちの時代に改修された可能性がある。現地取材時には尊勝殿が未開放であったため、ツォンカパ像の撮影はできなかった。写真は同じタシ・ルンポ寺内のキカン・ダツァン དཀྱིལ་ཁང་གྲྭ་ཚང་ dkyil khang grwa tshang〈釈迦牟尼殿〉内に安置されていた、尊勝殿のものとは別のツォンカパ像である。

13
ナムギェル・ラカン〈尊勝殿〉のツォンカパ像［線描画］

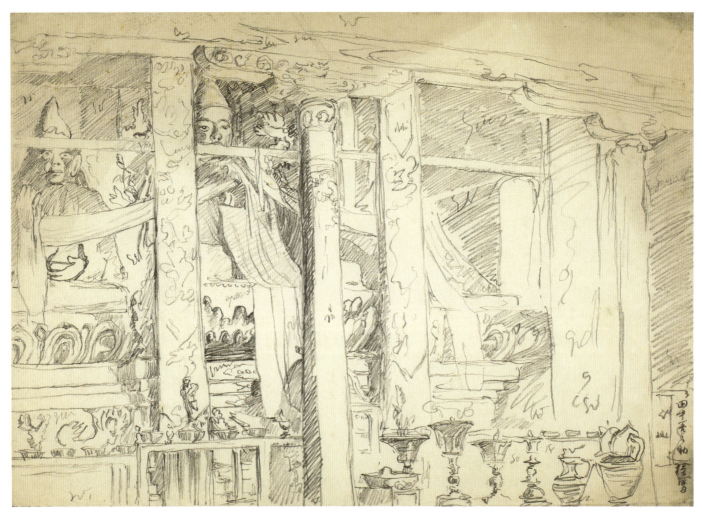

［模写 13］
田中善之助
鉛筆　25.1 × 35.6cm

〈釈迦牟尼殿〉奥の仏棚に納められたツォンカパ像（タシ・ルンポ寺）©IKD

1章　タシ・ルンポ大僧院 | 49

［原画13］
スウェン・ヘディン
鉛筆　25.0 × 35.4cm　1907

　模写には書込みが一切なく、原画にもヘディンのサインと描いた年を示す1907の数字が記載されているのみ。この絵は *Trans-Himalaya* にも *as Aritist* にも収録されておらず、残念ながらこれ以上の情報はない。描かれているのは、柱の後ろの仏棚に納められたツォンカパ像で、これは前掲【模写12】の水彩画に描かれたものと同じ像であろうと考えられる。ヘディンはこのツォンカパ像について、次のように述べている。《次に、いわゆるナムギェル・ハカン、すなわちツォンカパを祀った寺院をおとずれた。この偉大な宗教改革者の巨大な彫像を泰安する大広間は、林立する柱で支えられている。ツォンカパの名は、チベットにおいては、仏陀に比肩しうるほど有名で、万人尊崇のまとだ。わたしは、チベットで訪れた多くの寺院の、いずれにおいても、彼の像のなかったことを想起できない。》（『トランスヒマラヤ』288頁）ツォンカパ（1357-1419）は、チベット仏教の中興の祖であり、ゲルク派（黄帽派）の創始者でもある。法名をロサン・ダクパ ༄༅་བཟང་གྲགས་པ་ blo bzang grags pa といい、その意は〈善慧〉である。ツォンカパとは、後代の人々による尊称で、出生地のアムド地方（青海省）のツォンカという地名（現在のクンブム［タール寺］のあるあたり）に由来し、その地の出身者を意味する。16歳で中央チベットに入ると、各宗派の大寺院を巡り、30名にも及ぶ著名な大師や学者のもとで研鑽を積み、24歳のときに比丘戒を受けて正式に出家した。1393年より戒律を重んずる宗教改革運動を主導。『菩提道次第論』を著し、仏教のあらゆる教説は、行者が凡夫から悟りへと至る修行の道程として統合されるとするラムリム（修行の道程）の思想により、チベット仏教の教学を大成した。1409年にラサのトゥルナン寺（ジョカン）で大祈祷会を開いた翌年、ラサ郊外にガンデン寺を建立した。1419年、そのガンデン寺にて63歳で円寂。史書に記されたツォンカパの弟子は100人を超えるが、その末弟子にして後にダライラマ1世とされるゲンドゥン・ドゥプパが、ウ・ツァンの大貴族の援助を得て1447年に創設したのがタシ・ルンポ寺であり、建設には12年かかったと伝えられている。

2章 シガツェの人々

　シガツェに滞在している間、私は町はずれの庭園にテントを張り、私のキャラバン一行とわずかに残していた動物たちもそこで過ごした。我々の休息は一ヶ月半に及び、私はその時間の大半を写真を撮ったり、スケッチをしたりして過ごした。私は寺院のなかをあてどなく自由に歩き回り、そこから豊富なイラストを集めて持ち帰ってくることができた。すでに言及した静物画のほかに、私は僧侶や寺院で働く人々がさまざまな仕事に従事するさまを描いた。

　私はまず若い僧侶に注意を惹きつけられることになる。彼はドンと呼ばれるホラ貝を吹いており、そのホラ貝には銀でめったに見られない壮麗な装飾を施してあった。

　もう一枚の絵は二人の給仕僧を描いたもので、真鍮の飾りのついた大きな銅製のポットに入れた茶を僧侶たちのもとへ運んでいる。僧侶たちはそれぞれ自分の僧房にいるか、あるいは中庭に並んで坐っている。

　異様な呪いの舞踏からもいくつかの面白い場面を筆にとどめた (as Artist 123, 125, 126)。彼らは悪霊をおどすために、気味の悪い、恐ろしげな仮面をつけている。

　これらの画には、さらに町の人々、農民、巡礼、そして新年のお祭りにやってきた者たちの肖像なども加えることができよう。60歳になるペンジョルは、ひょうきん者だった (as Artist 129)。彼はある寺堂の管理人として雇われていたが、私がスケッチブックやカメラを持って歩き回っていると、いつも親しげに気持ちのいい会釈をしてくれた。

　ここには、トランスヒマラヤ山脈東部の北に位置する大湖のテングリ・ノール、すなわちナム湖(ツォ)出身の地元民とその妻たちの姿もある。また諸国を巡歴して歩く托鉢僧 (as Artist 128) や、一種の遊行尼僧のミマール［訳注：人名 mig dmar］は、悲しげで単調な歌を唱いながら、布に描かれた宗教画の意味を説明していた。彼女は街角に仏画を掲げ、わずかな聴衆を集めては、時おり喜捨を受けていた。

　こうしたすばらしい催し物がみな、われわれのキャンプへと群れをなしてやってきた。こっちでは少年たちが耳障りな小さな太鼓を叩きながら踊っているし、あっちでは生涯をかけて終わりなき巡礼の旅の途中の托鉢僧が唱っている。こちらへは使者や旅行者、ときにはシナ人の官吏もやってきた。ほんとうに光栄なことに、シガツェの女性たちまでが、繰り返しわれわれを訪問してくれたのだった。

女性たちの肖像画には、珍しいアーチ型の髪飾りを頭につけたシガツェの女性たちの姿をみることができる【模写16】。30センチもの高さになる頭飾りの枠には、青いトルコ石をぎっしりと並べて取り付けてあり、とても装飾的である。祝祭日に着飾った女性たちが寺院の屋根や廊下に大勢集まっている様子は、実に印象的で素晴らしい眺めである。

SVEN HEDIN AS ARTIST p.43 PEOPLE OF SHIGATSE

［参考］Das（1902）［本書20頁参照］に掲載されている女性の髪飾り

［参考］ドンを吹く少年僧（タシ・ルンポ寺）《班禅大師駐賜地 扎什倫布寺》所載

ひょうきん者のペンジョル（*as Artist* 129）

仮面をつけたチャムという舞踊の演者（*as Artist* 123, 125, 126）

14
シガツェ・ヅォン

[模写14]
安達伊太郎
鉛筆　25.1 × 35.8cm

　ヅォン rdzongとは、チベットの地方行政の役所にあたる城塞建築である。ヅォンという語の原義は「城塞」であったが、転じてその城塞に駐在する地方長官が統治する行政範囲の呼称となった。かつてヅォンには中央政府から派遣された任期制の長官（ヅォンポン）が駐在していた。今日、中華人民共和国の統治下にあるチベットの各地方では、ヅォンは〈県〉に相当するチベット語として使用されている。ヘディンの描いたシガツェ・ヅォンのスケッチは数種類あり、as Artistにはこの模写の原画が掲載されている（107）。Trans-Himalaya Iの挿絵134には、同じ城塞を異なる角度から描いた水彩画が掲載されている。いずれもキャプションには《シガツェの要塞、1907年》とあるのみ。シガツェ・ヅォンはタシ・ルンポ寺を取り囲む山からやや離れた町外れの小高い丘の上にあり、市街地を見下ろす威容を誇ったが、文化大革命で1968年に台座を残してすべて破壊された。現在見られるシガツェ・ヅォンは、もとの場所に2007年から再建されたもので、2010年に完成した。内部は博物館兼会議場として設計されている。復元にあたっては、ヘディンの撮影した写真も参考資料として利用されたという。いっぽうラサではダライ・ラマの居城であったポタラ宮が政庁であり、ヅォンの役割を果たしていたため、ラサにヅォンは存在しなかった。

[原画 14]
スウェン・ヘディン
鉛筆　25.1 × 35.3cm　1907

[参考] 復元資料に使われた
ヘディン撮影の写真

2010年に再建されたシガツェ・ヅォン（シガツェ）

54 | 第Ⅰ編　図　録

15
マニ車を持つ巡礼僧

［模写 15］
西川純二
鉛筆　25.2 × 17.6cm

2章　シガツェの人々 | 55

[原画 15]
スウェン・ヘディン
鉛筆
25.0 × 17.5cm
1907

　この人物の素描は、掲載された *Trans-Himalaya* III の挿絵84のキャプションによると《ラサから来た托鉢僧》で、*as Artist* 133によれば名前はツルプ テンジン Tsurup Tensin、1907年にシガツェで描かれたことがわかる。僧服を着て頭には耳当てのある帽子をかぶり、首には長い数珠を下げている。『トランスヒマラヤ』の記載を見ると、シガツェ滞在中の2月19日と3月4日の日付のある論述の間に、この僧についての記事が見られることから、その間に描かれたものと考えられる。《「旋回祈禱筒」(引用注：マニ車)をもち、首からかけた紐に、ふたつの「こて」(手袋)をつるした托鉢僧がやってきたが、彼は屈伸法（引用注：五体投地礼）で伏しながら、寺院をめぐるさいに、あたかも動物にブラシをかけるときのように、この「こて」に手を突っ込んで、これをやるのだ。》(上：322頁) 托鉢僧が手にしているのは、チベット語でマニ・コルロ མ་ཎི་འཁོར་ལོ maṇi 'khor lo と呼ぶ「マニ車」である。長い丈夫な柄の先に、経典を入れた金属製の筒をセットし、筒につけた小さな重りの遠心力で時計回りに回転させる祈りのための仏具である。筒が1回転するごとに収めた経典を1回読み上げたことに相当するとされており、チベットの人々は、老若男女、出家俗人を問わずマニ車を手に聖地を巡って歩くことを、功徳を積む行為として日常的に行っている。手に持って廻す携帯式のマニ車にも大小さまざまなタイプがある。

| 56 第Ⅰ編 図 録

ラサのリンコルに設置された固定式のマニ車

詳説 マニ車

手持ち式のマニ車には、複数段のものや傘付きのもの、柄の長い大型のものなどバラエティに富む。腰のあたりで固定して手の疲れを軽減する、専用ベルトもある。

寺院や聖地をまわる巡礼の道には、建物の壁や道沿いに固定式の大型のマニ車がいくつも並べられ、人々は祈りの真言を唱えながら筒の基部となっている木製の取手に手をかけて、ひとつひとつ回転させながら歩いていく。あるいは寺院の入り口に小さなお堂を建て、数メートルもの高さの巨大なマニ車がしつらえてあることもあり、地域によっては、風力で回転する風車式のもの、水車小屋のような独立した建造物のなかで水の力で自動回転するマニ車なども作られている。最近では太陽電池で自動回転するハイテクの小さな置物型のものまであって、自動車のダッシュボードに置かれているのを目にすることも多い。

固定式マニ車の下にはツァツァという泥製の小さな仏や仏塔が捧げられていた。(ギャンツェ：ペンコルチョルテンにて)

2章 シガツェの人々 | 57

詳説

五体投地礼

　ヘディンが描いた巡礼僧【模写15】が手にしているマニ車のすぐ上に、二の腕に抱えるようにして釘を打った靴底のようなものが見える。これは五体投地礼を行う時に、手にはめる履物であろう。『トランスヒマラヤ』では《屈伸法で伏しながら（引用注：「五体投地礼」のこと）、寺院をめぐるときに手にはめる「こて」（手袋）》（上：322頁）と説明しており、翻訳の苦労が窺われる。この「こて」は、チベット語でチャクシン ཕྱག་ཤིང་ phayg shing といい、通常は木製で、指を差し込むための布または革のバンドが取付けてあり、形状は日本の伝統的な突っかけ式の和下駄に似ている。地面に手をついたときの衝撃を和らげるため、板の裏に皮を貼って鋲止めする。ヘディンのスケッチではその底面が見えていて、貼った革の一部が擦れてちぎれ、端のほうには折れ曲がった釘のようなものが露出している。そのほかいくつか見える粒状の丸いものは、革をとめる鋲か、あるいはもしかすると革に食い込んで挟まった小石かもしれない。石畳の多い現在のラサでは、金属を貼ったものも使われている。

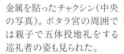
金属を貼ったチャクシン（中央の写真）。ポタラ宮の周囲では親子で五体投地礼をする巡礼者の姿も見られた。

ラサの中心地トゥルナン寺（大昭寺）の前では毎日大勢の人々が五体投地礼をして祈りをささげている。

16
頭飾りをつけたシガツェの婦人

[模写 16]
安達伊太郎
鉛筆　35.7 × 25.6cm

[参考]
スウェン・ヘディン
(*as Artist* 134) 1907

[参考] 西蔵博物館に展示されている
ツァンの女性の伝統的な服装

[参考] *Trans-Himalaya* I
157 (左) 159 (右)

　ヘディンはシガツェの女性の独特な髪飾りのスケッチをいくつも残している。この髪飾りはパチュ སྤ་ཕྲུག spa phrug（中国語では〈巴楚〉と音写）といい、ツァン地方の女性の礼装であった。ヘディンのシガツェ滞在はちょうど1907年のロサル ལོ་གསར lo gsar「新年祭」の時期にあたり、着飾ったシガツェの貴婦人を目にする機会に恵まれた。ヘディン自身による観察記録も残されている。《彼ら（＝役人たち）の妻や上層婦人たちが、色も取りどりの幻想的な装飾の圧力下に、文字どおりあえいでいる。その服の色は赤、緑、黄。装身具は頸飾り、銀のイヤリング、そして、トルコ珠をちりばめた銀の小さいケース。さらに背面には、宝石その他の装飾をいちめんにならべ、また大きな白い後光をかざしている。なかには、頭に珊瑚やトルコ珠のついた赤い湾曲物をのせている女もいる。毛髪の作りは思いおもいだ。ある女はまんなかを分け、両脇を、黒檀さながらの黒髪でふくらませ、ある女は幾つもほそい弁髪をうえへ巻きあげ、それに真珠、その他の装飾をあしらっている。》（『トランスヒマラヤ』上262頁）

　パチュの外形は横幅の広い編み笠の外枠のような形に見える。木製のフレームに赤い漆を厚く塗り、珊瑚とトルコ石が配されたもので、裾が左右に広がるように頭に載せ、細く編んだ髪を左右に振り分け、このフレームに絡めて支える。貴族の女性が身につけるパチュには高級な真珠などもあしらわれ、かつてはたいへん豪華で美しい髪飾りが製作されていたことを物語る写真も残されている（本章の解説を参照）。パチュには数種類があり、地域によって形状が異なる。ラサのものは太めのV字型のフレームで、分岐しているほうを前に向けて頭頂に水平に載せる。ツァン地方の女性が頂くパチュにはパルン སྤ་ལུང spa lung〈巴隆〉とチク སྤྱི་གུ spyi gu〈基古〉の２種類があるというが、その形状の違いは未詳。現在ではこうしたパチュは先祖からの伝来品として家庭に保存されていて、実際に使われることは少ない。伝統的なお祭りの晴着として、あるいはチベット劇のコスチュームとして見かけることがある。ラサの西蔵博物館には、ツァン地方のパチュを頂く女性の伝統的な服装が展示されていた（写真）。

| 60 | 第Ⅰ編　図　録

17
頭飾りをつけたシガツェの娘

［模写 17］
西川純二
　鉛筆　33.3 × 25.3cm

2章 シガツェの人々 | 61

［原画 17］
スウェン・ヘディン
鉛筆　35.4 × 25.1cm　1907

模写および原画の書込みにはBurtso 17歳とある。Trans-Himalaya にも as Artist にも掲載されていないが、『トランスヒマラヤ』上（319頁）の本文にはこの娘についての詳細な（かつ今日の感覚からするとかなりの偏見を含んだ）観察記述がある。《二月一九日の日記を繰ると……》という記載のあとに出てくるので、このスケッチは1907年2月19日頃に描かれたことがわかる。《ブルツォは一七歳の春をむかえた小さいシガツェ娘だが、一七年間の垢で、顔は汚い。大多数の他の夫人同様、顔は蒙古人種に特有の、きわ立った刻印をしめしている。傷筋のような細目は、針のように鋭い。まぶたの、したの部分は、うえから望遠鏡のように押し付けられ、そのために、ゆるく湾曲した鋭い線をえがき、短いまつげを、ほとんどまったく隠している。彼女の瞳孔は暗色がかった栗色を呈し、強調されたまぶたの枠のなかで輝いている。眉毛はふつう発達せず、薄く、しかもげじげじだ。決して、あのペルシアもしくはコーカサスの婦人の、鎌のような、ながい曲線を引く新月の眉だとは、お世辞にも言えない。また、顴骨は秀でているが、蒙古人ほど、たくましくはない。骨はかなり大きく部厚だが、鼻も蒙古人ほど扁平ではない。》（『トランスヒマラヤ』320頁）

［参考］伝統的な服装をした中央チベットの女性。1980年代、祭りの会場であろう。（TIBET: A COMPLETE GUIDE. Passport Books, 1986）

18
寺堂入口前の4人

［模写18］
西川純二
鉛筆　25.2 × 17.6cm

2章　シガツェの人々　63

[原画18]
スウェン・ヘディン
鉛筆　25.1 × 17.5cm　1907

[参考] パンチェン・ラマの弟の妻と五人の侍女たち
(*Trans-Himalaya* I 168)

　このラフスケッチは *Trans-Himalaya* にも *as Artist* にも掲載されておらず、絵にはどこで何を描いたのか、手がかりとなるような書込みもない。線描画で、寺院の扉の前を歩く4人のチベット人を描いている。左端の女性はシガツェの貴婦人が身につけるタイプのパチュ（頭飾り）を頂いており、後の扉には真鍮の環が取り付けてあることから、寺院の扉であることがわかる。原画にはヘディンのサインと1907の年号が記されているので、新年祭にタシ・ルンポ寺を訪れた地元の参拝者の姿を描いたものであろう。

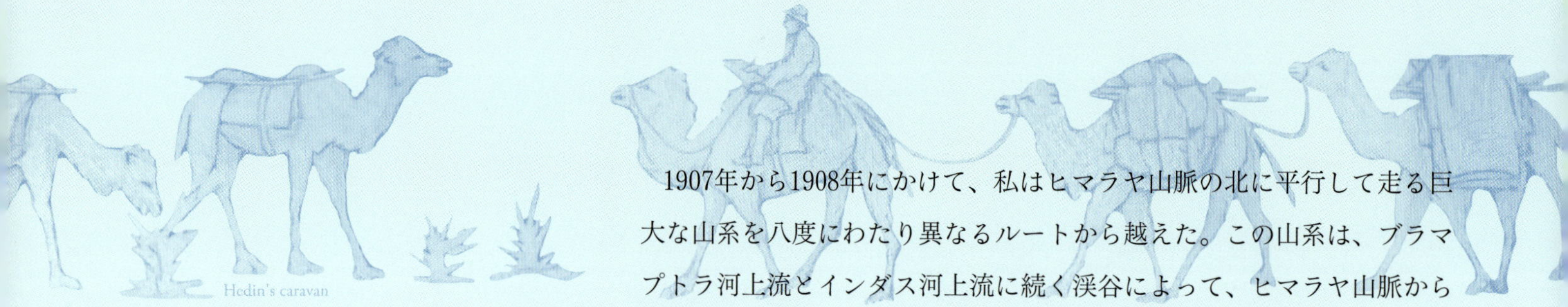

Hedin's caravan

3章　トランスヒマラヤ

　1907年から1908年にかけて、私はヒマラヤ山脈の北に平行して走る巨大な山系を八度にわたり異なるルートから越えた。この山系は、ブラマプトラ河上流とインダス河上流に続く渓谷によって、ヒマラヤ山脈から分断されている。チベットで最も有名なふたつの山、至高の聖山カイラスを北に、南にはドームに雪をいただく雄大なグノレラ・マンダータがあり、その間には聖なる湖マナサロワールが、濃い碧緑の水をたたえている。

　この旅行から持ち帰った数百枚にものぼるパノラマ図に、ここでざっと解説するだけでも、私の旅について新しい記録報告をもう一冊書くのと同じことになるだろう。

　この期間に描いた色彩画について、私がここで言及できるのは、ルンポカンリ、カンチュンカンリ、シャカンシャム、それにカイラスの光景だけである。これらの山々を繋ぐように、雪を頂く山系の景観がつぎつぎと連なり、中央および北チベットの高原地帯にその尾根を屹立させている。チベットの遊牧民は、この地帯をチャンタン「北部の平原」と呼んでいる。ピラミッドあるいはプリズム状に尖った峰々が連なるさまを、きわめて詳細に描いた鉛筆画のパノラマが一枚ある（*Trans-Himalaya* II 242）が、これはヒマラヤ山系のクビガンリに連なるもので、そこの氷河がブラフマプトラの源流となっている。

　トランスヒマラヤ山系のなかの平坦な窪地に水をたたえる塩湖の、彩色したパノラマ図がいくつかある。なかでもとくに注目すべきものとして取り上げるべきは、テリナム湖であろう。その色彩の美しさを際立たせるかのように、周囲はこのうえなく荒涼とした、不毛の景観に囲まれている。

　水面は、トルコ石のような輝く青緑色をしており、あたかも天空のすべてを映して反射しているかのようである。これに比べたら地中海さえもかすんでしまう。近くの山々は褐色あるいは赤い蔭に彩られており、北岸の向こう側にある連山や頂きは、明るいピンクから紫の色調を呈し、遠くなるにつれて淡く空気にとけ込んでいく。あちこちに万年雪を頂く峰々の稜線が見える。

　全方向に60から90マイル［110キロから160キロ］を見渡せる標高の高い峠に立てば、大海原を見つめているかのような幻想にとらわれる。巨大な化石化した波の上で、高い波頭が、泡の白い花輪となってくだけ散ってい

く。テリナム湖の湖岸に沿って、湖がゆっくりと乾あがっていった痕跡が、色違いの帯のように見えている[1]。

　野生のロバ、野生の羊、羚羊、ヤクがこうした塩湖の岸辺を歩き回る。遊牧民もまた、まずまずの牧草地があれば、そちらにわざわざ足を運ぶこともある。裕福な山地民は、テントや家財道具をヤクの背で運び、貧しい者は羊の背で運ぶ。動物たちが歩いたり草を食べているときに、その動きを捉えるために、すばやく紙にスケッチすることも、ときどきの楽しみであった。

SVEN HEDIN AS ARTIST p.44　THE TRANSHIMALAYAS

[1]　残念ながらヘディンが絶賛するテリナム湖のパノラマやスケッチの模写は残されていないが、トランスヒマラヤ北部の湖について、その美しい風景をイメージできる模写が数点残されていた。いずれもトランスヒマラヤからはかなり北にあたるカシミール地方のキャンプ番号302、304、320、310で描いた水彩画である。

クビガンリとブラフマプトラの源流の氷河を描いたパノラマ図（*Trans-Himalaya* II 242）

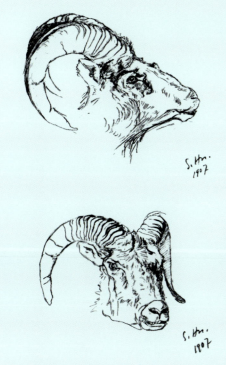

as Artist 103（上）104（下）

ラサ郊外の高原の山なみと祈りの旗

[模写 19]
石田金三
鉛筆、水彩　8.0 × 25.2cm

19
湖畔に佇む人と石積みの遠景

　湖の向岸には山並みの遠景、画面左手に石積みの前で焚火をする男性2人。赤い帽子の人物をはさんで、左側はチベット服を身に纏い、帽子をかぶった人物の後姿のシルエットであるが、右側に描かれているものは、遠景なので判然としない。後ろの岩山と同じ色使いであり、光が当たっているのに輪郭がはっきりしておらず、地面の色につながっていることから石積みを描いたものと思われるが、あるいは座っている人物かもしれない。このスケッチは Trans-Himalaya にも as Artist にも掲載されておらず、原画も失われているため、残念ながら確認ができない。画面右下にはキャンプ番号を示す302の書込みがあり、ヘディンの探検ルートマップで確認すると、Aksai-chin 湖畔である。チベットの湖はいずれも聖地なので、どの湖であれ湖畔にはよくチベット語でドプン ྡོ་ཕུང do phung あるいは ྡོ་སྤུངས do spung と呼ばれる「祈りの石積み」を見かけることが多い。写真はラサからほど近いヤムドゥク湖畔で見かけた石積みである。

湖畔の石積みとヤムドゥク湖（ナンカルツェ：ラサの南西約70km）

　アクサイチン Aksai-chin 湖は、中国、インド、パキスタンの国境が交差するカシミール地方にある。チベット高原北西部に位置し、ホータンの南部崑崙山脈とカラコルム山脈に挟まれた盆地である。盆地の海抜は4000メートルを超え、山岳部は6000メートルを超える高山地帯である。この地域は、1962年の中印国境紛争の結果、中国により実効支配されているが、インドはラダックの一部であるとして現在も領有権を主張している。中国の行政区分に従えば、大部分は新疆ウイグル自治区ホータン地区、南部の一部地域はチベット自治区ガリ地区の管轄である。古来より東トルキスタン（新疆）とインド、またタリム盆地と西域を結ぶ交通の要衝であった。

3章 トランスヒマラヤ | 67

　この絵には、キャンプ番号304の書込みがある。ヘディンの探検ルートマップで確認すると、北緯35度、東経80度付近、Aksai-chin湖畔から2つめのキャンプ地であることがわかる。描かれた地形から見る限りでは、低い山の間のなだらかな高原のようである。絵にはまた1908年の書込みがあることから、シガツェ滞在からいったんラダックのレーにもどり、キャラバンを再編成してのぞんだ第3次中央アジア探検後半のルート上にあり、レーを出発してチャンタン高原に入って間もなくの地点である。陽のあたる山肌が織りなす複雑な陰影を柔らかな色合いで描いているが、チャンタン高原の標高と植生の生み出す色彩を忠実に模しており、ヘディンの地理学者としての観察眼とアーティストとしての目の確かさがよくわかる。ヘディンはこうした彩色のパノラマ図を数多く描いていて、地形図作成の重要な資料となった。

20
チャンタン高原の山岳風景

[模写20]
西川純二
鉛筆、水彩　9.9 × 25.1cm

[原画20]
スウェン・ヘディン
鉛筆、水彩　9.9 × 25.0cm
1908

チベット高原の放牧地の遠景
（ナンカルツェ郊外）©IKD

[模写21]
石田金三
水彩　9.6 × 25.1cm

21
湖畔の夜の山月

　湖の対岸の山の影にかかる白い満月が印象的なこの絵は *Trans-Himalaya* にも *as Artist* にも掲載されておらず、原画も失われている。どこで描かれたものか、左上に書き込まれたキャンプ番号310以外の手がかりがない。探検ルートマップでキャンプ地点310を確認すると、北緯34〜35度の間、東経31度線寄りのあたりで、現在のアクサイチン地区内である。キャンプ地のすぐ下にTsaggar-tsoという湖の名称が記されているので、この月夜の風景は、その湖のほとりであろう。しかし当該の湖は、現在刊行されている中華人民共和国発行の地図上では確認できない。チベット高原の夜は、月明かりがなければ漆黒の闇夜に沈むが、その標高の高さからまるで手が届きそうな満天の星空を、次々と流星が飛び交うさまを目の当たりにすることができる。

[模写22]
西川純二
鉛筆、水彩　7.9 × 25.1cm

朝日に染まる山肌にかかるタルチョ
［祈りの旗］（シガツェ）

22 夕日に染まる雪山

　この絵は、模写と原画の右下にキャンプ番号320の書込みがある。原画ではさらにヘディンのサインと06つまり1906年に描かれたことを示す数字が書き添えられているが、キャンプ番号が正しければ、年号は1908年の誤りである。キャンプ地点320を探検ルートマップで確認すると、北緯34度線上にあるShemen-tsoのほとりである。現在の地図で見ると該当する湖はཀླུ་མ་བྱང་སྟོང་མཚོ་ lu ma byang stong mtsho〈魯瑪江冬錯〉（あるいはཚོགས་གཙོ་མཚོ་ tshogs gtso mtsho〈措作錯〉）という名称でヘディンの地図とは一致しない。ただし国境地帯に近いためか、現在中国から刊行されている地図冊などでは詳細な地形や地名が記載されていない。ヘディンのルートマップでみると、湖の北岸にキャンプした模様であるが、湖の形は複雑なので、必ずしも南岸の山並みであるとは断言できない。雪山全体が赤く染まっているところをみると、夕日が当たっている時に描いたものであろう。

［原画22］
スウェン・ヘディン
鉛筆、水彩　7.8 × 25.1cm　1906

[模写 23]
石田金三
ペン　21.0 × 63.5cm

23
ボンバ地方の山岳風景

　迫力ある山並みのパノラマ図。ペン書きによる線描画で、欄外には鉛筆でキャンプ番号422とTarok-tsoという地名が書き込まれている。この絵は *Trans-Himalaya* II に挿絵299として掲載されており、キャプションには《キャンプ422からのパノラマ、ボンバ地方》とある。ヘディンの探検ルートマップで確認してみると、ガンディセ山脈とニェンチェンタンラ山脈が交差し、複雑な山脈が南北方向に横たわる一帯をボンバ地方と呼んでおり、キャンプ番号422は、北緯31度付近にあるテリナム湖からほぼ真西へ100キロメートルほど進んだ地点である。地図にはキャンプ地点に重なるようにTarok-tsoから流れ出るBuptsang-tsangpo〈畢多藏布〉という河の名が記されている。現在の地図上ではそれぞれタロ湖 tha ro mtsho〈塔若錯〉とプゥト河 bul tog gtsang po〈畢多藏布〉という表記になっている。

3章 トランスヒマラヤ | 71

チベット高原にも舗装道路が延びる。(ナンカルツェ県のノジンカンツァン)©IKD

[原画 23]

スウェン・ヘディン
ペン　21.4 × 64.6(28.5 × 70.0)cm　1907

4章 チベット人

　トランスヒマラヤのキャンプ地や渓谷で、私はチベット人の風俗をずいぶん描き、いくつもの運送箱に貯まるほどになったのは、大きな収穫だった。その大部分は、われわれのキャンプの近くにいた遊牧民か、自分たちのテントからわれわれを訪ねてきた者たちである。

　私がシガツェを去るとき、ラサから命令がきた。最初の数週間は特別の護衛兵が一人、私に同行し、その後は別の騎兵が交代していくという。こうすることで当局は、私がほんとうに彼らの国を退去したかを確認することができるということなのだろう。

　一定期間をおいて交代する護衛兵たちのなかに、独特の衣裳を着て、剣や小銃などの前近代的な武器を身につけた、なかなかおもしろい連中がいることに気がついた。私はこうした典型的な民兵たちをスケッチするときには、全身像を描くことに決めていた。彼らが実際に身につけていた色とりどりで装飾的な珍しいフェルトのブーツといった、あらゆる細部まで描きとめておきたかったからである【模写26】。

　彼らの大半は無帽である。厚くて濃い、ウジャウジャの髪の毛は、被物の代用品になる。なかには、真紅の布を髪に編み込んで、ターバンのように頭に巻つけた者もいる。あるいはまた、丸めた布をいくつかの大きな骨製のリングに通して輪にしたものを王冠のように頭に載せている者もいる【模写28】。冬になるとたまに、キツネの皮でできた頭巾のような帽子の外側を赤い布地でおおったものを見かけることもある。テリナム湖周辺地域出身の民兵たちは、絵になる幅広のつばのついた円錐形の帽子を被っていた【模写30】。

　チベット人たちが羊皮［の上衣］を身につける独特のやりかたは、スケッチ【模写39】に見える。彼らは腰の周りにベルトを結んで、皮の上衣を引っ張り上げると、上衣は腰回り全体に膨らんだ袋のように垂れ下がる。このようにして、彼らにとってポケットの代わりになる空間ができあがると、そこにはこまごまとした工芸品の類いのほかにも食料やタバコまでが詰め込まれる。羊皮の服を引っ張り上げるような着かたには、チベット人にとってもうひとつの利点がある。上着の丈が膝に届かなくなるくらいに短くなるので、歩くのに邪魔にならないのだ。

　チベットにおいて一般に見られる習慣であるが、とくに夏、家やテントの中では右腕を抜いて肩肌脱ぎにして、美しく赤銅色に焼けた皮膚をさらしている【模写43】。

族長は飾り立てた衣装を身に着けているので、一目でそれとわかる。彼らはよく羊皮の上着のうえに赤いマントを羽織ったり、あるいは羊皮の上着に赤い布で縁取りのラインを入れている。ここではその中からテリナム湖出身のタグラ・ツェリン【模写37】を挙げたが、彼は羊皮の服の上からさらに、なかに小さな仏像を納めたガウと呼ばれる銀あるいは銅製の小盒をいくつもつけたベルトを掛けていた。

　最後に、トランスヒマラヤの西部にあるキャンヤン出身の女性たちについて述べておこう。これらには彩色をしておいたとはいえ、水彩画と呼べるほどのものでもないが、彼女たちの衣装を特徴づける鮮やかな色彩の感じをわかっていただけたらと思う。色鮮やかな衣装を構成する布地やパッチワークのモザイクに使われる色は、赤が優勢ではあるけれども、黄色や緑色、ときに青を組み合わせている。とりわけ色鮮やかなのは、やや質の劣る珊瑚、銀貨、硝子玉でできた頭飾りで、あたかも網状のヴェールになっているが、顔の部分だけにはかからないように開けてある【模写44】。［また］冠状の頭飾りから背中へと、幅のある赤い垂れ幕のように布がさがり、下のほうに行くと幅が広くなり、さまざまな装飾的要素が加わってくる。銀貨やガウの蓋、貝殻などで飾り立てられていて【模写46】、ラダックで見た婦人の頭飾り[(1)]を思い起こさせる。

SVEN HEDIN AS ARTIST p.45-46 TIBETANS

耳当て付のチベット帽。俗にラサ帽ともいう。

(1) ここで言及しているラダクの婦人の頭飾りとは、*as Artist* 96 のスケッチに見えるものであろう。

Jankit：20歳になるレーの女性（*as Artist* 96）

サトレジ河源流地域の住民（ヘディン撮影）（*Trans-Himalaya* II 271）

ラダックの女性たちの踊り（*Trans-Himalaya* II 282）

24
護衛兵長：ニマ・タシの肖像

［模写 24］
安達伊太郎
鉛筆　32.0 × 21.3cm

4章 チベット人 75

［原画24］
スウェン・ヘディン
鉛筆　32.2×20.1cm　1908

模写と原画にニマ・タシ35歳、サカ（出身）という書込みがあり、原画にはさらに1908年の年号とヘディンのサインがある。この絵は *as Artist* に146として収録されている。名前はニマ・タシ ཉི་མ་བཀྲ་ཤིས་ nyi ma bkra shisで、サガ ས་དགའ་ sa dga' 出身の護衛兵の長である。描かれているのは次の【模写25】の水彩画と同じ人物。この上半身正面からの素描と、全身を横から描いた水彩画は、ポーズも同じなので、同じ時に描かれたものであろう。2枚の絵を対比してみると、さまざまなことがわかる。たとえば、この人物の左手は長剣の柄を握っており、画面の右下隅に描かれているのは、握った長剣の柄の先端面である。また上半身の素描では、斜めがけのベルトが胸の前で交差しているが、全身像と対比してみると、右肩から左脇の下へ、いちばん上に掛けられたベルトは、銃の肩掛けであることがわかる。その下に左肩から斜めがけしたベルトには、いくつも唐辛子状のものが取り付けられているのが見え、全身像にも描かれている。これはチベット語でヅェクゥ རྫས་ཁུག་ rdzas khug と呼ばれる火薬入れで、雄のアメ牛の角で作られたもの。角の根元側には金属の留め具をつけてベルトに掛け、先端は切って小さな穴があいており、中に火薬を入れたあと、木片などをねじ込んで栓をする。ヅェクゥのひとつひとつに、先込式火縄銃の1発分の火薬が充填してあるので、栓を取って銃身の先端から角の先を挿し込めば、こぼさずにちょうど1発分の火薬を装填できるようになっている。ヅェクゥの間に掛けられているのは、鉄製のメチャ མེ་ལྕགས་ me lcags「火打鎌」（火打石を当てたり擦り付けたりして火花を散らす鉄片）であろう。

タグラ・ツェリンの率いるボンパ地方の民兵（*Trans-Himalaya* II 365）

25
護衛兵長：ニマ・タシの立ち姿

[模写 25]
安達伊太郎
鉛筆、水彩　25.4 × 20.2cm

4章 チベット人 | 77

[原画25]
スヴェン・ヘディン
鉛筆、水彩　25.4 × 20.1cm　1908

[参考]タプシュを髪に編み込んだ男性の服装（西藏博物館の展示）

　この絵は Trans-Himalaya II に挿絵353としてカラーで掲載された。キャプションには《ニマ・タシ、テリナム湖までの政府派遣の護衛兵の指揮官》とある。左脇には、プンダ བོད་མདའ bod mda'「チベット銃」と呼ばれる先込式のチベットの伝統的な火縄銃を右肩から斜めがけにしている。この人物の左手は、長剣の柄（つか）を握っているが、ヘディンの水彩画では、強い日差しが当たっているのか、影の濃い部分が多いこともあって、左の腰のものが長剣の鞘だとはわかりにくい。そのためか模写では左手が握る柄と長剣の鞘の軸がズレてしまっていることが気になる。水彩画の全身像を見ると、頭には赤い布のようなものを髪に編み込んでいる。これはタプシュ སྐྲ་གཞུག skra gzhug（直訳は「髪の房飾り」）という男性用の髪飾りで、絹を細いヒモに編んで房状に束ねたもの。よくカム地方（東チベット）の男の装飾品であると紹介されることが多いが、他の地方でもよく見かける。またニマ・タシが身につけている白いフェルト地の上衣は、シガツェ地区の男性が好んで着用するタイプのものであるという。

26
銃を背負った民兵の少年

［模写 26］
安達伊太郎
ペン、水彩　25.4 × 20.3cm

メク（火打鎌）は仏具屋や骨董屋で今も売られている。実用品ではなく装飾品として使われるのだという。（シガツェ）©IKD

チベットブーツ。前列左端および後方に置いてあるシンプルなものがポゾム（男靴）で、花模様の刺繡があるほうがモゾム（女靴）。（シガツェ：骨董街の店先）©IKD

　この絵は *Trans-Himalaya* にも *as Artist* にも掲載されておらず、原画も失われている。模写には名前などの書込みも一切ない。ヘディンはチベットの民兵のスケッチをたくさん描いており、次のように述べている。《私はこうした典型的な民兵たちをスケッチするときには、全身像を描くことに決めていた。彼らが実際に身につけていた色とりどりで装飾的な珍しいフェルトのブーツといった、あらゆる細部まで描きとめておきたかったからである。》（本章冒頭の解説文参照）銃を背負ったこの少年兵が履いているのは、毛織りのチベットブーツである。チベット語では伝統的なフェルトの長靴をソンパ zon pa あるいはソムパ zom pa と呼ぶが、男が履く靴底が頑丈でシンプルなデザインのものはポゾム pho zom〈男靴〉といい、花模様の刺繡などがあしらわれ、靴底の幅が狭い女性用のものはモゾム mo zom〈女靴〉と呼んで区別する。今日では普段の生活で使われることは少なくなったとはいえ、伝統行事でチベット服を身につける際には、やはりこのチベットブーツが欠かせない。また腰に下げている財布のようなものは、チベット語でメク me khug という革製の小物入れである。上部のポケットには小さな火打石を収めてある。下部には鎌形をした鉄の板（火打鎌）が取り付けてあり、ここに火打石に当てて火を起こす。ポケットの蓋となる革の表面には金属の細工や石などで美しく装飾を施したものが少なくない。

27 ヤクに乗った護衛兵

[模写 27]
西川純二
鉛筆、ペン　20.4 × 25.2cm

　原画には1908年の年号とヘディンのサインがあるだけで、それ以外に模写にも原画にも書込みはない。この絵は *Trans-Himalaya* II に挿絵348として掲載されているが、キャプションには《護衛の騎兵》とあるのみ。護衛兵が乗っているのは、ヤクである。標高3000メートルを越えるヒマラヤの高地に生息する体毛の長い牛で、チベットの代表的な家畜として知られる。チベットの牧畜民は、ヤクを放牧し、長い毛を刈って織物やテントを作り、耕作や荷物運びに使い、糞は乾燥させて燃料とし、その乳を加工したヨーグルト、チーズ、バターは食生活に欠かせない。なおチベット語でヤク གཡག gyagとは「成熟した雄」をさすことばで、メスはビあるいはディと発音される別の語 འབྲི 'briである。だから厳密にいえば「ヤクのミルク」という言いかたはおかしい、ということになる。ヘディンが第3章の解説で述べているように《裕福な山地民は、テントや家財道具をヤクの背で運び》、駄獣として使うのみならず、鞍をつけて人間がその背に

4章 チベット人 | 81

[原画 27]
スウェン・ヘディン
鉛筆、ペン　20.2 × 25.4cm　1908

またがる場合もあった。実際、道路や車などのインフラ整備が進んでいなかった1980年代頃までは、チベットの農村地区でもヤクの背に乗って移動の手段としたり、学校へ通ったりするこどもたちの姿を見かけることもあった（参考写真）。ヤクの肉は香ばしくて旨い。2016年の現地取材時には、宿泊したラサのホテルのレストランで、ヤクバーガーを食べる機会があった。本場アメリカのハンバーガーを凌駕する最高の味と香りであった。

[参考]ヤクに乗って移動するこどもたち。1980年代。
（*TIBET: A COMPLETE GUIDE*. Passport Books, 1986）

28
ボンバ地方の遊牧民の若者

[模写 28]
西川純二
鉛筆、ペン　25.3 × 20.2cm

4章　チベット人 | 83

［原画28］
スウェン・ヘディン
鉛筆、ペン
25.3 × 20.1cm
1908

　模写と原画の左下に名前と出身地の記載がある。原画は後からペン入れをしたらしく、鉛筆の筆記体のメモの上から名前と出身地が大文字のブロック体で上書きされているほか、原画にはさらにヘディンのサインと年号を示す1908の数字が書かれている。名前はTamding Angal、おそらくはタムディン・ワンギェル རྟ་མགྲིན་དབང་རྒྱལ rta mgrin dbang rgyalであろう。ボンバ地方のケブヤンKebjangの出身とある。年齢は記載されていないが、次の【模写29】に同じ人物が描かれており、そこには19歳という書込みが

ある。この絵はTrans-Himalaya IIに挿絵350として掲載された。キャプションには《ボンバ地方の若い牧民》とある。ヘディンの探検ルートマップで見るとボンバ地方のキャンプ番号420の近くにKebyangという地名が見える。模写のなかにはボンバ地方の山並みをペンで描いたパノラマ図も残されていた（【模写23：ボンバ地方の山岳風景】を参照）。ヘディンは本章冒頭の解説文で、護衛兵として派遣されてきた者のなかに《丸めた布をいくつかの大きな骨製のリングに通して輪にしたものを王冠のように頭に載

せている者もいる》と書いているが、この絵に描かれた人物の頭飾りについて述べたものであろう。文中には《骨製のリング》とあるけれども、正しくは象牙で作られたもので、チベット語では、パソ・ティコル བ་སོ་ཐིག་བསྐོར་ ba so thig bskorという。直訳すると「象牙の環」である。面白いことにこの人物の頭飾りの正面には、女性用のガウ གའུ་ ga'u（持仏入れの蓋に由来する方形の装飾品）を取り付けてあるようだ。

29
ボンバ地方出身のガイドの男2人

[模写 29]
―
ペン　25.5 × 20.1cm

4章 チベット人 | 85

[原画29]
スウェン・ヘディン
鉛筆、ペン
25.3 × 20.0cm
1908

　ボンバ地方の住人のガイド。左の無帽、片肌脱ぎの男には Tevi Dortje という書込みがある。チベット語の名前はテンペィ・ドルジェ བསྟན་འཕེལ་རྡོ་རྗེ bstan 'phel rdo rje であろう。出身地はボンバ地方の Kebjang。右の男は帽子をかぶり、サングラスをかけているように見える。Tamding Angal 19歳、やはりケブヤンの出身とあり、前掲の【模写28】の上半身像と同一人物。チベット語の名前はタムディン・ワンギェル རྟ་མགྲིན་དབང་རྒྱལ rta mgrin dbang rgyal である。2枚の絵を比べてみると、名前のほかに描かれた帽子の形状と帽子につけた装飾品も一致する。2人の立ち姿を描いたこの絵は Trans-Himalaya II の挿絵323に掲載されており、キャプションには《2人のガイド（ボンバ地方の住民）》とある。テリナム湖の畔のメンドン寺（ツォ）の先で、ニマ・タシの護衛団が去った後、西へ向かうルートの案内を務めてくれた地元の牧民であろう。右側のタムディンは、この絵ではサングラス状のもので目を覆っているが、これは、雪の反射から目を守るためのアイマスクで、チベット語ではミクラ མིག་ར mig ra と呼び、ヤクの脇腹の下に生える太い毛を編んで作ったものである。

30
鍔広の帽子をかぶった若者

[模写30]
西川純二
ペン　25.6 × 20.0cm

4章 チベット人 | 87

［原画30］
スウェン・ヘディン
鉛筆、ペン　25.4 × 20.1cm　1908

コンポ地方から来たという男性。コンシャという独特の帽子をかぶっていた。(ラサ：デプン寺)

　模写と原画に記された鉛筆書きのメモによると、名前はカムドゥルKamdulのように読めるが、対応するチベット名は不詳。年齢は25歳。Mapisa（ボンバ地方の地名か？）の出身らしい。この絵は、Trans-Himalaya IIの挿絵324に掲載された。キャプションによると《鍔広帽をかぶった少年（ボンバ地方の住民)》とある。若者がかぶっている鍔の広い帽子は、アルシャ ar zhwaといい、日差しの強い中央チベットのチャンタン高原に住む遊牧民が使うタイプのもの。赤い顎ヒモをつけた高級なフェルト製のものは、祭りや儀礼の正装として着用するという。Trans-Himalaya IIに挿絵365として掲載された民兵の集合写真（本書75頁に再録）があるが、その中央に写っているのがこの人物であろう。写真のキャプションには《チベット人の一団。テリナム湖にて》と書かれているのみである。いっぽう邦訳『トランスヒマラヤ』では、同じ写真のキャプションに《タグラ・ツェリンのおともたち》とあることから、この若者はナクツァン地方の長官タグラ・ツェリン【模写37】の衛兵のひとりだったのだろう。

88 | 第Ⅰ編　図　録

31
槍と長剣を手にした民兵の男

[参考] 交代で護衛についた地元の民兵（*Trans-Himalaya* Ⅱ 246）

[原画 31]
スウェン・ヘディン
鉛筆、ペン　25.4 × 20.1cm　1908

　模写と原画には、Mendung（出身地あるいは絵の描かれた地点）と、Sonam Tundup 26歳という書込みがあり、原画にはさらにヘディンのサインと年号を示す1908の数字が書かれている。チベット語の名前はソナム・トゥンドゥプ བསོད་ནམས་དོན་གྲུབ bsod nams don grub であろう。この絵は *Trans-Himalaya* Ⅱ の挿絵346として掲載された。キャプションによると《テリナム湖とダンラ・ユム湖の間にわたる地域出身のチベット民兵》とある。テリナム湖については、湖畔に建つメンドン寺の鮮やかな水彩画の模写が残されている（【模写49：白壁のレンガ造の僧院と僧侶たち】を参照）。

[模写 31]
西川純二
ペン　25.5 × 20.2cm

4章 チベット人 | 89

[原画32]
スウェン・ヘディン
鉛筆、ペン
25.2 × 20.1cm
1908

32
銃を背負った民兵の立ち姿

[模写32]
西川純二
鉛筆、ペン　25.3 × 20.2cm

　模写と原画の書込みにある崩し字のメモはよくわからない。名前は記載されておらず、そのかわりに Mardangni あるいは Mendongni と書かれているように見え、疑問符が添えられている。可能性としてはチベット語の སྨན་སྟོང་ནས sman stong nas「メンドン出身」（メモの語末のniは「〜より/〜から」にあたるチベット語の助詞nas［発音はネ/ニ］）をメモしたものか。45歳。その下にはさらに Duntsing Kuntsen というメモがある。これもよくわからないが、推測するにドゥンツォン・ゴンヅィン བདུན་ཚོགས་འགོ་འཛིན bdun tshogs 'go 'dzing「七人隊の長」と記したものであろうか。後考を俟ちたい。この絵は *Trans-Himalaya* III に挿絵63として収録されており、キャプションには《ソナム・ングルブ Sonam Ngurbu の兵士たち》とあって、3人の兵士が並ぶイラストの中央に配されている。ひとり模様のあるやや上等な衣装を身につけていることから、兵士たちの代表格の人物と推測される。名前はおそらくソナム・ノルブ བསོད་ནམས་ནོར་བུ bsod nams nor bu の誤記であろう。

33
銃を手にした民兵の立ち姿

　模写と原画には鉛筆でTundup Tsering 43歳、Saka（出身）という書込みがある。名前はトゥンドゥプ・ツェリン དོན་གྲུབ་ཚེ་རིང་ don grub tshe ringである。この絵はTrans-Himalaya IIの挿絵344に収録されていて、キャプションには《我々の護衛についたサカ・ヅォンの守備兵》とある。ニマ・タシ【模写24・25】がサカから率いて来た民兵のひとりであろう。ヅォン རྫོང་ rdzongとは、チベットの各地方都市に作られた要塞式の政庁をいうが（【模写14】シガツェ・ヅォンの解説を参照）、サカ・ヅォン ས་དགའ་རྫོང་ sa dga' rdzongと言うと、サカの政庁を意味すると同時に、その政庁の統轄する地域を指して「サカ県」「サカ地方」のような意味あいで、地域名として使われることも多い。

［原画33］
スウェン・ヘディン
鉛筆、ペン
25.3 × 20.1cm　1908

［模写33］
西川純二
鉛筆、ペン　25.4 × 20.1cm

34 銃を手にした民兵の男

　この絵は Trans-Himalaya にも as Artist にも掲載されていない。模写と原画の画面左下に名前と年齢が56歳、そして Saka サカ（地名）出身という書込みがある。原画にはさらに人物の足元にヘディンのサインと1908の年号が書き添えてある。名前の Puntsã に該当するチベット語は、プンツォ བུན་ཚོགས་ phun tshok で、やはりニマ・タシ【模写24・25】がサカから率いて来た民兵のひとりであろう。

［原画34］
スウェン・ヘディン
鉛筆、ペン　25.4 × 20.3cm　1908

［模写34］
西川純二
ペン　25.5 × 20.0cm

［参考］かつて使われていたチベット式火縄銃。可動式の二脚銃架つき。（西藏博物館）©IKD

35
サカの長官：ドルジェ・ツェンの横顔

［模写 35］
石田金三
鉛筆　34.0 × 23.3cm

4章 チベット人 | 93

[原画 35]
スウェン・ヘディン
鉛筆　30.2 × 20.3cm　1908

　ヘディンは第3次中央アジア探検の前半でシガツェに滞在したのち、いったんラダックのレーに引き返したあと、隊を組織し直して再びチャンタン高原を斜めに横断し、ガンディセ山脈とニェンチェンタンラ山脈の間に横たわる地図上の空白地帯であったボンバ地方の踏査を目指した。しかしサカ・ヅォンの近くでこの潜入が発覚したため、1908年4月27日にヤル・ツァンポに近いSemoku（チベット語の綴りは不明：現在の音訳字は〈斯莫苦〉）にて、サカの長官と対峙し、その後に進むべきルートの交渉を行うことになる。その長官がこのドルジェ・ツェン རྡོ་རྗེ་བརྩོན rdo rje brtson 42歳であった。この絵は Trans-Himalaya II に挿絵327として掲載されている。《ポン・ドルジェ・ツェンは並外れて背の高いチベット人で、四三歳、見たところ同情心に充ち、きりっと目立つ。シナ絹の服装を着用し、やはり絹の小帽をかぶっているが、辮髪を背に垂れ、びろうどの長靴をはいている。彼は富裕で、任地なる州に、大畜群を有す。また故郷のラサに石造家屋を有するのは、彼が「ウパ」だからだ。「ウパ」は、ラサを首都とするウ地方の住民のことだ。》（『トランスヒマラヤ』下：282頁。ポンとはチベット語で དཔོན dpon「官」の意）ダライ・ラマ政権下のチベットでは、各地のヅォン རྫོང rdzong（行政庁を兼ねた城塞）は、中央政府が派遣するヅォンポン རྫོང་དཔོན rdzong dpon と呼ばれる任期制の長官によって統治される行政単位でもあった。また「ウパ」とは、チベット語のユパ དབུས་པ dbus pa「ウ〈衛〉地方の人」の意。中央チベットはラサを中心とするウ（あるいはユにも聞こえる発音の）地方とシガツェを中心とするツァン地方に分けられ、漢字音訳では〈衛〉と〈藏〉、意訳では前者を〈前藏〉後者を〈後藏〉と呼ぶ。キセルをふかす横顔が描かれているが、シナ風の服装とともに、大きな耳飾りをつけていることが注目される。これはチベット語でソクジ སོག་བྱིལ sog byil といい、ウ地方の男性および地方政府の役人（俗官）が身分の証として身につけていたものである。

36
サカ・ヅォンの役人：ンガワンの肖像

［模写 36］
田中善之助
鉛筆　32.4 × 21.2cm

[原画36]
スウェン・ヘディン
鉛筆
32.1 × 21.2cm
1907

　サカ・ヅォンの役人（長官）の肖像。名前はンガワン སྔགས་དབང་ ngag dbang である。模写にはNgavangと名前が書き込まれているのみ。原画にはさらにヘディンのサインと、1907という年号、84という数字（不詳）が書かれている。この絵は *Trans-Himalaya* III の挿絵78に掲載されていて、キャプションには《サカ・ヅォンの長官》とある。また *as Artist* にも135として収録されており、そちらのキャプションは《チベットの貴族、シガツェ、1907年》となっていて、記録に混乱が見られる。この人物は、*Trans-Himalaya* のなかでは、前掲の【模写35】に描かれたサカ・ヅォンの長官、ドルジェ・ツェンとともに登場する。《もうひとりの長官たるガワンは、肥ってちいさい、感じのいい紳士だ。チベット服を着ているが、シナの小帽をかぶり、やはり弁髪をたらしている。》（『トランスヒマラヤ』下：282頁）人物描写は、まさしくこの絵にあてはまる。*Trans-Himalaya* には、それより前に、この人物についての言及はない。したがって、原画にある1907年の年号と、*as Artist* のキャプションは、何か別の情報が紛れ込んだのであろう。絵を見ると、着衣もチベット服ではなくて（おそらくは品質のよい絹地の）シナ服を身につけている。しかし彼がチベットの高官であることは、ドルジェ・ツェンと同じようにソクジ སོག་བྱིལ་ sog byil と呼ばれる、身分証にかわる大きな耳飾りをつけていることによって明らかである。

37
地方長官：タグラ・ツェリンの肖像

［模写 37］
西川純二
　　ペン　32.3 × 21.3cm

[原画37]
スウェン・ヘディン
鉛筆、ペン
32.3 × 21.4cm
1908

骨董市で売られていたガウ。日本語では「持仏入れ」と訳される。(シガツェ)

サカの長官ドルジェ・ツェン【模写35】と交渉したヘディンは、ギャンツェを経由してインドへ向かうことを拒絶され、ニマ・タシ【模写24・25】一行の護衛（兼監視）のもと、北上してテリナム湖(ツォ)から西へ退去する道を進むこととなった。しかしヘディンはテリナム湖の東にある未踏査の聖湖、ダンラ・ユム湖(ツォ)へ向かおうと隙をみては駆け引きを繰り返していたため、ニマ・タシは地方長官のタグラ・ツェリンに連絡する。彼は武装した民兵数十人を率いて現れると、ヘディンがダンラ・ユム湖(ツォ)へ向かうことを阻止した。こうしてヘディン一行は、テリナム湖(ツォ)の畔にあるメンドン寺(ゴンパ)から西へ向かう道を進むことになる。この絵はその地方長官の肖像であり、模写と原画に鉛筆でTagla Tseringという名前が書かれている。チベット語ではタクラ・ツェリン སྟག་ལགས་ཚེ་རིང་ stag lags tshe ringであろう。原画にはさらにヘディンのサインと年号を示す08の数字が書き加えられている。模写は明らかに素描の原画から作成されたもの。as Artistに収録された144も、同じくペンによる線画で、キャプションには《長官タグラ・ツェリン、テリナム湖(ツォ)1908年》とある。ところがTrans-Himalaya IIの挿絵329は、モノクロの水彩のようである。おそらく挿絵として収録するにあたり、この線画をもとに複写をして、水彩で陰影を加えたのであろう。キャプションには《タグラ・ツェリン、私をダンラ・ユム湖へ行かせようとはしなかった長官》とある。ヘディンはこの人物について《彼は羊皮の服の上からさらに、なかに小さな仏像を納めたガウと呼ばれる銀あるいは銅製の小盒をいくつもつけたベルトを掛けていた。》(本章冒頭の解説文より)と述べている。ガウ ག་འུ་ ga'uというのは、中に小さな仏像や経文などを入れた金・銀・銅製の小箱で、お守りとして胸の前に下げ、神仏の加護を願う。蓋には精緻な細工を凝らしたものが多い。この蓋の部分を布に縫い付けたものがさらに抽象化されて、正方形に近い形状となった装飾品も、やはりガウという。また長官が被っている帽子は、中央チベットでよく見られるタイプのもので、モクリル・アムチョ・チェン རྨོག་རིལ་ཨ་མཆོག་ཅན་ rmog ril a mchog canと呼ばれている。直訳するなら「耳付丸帽」である。

38
2人の僧

　僧服を着て長い数珠を手にした2人の僧を描いたこの絵は *Trans-Himalaya* にも *as Artist* にも掲載されていない。模写をした画学生の署名もないが、原画にはヘディンのサインと1908という年号が記載されている。模写と原画のメモ書きは、いずれも崩れた筆記体のため、判読が難しい。画面左側の、頭に布を巻いた僧はおそらくロサン བློ་བཟང་ blo bzang 16歳、であろう。年齢のあとには通常、描写地あるいは出身地が書かれているはずだが、判読不能。画面右側の、幅広い布を左肩から斜めに掛けている僧の名前は、おそらくチュワン ཆོས་དབང་ chos dbang 27歳、であろう。年齢のあとに書かれているメモはやはり判読不能。後考を俟ちたい。

[原画38]
スウェン・ヘディン
鉛筆、ペン　25.4 × 20.1cm　1908

スニーカーを履きiPhoneを手にした
現代の僧侶(ラサ：大昭寺前)©IKD

[模写38]
—
ペン　25.4 × 20.1cm

4章　チベット人 | 99

[原画39]
スウェン・ヘディン
鉛筆、ペン
25.5 × 20.5cm
1908

39
チベット人の男

[模写39]
西川純二
鉛筆、ペン　25.4 × 20.7cm

　この絵は *Trans-Himalaya* にも *as Artist* にも掲載されていない。模写と原画の画面右下に名前と22歳という年齢、そして地名が書き込まれている。原画にはさらにヘディンのサインと1908の年号が書き添えてある。名前のPunsuk Jontänに該当するチベット語は、プンツォク・ユンテン ཕུན་ཚོགས་ཡོན་ཏན phun tshok yon tanであろう。ビチュBitjuという地名は、ヘディンの探検ルートマップ上に該当する地名を見つけることができない。ヘディンの表記法によるtjuは、英語風に綴るならchuつまりチベット語でཆུchu「河」のことかと考えられる。描かれた人物の腰の部分が大きくふくらんでいるのは、長い上着をベルトの上にたくし上げ、余裕のできた空間をポケットにして、いろいろなものを納めているからであろう。この独特の上衣の着かたについては、本章冒頭の解説文中にヘディンの観察が書かれている。腰に下げているのは、ナイフと火打鎌であろう。

40
人物の肖像

[模写 40]
西川純二
鉛筆　25.3 × 17.4cm

4章　チベット人 | 101

[原画40]

スウェン・ヘディン

鉛筆　25.0 × 17.4cm　1907

　この絵は *Trans-Himalaya* にも *as Artist* にも掲載されていない。模写と原画の画面右上に名前と19歳という年齢、そして地名が書き込まれている。原画の右下にはさらにヘディンのサインと1907の年号が書き添えてあるが、右上の鉛筆による書込みと比べてみると、サインと年号は後からペンで書き加えたもののように見える。名前のSumtjukに該当するチベット語は、サムチョク བསམ་མཆོག bsam mchogであろう。セトンSetungという地名は、ヘディンの探検ルートマップ上に見つけることができない。対応する可能性のある地名としては、シガツェに近いヤル・ツァンポの対岸にSadungという地名が見えるが、チベット語の表記は不明。今日の音訳漢字では〈色定〉となっている。ヘディンの著作中には、この絵に関連するような人名、地名ともに記載はなく、どのような人物なのかについても、わからない。

41
チベット人の肖像

［模写 41］
安達伊太郎
鉛筆、白黒彩色　20.2 × 12.4cm

4章　チベット人 | 103

［原画41］
スウェン・ヘディン
鉛筆、白黒彩色　20.2 × 12.4cm　1908

　この絵は *Trans-Himalaya* にも *as Artist* にも掲載されていない。模写と原画の画面下には名前と地名、そして37歳という年齢が書き込まれている。模写の書込みは鉛筆書きであるが、原画は鉛筆の上からペンでなぞっており、しかもアルファベットはすべて大文字の活字体で際立つように書き直されていて、まるでこの絵のタイトルであるかのような印象を受ける。原画にはさらにヘディンのサインと1908の年号が書き添えてある。サインはやはり鉛筆の下書きをペンでなぞっているのに対し、年号の数字は、ペン入れをした際に書き加えたものであろうと思われる。名前のGova Tjötaに該当するチベット語は、ガワ・チョェダ དགའ་བ་ཆོས་གྲགས dga' ba chos grags であろうか。セリプク Selipuk という地名は、次章冒頭のヘディンの解説中に言及がある。《塩湖であるンガンラリン湖の畔に立つセリプク寺(ゴンパ)は、白い漆喰の壁で、屋根に近い上の部分が赤く塗装されている。》ヘディンの探検ルートマップで確認すると、チャンタン高原中部のボンバ地方にンガンラリン湖(ツォ) ངང་ལ་རིང་མཚོ ngang la ring mtsho〈昂拉仁錯〉があり、Selipukはその湖畔に見えるキャンプ地点440にある寺院名である。しかし描かれているのがどのような人物なのか、ヘディンの著作中にも記載はなく、これ以上のことはわからない。

42 遊牧民の女性の装束A

[模写42]
石田金三
ペン、水彩　25.6 × 20.8cm

4章 チベット人 | 105

[原画 42]

スウェン・ヘディン
ペン、水彩
25.2 × 20.2cm
1908

　模写と原画に鉛筆で書き込まれたメモにはハンサム Hansam 18歳、とあるが、この名前に該当するチベット語は、ルハンヅォム ཀྵ་འཛོམས་ lha 'dzoms であろうか。キャンヤン Kjangjang という地名は、ボンバ地方にあり、ヘディンの探検ルートマップ上では、キャンプ番号441あたりで、地図上で地名を確認できる。原画にはさらにヘディンのサインと年号を示す1908の数字がペンで書き込まれている。この絵は Trans-Himalaya にも as Artist にも掲載されていない。頭にはゴギェン མགོ་རྒྱན་ mgo rgyan と呼ばれる頭飾りを被り、首にはテンギュ ཕྲེང་རྒྱུད་ phreng rgyud と呼ばれる長い数珠を掛けて、左肩を片肌脱ぎにしている。ヘディンは本章冒頭の解説文中で《チベットにおいて一般に見られる習慣であるが、とくに夏、家やテントの中では右腕を抜いて片肌脱ぎにして、美しく赤銅色に焼けた皮膚をさらしている》と述べている。顔にかかる影の色が濃いことから、強い日差しのもとで描かれたのであろう。

43
遊牧民の女性の装束B

[模写43]
安達伊太郎
ペン、水彩　25.4 × 20.2cm

[参考]
スウェン・ヘディン
(*Trans-Himalaya* II 362)

　この絵の原画は失われているが、*Trans-Himalaya* IIには、挿絵362の1枚としてカラーで掲載されている。模写には鉛筆で名前と、Kjangjang（地名）、27歳という書込みがある。名前の綴りはDålma Tsesänのように見える。この名前に該当するチベット名は、ドルマ・ツェテン སྒྲོལ་མ་ཚེ་བརྟན sgrol ma tshe brtanであろう。*Trans-Himalaya* II挿絵362のキャプションは《トランスヒマラヤのキャンランに住むチベット婦人の祝日の服装と装飾品》となっている。ヘディンの探検ルートマップで見ると、北緯31～32度、東経81～82度の範囲にKyangyang（キャンプ番号443）とKyangrang（キャンプ番号444）の地名が確認できる。Selipuk寺（キャンプ番号440）のあるNganglaring-tso〈昂拉仁錯〉に近く、Ding-laという峠を越えてマナサロワル湖へ向かうルートの中間点である。現在の地図で見ると、当該の地域には〈亞熱鎮〉という集落があるが、KyangyangあるいはKyangrangに相当する音訳字の地名は確認できない。描かれているのは、鮮やかな赤い頭飾りを被り、首に長い数珠をかけた女性の装束。紺の上着の右肩を片肌脱ぎにしている。

現代のチベット人女性［地元の参拝者］
（シガツェ：タシ・ルンポ寺境内）

現代のチベット人女性［地方からの巡礼者］
（ギャンツェ：ペンコル寺境内）

44
遊牧民の女性の装束 C

　この絵もやはり *Trans-Himalaya* II 挿絵362の1枚として収録されているが、原画は失われている。挿絵362のキャプションは《トランスヒマラヤのキャンランに住むチベット婦人の祝日の服装と装飾品》であるが、これ以上の情報はない。模写には左下に名前、28歳、キャンヤン（地名）という書込みがある。名前は判読しにくいが、チミ འཆི་མེད་ 'chi med あるいはジンメ འཇིགས་མེད་ 'jig med であろうか。模写に記された地名のキャンヤンと *Trans-Himalaya* II 挿絵362のキャプションに見える地名のキャンランについては、前掲の【模写43】の解説を参照。描かれているのは、たいへん豪華なゴギェン（頭飾り）をつけた女性の装束である。左手の指にはいくつもの指輪も見えている。頭飾りにちりばめられた青い粒状のものはトルコ石、赤い粒は珊瑚であろう。

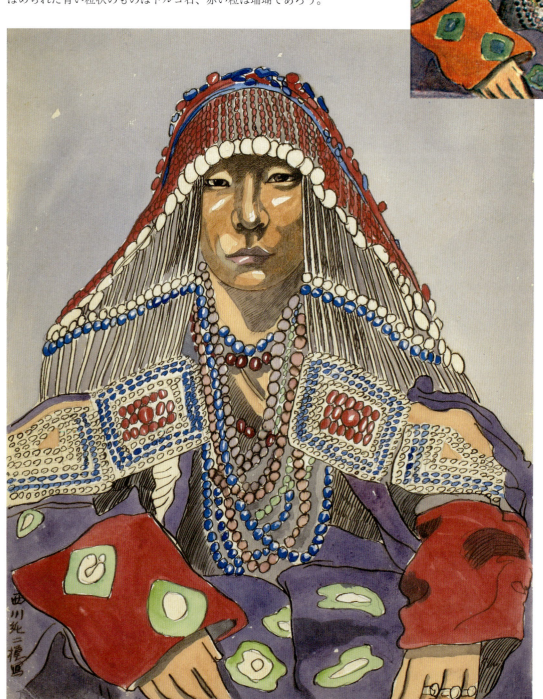

［参考］

スウェン・ヘディン
（*Trans-Himalaya* II 362）

［模写44］
西川純二
ペン、水彩　25.4 × 20.1cm

45
紺のチベット服を身につけた女性

[模写45]
安達伊太郎
ペン、水彩
25.4 × 20.3cm

　この絵は *Trans-Himalaya* にも *as Artist* にも掲載されておらず、原画も失われている。模写の画面下に鉛筆で書き込まれているTaktjeという地名だけが唯一の手がかりである。ボンバ地方の地名かと思われるけれども、ヘディンの探検ルートマップおよび *Trans-Himalaya* には、Taktje（あるいは英語の綴りにあわせるならTakche）といった地名は見えない。探検ルート上にある発音の近い地名としては、マナサロワル湖のやや東にTokchenという地名があるけれども、果たして関係があるかどうかは不明。Taktjeという地名が記された絵は、この他にも2点、模写の中に確認されている。【模写47：緑のチベット服を身につけた女性】および【模写48：遊牧民のこども】で、服装から判断するに、いずれも現地の遊牧民を描いたものと思われる。

46
紫のチベット服を身につけた女性

[模写 46]
西川純二
ペン、水彩　25.2 × 20.2cm

4章　チベット人 | 111

[原画 46]
スウェン・ヘディン
ペン、水彩
25.2 × 20.2cm
1908

　模写と原画に鉛筆で書き込まれたメモには、キャンヤン Kjangjang という地名があるのみで、それ以上の情報はない。地名については、前掲の【模写43：遊牧民の女性の装束B】の解説を参照されたい。この絵は Trans-Himalaya II の挿絵362にカラーで掲載されている。挿絵362には4枚の水彩画が収録されていて、左上の1枚がこの絵である。キャプションは4枚まとめて《トランスヒマラヤのキャンランに住むチベット婦人の祝日の服装と装飾品》とあるのみ。原画にはさらにヘディンのサインと年号を示す1908の数字が記されているが、年号の数字は Trans-Himalaya II の挿絵362には見えないことから、あとから書き加えたものであることがわかる。描かれているのは、ガウ ག av ga'u という装飾品をちりばめたタルン སྐྲ་ལུང skra lung と呼ばれる髪に留めて垂らす豪華な背面飾りを身につけた女性の姿。原画をよく見てみると、絵のパーツごとに鉛筆で書き入れた何かの略号が透けて見える。おそらくこれは、塗るべき色のメモ書きであろう。ヘディンが本章の解説文中で《これらは彩色しておいたとはいえ、水彩画と呼べるほどのものでもないが、彼女たちの衣装を特徴づける鮮やかな色彩の感じをわかっていただけたらと思う》と述べているのは、下書きの線描画に色名のメモを入れておき、あとから（記憶で）色付けした絵があることを示唆するのではないか。このような色名のメモと思しき書き入れは、第5章の【模写59：大太鼓のある祭壇前に座る僧侶】にも見られる。こちらはおそらく色づけの機会を逃し、線描画のままに残されたのであろう。

47
緑のチベット服を身につけた女性

[模写 47]
石田金三
鉛筆、ペン、水彩　25.6 × 20.3cm

4章　チベット人 | 113

［原画47］
スウェン・ヘディン
鉛筆、ペン、水彩　25.2 × 20.0cm　1908

観光地で見かけた遊牧民の装束を着た記念写真のモデルさん(ラサ：薬王山観景台)

　模写と原画に鉛筆で書き込まれたメモには、Angmo 28歳、とある。この名前に該当するチベット語は、ワンモ དབང་མོ dbang mo であろうか。タクチェ Taktje という地名については、未詳。前掲の【模写45：紺のチベット服を身につけた女性】の解説を参照されたい。この絵は *Trans-Himalaya* II の挿絵362にカラーで掲載されている。挿絵362には4枚の水彩画が収録されていて、他の3枚はいずれも Kjangjang という地名の書込みがあり、Taktje（出身）のこの女性の絵もその1枚としていっしょに掲載されていることから Kjangjang と Taktje は、同一グループに扱うことのできる、近い地域であったと考えられる。また原画にはさらにヘディンのサインと年号を示す1908の数字が記されているが、サインは鉛筆をペンでなぞっているのに対し、年号の数字は *Trans-Himalaya* II の挿絵362には見えないことから、あとから書き加えられたものであることがわかる。改めて見てみると、模写のタッチは薄めなのに比べて、原画は色とコントラストが強い。挿絵362は模写に近い柔らかなタッチなので、原画の彩色には後日手が加えられたのであろう。ヘディンが《これらは彩色しておいたとはいえ、水彩画と呼べるほどのものでもないが、彼女たちの衣装を特徴づける鮮やかな色彩の感じをわかっていただけたらと思う》（本章冒頭の解説文参照）と述べているのは、探検後に（書籍に収録するにあたって、コントラストを強調する必要があるなどで）絵に手を加えたことを踏まえての叙述であろうと想像される。

48
遊牧民のこども

［模写 48］
西川純二
鉛筆、ペン　25.5 × 20.2cm

4章　チベット人 | 115

[原画 48]
スウェン・ヘディン
鉛筆、ペン　25.3 × 20.2cm　1907

　ボンバ地方に暮らす遊牧民のこどもであろう。この絵は、ヘディンの著作の挿絵には使われていないため、これまでほとんど知られることのなかった一枚である。模写および原画の左下に鉛筆で書き込まれたメモによると、この子の名前はTashi、チベット語でタシ bkra shisは「吉祥」の意で、10歳とある。メモにはさらにTaktjeという地名が見える。また原画の右下にはヘディンのサインと1907の書込みがある。この年号が正しければ、ヘディン一行がシガツェ滞在の後で、いったんラダックに引き返し、再度ボンバ地方の踏査に出発する前までの間のルート上で描かれたことになるが、ヘディンの探検ルートマップおよび Trans-Himalaya には、Taktjeという地名は記載がない。発音の近い地名としては、マナサロワル湖のやや東にTokchenという地名が見える。もしここで描いたものだとすれば、時期的には矛盾しない。あるいは第3次探検の後半、ボンバ地方の踏査後にもヘディンはやはりこのTokchenを通過しているので、1908年の記載のある他の水彩画とは別の時期に描いたものなのかも知れない。

[参考]ツァンポ流域に住むチベットの女性たちとこども（Trans-Himalaya II 237）

as Artist 157

5章　チベットの寺と僧院

　チベットで描いた画のなかには、ツァンポ渓谷、トランスヒマラヤ、聖湖、サトレジ河上流にあるかなりの数の僧院が含まれている。塩湖であるンガンラリン湖の畔に立つセリプク寺(ゴンパ)は、白い漆喰の壁で、屋根に近い上の部分が赤く塗装されている。僧院のありさまはお祭りのようで、数えきれないほどの旗が風にはためいていて、どこか旗を飾り立てた船を思わせるところがある[(1)]。旗にはそれぞれ真言が書かれている。僧たちは、祈りの旗が風にはためいて音をたてると、神秘のことばである真言が祈りとともに、山や谷を越えて神々の耳に届くものと信じている。

　寺院内部の光と色彩の風変わりな効果には、何度見ても思わず心を奪われてしまう。陽光溢れる外から四天王の護る入口のホール【模写54】を通って、寺院の部屋に入ると、ほとんどいつものことながら、あまりに暗いので、かすかな明るさに目が慣れるまでかなりの時間がかかる【模写55】。

　だがまもなく細部の様子もはっきりしてくる。吹き抜け2階の壁面に開けられた四角い天窓から祭壇上の仏像に日の光が降り注ぐ。数ある仏像のなかに本尊として鎮座しているのはブッダであり、夢見るような眼差しと長く垂れ下がった耳をもち、近寄り難く、神秘的な微笑をたたえている【模写57】。

　壁際には、絹のマントを身に纏ったほかのさまざまな仏像【模写58】をよく見かけるが、いずれも華やかで色とりどりの模様の彫刻を施した飾り棚に安置されている。

　壁に設えた作り付けの書架には、羊皮紙に書かれた経文を何枚も重ね、それを二枚の表紙板で挟んで布で包み、革の紐で括ったものが並べて置かれている【模写56】。吹き抜けになった寺堂の天窓の飾り縁から、彩色されたいくつものタンカ［軸装の仏画やマンダラ］が整然と吊り下げられている【模写55】。

　仏像の前におかれた祭壇の台上には、供物入れるための真鍮製の盃が並べられており、神秘的な薄明に空しく吸い込まれていくのに抵抗するかのように、灯心には煙をたたえた黄色い炎が灯っている。

　マナサロワル湖の周囲にある寺院では、湖神を顕現した造形物が見られる。仮面の形をとって、ときおり垂れ幕や聖なる布、太鼓の間からじっとこちらを覗いている。［訳注：*Trans-Himalaya* II 251（本書未収）の解説と思われる。］

　最も美しい光の効果は、寺堂の広間に起こる。独創的な彫刻を施した柱頭を頂く赤い漆塗りの柱が天井を支えている。屋根の明かり窓を通し

て陽光は柱に降り注ぎ、背景の漆黒の闇の中にくっきりとその姿を際立たせる。陽光がそのようにして寺堂に射し込んで来ると、柱は燃えるルビーのように赤く輝き、不思議の洞窟に送り込

(Trans-Himalaya II 361)

まれたかのように思える。赤い僧服に身を包んだ僧侶たちは、静かに威厳のある集団を形づくっていた。

　面白かったのはトクチュ出身の高僧、ナムギェル・ドルジェで、私がセリプクに滞在している間に彼は聖なる湖への巡礼を果たすために寺院を去っていった。彼は赤と黄色の華麗なる衣装を身に纏い、頸には数珠を掛け、頭には黄色いフェルトの帽子を被り、中華風のメガネをかけていたが、このメガネは彼の外見をいっそうコミカルにしていた。

　チベット人たちは、いつも親しげで、モデルになってポーズをとってくれるよう頼むと、喜んで応じてくれた、私はたいていテントの入口あたりの運送用の箱の上に坐り、モデルのほうは、日なたに置かれた別の箱か穀物の袋の上に坐るといったぐあいであった。見物人たちはそのまわりを囲むように地面に坐り、私の仕事ぶりを観察しては、ときどき感想を述べたり、笑いのさざめきが起こったりしていた。

　私にとってみれば、こんなふうにチベット人と近づきになり、彼らの暮らしや考えかたに触れることができたのは、いつも楽しく、とても有益であった。意図したわけではなかったが、肖像画を描くことは、彼らの信用を得る手段となった。確かに彼らは私がこの素描をすることでいったい何をしようとしているのか、訝しく思っていたかも知れないが、まもなく彼らはこれが全く無害な仕事なのだとわかってくれたようだった。なおそうしたスケッチの合間にも、周辺の地方や道や峠について、あるいはまた家畜の群れとテントとともに、季節ごとに移動する彼ら自身の旅について、知っていることを話してもらった。彼らは私のテントを覗き込んでは、私が彼らと同じように地面に横たわることを確かめ、家具が彼ら自身の風通しのよい住居にあるものより、ずっと簡便なものであることも知った。仏像もなければ灯明もない。ペリン（Peling ヨーロッパ人）であり[(2)]、つまり輪廻転生も信じず、理想の境地として彼らを魅惑して止まない涅槃に至ることもない異教徒なのであった。

SVEN HEDIN AS ARTIST p.47-48 TIBETAN TEMPLE MONASTERIES

(1) ンガラリン湖(ツォ)の畔に建つセリプク寺(ゴンパ)の鮮やかな水彩画は *Trans-Himalaya* II の挿画 361 として掲載された。数多くのタルチョがはためくさまが活写されている。残念ながらこの絵の模写は残されていない。

供物を入れるための真鍮製の盃
（ギャンツェ：ペンコル寺）

(2) *Trans-Himalaya* には、現地の人がヨーロッパ人をペリン Peling と呼んでいた、あるいは現地のチベット人に自分がペリンだと見抜かれた、といった記述が何度か出てくる。このペリンというのは、チベット語の書きことばでは ཕྱི་གླིང་པ phyi gling pa つまり「外国人」で、とくに西洋人を指す語である。ラサ方言ではチリンガに近い発音であるが、その方言形の ཕྱི་གླིང་པ phi gling pa の発音（敢えてカタカナで書けばピリンガとなるが、もしピリンだけなら「外国」の意）をペリンと表記したもの。思うに最後のpa（人を指す語構成要素）は、アクセントがかからない音節なので響きが弱く、中央チベットではンガのように発音されて母音が認識されなかったのであろう。

49
白壁のレンガ造の僧院と僧侶たち

宗教問答をする修行僧（シガツェ：タシ・ルンポ寺）©IKD

5章　チベットの寺と僧院

[模写49]
安達伊太郎
ペン、水彩　9.9 × 32.3cm

[参考]
スウェン・ヘディン
(*Trans-Himalaya* II 360)

　模写のメモ書きによれば、寺の名称はメンドン寺。原画は失われているが、この絵は *Trans-Himalaya* II にカラーの挿絵360として収録されており、そのキャプションには《テリナム湖の西のメンドン寺》とある。残念ながらこの絵以外に、ヘディンがその美しさを絶賛するテリナム湖のスケッチやパノラマは、模写には残されていない。白塗りのレンガ造りの外壁を背景に赤い僧服に身を包んだ僧たちが集まっている。おそらくはチベット仏教の修行として行われる宗教問答をしているのであろう。容赦なく相手の知識を試し、論理の矛盾をつく格闘技のように激しい問答が繰り返される。写真はシガツェのタシ・ルンポ寺のキカン・ダツァン དཀྱིལ་ཁང་གྲྭ་ཚང་ dkyil khang grwa tshang〈釈迦牟尼殿〉前の中庭で行われていた宗教問答の様子である。

120 | 第Ⅰ編 図録

［模写 50］
—
ペン 20.4 × 25.4cm

50
入口で休む4人の人々：キセルで一服

　模写には書き込みが一切なく、原画にも
ヘディンのサインと描画した年を示す1908
の数字が記されているのみ。この絵は *Trans-
Himalaya* にも *as Aritist* にも収録されておら
ず、残念ながらこれ以上の情報はない。描
かれているのは、扉の前で休憩する巡礼の
一行と思しき4人の男女である。内開きの
扉が開いていて、強い日差しのもとで奥が
濃い影となっている家の入口を背に、頭に
布を巻いた女性が座り、その前には長いキ
セルを口に一服する人の姿が描かれている。
壁には塗り痕の線が描き込まれていること

から、漆喰が塗られていることがわかる。
入口の前に掛けた長暖簾を開けておくべく、
端を跳ね上げるようにしてロープでどこか
に結わえ付けている。背景の入口の描きか
たは、前掲の【模写49】に描かれたメンド
ン寺の入口のありさまにとてもよく似てい
る。強い陽光が当たる扉が開いていて、入
口の奥は影になっており、入口前に掛けた
長暖簾の端を結んでロープで吊っている。
おそらく入口で休む4人は、この寺を訪れ
た巡礼の姿をスケッチしたものであろう。

[原画50]
スウェン・ヘディン
鉛筆、ペン　20.2 × 25.4cm　1908

カム地方のチャムドから来た巡礼の一行（ラサ：デプン寺）

家の入口で羊毛を紡ぐ女性（ナンカルツェ：ヤムドゥク湖近郊）©IKD

詳説 チベット仏教の四天王

チベット仏教圏の寺堂の入口ホールには、四天王の壮麗な壁画が描かれているのを目にすることがある。チベット仏教圏における四天王は、世界の四方を守る仏法の護法尊である。チベット語ではギェルチェン・リクシ རྒྱལ་ཆེན་རིགས་བཞི rgyal chen rigs bzhi と呼ばれ、チベット寺院では内部に邪気が入ってこないように、学堂や霊廟の入口脇にその姿と世界観が描かれている。護法尊は、もとは神話上のメール山（須弥山）の頂上にあるとされる、仏教の守護神インドラ（帝釈）の住む三十三天の宮殿において、それぞれ四方に開いた門を守護する神として信仰されていた。釈迦の教えを聞いて仏教に帰依し、釈迦入滅後に仏法を護るように託されたとされている。

四天王を主導するのは、北方と冬を守護するヴァイシュラヴァナ（毘沙門天）で、その名は「知る者」を意味しており、四天王の一としては、多聞天と呼ばれている。チベット語ではナムトェセ རྣམ་ཐོས་སྲས rnam thos sras といい、黄色い顔色で描かれる。左手に持つマングースが咥える宝珠は富を象徴しており、右手に持つ宝幢（ギェルツェン）を振って、その富を多くの人に分け与えているという。

南方と夏の守護天は、ヴィルーダカ（増長天）で、その名は「強き者」を意味し、無知と戦い人間の持つ善性の根源を守護する。チベット語ではパクキェーポ འཕགས་སྐྱེས་པོ 'phags skyes po といい、青い顔色で、しばしば象の頭で作られた兜をかぶり、剣を鞘から引き抜いた姿で描かれる。増長天の持つ剣は、逆らう全てのものから仏法を護っていることを意味しているという。

東方と春の守護天は、ドゥリタラーシュトラ（持国天）で、その名は「法にかなった国を守る者」を意味し、国家を守護している。チベット語ではユルコルスン ཡུལ་འཁོར་སྲུང yul 'khor srung といい、白い顔色で、琵琶（ダムニェン）を奏でている姿で描かれる。持国天はダムニェンを奏で、その音色で世界全体を護っているとされる。

西方と秋の守護天は、ヴィルーパークシャ（広目天）で「全てを見とおせる者」を意味し、岩か悪魔の上に立ち、武具を身につけた姿で描かれる。チベット語ではチェンミサン སྤྱན་མི་བཟང spyan mi bzang といい、赤い顔で両手にストゥーパ（仏塔）とヘビを持っている。

なおこの四天王は、守る方角が決まっているが、寺院の建物の配置により方角にはズレが生じるため、入口の壁のどの位置に四天王のどの護法尊が描かれるか、その順番や配置は固定されていない。通常は寺堂の正面入口の左右両側に各二尊を描かざるを得ないので、原則を守ろうとしても必ず何か矛盾が出てくるからである。

【模写5：第5代パンチェン・ラマ（八世）の霊廟の扉を開ける僧】では、扉に向かって右横の壁に横笛を吹く童子の絵が描かれているのが見える。この童子は持国天の眷属であり、扉の右側にはダムニェンを持つ持国天が描かれていたことがわかる。再建された合祀霊廟の扉の右側にもやはり、持国天とその眷属である横笛を吹く童子の絵が描かれており、伝統を遵守した再建がなされていた。

ラサのデプン寺の寺堂入口に描かれた四天王。上から毘沙門天（多聞天）、毘沙門天が持つマングース、増長天、持国天。広目天はp.31に掲載。

51
サトレジ河流域の地形とキュンルン寺

[模写51]
安達伊太郎
鉛筆　25.5 × 40.9cm

　模写のメモ書きには、キュンルン寺、キャンプ番号463とある。原画は失われていて所在不明だが、この絵は *Trans-Himalaya* III に挿絵95として収録されており、そのキャプションには《キュンルン寺とサトレジ河》とある。キャンプ番号463は、ランガ湖〈拉昂錯〉（ラークシャスタール湖）からサトレジ河に沿って約80キロメートルほどインド側の下流へ向かった地点。サトレジ河（Sutlej）は、チベット南西端に位置するヒマラヤ山系の聖山カイラス付近のマナサロワル湖とラークシャスタール湖に源を発し、西に流れてヒマラヤ山脈を縦断、北インドとパキスタンの国境地帯から南西に向かいパンジャーブ平原を流れ、パキスタン中部でチェナブ河と合し、インダス河へと合流する。全長約1400キロメートル。サトレジ河の水源の確認は、ヘディンの第3次中央アジア探検の大きな成果のひとつであった。第3次探検の終盤、ヘディンはボンバ地方からマナサロワル湖を経て、サトレジ河沿いのルートを通り、インドのシムラへと向かった。

［参考］ヤル・ツァンポ流域の風景（ラサからシガツェへ到る道の途中で）

124 | 第Ⅰ編　図　録

［模写 52］（左）
［模写 53］（右）
西川純二
ペン
25.6 × 40.5cm（左）
25.3 × 40.3cm（右）

52 53
丘の上のダワ寺

　模写は、中央から2枚に分かれて別々に保存されていた。それぞれの画面左下に「西川純二模寫」の署名がある。原画は1枚に貼り合わされた横長1枚のパノラマ図であるが、ヘディンのサインと1908という年号の書込みが画面中央下付近と右下の2ヵ所にあり、もとは模写同様に中央から2枚に分割されていて、さらに半分に折り畳まれていたらしいことがわかる。本書に収録するにあたり、模写も原画にあわせて1枚に合成した。模写と原画の画面左下のほぼ同じ位置にDavaという地名が記されている。この絵はTrans-Himalaya Ⅲに挿絵105として収録されており、そのキャプションには《ダワ寺の僧坊》とある。ダワ མདའ་བ་ mda' ba〈達巴〉はキャンプ番号469の地点にあたり、前項の線描画【模写51】に描かれたキャンプ番号463のキュンルン寺からさらにサトレジ河に沿って下流へ約80キロメートルほど進み、北緯31.2度、東経79.9度のあたりにある。Trans-Himalaya Ⅱ（p.416）の記載によれば、ヘディンがこの寺を訪れたのは1908年8月1日から13日までの間のことである。

［原画 52］（左）　［原画 53］（右）
スウェン・ヘディン
鉛筆、ペン　25.4 × 40.5cm（左右とも）　1908

5章 チベットの寺と僧院 | 125

54
学堂入口に描かれた四天王（ダワ寺）

［模写 54］
西川純二
鉛筆、水彩　25.4 × 40.3cm

　寺堂の外側、入り口に向かって左手の壁。四天王を描いたらしい壁画が崩れ、壁のレンガがむき出しになっており、その前には法具や幡が乱雑に積み置かれている。模写と原画のメモ書きに見える最初の語のGältjenは、ギェルチェン（リクシ）ཀྱལ་ཆེན་（རིགས་བཞི་）rgyal chen (rigs bzhi) の「（四）天王」であろう。そのあとはよくわからないが、あるいはギェルチェン・ディクェ・スムチョ ཀྱལ་ཆེན་བྲིས་སྐུའི་གསུམ་ཕྱོགས་ srgyal chen bris sku'i gsum phyogs「（四）天王像が描かれた3方向」と書こうとしたものであろうか。書込みの最後にはDawaとあり、ダワ寺の寺堂の入口であることがわかる。原画にはさらにヘディンの署名と1908という年号が記載されている。この絵は Trans-Himalaya にも as Aritist にも収録されておらず、残念ながらこれ以上のことはわからない。

［原画 54］
スウェン・ヘディン
鉛筆、ペン、水彩　25.3 × 40.3cm　1908

55
大太鼓のある寺堂に佇む僧侶

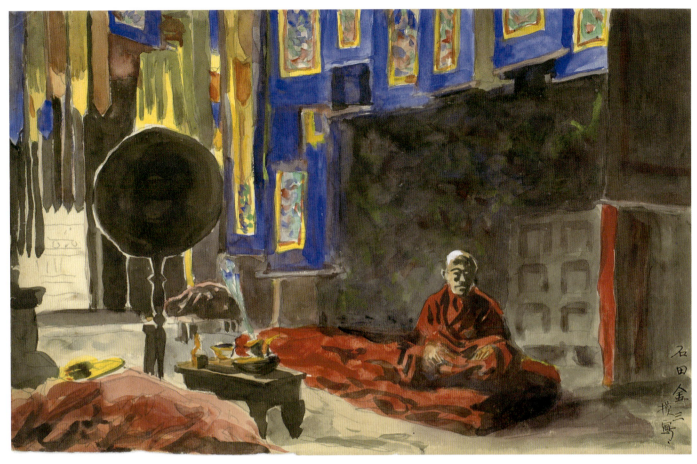

［模写 55］
石田金三
鉛筆、水彩　25.4 × 39.8cm

　タンカ（軸装の仏画）がたくさん掛けてある寺堂に座る僧と大太鼓のシルエットが描かれている。この絵は *Trans-Himalaya* にも *as Aritist* にも収録されておらず、原画も失われており、模写に書込みもないため、どこの寺で描かれたものか特定ができない。ダワ寺とは無関係かもしれないが、ヘディンの解説の流れに照らしてここに置いた。ヘディンの解説では、チベットの寺堂の内部について《陽光溢れる外から四天王の護る入口のホールを通って、寺院の部屋に入ると、ほとんどいつものことながら、あまりに暗いので、かすかな明るさに目が慣れるまでかなりの時間がかかる》《吹き抜けになった寺堂の天窓の飾り縁から、彩色されたいくつものタンカ［軸装の仏画やマンダラ］が整然と吊り下げられている》と描写している。この模写ではさらに、天井からさげられたタンカの装幀の青さと僧衣の赤が画面左手の入口から差し込む光に映えて鮮やかに描かれるいっぽうで、光の届かない僧の背後の空間や、逆光に存在感を増す大太鼓の黒い大きなシルエットが対比され、わずかな光に浮かび上がる寺堂内部の色彩をみごとに描き出している。

大太鼓の置かれた色鮮やかな寺堂内部（ギャンツェ：ペンコル寺）

[模写 56]
石田金三
ペン　26.7 × 38.7cm

56
祭壇と蔵経棚（ダワ寺）

模写と原画の書込みはいずれも判然としないが、Lama lagang Dava とあり、おそらくラマ ラカン བླ་མ་ལྷ་ཁང་ bla ma lha khang「高僧（の）御堂」（＝「僧正殿」か）とメモしたものであろう。Dava は地名（＝寺名）である。この絵は Trans-Himalaya III に挿絵111として収録されており、そのキャプションには《ダワ寺内部。左側は経典を納めた棚》とあるのみ。ヘディンは本章の解説でチベットの経典について《壁に設えた作り付けの書架には、羊皮紙に書かれた経文を何枚も重ね、それを二枚の表紙板で挟んで布で包み、革の紐で括ったものが並べて置かれている》と述べているが、チベットでは経典の印刷に供する紙を独自に生産しており「羊皮紙」などではない。かつて多田等観は、日本に将来するデルゲ版大蔵経の印刷を発注するにあたり、ブータンから質のよい紙を取り寄せたという。ただしブータンでは今日、チベット式の製紙の伝統は途絶えており、印経院のあるデルゲ（四川省）では、現地の草の根を原料とする製紙が今も行われてはいるものの、仏画用の厚手のもので、経典印刷に使われる均質で薄い紙は、工業生産品が使われている。チベットでは17世紀以来、翻訳された経典と論書を集成して各地で開版が盛んに行われ、デルゲ版（18世紀）に代表されるチベット大蔵経が刊

5章　チベットの寺と僧院

［原画56］
スウェン・ヘディン
鉛筆、ペン　25.4 × 40.4cm　1908

専用の棚に収蔵されたチベット大蔵経（ギャンツェ：ペンコル寺の集会堂）

行された。チベット大蔵経は、経文の集成であるカンギュル〈甘珠尓〉「仏説部」と注釈・論書の集成であるテンギュル〈丹珠尓〉「論疏部」とに分かれる。経典は横長の紙に7行〜10行の経文を表裏で天地が逆さになるように両面印刷したものを綴じずに重ね、巻ごとに布で包んで保存用の板で挟み、小口には巻号を示す標識を付ける。ヘディンのスケッチには実際の読誦に使われたらしい日用の経典が乱雑に収められた棚の様子が描かれているが、大部の大蔵経は大切な仏のことばであり、法宝として講堂の奥に設けた収蔵棚に安置して香華を手向け、信仰の対象になっていることも多い。

57
弥勒菩薩の座像

[模写 57]
安達伊太郎
鉛筆　25.2 × 17.6cm

5章 チベットの寺と僧院 | 131

[原画57]

スウェン・ヘディン
鉛筆 25.0 × 17.6cm 1907

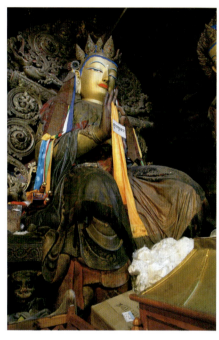

写真の弥勒菩薩像前に見える白い薄布は、捧げられたカタ（献紗）。最近では菩薩像の手に掛けられている橙色のカタもよく見かけるようになった。（ギャンツェ：ペンコル寺の集会堂）©IKD

　この絵の原画は残されていたが、Trans-Himalaya にも as Aritist にも収録されていない。模写にはメモ書きも一切なく、原画にも Tjomba と書かれているのみ。これはチベット語のチャンパ ཇམས་པ byams pa つまり「弥勒菩薩」（未来仏）を音写したものであろう。腰から下を見ると、描かれているのは座像であり、その座りかたにも弥勒菩薩の特徴が表れている。チベットの仏像は、上まぶたをやや下向きのカーブに描く造形的特徴がある。これは慈悲の心をもって衆生を見下ろす表情を描く手法であるが、ヘディンはそれを《夢見るような眼差》と表現している。弥勒は現在仏であるゴータマ・ブッダ（釈迦牟尼仏）の次にブッダとなることが約束された菩薩（修行者）で、ゴータマの入滅後56億7千万年後の未来にこの世界に現れ悟りを開き、多くの人々を救済するとされている。それまでは仏教の宇宙観にある天上界の一つである兜率天の内院（将来仏となるべき菩薩が住む所とされる）で修行（あるいは説法）をしているのだという。現在タシ・ルンポ寺には、世界最大の弥勒菩薩の座像がある。これはヘディンが謁見した第6代パンチェン・ラマ（＝九世）が、1914年に建立したもので、ヘディンがタシ・ルンポ寺を訪れた1908年にはまだ存在していなかった。それゆえこの素描の仏像は、タシ・ルンポ寺の本尊の弥勒菩薩像ではありえない。原画右下隅にはヘディンのサインがあって、そこには1907と年号が書き添えてあるが、残念ながらそれ以外に何の記録もメモもないため、どこの寺院で描かれたものなのか、特定は困難である。

58
マンナン寺の祭壇と仏像群

[模写58]
西川純二
鉛筆、ペン、水彩　25.2 × 40.2cm

中央後ろが弥勒菩薩、その前にツォンカパ、いちばん手前正面が第7代パンチェン・ラマ(＝十世)の像(シガツェ:タシ・ルンポ寺のカンギュル・ラカン)

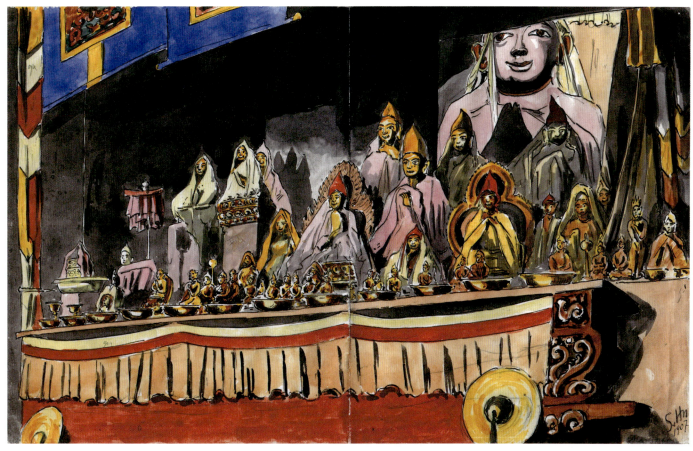

[原画58]
スウェン・ヘディン
鉛筆、ペン、水彩　25.2 × 40.4cm　1907

　模写には書込みがなく、原画には画面右下隅に1907の年号（1908年の誤り。この年号はあとで記入したものであろう）とサインがあるのみ。この絵は、Trans-Himalaya IIの挿絵382としてカラーで掲載されていて、キャプションには《マンナン寺の祭壇と仏像群》とある。マンナン寺については、この絵以外には具体的な記録がなく、よくわからない。邦訳『トランスヒマラヤ』（330頁）には、《かくて、われわれが流涕しばし別離を惜しんだのは［引用注：1908年］八月一日だった。十三日、トゥトリン僧院着。ここで、ガルトク出身のインド人医師モハンラルに会う。》とあるが、英語版のTrans-Himalaya II（p.416）を見ると《八月一日だった》のあとに、邦訳にはない ... and my party travelled past the three monasteries, Dongbo, Dava, and Mangnang (Illust. 382), and came to Totling-gompa on the 13th, ...［我が一行はドンボ、ダワ、マンナン（挿絵382）の3僧院を経由して、13日にトトリン寺にやってきた］という記載があり、ここにマンナン寺の名前が出て来る。サトレジ河に沿ってシムラへ退去する途中で、ダワ寺の次に訪れた寺であることがわかる。チベットの寺院では、この絵のように、祭壇の手前には仏教世界の神々を象った小さな仏像を並べ、中くらいの座像や立像には、この世で衆生を救済するなどの功徳を積んだ聖人の御影を写したものが多く、菩薩以上の尊格には大きな仏像が作られるという傾向がある。

59 大太鼓のある祭壇前に座る僧侶

［模写 59］
西川純二
鉛筆　25.4 × 40.1cm

　　模写と原画の画面左下にはDöltja-gompaと書かれており、原画にはさらにヘディンのサインと描いた年を示す1908という数字の記載がある。gompaはチベット語で寺院のこと。1908年という年号の記載から、第３次中央アジア探検の後半、チャンタン高原の中央南に位置するボンバ地方を踏査したのち、サトレジ河に沿ってシムラへ向かうルートの途中で描かれたスケッチであることがわかる。Döltja寺にあたる地名をヘディンの探検ルートマップ上で探してみたが、該当するような地名は見当たらず、所在地は未確認。この絵は Trans-Himalaya にも as Aritist にも収録されておらず、Trans-Himalaya の本文にもこの寺名が見えないため、残念ながらこれ以上の情報がない。描かれているのは大太鼓のある祭壇とその前に座る僧の姿である。この絵の他に、やはり太鼓のある寺堂を描いた水彩画【前掲の模写55】があるが、そちらもどこの寺で描かれた絵なのか、情報がない。描かれた寺堂の内部の様子を比べてみると、構図は似ているものの、仏具の置きかたや太鼓の形状も異なっていて、別の場所であることは明らかである。

5章　チベットの寺と僧院 | 135

[原画59]
スウェン・ヘディン
鉛筆　25.0 × 35.1cm　1908

赤い漆塗りの柱が支える寺堂に置かれた大太鼓（ギャンツェ：ペンコル寺の集会堂）©IKD

60
レー（ラダック）の宮殿の入口

［模写 60］
西川純二
　鉛筆　27.4 × 21.3cm

5章　チベットの寺と僧院 | 137

[原画60]
スウェン・ヘディン
鉛筆
25.4 × 20.4cm
1906

　残された模写のなかで、この絵だけが第3次中央アジア探検出発の直前、1906年にラダックのレーで描かれたものである。as Artistに収録された素描95のキャプションには《レーの正門。ラダック1906年》とあり、Trans-Himalaya Iの挿絵33には《レーの宮殿の入口》と書かれている。『トランスヒマラヤ』には、レーの宮殿について、次のような描写がある。《レーにある昔の古色蒼然たる宮殿は、あたかも消えうせた偉業の、巨大な記念塔のように、岩上に聳えている。》以下、その屋根から見たレーの街の眺望が語られるが、英語版では（ドイツ語版からの）邦訳では省略された、宮殿入口から内部についての描写がさらに数行続く。《柱で支えられた宮殿の正門入口は、絵のように美しく映えている。この正門から舗装された長く暗いエントランスに入り、石の階段を上り、暗い通路と廊下を通って、枝分かれした小さな通路がバルコニーの窓へと続いている。内部は、しかし、ホールを歩き回ってもやはりどこも同じように暗い。今やこの不気味な城には誰も住んでおらず、その幻影からは途方もない怪談の一場面をも簡単に作り出すことができるだろう。鳩だけがこの時を経て古びた遺跡のなかで若々しく存在していて、その安らぎと活発さを示すかのようにクークーと鳴いていた。》（Trans-Himalaya I p. 58より抄訳）ラダックのレーは、チベット文化圏の最も西に位置する街である。宮殿のエントランスの柱の意匠は独特であると同時に、遥か東の中央チベットにあるタシ・ルンポ寺の霊廟入口に見られる柱の造りや獅子頭の彫刻との共通性が見てとれる。

スウェン・ヘディンは、1901年の第2次中央アジア探検でラサを目指したが、ラサの北方約300キロのナクチュカで前進を阻まれ、ニェンチェンタンラ山脈を越えることなく撤退を余儀なくされた。第3次探検においても当初の目標として、ラサ到達を計画していたが、途中でまたしてもナクツァンの長官であるルハジェ・ツェリンに阻まれ、交渉の結果、パンチェン・ラマが座主をつとめるタシ・ルンポ寺のあるシガツェへとルートを変更することになった。ヘディンにしてみれば、ラサに入った外国人はすでに何人もいて、ラサ近郊およびその東側（ウ地方）の状況は、比較的よくわかっていた。ヘディンが第3次探検に出発した1906年当時にあっては、ラサより西のヤル・ツァンポの北側に広がる高原地帯こそが、未探検の地図上の空白地帯であり、探検の主たる目標も、その地域の地理を明らかにすることにあった。それゆえ、ヘディンは最終的にラサに到達することには拘泥しなかったのであろう。

　溯って1903年、イギリスはヤングハズバンドの指揮する武装使節団をチベットに侵攻させ、ラサ入城の直前にダライ・ラマ13世は亡命を決めてラサを脱出、モンゴルのウルガ（現在のウランバートル）へ向かい、1年余り滞在し、青海を経て1908年9月に北京に到着した。しかしチベットを植民地化したい清朝に冷遇され、1年余りの滞在ののち、1909年末にようやくラサへ戻ることになる。ヘディンが第3次探検でチベットを訪れた1907年には、ダライ・ラマ13世はチベットを離れていて不在だった。それゆえ、政治的な思惑や事情もあって、第6代パンチェン・ラマ（＝九世）がチベットの代表者であるがごとくに振る舞い、世界情勢を知るヘディンを歓待したのであった。

　シガツェを退去したヘディンは、ヤル・ツァンポに沿って西へ進み、カイラス山とマナサロワル湖を経由していったんラダックのレーに戻って隊を整え直したのち、再びチャンタン高原を斜めに横断して、翌1908年の前半まで、ヤル・ツァンポの北側に広がる西チベットの山岳地帯を踏査し、こんどはマナサロワル湖からサトレジ河に沿ってインドのシムラへと向かい、第3次探検を終えた。そして帰国前に日本の招待に応じ、現地でのスケッチを携えて来日することになるのである。

　スウェン・ヘディンはその生涯において、チベットの象徴的存在であり、歴代ダライ・ラマの居城であったラサのポタラ宮を、ついに目にすることはなかった。

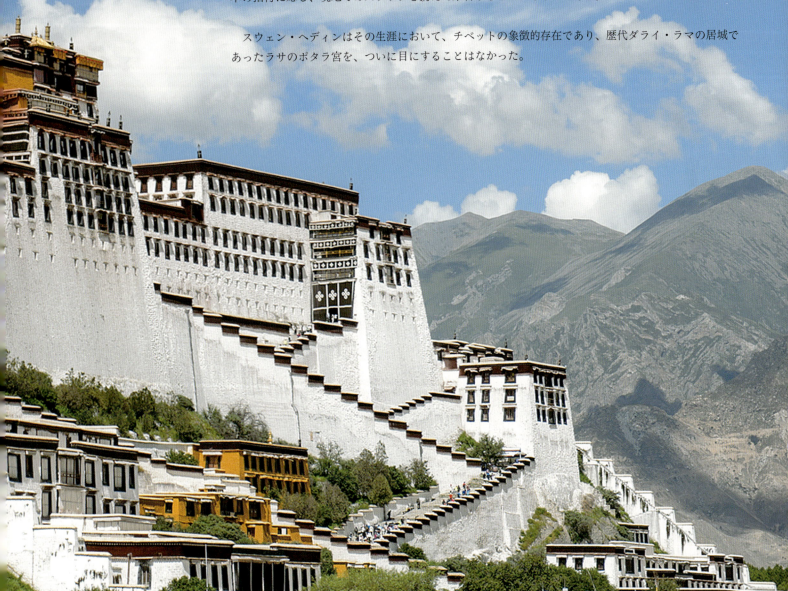

模写60点とそれらの原画およびヘディンによる著作中の挿絵等の対応リスト

本書中の図番号	描いた人	描かれたもの	メモ書き	年号	描かれた場所／キャンプ	鉛筆／ペン／水彩	縦×横 (cm)	ヘディンの著作中の挿絵、スケッチ等	所蔵機関：ID
模写1	安達伊太郎	タシ・ルンポ寺全景	無	—	シガツェ	鉛筆	25.1×35.4	*Trans-Himalaya*, Vol. I (1910), Illustration 118; *Sven Hedin as Artist* (1964), No. 110	京都大学標識番号：I -5
原画1	Hedin		無	1907		鉛筆の上からペン	25.1×35.4		Etnografiska MuseetID: A:1 VI:542
模写2	西川純二	タシ・ルンポ寺：ラブランの前壁	有	—	シガツェ	鉛筆、ペン、水彩	25.0×35.2	—	京都大学標識番号：I -13
原画2	Hedin		有	(19)08		鉛筆、ペン、水彩	25.1×35.4		Etnografiska MuseetID: Shelf A:2 VI:574
模写3	西川純二	第5代パンチェン・ラマ（八世）の霊廟入口	有	—	シガツェ	鉛筆	25.5×35.3	*Trans-Himalaya*, Vol.I (1910), Illustration 133	京都大学標識番号：I -3
原画3	Hedin		有	(19)07		鉛筆の上からペン	25.0×35.3		Etnografiska MuseetID: Shelf A:1 VI:547
模写4	田中善之助	霊廟の入口外に描かれた四天王	無	—	シガツェ	水彩	25.4×35.2	*Trans-Himalaya*, Vol.III (1913), frontispiece（白黒）	京都大学標識番号：I -21
原画4	Hedin		無	1907		水彩	25.0×35.3		Etnografiska MuseetID: Shelf A:1 VI:558
模写5	西川純二	第5代パンチェン・ラマ（八世）の霊廟の扉を開ける僧	無	—	シガツェ	鉛筆、水彩	24.9×35.1	*Trans-Himalaya*, Vol. I (1910), Illustration 132	京都大学標識番号：I -22
原画5	Hedin		無	(19)07		鉛筆、水彩	25.2×40.1		Etnografiska MuseetID: A:1 VI:556
模写6	西川純二	第5代パンチェン・ラマ（八世）の霊塔前の祭壇	有	—	シガツェ	鉛筆	35.2×25.2	*Trans-Himalaya*, Vol. I (1910), Illustration 126; *Sven Hedin as Artist* (1964), No. 113	京都大学標識番号：I -18
原画6	Hedin		有	1907		鉛筆	35.3×25.1		Etnografiska MuseetID: A:1 VI:548
模写7	西川純二	パンチェン・ラマの霊塔	無	—	シガツェ	鉛筆、白黒彩色	35.3×24.8	*Trans-Himalaya*, Vol. I (1910), Illustration 125	京都大学標識番号：I -7
原画7	Hedin		無	1907		鉛筆、白黒彩色	35.4×25.0		Etnografiska MuseetID: A:1 VI:545
模写8	安達伊太郎	第3代パンチェン・ラマ（六世）の霊廟の入口にかかる扁額	有	—	シガツェ	鉛筆	35.1×25.1	*Trans-Himalaya*, Vol. I (1910), Illustration 128	京都大学標識番号：I -4
原画8	Hedin		有	(19)07		鉛筆の上からペン	35.3×25.2		Etnografiska MuseetID: Shelf A:1 VI:546
模写9	西川純二	講経場横の二重柱の廊下	有	—	シガツェ	鉛筆	25.0×35.2	*Trans-Himalaya*, Vol. I (1910), Illustration 142	京都大学標識番号：I -15
原画9	Hedin		有	1907		鉛筆	25.0×35.4		Etnografiska MuseetID: Shelf A:1 VI:543
模写10	田中善之助	勤行する僧侶と導師の影	無	—	シガツェ	鉛筆	25.1×35.2	*Trans-Himalaya*, Vol. I (1910), Illustration 154; *Sven Hedin as Artist* (1964), No. 114	京都大学標識番号：I -23
原画10	Hedin		無	1907		鉛筆	25.0×35.3		Etnografiska MuseetID: Shelf A:1 VI:537

模写11	安達伊太郎		有	—		鉛筆	25.1×35.4	*Trans-Himalaya*, Vol. I (1910), Illustration 127; *Sven Hedin as Artist* (1964), No. 115	京都大学標識番号：I -25
—	Hedin	読経する修行僧たち	—	—	シガツェ	—	—		Etnografiska MuseetID: not found
模写12	安達伊太郎		無	—		鉛筆、水彩	25.2×17.5	*Trans-Himalaya*, Vol. I (1910), Illustration 129	京都大学標識番号：I -8
原画12	Hedin	ナムギェル・ラカン〈尊勝殿〉のツォンカパ像［水彩］	無	1907	シガツェ	鉛筆、水彩	25.1×17.5		Etnografiska MuseetID: B:11 VI:373
模写13	田中善之助		無	—		鉛筆	25.1×35.6		京都大学標識番号：I -19
原画13	Hedin	ナムギェル・ラカン〈尊勝殿〉のツォンカパ像［線描画］	無	1907	—	鉛筆	25.0×35.4	—	Etnografiska MuseetID: Shelf A:1 VI:550
模写14	安達伊太郎		有	—		鉛筆	25.1×35.8	*Sven Hedin as Artist* (1964), No. 107	京都大学標識番号：I -6
原画14	Hedin	シガツェ・ヅォン	有	1907	シガツェ	鉛筆	25.1×35.3		Etnografiska MuseetID: Shelf A:1 VI:552
模写15	西川純二		有	—		鉛筆	25.2×17.6	*Trans-Himalaya*, Vol. III (1913), Illustration 84; *Sven Hedin as Artist* (1964), No. 133	京都大学標識番号：II -32
原画15	Hedin	マニ車を持つ巡礼僧	有	1907	シガツェ	鉛筆	25.0×17.5		Etnografiska MuseetID: B:9 VI:132
模写16	安達伊太郎		無	—		鉛筆	35.7×25.6	*Trans-Himalaya*, Vol. I (1910), Illustration 158; *Sven Hedin as Artist* (1964), No. 134	京都大学標識番号：I -9
—	Hedin	頭飾りをつけたシガツェの婦人	—	—	シガツェ	—	—		Etnografiska MuseetID: not found
模写17	西川純二		有	—		鉛筆	33.3×25.3		京都大学標識番号：I -12
原画17	Hedin	頭飾りをつけたシガツェの娘	有	1907	シガツェ	鉛筆	35.4×25.1		Etnografiska MuseetID: A:1 VI:512
模写18	西川純二		無	—		鉛筆	25.2×17.6		京都大学標識番号：II -8
原画18	Hedin	寺堂入口前の4人	無	1907	—	鉛筆	25.1×17.5		Etnografiska MuseetID: B:11 VI:364
模写19	石田金三		有	—		鉛筆、水彩	8.0×25.2	*Southern Tibet* (1917), Vol. III, p.316（上段の挿絵）	京都大学標識番号：II -4
—	Hedin	湖畔に佇む人と石積みの遠景	—	—	C302	—	—		Etnografiska MuseetID: not found
模写20	西川純二		有	—		鉛筆、水彩	9.9×25.1	*Southern Tibet* (1917), Vol. IV, p.221（下段の挿絵）	京都大学標識番号：II -5
原画20	Hedin	チャンタン高原の山岳風景	有	1908	C304	鉛筆、水彩	9.9×25.0		Etnografiska MuseetID: B:11 VI:384
模写21	石田金三		無	—		水彩	9.6×25.1		京都大学標識番号：II -6
—	Hedin	湖畔の夜の山月	—	—	C310	—	—	—	Etnografiska MuseetID: not found

模写22	西川純二	夕日に染まる雪山	有	—	C320	鉛筆、水彩	7.9×25.1	—	京都大学標識番号：II-2
原画22	Hedin		有	(19)06		鉛筆、水彩	7.8×25.1		Etnografiska MuseetID: C:8 VI:464
模写23	石田金三	ボンバ地方の山岳風景	有	—	C422	ペン	21.0×63.5	*Trans-Himalaya*, Vol. II (1910), Illustration 299; *Southern Tibet* (1917), Vol. III, p.353（下段の挿絵）	京都大学標識番号：II-3
原画23	Hedin		有	1907		ペン	21.4×64.6 (28.5×70.0)		Etnografiska MuseetID: Shelf NO Reference Number
模写24	安達伊太郎	護衛兵長：ニマ・タシの肖像	有	—	サカ（サガ）	鉛筆	32.0×21.3	*Sven Hedin as Artist* (1964), No. 146	京都大学標識番号：II-24
原画24	Hedin		有	1908		鉛筆	32.2×20.1		Etnografiska MuseetID: B:10 VI:219
模写25	安達伊太郎	護衛兵長：ニマ・タシの立ち姿	有	—	テリナム湖へ向かう途上	鉛筆、水彩	25.4×20.2	*Trans-Himalaya*, Vol. II (1910), Illustration 353	京都大学標識番号：II-21
原画25	Hedin		有	1908		鉛筆、水彩	25.4×20.1		Etnografiska MuseetID: B:10 VI:315
模写26	安達伊太郎	銃を背負った民兵の少年	無	—		ペン、水彩	25.4×20.3	—	京都大学標識番号：II-14
—	Hedin		—	—		—	—		Etnografiska MuseetID: not found
模写27	西川純二	ヤクに乗った護衛兵	無	—		鉛筆の上にペン	20.4×25.2	*Trans-Himalaya*, Vol. II (1910), Illustration 348	京都大学標識番号：II-30
原画27	Hedin		無	1908		鉛筆の上にペン	20.2×25.4		Etnografiska MuseetID: B:11 VI:405
模写28	西川純二	ボンバ地方の遊牧民の若者	有	—	C420附近	鉛筆の上にペン	25.3×20.2	*Trans-Himalaya*, Vol. II (1910), Illustration 350	京都大学標識番号：II-34
原画28	Hedin		有	1908		鉛筆の上にペン	25.3×20.1		Etnografiska MuseetID: B:10 VI:266
模写29	—	ボンバ地方出身のガイドの男2人	有	—	—	ペン	25.5×20.1	*Trans-Himalaya*, Vol. II (1910), Illustration 363.	京都大学標識番号：II-17
原画29	Hedin		有	1908		鉛筆の上にペン	25.3×20.0		Etnografiska MuseetID: B:10 VI:287
模写30	西川純二	鍔広の帽子をかぶった若者	有	—	—	ペン	25.6×20.0	*Trans-Himalaya*, Vol. II (1910), Illustration 324	京都大学標識番号：II-33
原画30	Hedin		有	1908		鉛筆の上にペン	25.4×20.1		Etnografiska MuseetID: C:7 VI:461
模写31	西川純二	槍と長剣を手にした民兵の男	有	—	—	ペン	25.5×20.2	*Trans-Himalaya*, Vol. II (1910), Illustration 346	京都大学標識番号：II-19
原画31	Hedin		有	1908		鉛筆の上にペン	25.4×20.1		Etnografiska MuseetID: B:10 VI:317
模写32	西川純二	銃を背負った民兵の立ち姿	有	—	—	鉛筆の上にペン	25.3×20.2	*Trans-Himalaya*, Vol. III (1913), Illustration 63 (three soldiers の中央)	京都大学標識番号：II-27
原画32	Hedin		有	1908		鉛筆の上にペン	25.2×20.1		Etnografiska MuseetID: B:10 VI:294

模写33	西川純二	銃を手にした民兵の立ち姿	有	—	サカ（サガ）	鉛筆の上にペン	25.4×20.1	*Trans-Himalaya*, Vol. II（1910）, Illustration 344	京都大学標識番号：II-26
原画33	Hedin		有	1908		鉛筆の上にペン	25.3×20.1		Etnografiska MuseetID: B:10 VI:295
模写34	西川純二	銃を手にした民兵の男	有	—	—	ペン	25.5×20.0	—	京都大学標識番号：II-31
原画34	Hedin		有	1908		鉛筆の上にペン	25.4×20.3		Etnografiska MuseetID: B:10 VI:302
模写35	石田金三	サカの長官：ドルジェ・ツェンの横顔	有	—	サカ（サガ）	鉛筆	34.0×23.3	*Trans-Himalaya*, Vol. II（1910）, Illustration 327	京都大学標識番号：I-11
原画35	Hedin		有	（19）08		鉛筆	30.2×20.3		Etnografiska MuseetID: B:10 VI:217
模写36	田中善之助	サカ・ヅォンの役人：ンガワンの肖像	有	—	シガツェ	鉛筆	32.4×21.2	*Trans-Himalaya*, Vol. III（1913）, Illustration 78; *Sven Hedin as Artist*（1964）, No. 135	京都大学標識番号：II-15
原画36	Hedin		有	1907		鉛筆	32.1×21.2		Etnografiska MuseetID: B:9 VI:119
模写37	西川純二	地方長官：タグラ・ツェリンの肖像	有	—	テリナム湖	ペン	32.3×21.3	*Trans-Himalaya*, Vol. II（1910）, Illustration 329; *Sven Hedin as Artist*（1964）, No. 144	京都大学標識番号：I-10
原画37	Hedin		有	1908		鉛筆の上からペン	32.3×21.4		Etnografiska MuseetID: B:10 VI:216
模写38	—	2人の僧	有	—	—	ペン	25.4×20.1	—	京都大学標識番号：II-18
原画38	Hedin		有	1908		鉛筆の上にペン	25.4×20.1		Etnografiska MuseetID: B:10 VI:306
模写39	西川純二	チベット人の男	有	—	—	鉛筆の上にペン	25.4×20.7	—	京都大学標識番号：II-28
原画39	Hedin		有	1908		鉛筆の上にペン	25.5×20.5		Etnografiska MuseetID: B:10 VI:305
模写40	西川純二	人物の肖像	有	—	—	鉛筆	25.3×17.4	—	京都大学標識番号：II-35
原画40	Hedin		有	（19）07		鉛筆	25.0×17.4		Etnografiska MuseetID: B:9 VI:168
模写41	安達伊太郎	チベット人の肖像	有	—	C440	鉛筆、白黒彩色	20.2×12.4	—	京都大学標識番号：II-11
原画41	Hedin		有	1908		鉛筆、白黒彩色	20.2×12.4		Etnografiska MuseetID: C:7 VI:452
模写42	石田金三	遊牧民の女性の装束A	有	—	C441附近	ペン、水彩	25.6×20.8	—	京都大学標識番号：II-22
原画42	Hedin		有	1908		ペン、水彩	25.2×20.2		Etnografiska MuseetID: B:10 VI:250
模写43	安達伊太郎	遊牧民の女性の装束B	有	—	C442附近	ペン、水彩	25.4×20.2	*Trans-Himalaya*, Vol. II（1910）, Illustration 362	京都大学標識番号：II-20
—	Hedin		—	—		—	—		Etnografiska MuseetID: not found

模写44	西川純二	遊牧民の女性の装束C	無	—	C442附近	ペン、水彩	25.4×20.1	*Trans-Himalaya*, Vol. II (1910), Illustration 362	京都大学標識番号: II -12
—	Hedin		—	—		—	—		Etnografiska MuseetID: not found
模写45	安達伊太郎	紺のチベット服を身につけた女性	有	—	—	ペン、水彩	25.4×20.3		京都大学標識番号: II -10
—	Hedin		—	—		—	—		Etnografiska MuseetID: not found
模写46	西川純二	紫のチベット服を身につけた女性	有	—	C441附近	ペン、水彩	25.2×20.2	*Trans-Himalaya*, Vol. II (1910), Illustration 362	京都大学標識番号: II -13
原画46	Hedin		有	1908		ペン、水彩	25.2×20.2		Etnografiska MuseetID: B:11 VI:391
模写47	石田金三	緑のチベット服を身につけた女性	有	—	—	鉛筆、ペン、水彩	25.6×20.3	*Trans-Himalaya*, Vol. II (1910), Illustration 362	京都大学標識番号: II -16
原画47	Hedin		有	1908		鉛筆、ペン、水彩	25.2×20.0		Etnografiska MuseetID: B:10 VI:286
模写48	西川純二	遊牧民のこども	有	—	—	鉛筆の上にペン	25.5×20.2		京都大学標識番号: II -23
原画48	Hedin		有	1907		鉛筆の上にペン	25.3×20.2	—	Etnografiska MuseetID: B:9 VI:181
模写49	安達伊太郎	白壁のレンガ造の僧院と僧侶たち	有	—	テリナム湖の西	ペン、水彩	9.9×32.3	*Trans-Himalaya*, Vol. II (1910), Illustration 360	京都大学標識番号: II -7
—	Hedin		—	—		—	—		Etnografiska MuseetID: not found
模写50	—	入口で休む4人の人々:キセルで一服	無	—	—	ペン	20.4×25.4		京都大学標識番号: II -9
原画50	Hedin		無	1908		鉛筆の上にペン	20.2×25.4		Etnografiska MuseetID: B:11 VI:374
模写51	安達伊太郎	サトレジ河流域の地形とキュンルン寺	有	—	C463	鉛筆	25.5×40.9	Transhinalaya, Vol.III (1913), Illustration 95	京都大学標識番号: I -2
—	Hedin		—	—		—	—		Etnografiska MuseetID: not found
模写52	西川純二	丘の上のダワ寺	有	—	—	ペン	25.6×40.5	*Trans-Himalaya*, Vol. III (1913), Illustration 105 の左半分	京都大学標識番号: I -24
原画52	Hedin		有	(19)08		鉛筆、ペン	25.4×40.5		Etnografiska MuseetID: Shelf A:2 VI:572
模写53	西川純二	丘の上のダワ寺	有	—	—	ペン	25.3×40.3	*Trans-Himalaya*, Vol. III (1913), Illustration 105 の右半分	京都大学標識番号: I -17
原画53	Hedin		有	1908		鉛筆、ペン	25.4×40.5		Etnografiska MuseetID: Shelf A:2 VI:568
模写54	西川純二	学堂入口に描かれた四天王	有	—	—	鉛筆、水彩	25.4×40.3	—	京都大学標識番号: I -14
原画54	Hedin		有	1908		鉛筆、ペン、水彩	25.3×40.3		Etnografiska MuseetID: A:2 VI:561

模写55	石田金三	大太鼓のある寺堂に佇む僧侶	無	—	—	鉛筆、水彩	25.4×39.8		京都大学標識番号：I -20
—	Hedin		—	—		—	—		Etnografiska MuseetID: not found
模写56	石田金三	祭壇と蔵経棚（ダワ寺）	有	—	—	ペン	26.7×38.7	*Trans-Himalaya*, Vol. III（1913）, Illustration 111	京都大学標識番号：I -26
原画56	Hedin		有	1908		鉛筆、ペン	25.4×40.4		Etnografiska MuseetID: Shelf A:2 VI:567
模写57	安達伊太郎	弥勒菩薩の座像	無	—	—	鉛筆	25.2×17.6		京都大学標識番号：II -29
原画57	Hedin		無	1907		鉛筆	25.0×17.6		Etnografiska MuseetID: B:9 VI:203
模写58	西川純二	マンナン寺の祭壇と仏像群	無	—	—	鉛筆、ペン、水彩	25.2×40.2	*Trans-Himalaya*, Vol. II（1910）, Illustration 382	京都大学標識番号：I -27
原画58	Hedin		無	1907		鉛筆、ペン、水彩	25.2×40.4		Etnografiska MuseetID: A:1 VI:557
模写59	西川純二	大太鼓のある祭壇前に座る僧侶	有	—	—	鉛筆	25.4×40.1		京都大学標識番号：I -16
原画59	Hedin		有	1908		鉛筆	25.0×35.1		Etnografiska MuseetID: Shelf A:2 VI:566
模写60	西川純二	レー（ラダック）の宮殿の入口	無	—	レー、ラダック	鉛筆	27.4×21.3	*Trans-Himalaya*, Vol. I（1910）, Illustration 33; *Sven Hedin as Artist*（1964）, No. 95	京都大学標識番号：II -25
原画60	Hedin		無	1906		鉛筆	25.4×20.4		Etnografiska MuseetID: B:11 VI:326

［作成：池田　巧・田中和子］

Column

ヘディンの見たチベットと私の見た「チベット」

水野一晴
MIZUNO Kazuharu

　ヘディンは1893年～1897年、1899年～1902年、1906年～1908年、1927年～1935年の4回にわたって、東西両トルキスタン、チベットなどを探検し、楼蘭の遺跡を発見し、またトランス・ヒマラヤ山脈を世界に紹介した。第1回（1893～1897年）、第2回（1899～1902年）の中央アジア旅行によってパミール高原、タクラマカン砂漠、チベット高原、青海省を探検し、1906～1908年にチベット高原を再度調査した（図1）。

　チベットはその後、1949年の中華人民共和国の建国の後に併合されて以来、社会システムの強制的な変更にともなう様々な弾圧により、伝統的なチベット文化やチベット仏教が破壊され、その多くのものが失われてしまった。1959年のチベット動乱の際に、ダライ・ラマ14世がヒマラヤを徒歩で越えてインドに亡命し（図2）、ダラムサラに亡命政府を樹立すると、多くのチベット人難民がインドに流入した。ラサのセラ、デプン、ガンデンなどの主要な仏僧院では、寺院組織と多数の所属僧侶がチベットを脱出し、南インドにそれらの寺が再建された。中央チベットでの動乱の波及を免れた、チベット文化圏の周縁に位置するインド西北部のラダックやインド東北部のアルナーチャル・プラデーシュにはいまだチベット文化やチベット仏教が破壊されることなく存続している（図1）。

　アルナーチャル・プラデーシュはヘディンが探検を行っていた時代にはチベット領であったが、チベットと中国の紛争を調停したシムラ会議（1913～1914年）で、イギリスの全権をつとめたマクマホン卿はイギリス領アッサムとチベットの境界をアルナーチャル・プラデーシュ地域の北側のライン、いわゆるマクマホンラインにするこ

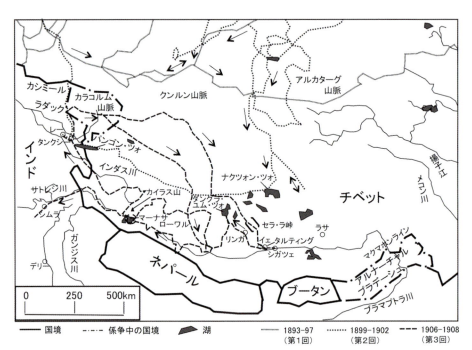

図1　ヘディンのチベット探検図（［ヘディン 2006］の図を改変）

とでチベット側と合意に至った。そして、インドがイギリスから独立すると、このかつてチベットに属していた領域がインド領となったのである。本コラムでは、ヘディンが見たチベットと筆者が見た現在のインド側の「チベット」（チベット文化やチベット仏教が破壊されることなく存続している地域を意味する）を比較して見ていくことにする。

　ヘディンの見たチベットについては、ヘディンが東京地学協会等にて講演した内容を山崎直方が訳述した講演録を用いる。なお、引用した講演録は旧漢字を新漢字に直した以外は原文のままである。ただし、（注：　　）としたものは、筆者の補足説明である。

　　トランスヒマラヤ命名の由来、扨この

図2　1959年にチベットを脱出し、徒歩でヒマラヤ（アルナーチャル・プラデーシュ）を越えているダライ・ラマ14世（左から4人目）（タワン寺博物館所蔵）

トランスヒマラヤの名を命名することについては、予は色々と考へたのである、そして前にも述べた様に、幸ひにインド総督ミントー卿の同意を得て、このトランスヒマラヤなる新名を、此の度地図にも地理書にも加へることになったのである。始め予はこの山脈の一部の名をとってニンチェンタンラ又

図3　ラダックの中心地レーの市街地にあるメイン・バザール

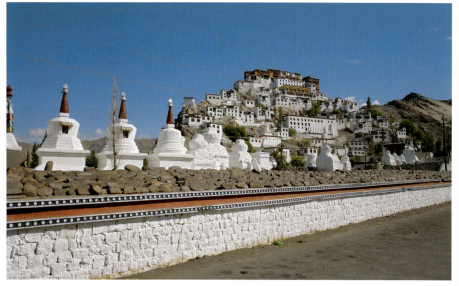

図4　レーの郊外にあるティクセゴンパ（寺）。レー郊外にはあちこちにチベット仏僧院が点在しているが、なかでも15世紀頃に建立されたティクセゴンパは、ラサのポタラ宮に似て、ラダックを象徴する勇壮な景観の寺である。

はフルンポーガングリーと呼ばんと試みたのである、然しながら其の山脈の意外に偉大なる事は、到底この名称を以て表はすに適しないと云ふことを悟り、一時はこれを南チベット山系 The South Tibetan Mountain System と名けんと試みたが、然も其の名称のあまりくどくどしきに躊躇して居ったのであるが、このトランスヒマラヤなる名称は、何等の誤解を招くことなく、地理学上最も適切に此の山系を言ひ表はして居ると信じたから、斯くは名けたのである。

　　　　　　　［東京地学協会 1909: 60-61］

ヘディンは1905年にインドのレーから西北チベットに入り、インダス川、サトレジ川、ブラマプトラ川の源流域を調査している。ヒマラヤ山脈の北にあってこれと平行するガンディセ山脈とニェンチェンタンラ山脈を踏査して、これらがひと続きの巨大山脈を形成していると主張し、トランスヒマラヤと名付けた。

ヘディンはチベット旅行では、インド北部のラダックの町レーを起点としている。ヘディン著の『チベット遠征』では、レーは次のように紹介されている。

> レーは、インダス川畔からそう遠くないところにあり、堂々たる山々に囲まれた、アジアの中でも最も魅力のある町の一つである。古家のように美しい城砦は、石造りの家々や、ラマ教寺院、回教寺院、市場、ポプラの樹々の上に高らかに君臨している。
> 　　　　　　　［ヘディン 2006: 225］

16世紀頃、ナムギャル王朝の王都となったレーは、カシミールとチベットを結ぶ要衝として繁栄した（図1）。標高は約3650mで、現在、ラダックの商業・文化・交通の中心地として栄え、市街地ではメイン・バザールと呼ばれる場所に主要な商業機能が集まり、賑わっている（図3）。レーの郊外には、あちこちの周辺を見渡せる小高い場所にチベット仏僧院が点在している（図4）。

ヘディンは何度もラサへの侵入を試みるが実現には至らなかった。以下はその記述である。

> 然し彼等は頑強に予等の入蔵を拒み、若し強いて入らんとせば卿の首はないものと覚悟せねばなのぬと云って、自分の掌で頬を刻る真似して威嚇したのである、されど予は百万懇請してラサに入らんことを願ふて見たが、彼は頑としてこれを聴き入れぬ、而して猶言ふことには、若し卿をして更に前進せしめたならば、単に卿の首ばかりでなく、自分の首も亦失はれなければならぬと云った、そこで遺憾やる方なく、恨を呑んで元の路を背進し、再び他の途をとって進んだが、また途中で遮られた、予は是に於て最早已を得ず拉薩行（ラッサ）を断念して地方官の附けられたる兵によって送られ、ナクヂウ州の境に来り、これより更らに道を改めて人馬の大旅隊を編成して、南方に向ひセリン＝ツォー Selling-tso なる大湖の岸に出て、其の附近を踏査して西に轉じチベットの中部を次第に西に向かって進み、遂に其の西境のパンゴン＝ツォー Panggon-tso なる湖水の畔に出て、玆に始めて印度に入って、インダス河上流のラダック州 Ladak なるレー Lah に到着したのである。此の際数多の艱難を重ねたため、其の率いたる人馬も或は失せ或は斃れ、旅隊の中で無事に帰り来ったものは、僅かに十二人となったのである。これより予は印度のカシミール地方を探り、再びレーに帰りカラコルム越えを越えて新疆省に入り、順路ヤルカンド、カシガルを経て帰国したのである。
> 　　　　　　　［東京地学協会 1909: 48-49］

ラダックの東部、チベット（現在の中国）との国境附近に上述のパンゴン＝ツォ（Pangong Tso）がある（図1）。このあたりはかなり乾燥し、標高も4300mに達する。現地では、「パン」は「草」、「ゴン」は「塊」を意味し、かつてはこの地に草原があったのではないかと伝えられているが、現在は乾燥した荒涼とした世界であ

図5　パンゴン=ツォの南にキャンガル=ツォ（Kiang gar Tso）の湖（標高4500m）

図6　ツォ=モリリ（Tso Moriri）の湖（標高4500m）

図7　チベットからの難民によって作られた集落。牧畜民でヤクなどの放牧を行って生計をたてている。

る。このパンゴン=ツォの南にキャンガル=ツォ（Kiang gar Tso）（図5）やツォ=モリリ（Tso Moriri）（標高4500m）（図6）がある。どちらも、高地の荒涼たる風景の中にある。キャンガル=ツォとツォ=モリリの間にはラダック人の集落ではなく、ダライ・ラマ14世が1959年にチベットからインドに亡命した頃、チベットからの難民によって作られた集落（図7）が見られる。彼らは牧畜民でヤクなどの放牧を行って生計をたてている。

ヘディンはシガツェの近くにあるタシルンポを訪れている。以下に、その様子が描かれている。

　　後蔵の首府シガツェ、シガツェは今も述べた様に後蔵の首府であって、其の附近のタシルンポー Tashi-lunpo には実に喇嘛の大伽藍がある、即ち喇嘛自らの呼んでグンパス Gunpas（注：チベット語の Gompa ゴンパ「寺」のことを指している）と称するもので、半ば印度風、半ば支那風の極めて荘厳なる石造の大建築であって、金色の大殿堂は遠方より遙かに之を望むことが出来、眩ばゆきばかりに燦然として四近の地に光を放って居るのである。そして此の所はチベット第二の教主たるタシラマ、即ちチベット人の尊称してパンチエ・リンポーチェと称へるものが住って居る、現代の喇嘛は七代目の喇嘛で年齢未だ二十七歳であるが、賢明の聞え高く、土人の深く尊崇する所となって居るのである。

　抑もチベットには喇嘛教主が二人あって、一人は前蔵のラッサにあるダライ・ラマであって、チベット人はこれをジャバ・リンポーチェ（神聖なる王の義）と呼び、現代の教主は実に十三代目にあたるのである。又第二の教主は即ちこのタシラマであって、パンツェ・リンポーチェと呼ばるるものである、これは「神聖なる教主」の義であって、教祖以来六代目になるといふことである。

　予は幸ひにもこのタシラマより非常の優遇を受け、予の宿舎として、美しき庭園を具へたる堂宇を興へられた、予は実に此處に滞在すること一月半に及び、喇嘛の厚意を以て、あらゆる殿堂の内部までをも仔細に観察するの特典を興へられ、この地の宗教に関する種々の知識を得又新年に際したることとて、この地方の面白き風俗習慣をも観察する機会を得たのである。

　このタシルンポーのグンパ（注：ゴンパ「寺」のこと）には大なる僧院があって、三千七百の僧侶が此処に養成されて居る、此の僧院の内部は敷多の房室に別れて、各の僧侶はここに修業して居るのであるが、この僧院で面白いことは、一日三回大釜で茶を立てることである、其の茶釜はこの演壇よりも遙かに大なるもので、ボートの櫂ほどもある長い棒で、これを何遍となく掻き廻はしながら茶を煮て居るが、やがてそれが出来ると長いラッパを吹いて衆僧を呼び集める、そして桶に口の付いた様な大きな容器に移して各自に之れを配って行く、其の喧噪なること実に一通りではないのである。

　喇嘛の習俗、これより喇嘛のことに付て少しばかり述べ様と思ふ、チベット人の間には、人間には霊魂輪廻説が確く行はれて居る、それで先づ教主たるダライ・ラマが遷化すると、其の霊魂はこれと同時刻に生まれた嬰児に移ると云ふことを信じて、この広きチベット中に令して之れを探すのである、そして丁度遷化の時と寸分違はずに生まれた子供を第二世のダライ・ラマと崇めるのである。

［東京地学協会 1909: 70–73］

図8 転生者としてパンチェン・ラマ11世と認定されたニマ少年（認定3日後に失踪）の唯一残されている写真が、ラダックのどのチベット仏僧院にも掲載されている。

図9 タワンの町を見下ろす丘の上にあるタワン寺（Tawang Galden Namgye Lhatse）。建造物は城塞の形態を取り、古くはモンパ地方全域から、現在でもタワンモンパの住民から税クレイを徴収している。

パンチェン・ラマ（Panchen Lama）はチベット仏教ゲルク派においてダライ・ラマに次ぐ高僧であり、転生（生まれ変わり）によって後継者が定められる。そして、パンチェン・ラマはチベットのシガツェ市のタシルンポ寺の座主である。タシルンポ寺は、ラサの3大寺院であるガンデン寺、セラ寺、デプン寺と合わせてゲルク派四大寺院と呼ばれている。ダライ・ラマが宗教的権威であるとともに政治的最高指導者でもあるのに対して、パンチェン・ラマの権限は基本的には宗教的なものに限られている。パンチェン・ラマ10世がなくなった後、ダライ・ラマ14世とチベット亡命政府であるガンデンポタンからニマ少年が転生者としてパンチェン・ラマ11世と認定されたが、中国が別に転生者としてギェンツェン・ノルブ少年を認定した。ニマ少年は認定後3日後には両親とともに失踪した。

ラダックのレーにあるチベット仏教の寺院には、6歳で失踪したニマ少年の唯一残されている1枚の写真が必ず掲げられている（図8）。

喇嘛僧の中には又厳しい階級制度がある、先づ喇嘛の教主と云はるるものは、第一にダライ・ラマ、次にタシラマ、其の次に蒙古庫倫（注：現在のモンゴルの首都ウランバートルのこと）のラマである、先づこの三人が最上級の喇嘛即ち教主として尊敬せられて居る。第二位にあるものをカンポラマと呼び、これは宗派の教師として尊敬せられ、其の次の第三位にあるものはゲーロンラマと呼ばれ、これが普通の僧侶である。そして最後に位する第四位のものはケツスルラマと称するもので、これは即ち弟子坊主である。猶ほこの次に未だ喇嘛とは云われず唯単に奴僕として使はれて居るものがある、先づこの様にざっと五通りに分かれて居るのである。

此の中普通の僧侶たるゲーロンラマは、国内各地に分布されて居って、冠婚葬祭総て吉凶の事にたづさはって居るのである、若し不幸があると其の死者の許に行き、先づ其顔の皮膚を摘んで引張つて見る、そしてこれを引放して音をさせ其の時是が霊魂が肉體を離れて出て行く音であると説き聞かせる。又死體の仕末をする場合でも、普通の如く葬りもせず焼きもせず、其の肉を細かく刻んで団子の様なものを作り、犬に喰わせるのである。この犬は霊犬として神聖視せられ、ラッサタシルンポを始め、諸所のグンパ（注：ゴンパ）即ち殿堂には敷多飼はれてあるのである。またこれが遊牧の土民となると、直ちに興ふ可き犬もないために、其の儘それを野山に捨てて、狼の

図10 タワン寺の寄宿舎。各世帯の居住室（通常3〜6の部屋からなる）をシャーと呼んでいる。タワン仏僧院には75のシャーがあり、各シャーで教師の僧ゲゲンと修行僧ゲネンが共同生活を送っている。

図11 共同炊事場で夕食を受け取る修行僧たち

餌食にしてしまうのである、誠に他人から見れば悲惨の極みと云はねばならぬ。

［東京地学協会 1909: 73-75］

図12 ツェスパ・ラマは家族から死者の死亡の原因やどのように臨終したか、誕生日や十二支、死亡の日にちと時間などを聞いて、チャート（占星図）や書物を調べて、死者の霊魂の輪廻、再生について占う。

図13 ツェスパ・ラマが予言に用いるチャート表（占星図）「ツェタン」

　ここに記されたチベットの葬送については、事実と異なる伝聞に基づく情報が混じっている可能性がある。以下、私自身がインドのチベット文化圏における現地調査で確認した事例を報告しておきたい。

　インドの北東部でチベットやブータンと隣接するアルナーチャル・プラデーシュ州ではチベット系のモンパ民族が居住し、チベット仏教が信仰されている。タワンにあるゲルク派のタワン寺（図9）では、僧および併設の学校で教育を受けている修行僧が計530人在籍し、シャー shak [shag] と呼ばれる75の居住室に住んでいる（2011年現在）（[　]内はチベット文字のラテン文字への翻字、ワイリー方式による）（図10）。各シャーでは、教師の僧ゲゲン gegan [dge rgan] 1人と多数の学徒僧ゲネン genyen [dge bsnyen] あるいはゲトゥク gethruk [dge 'phrug] が共同生活を送っている（図11）。教師の僧ゲゲンは27～86歳で、修行僧は6～22歳であった（2011年現在）。シャーに住む修行僧の数は1人から26人で、たいてい6～8人であった。修行僧として少年が入学する年齢はだいたい5～12歳である。最初の課程を終えると、ゲネンは次の段階のゲトゥクに進級する。さらに21歳に達して十分経典から教えを得たゲトゥクは、ゲロン gelong [dge slong]（サンスクリット語でbhikshu）というさらに上の段階に進む。ゲロンに達したとき修行僧はラマ（僧）になり、独自にさまざまな宗教儀礼を行う資格を得ることになる。タワン寺に23～26歳がいなかったのは、教育課程を終えた、その年代の僧は、他の仏僧院に勉学や経験のために派遣されているためである。チベットとの国境が閉鎖される以前は、ゲロンはより高い修行のため、デプン寺などのチベットの僧院に行っていた。現在は、多くはインド南部あるいはネパールやブータンの他の僧院に行って修行を行っている［水野 2012: 99-100；Mizuno and Tenpa 2015: 84-85］。

　村には兼業僧の中でさらにツェスパ・ラマ（チェスパ・ラマ）tsespa lama [rtsis pa bla ma] と呼ばれる僧がいる。人が死ぬと家族がツェスパ・ラマを呼びに行き、ツェスパ・ラマは家族から死亡の原因やどのように臨終したか、誕生日や十二支、死亡の日にちと時間などを聞く（図12）。それを聞いたツェスパ・ラマはツェタン（チェタン）tsethang [rtsis thang] と呼ばれるチャート（占星図）（図13）やカルツェkartsi [dkar rtsis] と呼ばれる書物を使って調べ、死亡者が誕生の前にはどこに住み、死亡後はどこに生まれかわるかなど、霊魂の輪廻、再生について占う。そして、家族が死亡者をどのように再生させるかについて説明する。さらに、葬式の方法、すなわち、川に流す水葬か火葬あるいは土葬や風葬などの葬式のうち、やってはいけない葬式を1つだけ述べる。家族は残った祭式から選んで行う。また、家から死者を出す時間や方角を述べ、十二支のうち死者に触ってはいけない動物を1つか2つ述べ、その十二支に該当する人は死者を運んだり触れたりすることが禁じられる［水野 2012: 86-87；Mizuno and Tenpa 2015: 70-71］。

　実際には、モンパ民族ではほとんどが死体を川に流す水葬で、火葬は少ない。川に流す場合、死体を108個に切って流す。住民に聞くと、火葬は空気や天国を汚し、土葬は虫がわくが、川に流せば魚の餌になり、自然や生態系に貢献するので良いというような答えが返ってくる。しかし、実際のところ火葬はお金がかかるためお金持ちでないと実施できないのが現状であるようだ。火葬の場合、8～9人くらいの僧を呼んでお経をあげてもらうため、その支払いや食事などに多額の費用がかかるが、川に流す場合は僧が1人で済む［水野 2012: 88-89；Mizuno and Tenpa 2015: 74-75］。

　なおヘディンが探検し滞在した中央チベットでは、遺体を解体してハゲワシに食べさせる鳥葬が一般的である。チベットの人々が居住するそれぞれの地域の自然環境の違いもまた、葬送の方法に大きな影響を与えているのであろう。

　チベット仏教およびチベットの在来政権における中心的な役割を果たしてきた、か

つてダライ・ラマの居城であったラサのポタラ宮は、中国によって現在は博物館になっている。シガツェのタシルンポ寺の座主は、依然としてパンチェン・ラマではあるものの、現在は寺院に居住してはいない。中央チベットの激動によって、ヘディンの見たチベットは大きく変わってしまったが、ラダックやアルナーチャル・プラデーシュでは、地域の環境や社会制度の変化に少しずつ対応しながらも、チベット文化やチベット仏教が脈々と継承され続けている。

［文献］
東京地学協会 1909 東京地学協会編纂『ヘディン号』地学論叢 4 、114頁。
水野一晴 2012『神秘の大地、アルナチャル──アッサム・ヒマラヤの自然とチベット人の社会』昭和堂。
Mizuno, K. and Tenpa, L. 2015. *Himalayan Nature and Tibetan Buddhist Culture in Arunachal Pradesh, India: A Study of Monpa*, Tokyo: Springer.
ヘディン、スヴェン（金子民雄訳）2006『チベット遠征』中公文庫。

第 **II** 編

報告集

近代日本とヘディンのチベット探検

第一部 探検家ヘディンの京都訪問

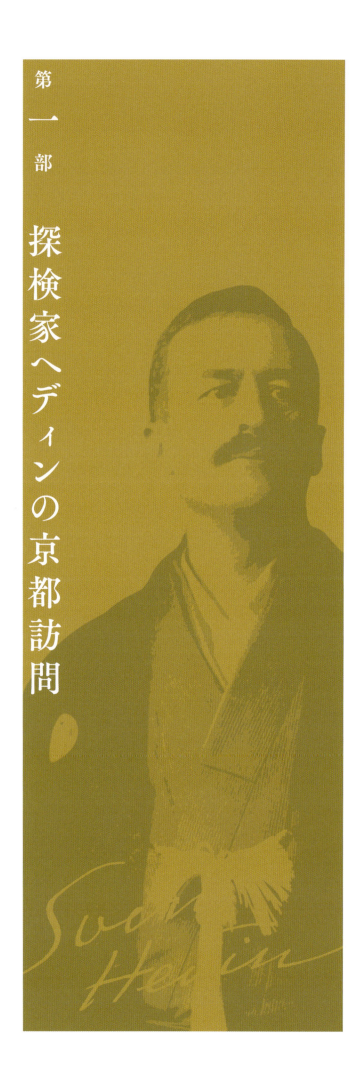

1

探検大学の源流
—— 京都帝国大学と文科大学と東洋学

山極壽一
YAMAGIWA Juichi

　ヘディンが日本を訪問した1908年、残念ながら京都大学には人類学教室はまだ存在していなかった。1897年に創立された京都帝国大学にはこのとき、法科、医科、文科、理工科の4つの大学があった。田中和子氏が収集した資料によると、11月29日のヘディンの講演会には理工科大学教員（40名）のほうが文科大学教員（17名）より多く出席しているが、お世話をしたのは内藤虎次郎（湖南）をはじめとする文科の教員が中心だったようだ。ヘディンの探検そのものより、ヘディンが収集してきた文献や資料、そしてヘディンの描いた絵に関心があったのではないだろうか。

　一方、その前にヘディンが訪問した東京帝国大学にはすでに人類学教室があり、コロボックル説で有名な坪井正五郎教授がヘディンを教室に案内している。ここには、千島列島、カムチャッカ半島、台湾、朝鮮半島を探検した鳥居龍蔵がいて、彼は1903年に北千島の調査に基づく本を出し、コロボックル説が伝説であることを実証していた。鳥居は1906年から1907年にかけても満蒙で形質人類学・民俗学・考古学に関する調査を行っており、フィールドワークによる学術調査に人類学研究者の関心が高まっていたと思われる。ヘディンはその先駆者として迎えられたであろうことは想像に難くない。しかし、これ以後の日本は軍の力が強くなり、探検という行為は植民地支配の目的のために利用される傾向が強くなる。あくまで学術調査にこだわった鳥居は、満州やシベリア、南米にまで足を伸ばすが、政府の援助はしだいに減り、学界の主流からも外されていく。

　京都大学の探検時代は、そういった政治や学問の潮流とはあまり同期していない。京都大学の探検は京都大学学士山岳会（AACK）の設立をもって幕を開け、その目的は登山であった。中心にいたのは1902年生まれの今西錦司で、ヘディンが来日した時は6歳だから直接影響を受けたことはないだろう。今西が京都帝国大学に入学してから記録を見たり話を聞いた可能性はあるが、今西の著書にはヘディンの話は一切出てこない。京都府立一中、三高時代から京都の北山を歩き回ってアルピニスト

としての地歩を築いた今西は、初登頂の精神をモットーにして日本の未踏峰を次々に征服し、ヒマラヤを目指す。第二次世界大戦をはさんで白頭山、大興安嶺、樺太、内蒙古、ポナペ島へと歩を進め、登山だけでなく地質学、植物学、動物学、民族学など学術調査の色彩を強めるようになるが、あくまで「まだ誰も見たことがない、誰も体験したことのない」世界を知ることが目的だった。その精神はやがて京都大学の学問の伝統となり、山だけではなく未知の世界へと対象が広がり、創造性や独創性を尊ぶ心として教職員や学生の心を揺さぶるようになった。

　ここではAACKの歴史を詳しく振り返ることはできないが、特筆すべきことはその裾野の広さである。今西とAACKを立ち上げた桑原武夫はフランス文学、西堀栄三郎は無機化学を専門とし、当の今西は生態学者として出発した。それぞれに登山家としての名声を得ているし、西堀は第一次南極観測隊の越冬隊長を務めた。今西の弟子たちは、藤田和夫（地質学）、森下正明（生態学）、吉良竜夫（植物生態学）、梅棹忠夫（民族学）、中尾佐助（栽培植物学）、伊谷純一郎（霊長類学）など広大な学問領域に渡り、それぞれの分野で学術探検を実施して独創的な理論を築いている。また、その弟子たちが野心を受け継いで独自の学問の扉を開いている。今西とAACKは一本の道を歩まず、「未踏峰を踏む」という志を共有しながらも広く分散しながら探検の道を歩んだと言えるだろう。

　そのなかで、とくに私が関わってきた霊長類学の探検について語って見ることにしたい。

　第二次大戦中、今西は内蒙古に設立された西北研究所の所長として赴任していたが、当時目にしたモウコノウマの印象が強く残り、終戦後すぐに宮崎県の都井岬で半野生馬のフィールド調査を始める。1941年の従軍前に書いた『生物の世界』の持論である、人間以外の生物にも社会があることを実証するためにまず馬の社会に注目したのである。しかし、1948年に学生としてこの調査に参加していた川村俊蔵と伊谷純一郎が野生ニホン

ザルの群れを目撃し、その高度な社会性を直観した今西は以後サルを研究対象にすることに決める。都井岬の幸島と大分県の高崎山でニホンザルの餌付けを開始し、次々にニホンザル社会の特徴や構造を解明するとともに、世界の霊長類を対象とする研究体制を構築し始める。そこに今西のアルピニストたる力量が遺憾なく発揮された。

今西が採用したのは極地法と呼ばれ、南極探検の際にまずベースキャンプの装備と体制をしっかり整え、そこからアタック隊を繰り出す方法である。未踏峰を目指す時も極地法は欠かせない。今西はまず大分市と掛け合って高崎山に野猿公園を作り、長期の研究体制を外部資金によって確立した。続いて1956年には名古屋鉄道株式会社の支援を取り付けて、愛知県の犬山市に財団法人日本モンキーセンターを設立する。戦中にニホンザルが消滅してしまったことを嘆いていた地元の声を聞きつけ、屋久島からニホンザルを捕獲して運び、ここに野猿公園を作ることから始めた。日銀の総裁を務めた渋沢敬三や国立公園協会理事長の田村剛をモンキーセンターの会長や理事長に抜擢したところに、今西の手腕が光る。霊長類学の世界展開を図るためには財界と政治の後ろ盾が必要であることをよく知っていたからである。翌年の1957年には世界で初めて霊長類学の国際学術誌 PRIMATES を発刊し、ロックフェラー財団の助成を受けて英文の雑誌とする。モンキーセンターに博物館を立ち上げ、外国から種々のサルを集めて世界サル類動物園を開園する構想を練り上げた後、1958年に満を持したようにアフリカへ類人猿調査隊を派遣した。この間、今西は山を忘れていたわけではない。1952年に日本山岳会マナスル先発隊長としてネパールを踏査し、1955年には京都大学カラコルム・ヒンズークシ学術探検隊のカラコルム支隊長として遠征している。学問と山の双頭をもって先陣を切っていたと言えよう。

類人猿学術調査隊は、1958年に今西と伊谷、59年に河合雅雄と水原洋城、60年には伊谷が派遣されて幕を閉じる。今西はウガンダ、コンゴ民主共和国（以後コンゴと略す）、カメルーンとゴリラの生息地である熱帯雨林をめぐり、欧米を歴訪して人類学者や霊長類学者と会談した。当時今西が人間家族の起原をゴリラの社会に求めていたからであるが、1960年に勃発したコンゴ動乱によって調査は中止を余儀なくされる。コンゴをあきらめた伊谷は、タンガニーカ湖畔のゴンベでチンパンジーの調査をしていたイギリス人のジェーン・グドールに会い、チンパンジーが人間性の進化を探る絶好の対象であることを知る。以後、今西と伊谷はタンガニーカ湖畔のカボゴに基地を建設し、日本の類人猿調査はチンパンジーへと大きく舵を切ることになったのである。

1961年に今西は類人猿班と人類班の二本立てで調査を始めた。カボゴにはセキスイハウスが寄付してくれた鉄骨のプレハブで長期に耐えられる施設を建て、ダルエスサラームから鉄道の貨車で何両もの資材を運んだ。人類班はサバンナのエヤシ湖に基地を設けて、富川盛道、梅棹忠夫、和崎洋一らが遊牧民ダトーガや狩猟採集民ハッザの調査を始めた。

しかし、今西の後を継いだ伊谷はすぐ難題に直面した。離合集散性の強いチンパンジーの実態がなかなか掴めなかったのである。業を煮やした伊谷は、3人の学生を異なる場所に派遣して別々の方法で調査に当たらせ、自分もカボゴ基地を出て広野を歩くことにした。今西の極地法を断念し、少人数の身軽なチームで広域調査をする新たな方法を考案したのである。その時のことを後に伊谷はこう語っている。「3人のポーターに25キログラムずつの荷をかつがせ、私も15キロのサブリュックとライフルをかつぎ、約1週間は無人の原野を踏破できる態勢を完成したのは1964年ごろのことだ。主食には米を、蛋白源には湖産のイワシ（ダガー）の干物を用いた。常に私が先頭に立って、彼らは陸蒸気に引かれる貨車のように、ミオンボの疎林を一列になって歩いたものだ」［伊谷 1991］。また、「私の最大の武器は、未知の世界に踏み込む足だったし、私の目的はポケットに忍ばせた野帳に、私が観察した対象とそして自然について、ひたすら記述することだった。調査の器具は双眼鏡と小型カメラ、それとキャンプ用具だったが、それも軽いほどよかった」と追記している。この時から、アフリカの類人猿調査は伊谷の方法で実施されることになる。身軽でいつでも調査地を変更でき、そして何より、コストが安かったからである。

図1　チンパンジー（伊谷画）

私が1978年にコンゴでゴリラの調査を開始したときも、伊谷の調査法を採用した。狩猟採集民のトゥワ人を2、3人案内に雇い、ポーターを1人加えて私も荷物を担ぎ、少人数で約1週間ずつゴリラを探して山や森を歩いた。もっぱら国立公園で調査をしたので伊谷のようにライフルは持たず、蛋白質はイワシかサバの缶詰か川で釣り上げた魚だった。数ヶ月に及ぶ調査に入るときはさすがに30人ほどのポーターを雇ってキャラバンを組んだが、キャンプにいる人数は最低限に保った。恒久的な基地は建てず、すぐに撤収して移動できるように心がけた。

こうした学術探検と言える広域調査は1980年代までが主流だったように思う。チンパンジーもゴリラも、そしてコンゴ盆地の奥に生息するボノボも、特定の集団が人間に馴れて個体の行動が間近で観察できるようになると、調査地を固定して長期

図2　トゥルカナ族（伊谷画）

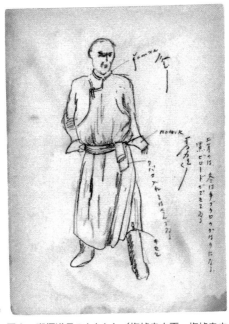
図3　喫煙道具のもちかた（梅棹忠夫画、梅棹忠夫内モンゴル調査スケッチより）
国立民族学博物館提供

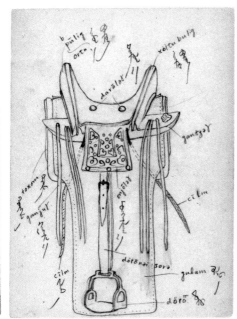
図4　騎乗用ウマの鞍の構造（梅棹忠夫画、梅棹忠夫内モンゴル調査スケッチより）
国立民族学博物館提供

の体制を組むようになったからである。調査方法も変わった。初期にはみなフィールドノートを文字と絵で埋め、ヘディンのような見事なスケッチを描く研究者が多かった。伊谷や梅棹は素晴らしいスケッチを残している。しかし、だんだんとカメラの性能が高まり、録音技術が向上して、ノートを用いない研究者も現れた。タンザニアのマハレでチンパンジー研究の中心を担った西田利貞は、2001年に私が訪問したとき、小型ビデオを片手に撮影しながらチンパンジーの行動を声に出して解説し録音する方法を用いていた。サルの場合は捕獲して発信機を取り付け、位置をモニターしながら追跡する手法も使われた。最近は、カメラトラップをけもの道に設置し、その映像から出現頻度や行動を分析したり、ドローンで空から観察したりすることも盛んに行われている。また、糞からDNAを抽出し、集団の構成や繁殖様式などを推測する方法も開発されている。直接対象と接触し、自分がその状況に巻き込まれながら観察する方法はもはや過去のものになりつつある。

　さらに大きく変わったのは、探検する土地の人々の反応である。私がゴリラの調査を始めた70年代や80年代は、まだ研究者は変な人として利害に関係なく受け入れてもらえた。しかし、各地で野生動物の調査や保護活動が盛んになったので、今では研究者は雇用を生み出す人として期待されている。現地の政府も調査許可を出す際に、高額な手数料を要求したり、現地国の研究者との共同研究や学生の指導を義務付けたりするようになった。つまり、研究者に目に見える形の貢献を期待するようになったのである。昔のように未踏の地を歩き回り、その記録を自国の言葉で残すだけでは済まなくなった。調査の概要を説明して現地国の研究者や学生を参加させ、調査の成果を共同発表し、現地の言葉で報告書を作成して研究力の強化に努めねばならない。

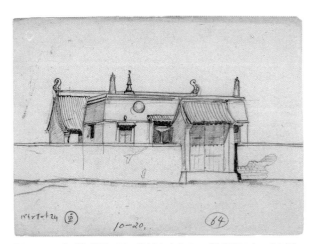
図5　ラマ廟（和崎洋一画、梅棹忠夫内モンゴル調査スケッチより）
国立民族学博物館提供

　かつて未踏の地は、ある文化の価値観によって一方的に作り出されていた。グローバリズムはその価値を均質化し、探検する対象を地球規模の目で検証することを求める。真の意味での未踏の地はもはや深海か宇宙にしかないかもしれない。しかし、誰もが気づいていない未踏の領域は学術の力によって掘り当てることができる。科学技術はその発見に寄与する最大の武器であるし、これからの探検は意外なところで始まる可能性がある。ただ、それを探索する能力は昔も今も「未踏峰を踏む精神」であることに変わりはないと思う。

［文献］

伊谷純一郎 1991『サル・ヒト・アフリカ——私の履歴書』日本経済新聞社。

斉藤清明 2014『今西錦司伝「すみわけ」から自然学へ』ミネルヴァ書房。

2

1908年、京都におけるヘディン歓迎行事とその特質

—— 京都帝国大学と文科大学と東洋学

田中和子
TANAKA Kazuko

スウェン・ヘディン（Sven Anders Hedin, 1865～1952）は、スウェーデン出身の中央アジアの探検家である。少年期に、初めて北極海での北東航路の開拓に成功してストックホルムに帰還したN. A. E. ノルデンショルド（Nils Adolf Erik Nordenskiöld）の偉業に感激して探検家を志し、終生、ノルデンショルドを師と仰いだ。ヘディンが、探検の地として極地方ではなくアジアを選んだのは、ベルリン大学で地理学を学んだフェルディナンド・リヒトホーフェン（Ferdinand Freiherr von Richthofen）の示唆によるところが大きい。リヒトホーフェンは、科学的な中国研究の先駆者であり、絹の道（Seidenstraßen）の命名者として知られる。2人の恩師に励まされ、ヘディンは、1893～1937年の間に5回にわたって中央アジアの探検を行い、楼蘭の遺跡の発見やトランス・ヒマラヤ山脈の全容解明などとともに、ロプ湖の周期移動も確認するなど、数々の成果を上げた。ロプ湖を「さまよえる湖（Den Vandrande Sjön）」と名付けたのはヘディンである。

ヘディンは、1908年と1923年の二度、日本を訪れている。最初の来日は、第3回の中央アジア探検の直後であった。日本に到着し、神戸から横浜へ向かう日、彼は、次のように記している。「朝、出発。これは、厳しい行軍になるだろう。でも、私はそれに耐え抜くだろう。私は日本が好きだ。日本はアジアの一部であり、アジアは、私自身の人生の一部である」[Alma Hedin 1925: 268]。ヘディンを待ち受けていたのは、彼の予想をはるかに上回る、数え切れないほどの歓迎行事と熱狂的な歓待であった。

1908年のヘディン来日と滞在中の歓迎の様子については、東京地学協会の詳細な報告記事［東京地学協会 1909a, 1909b］がある他、ヘディン研究で知られる金子民雄［金子 1972, 1986］やチベットをめぐる近代国際政治のなかでヘディンの来日の意味を検討する白須淨眞［白須 2014］や高本康子［高本 2014］らによって、さまざまな側面から研究が進められている。しかしながら、従来の研究では、東京での数々の歓迎行事や、大谷光瑞ならびに大谷探険隊との関係などに目が向けられがちで、日本滞在の後半、京都でヘディンが受けた歓迎とその意味については、田中和子［田中 2015］による論考以外では、ほとんど取り上げられていない。

本章では、ヘディンに対する京都での歓迎、とくに京都帝国大学の学賓としての歓迎行事の特徴とその意味を探る。その際、2つの側面に注目する。その1つは、東京帝国大学におけるヘディン歓迎行事と京都帝国大学による歓迎行事の違いである。他の1つは、講演に合わせて行われた関連資料の展示である。他大学や東京地学協会の講演会では行われなかった、大がかりな資料展示に文科大学ならびに史学研究会がどのようにかかわったのか、東洋学へ志向性という観点から検討する。

1. ヘディンの日本訪問——東京での公式歓迎

東京地学協会が中心となった一連の行事

1908年8月、第3回中央アジア探検を成功裡に終え、インドに逗留していたスウェン・ヘディンの元には、世界中から多くの講演依頼や招待が届いた。彼は、在日スウェーデン公使ワレンベルク（Wallenberg）の勧めや、西本願寺法主大谷光瑞からの電報に応じて、東京地学協会の招待を受け入れ、来日した［Alma Hedin 1925: 259］。大谷光瑞から、通訳および随行役を言いつかった堀賢雄が、11月4日、ヘディンを上海に出迎え、11月7日に長崎に到着し、神戸への寄港を経て、11月12日に横浜に上陸した。12月上旬までの約1ヶ月、前半は東京および横浜を、後半は京都を拠点に滞在した。

東京滞在の拠点は、横浜のスウェーデン公使邸と築地のスウェーデン公使館であった。東京での行事を見てみよう（表1）。これらの中で、筆頭に挙げられるのは、勲一等瑞宝章授

表1　東京でのヘディン歓迎行事（1908年11月13日から27日まで）

東京地学協会	政府・官僚・外交	皇室・皇族・華族	大学等	軍関係	西本願寺	見学・その他
[11/13] 協会と関係者を訪問。 [11/15] 接迎式。	[11/13] スウェーデン公使による晩餐会。 [11/16] 外務大臣による晩餐会。 [11/17] イギリス大使による晩餐会・夜会。	[11/13] 閑院宮載仁親王を訪問。 [11/14] 赤坂御所の観菊会。	[11/16] 東京帝国大学で講演。 [11/17] 早稲田大学で講演。東京帝国大学で講演。		[11/13] 三越呉服店で和服調整（大谷光瑞からの贈与）。 [11/16] 西本願寺別院参拝。	[11/14] 歌舞伎座で観劇。 [11/16] 交詢会による午餐会。 [11/17] 志賀重昂による午餐会。大隈重信を訪問。芝増上寺と大倉美術館を見学。 [11/20–21] 日光東照宮参拝。
[11/19] 講演会	[11/18] スウェーデン公使による晩餐会。 [11/19] スウェーデン公使による午餐会・茶話会。 [11/22] スウェーデン公使による晩餐会。 [11/23] 文部次官による晩餐会。 [11/25] 勲一等章瑞宝章授与。	[11/18] 南葵文庫訪問。徳川頼倫による午餐会。 [11/22] 閑院宮載仁親王御殿で講演、午餐会、茶菓。） [11/25] 華族会館で講演、徳川家達による晩餐会。 [11/26] 皇居で明治天皇に謁見。	[11/18] 慶應義塾大学で講演。 [11/23] 帝国教育会で講演。 [11/24] 東京帝国大学で理科大学と植物園を巡覧、午餐会。東京高等師範学校で演説と武術見学。	[11/25] 乃木希典・東郷平八郎を訪問。陸軍参謀総長による午餐会。		[11/23] 和田維四郎による午餐会。九段遊就館（靖国神社）参拝と文部省美術展覧会観覧。 [11/27] 関係諸氏訪問。
[11/24] 茶話会、送別会。						

注：[/]は月日を示す。
資料：東京地学協会 1909a「スエンヘデイン氏歓迎報告」『地学雑誌』21(6)。

与と明治天皇謁見であり、招待者である東京地学協会での歓迎式と金メダル授与や講演会、また同協会総裁の閑院宮載仁親王による午餐会も重要な行事であった。東京における公式行事の多さは、大使・公使ならびに官僚によって開催された多数の午餐・晩餐会にも現れている。赤坂御所での観菊会、南葵文庫訪問や交詢会による午餐など、皇族・華族、財界関係の行事も行われた。大学関係の行事としては、東京帝国大学での講演や訪問の他に、早稲田大学、慶應大学および東京高等師範学校での演説もあった。過密な日程に疲れたヘディンの静養を兼ねた日光への一泊旅行や増上寺や大倉美術館等の見学もあるが、大部分は公式歓迎行事と講演である。注目されるのは、この日程のなかに西本願寺にかかわる行事が組み込まれていることである。1つは大谷光瑞の指示による和服調整[(1)]であり、他の1つは東京の別院訪問である。堀賢雄を上海までヘディンの出迎えに派遣したことをはじめ、光瑞のヘディンに対する気遣いの一方、ヘディンの側でも西本願寺に敬意を示していたことがうかがえる。ヘディンは、名古屋では短時間の滞在にもかかわらず、西本願寺別院で講演を行っている。

東京での一連の歓迎行事の特徴は、関わった人々の面でも明瞭である。東京地学協会の報告には、協会で嘱託した歓迎委員21名のほか、協会関連の4つの行事（接迎式、歓迎会、閑院宮載仁親王の午餐会、送別会）の参加者ならびに、歓迎のために寄附した者の氏名が挙げられている［東京地学協会 1909a］。スウェーデン公使館関係者や新聞記者を除き、重複を除外すると、延べ

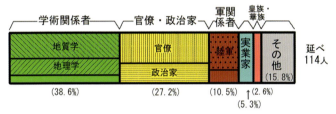

図1　東京地学協会による歓迎行事に関わった人々の活動分野
資料：東京地学協会 1909a「スエンヘデイン氏歓迎報告」『地学雑誌』21(6)、古林亀治郎編 1912『現代人名辞典』、日外アソシエーツ編 2011『明治大正人物事典』、地質調査所 1982『地質調査所百年史』など。

人数は114である。複数の分野にまたがる者も少なくないが、大まかに分類したグラフを図1に示す。学術分野の者が全体の約4割弱で、その1/2以上を地質学関連分野が、1/4を地理学が占める。前者の多くは地質調査所関係者である。他に、西洋史、東洋史、経済学、医学、物理学、化学などを担当する東京帝国大学の教授らが含まれるが、文系の学者は少数である。他方、官僚と政治家（おもに貴族院議員）も全体の4割近くを占め、外務、文部、宮中などの担当者が多い。軍関係者の大部分は陸軍である。三井八郎右衛門、岩崎久彌、澁澤榮一などの実業家のほか、1905年の創立から間もない日本山岳会から小島久太（烏水）や高頭仁兵衛の参加もあった。こうした関係者の顔ぶれは、1879年、北白川宮能久親王を社長として、ロンドンやウィーンにあった王立地理学協会にならって設立されたという東京地学協会の性格をよく反映している。当時の会員には、華族、政治家、外交官、軍人、実業家、および大学教授などが多く、純粋な学術交流というよりも、外国事情や旅行談、探検記などの情報交換を行う、名士のサロンのような場であったとされている。

---

(1) 『京都新聞』の1908年12月3日付けの記事によると、東京三越呉服店で調整した和服の価格は300円。ヘディンが、後の滞在中、講演や晩餐会等で着用したり、写真撮影のおりの和服は、この三越で誂えたものと推測される。

東京滞在中の歓迎行事を通じて、叙勲や外交などの公的色彩が強いことのほか、陸軍軍人との接触の多いことも１つの特徴である。閑院宮載仁親王御殿での集まりに陸軍参謀本部長（奥保鞏）、同次長（福島安正）、参謀本部陸地測量部長（大久保徳明）の３人が加わっていたこと［東京地学協会 1909a: 20-21］、ヘディンの勲章授与を祝う奥保鞏主催の午餐会が、ヘディンの記憶によると「12人の将軍たちが祝宴を催した」［Alma Hedin 1925: 273］という趣きであったこと、ヘディンが乃木希典と東郷平八郎という２人の将軍を訪問していることなどが挙げられる。軍関係者によるヘディンへの接触の多さは、アジア内陸部についてヘディンの持つ情報や知識に強い関心が寄せられたことを示すのかもしれない［安部 2014: 115-120］。軍事や国策との関わりもまた、東京地学協会の一面であろう。

東京帝国大学におけるヘディンの講演と巡覧

東京滞在中の歓迎行事でやや意外な印象を受けるのは、東京帝国大学の関与する行事の少なさである。東京帝国大学では、２日間にわたり講演会が行われた他、理科大学の巡覧と植物園での午餐会、記念品贈呈（花瓶１対）のみで、全学体制での歓迎ではなく、時間も限られている（表１）。他大学よりは行事が多いにしても、東京帝国大学が東京での歓迎行事において主要な役割を担っていたとは見なせない。もっとも、東京での公式行事があまりにも過密で、日程にゆとりが無かったことも理由の一つではあろう。

また、東京地学協会で歓迎行事の関係者も理系に偏っていたが、東京帝国大学での歓迎行事も理系中心であった。これは、理科大学での巡覧先が、地震学、人類学、地質学、植物学の各教室と植物園であったことに明瞭に現れている。午餐会などへは全学から教員の参加があったかもしれないが、他の分科大学も加わった歓迎体制であったとは見なせない。

2. 京都でのヘディン――京都帝国大学と西本願寺

公式行事と理系分野の研究者と軍人の目立つ東京での歓迎に対して、京都でのヘディン歓迎はどのようなものであったのだろうか。ヘディンが京都へ移動してからの日程を見てみよう（表２）。関西での日程を東京でのものと比べると、講演回数が少なく、宮中や官僚や外交に関わる行事がない一方で、見学・観覧のための訪問や買物の機会が多い。こうした関西での歓迎行事全般の準備をし、手配したのは京都帝国大学である。ヘディンの宿舎となった澤文旅館の一室を京都帝国大学の職員の詰所とし、全学を挙げた歓迎体制が取られていた[2]。東京での滞在拠点がスウェーデン公使が関係するところであったことに照らすと、京都での拠点は京都帝国大学であったと見なすことができる。

京都大学帝国大学の『外国名士招待関係書類』[3]には、膨大なヘディン歓迎書類が綴られており、晩餐会の献立から講演会会場の座席配置図、荷物の搬送を連絡する電報なども含む。11月28日夜の京都到着から12月５日までの間、京都帝国大学はヘディンを学賓として遇し、学内での講演はもとより、市内での名所旧跡や博物館の案内、日彰小学校訪問のほか、大阪・奈良への遠出まで一連の行事全般を手配した［坂口 2013］。京都および奈良の帝室博物館見学や東大寺、桂離宮、京都御所等の見学の際には、久保田鼎（京都および奈良の帝室博物館長）、古寺修復の専門家である亀岡末吉（京都府技師）、天沼俊一と加護谷祐一郎（奈良県技師）に説明にあたらせ、日本の伝統文化を学術的に紹介しようとする姿勢がうかがえる[4]。日彰小学校は、先進的な教育校として内外から参観者が相次いだ学校[5]で、ここが訪問先に選ばれたのは、日本の教育水準の高さを見せたいという意図があったのかもしれない。

京都における主要な歓迎行事は、京都帝国大学と西本願寺によって行われた。前者による最も大きな行事は、京都到着の翌日、11月29日に行われ、大学評議員らによる午餐会に始まり、各分科大学および市内の高等教育機関から聴衆が集まった大講演会および関連資料の展示、府知事・市長なども列席した歓迎会まで続いた。後者による最大の歓迎行事は、12月２日から３日にかけて西本願寺で行われた。かねてよりヘディンと親交が深く、探検への協力もしてきた大谷光瑞との面談をはじめ、大谷家一同が同席した午餐と晩餐、能狂言の見物、講演等の行事が続き、同夜は西本願寺に宿泊している。

3. 京都帝国大学によるヘディン歓迎

東京地学協会による報告は、ヘディン歓迎のために尽力した人々の筆頭に、菊池大麓（京都帝国大学総長）と大谷光瑞（伯爵）を挙げ、さらに、松本文三郎（文科大学学長）、小川琢治（文科大学教授）、比企忠（理工科大学助教授）、石川一（帝国大学事務官）、堀賢雄の名前を挙げている［東京地学協会 1908b: b2］。加えて、大学講演の際に尽力した人々として、中山親和（帝国大学事務官）、山本良吉（学生監）、内藤虎次郎（湖南）（文科大学講

---

(2) 『大阪時事新報』1908年11月29日付け記事に「旅館にては日本趣味を好賞せる博士の為に新館四号室を応接室三号室を大学職員詰所に充て二号十畳の広間を居室とし」（原文まま）とある。

(3) 『外国名士招待関係書類』（自明治四十一年至明治四十五年）京都大学大学文書館所蔵資料（識別番号：01A19469）中、明治41年の書類はすべてヘディン関連のものである。

(4) 『外国名士招待関係書類』（自明治四十一年至明治四十五年）京都大学大学文書館所蔵資料（識別番号：01A19469）および『京都日出新聞』等の記事による。

(5) 日彰小学校の参観が計画されたのは、スウェーデン体操を取り入れていたことも理由の一つかもしれない。ヘディンは、同校で、ラテン語での揮毫や記念撮影を行った［日彰百年誌編集委員会 1971: 99, 123, 150-152］。

表2　京都でのヘディン歓迎行事（1908年11月28日から12月12日まで）

京都帝国大学	西本願寺	軍関係	自治体・財界等	見学・観覧・その他
［11/29］午餐会、講演（合わせて資料展示）、歓迎晩餐会。	［11/28］名古屋の西本願寺別院で講演。 ［11/30］三夜荘で晩餐と宿泊。			［11/27］名古屋城・安藤七宝工場見学。 ［11/30］春日大社、奈良県公会堂、奈良帝室博物館、三日月亭、東大寺、物産陳列場見学。
	［12/2］西本願寺を訪問。大谷光瑞と面談、講演、午餐と晩餐、能狂言の見学等。宿泊。 ［12/3］大谷一家と紀念撮影。			［12/1］黄檗山萬福寺、宇治平等院、観月橋、蹴鞠（華族会館京都支所）見学。南座で観劇。 ［12/3］桂離宮、教王護国寺（東寺）、東本願寺、枳穀邸、京都帝室博物館見学。
［12/4］教授たちによる午餐会。 ［12/5］総長による午餐会。 ［12/6］総長が澤文旅館訪問、記念品贈呈。		［12/5］無鄰菴訪問、山縣有朋と面談。 ［12/6］山縣有朋が澤文旅館（ヘディンの宿舎）訪問。	［12/4］京都府庁、京都市役所訪問。 ［12/5］京都市・商業会議所共催の講演会と晩餐会。 ［12/7］大阪市と在阪四新聞社による歓迎会。	［12/4］京都御所、二条城、知恩院、平安神宮、武徳会（武術実技）見学。 ［12/5］日彰小学校参観。 ［12/6］紀念撮影。飯田貿易店（高島屋）、池田骨董店で買物。 ［12/7］大阪城、四天王寺見学。 ［12/8］法隆寺、中宮寺見学。 ［12/9］髙島屋で買物。
	［12/10］西本願寺訪問、大谷光瑞と面談。			［12/10］池田清助骨董店、仏具屋三法堂で買物。 ［12/11］買物。

注：［/］は月日を示す。
資料：東京地学協会 1909b「ヘディン博士滞洛記事」『地学雑誌』21（6）、1908年11月から12月の『京都日出新聞』、『教海一瀾』第445号等の記事、および、"Sven Hedin in Japan"（ヘディン関係記事スクラップ帳）（スウェーデン民族学博物館所蔵）に所収の新聞記事など。

師）を挙げている。この報告からも、京都帝国大学が大学を挙げてヘディン歓迎にあたったことがうかがえる。では、京都帝国大学によるヘディン歓迎には、東京滞在中の一連の歓迎行事や東京帝国大学における歓迎と比べると、どのような特徴があったのであろうか。歓迎体制の相違のほかに、まず挙げることができるのは、次の2点である。すなわち、総長が率先してヘディンの歓迎にあたったことと、全学から様々な分野の教員が歓迎行事に参加・協力したことである。

菊池大麓総長の率先

　ヘディンと同様に地理学分野の研究者である小川は、東京地学協会から任命された接待係の一員でもあり、講演や晩餐会をはじめ、京都だけでなく奈良や大阪へもヘディンを案内している。その小川に引けを取らぬほど、率先して歓迎にあたったのが菊池大麓総長である。図2は、ヘディンが京都滞在中にヘディンが訪れた場所や施設を地図上にプロットし、合わせて、菊池総長が歓待、あるいは同伴、送迎をしたことが確認できた箇所を示したものである。訪問先のうち、南座は、ヘディン自身が観劇を希望して、小川琢治と堀賢雄が急遽、手配をしたところである［大阪時事新報 1908：12月2日記事］。この図2および表2から、ヘディン歓迎スケジュールの過密さと菊池総長の密着ぶりがうかがえる。ヘディンの意向を汲んでのものなのか、

京都の伝統を見せたいというホスト側の意図かは不明であるが、盛りだくさんな行程が組まれ、京都市内の移動には、府庁差回しの馬車や人力車が用いられ、訪問や見学の合間には、有識料理など伝統的な日本食のもてなしがあった。

　菊池総長は、11月28日の京都駅でのヘディン出迎えに始まり、これらの大半に同伴し、蹴鞠や武術について説明したり、山縣などを交えた午餐会を主催したりもしている。ヘディンは、漆器や仏具など、日本の伝統的な工芸品や美術品への関心が強く、京都滞在の後半では、高島屋で上村松園の描いた絵（軸物）や刺繍屏風など4000円近い品々を購入した［新衣装 1909：vol.81, 13；京都日出新聞 1901：12月11日記事］。こうした買い物の一部にも、菊池総長は、中澤岩太（京都高等工芸学校長）と共に同行した。さらに、12月6日は、澤文旅館に出向き、京都帝国大学からの記念品（鎧一領と刀剣一振）をヘディンに贈呈し、12日には、平壌へ向けて出発するヘディンを京都駅で見送った。

　菊池総長は、東京地学協会の会長代理として、東京では、11月12日の横浜の波止場での出迎えに始まり、東京地学協会の主催する接迎式、歓迎晩餐会、講演会などで歓迎の辞を述べたり、ヘディンを紹介したり、随所で活躍した人である。ヘディンが東京に滞在いる間も、菊池は、京都帝国大学総長として、京都での歓迎日程を組み、準備を進める上で、随時、指示を与えていたはずである。ヘディンが日本に滞在した1ヶ月間、菊池は、まさにヘディン一色の日々だったのではないだろうか。

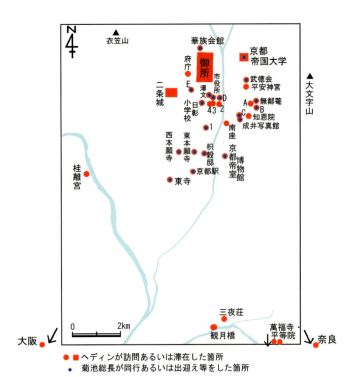

図2　京都滞在中のヘディンと菊池総長の行動（1908年11月28日〜12月12日）
資料：東京地学協会 1909b「ヘディン博士滞洛記事」『地学雑誌』21(6)、1908年11月から12月の『京都日出新聞』等の記事、および、"Sven Hedin in Japan"（ヘディン関係記事スクラップ帳）（スウェーデン民族学博物館所蔵）に所収の新聞記事など。

多くの分野の教員の協力と参加

　京都帝国大学の学賓としてヘディンが歓迎され、多くの分野の教員が参加したことは、東京での歓迎ならびに東京帝国大学での歓迎とは大きく異なる特徴として、特筆される点である。多数の教員の参加や協力がどのようであったか、ヘディンが京都に到着した翌日、すなわち、京都帝国大学による行事が終日行われた11月29日の様子を見てみよう。

　この日、小川琢治は、ヘディンを澤文旅館に迎えに行き、菊池総長の官舎に伴った後、午後1時から大学構内の尊攘堂での大学評議員による午餐会に案内した。午後2時から法科大学で講演会が開催され、学内外から1200人の聴講が集まった。講演に合わせて、別室で、ヘディンの中央アジア探検にかかわる文献の展示が行われた。夕刻から、京都ホテルで大学主催の歓迎晩餐会が開かれた。

　大学事務官から、各部局（分科大学、各講座・教室、病院、図書館など）に対して、講演会と晩餐会への参加者や人数の照会がなされたのが、11月20日頃という急なものであったにもかかわらず、多数の教員が参加した。表3に部局別の参加人数の集計を示す。医科大学には、きわめて出席率の高い教室があり、薬物学教室と法医学教室はそれぞれ2人全員が、病理学教室は7人中6人が講演会に参加した。

　4つの分科大学のなかで、最も参加率が高いのは理工科大学

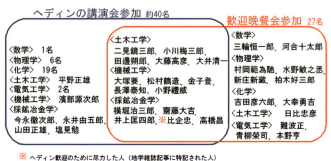

図3　11月29日のヘディン歓迎行事に参加した文科大学教員
資料：『外国名士招待関係書類（自明治四十一年至明治四十五年）』および『京都帝国大学一覧 従明治四十一年至明治四十二年』。

図4　11月29日のヘディン歓迎行事に参加した理工科大学教員
資料：『外国名士招待関係書類（自明治四十一年至明治四十五年）』および『京都帝国大学一覧 従明治四十一年至明治四十二年』。

で、文科大学がこれに次ぐ。両分科大学からどのような分野の教員が参加したのか、整理したものを図3と図4に示す。文科大学では、地理学の小川と石橋はむろん、歴史学、東洋・西洋の文献系、哲学・哲学史など、さまざまな分野の教員が参加している。当時の文科大学の教員は39人であるが、その中には学内外の講師が含まれるし、留学中の者も数人いたことを踏まえると、出席率が非常に高いこと、また、講演会・晩餐会ともに参加した者が多いことを指摘できる。

　理工科大学からの参加者については、『外国名士招待関係書類』中に人数のみしか記載されていない教室を除いて、氏名と分野を示している（図4）。地球科学の分野である採鉱冶金学

表3　11月29日に行われたヘディン歓迎行事への参加状況

部　局　名 （教授・助教授・講師の総数）	講演会	晩餐会
法科大学（33人）	9人	5人
医科大学（114人）	25人	13人
文科大学（39人）	17人	12人
理工科大学（77人）	42人	27人
病院	5人	—
図書館	11人	—
合　　計	109人	57人

注：『外国名士招待関係書類』の中に、病院および図書館からの晩餐会への参加者について資料がなかったため、人数不明。
資料：『外国名士招待関係書類（自明治四十一年至明治四十五年）』および『京都帝国大学一覧 従明治四十一年至明治四十二年』。

教室から大勢の参加があったほか、当時の理工科大学に開設されていた全ての教室から参加があったことは、ヘディンに対する興味の多彩さを示すものであろう。

京都帝国大学教員のヘディンに対する関心の高さには、世界的に著名な探検家、来日を機に注目されている人への関心という要素が皆無ではなかったかもしれない。あるいは、大学が迎える賓客への敬意や礼儀という気持ちで臨んだ者もいたかもしれない。だが、活動や研究が異なる分野に従事していても、ヘディン自身やヘディンの探検に対して興味を引かれた人、また、異なる分野の人だからこそ好奇心をそそられた人も多かったのではないだろうか。ヘディンは、1905〜1908年に行った探検まで、常に、単身で調査地に向かい、現地で護衛や運搬担当の人たちを雇っていた。観測、測量、水深・水量の測定、鉱物採取といった自然科学的な調査だけでなく、生活や宗教、風俗習慣や語彙の収集といった社会的・人文的な調査、スケッチ、写真撮影、地図作成など、多岐にわたる作業のほとんどを、彼自身で行っていた。こうした探検家ならびに地理学者としてのヘディンの多面的な才能と活動も、多くの分野の人々の関心を集めることにつながっていたのではないだろうか。

4. 講演会に合わせた関連文献の展示

京都帝国大学におけるヘディン歓迎のもう1つの特徴として、講演会に合わせて文献展示をしたことが挙げられる。東京地学協会や東京帝国大学の講演の際には、実物幻燈を使って地図や絵を示したり、地図を壁に掛けたりしたとされるが、資料を展示して聴講者に閲覧させたという記録は見当たらない［矢澤 1989: 370］。こうした展示が行われたのは、日本では京都帝国大学だけである。

展示された資料

展示された多数の資料は、ヘディン自身の著書と来日直前に終えた中央アジア探検の際に彼自身が作成した資料（表4）のほか、西洋の探検家による中央アジアやチベットの調査報告（表5）、漢文の地誌（表6）や欧訳を含む仏典類（表7）、金石と古地図（表8）である。文科大学地理学研究室[6]に展示したとされているが、点数の多さや『混一疆理歴代國都圖』の大きさ（163cm×158cm）からすると、かなり広い会場だったと推測される。

表5〜8に記載された文献のうち、図書館での所蔵が確認さ

れた図書の所属は、地理学だけでなく、東洋史、印哲、中哲、中文、梵文といった東洋学系の教室である。欧文の報告書類のなかには、フランス人宣教師ユック（Evariste Régis Huc）、探検家のヤングハズバンド（Francis Edward Younghusband）、スタイン（Marc Aurel Stein）やチベット学者のサラト・チャンドラ・ダス（Sarat Chandra Das）などによって書かれた探検報告や旅行記などがある。西域やチベットに関する漢籍のうち、代表的な地理書とされる『大清一統志』は、清代の全支配領域について記した総合的地誌で数百巻に及ぶ。その他で目を引くのが、河川に関する書物である。たとえば、北魏時代に書かれたとされる『水経注』は中国の水系ごとの地誌を集大成した書であり、『皇輿地全覧図』をもとに中国領土および周辺地域の河川を網羅した『水道提綱』は優れた流域地誌として知られる。『西域水道記』は、東トルキスタンの水系に関する地理・歴史書である[7]。中央アジアの主要河川の源を突き止めるのに多大な努力を払ったヘディンの探検の実績や彼の関心に応える文献展示とみなすことができよう。

表5〜8に掲げた文献のうち、現在、文学研究科・文学部図書館に所蔵されているものについては所蔵教室を挙げた。おそらく、現蔵図書の多くは講演に際して実際に展示された資料ではない。けれども、ヘディン自身が探検した土地ならびに彼の発見や発掘の成果に対して、関心を抱く教員たちが当時の文科大学におり、現在もその伝統が続いていることは明らかである。なによりも、講演に合わせた資料展示が文科大学の教員の尽力により、文科大学内の会場で行われたことそのものが、文科大学としてのヘディンに対する学術的な関心のありようを如実に示している。

内藤湖南と小川琢治の協力

『外国名士招待関係書類』の中には、「11月29日の午前中、内藤講師が準備し、正午より縦覧を許すこと（聴講券へ記入あり）」、「陳列品は講演終了後、図書館新書庫内へ保管」と記された文書がある。内藤講師とは、文科大学の内藤虎次郎（湖南）である。

この文献展示は、ヘディン来日以後、京都帝国大学での講演までの短い期間のうちに計画され、集められたものである。どのように、また、どこから集められたのであろうか。展示された文献や資料のうち、漢文西域佛典と古圖は外部からの借用で、多くは西本願寺の所蔵品である。大谷光瑞ならびに西本願寺の協力があったことがうかがえる。その他の出品者については、東京地学協会の記事には記されていないが、出展した文献の大部分は、内藤の蔵書であった。このことは、1911年に、菊池大麓（当時の京都帝国大学総長）からヘディンに宛てた書簡に

---

(6) 『大阪毎日新聞』の1908年11月30日の記事には、「文科大学西洋史研究室には博士の手に成れるスケッチ「土人の風俗」「西蔵宮殿の構造」「ごび砂漠の模型」等を陳列して聴講者の縦覧に供したり」と書かれている。地理学研究室ではなく、西洋史研究室だったのか、両方の研究室を使ったのか、不明である。

(7) 小川琢治は、中国の歴史地理学的な研究における漢籍の有用性を説き、主要な文献を10点余り挙げている［小川 1902］。そのうち、『大清代一統志』、『水経注』、『西域水道記』および『西域圖考』が1908年11月29日に展示されている。

書かれている[8]。内藤の蔵書以外の文献の出所として考えられるのは、小川琢治である。内藤も小川も大変な蔵書家で、膨大な漢籍や洋書などを収集していたことが知られている。自身の蔵書の中から文献から選ぶのはそれほど大変ではなかったかもしれない。

　他に考えられるのは、京都帝国大学の図書館の図書を陳列した可能性である。そこで、陳列された文献のうち、ヘディンが講演を行った1908年11月29日以前に、大学の蔵書として登録されたものを調べ、該当するものに登録年月日を付した（表4～7）。その結果、講演以前に登録された文献は13点あり、そのうち、地理学教室所蔵のヘディン著作の3点の内表紙に、講演会当日の日付入りでヘディンの署名が記されていた（図5）。このことから、展示された資料のうち、少なくとも一部は文科大学の蔵書であったことが確かである。

　ヘディンは、こうした自身の探検資料と関連文献とが展示された会場の様子を見たはずである。著書への署名も根拠の1つであるが、ヘディン自身、漢籍を小川に見せられたと記しているし、上述の菊池の手紙にも言及されている。ヘディンは、京都滞在中に、その漢籍の1つの一節を小川がヘディンのために英訳してくれたこと、そして、その英訳の一部を、学術報告書の執筆・刊行に先だって、一般書である"Trans-Himalaya"に引用したことを述べている［Hedin 1910: vol. 2, 182-184］。この漢籍とは、表6に掲げた『水道提綱』である。小川が英訳したのは、同書の第22巻のなかの一節である。ヘディンの第3回探検の学術報告書である"Southern Tibet"の第1巻第12章では、ブラマプトラ川の水源ならびにサトレジ川と2つの湖との関係について記述された2つの箇所それぞれで、小川の英訳が引用されている［Hedin 1917: vol. 1, 114-116; 119-120］。同書第8巻でも、近世以前の中国地図に関する小川の論文が引用されている［Hedin 1922: vol. 8, 95］。こうした小川とヘディンとの関係には、地理学者であり、かつ漢文学者として知られる小川の一面がよくうかがえ、彼の協力がヘディンの著作に寄与した点でも興味深い[9]。

---

(8)　ストックホルムの国立公文書館（Riksarkivet）に所蔵されているヘディン関係の文書のうち、File 417（日本およびユーゴスラビアからの書簡類）に、菊池大麓からヘディンに宛てた1911年9月17日付けの手紙が収められている。内容は、ヘディンから漢籍の記述について翻訳の依頼があったことに、文科大学の教員たち3人（小川琢治、内藤虎次郎、羽田亨）の名前を挙げて、対応の状況を知らせるものである。内藤について、次のように述べている。「あなた（ヘディン）はご記憶かと思いますが、中国のことがらについては大変に権威のある人物であり、あなたが書いておられる、あの展示のおりに陳列された書籍の大部分の所蔵者でもあります。」あの展示とは、1908年11月29日のヘディンによる講演会に合わせて行われた展示を指していると考えられる。

(9)　註(8)で挙げた菊池の手紙に書かれていた、ヘディンからの漢籍の翻訳依頼が、その後どのような顛末となったかについては、資料等で確認できていない。

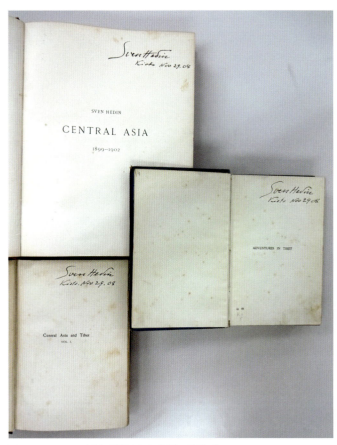

図5　ヘディンの署名が記された3冊の著作（*Central Asia and Tibet*. 1903; *Adventures in Tibet*. 1904; *Scientific Results of a Journey in Central Asia and Tibet 1899—1902*. 1905.）

5．史学研究会と東洋学とヘディン

講演会と文献展示——史学研究会の例会スタイル

　講演会に合わせて関連文献を展示し、聴講者に閲覧の機会を提供するという企画は、どのように生まれたのだろうか。その経緯を探る上で手がかりとなるのが、文科大学の教員を中心に、1907年12月に創立された史学研究会の活動である［史学研究会 1909: 176］。表9は、史学研究会発足以降の2年間の史学研究会の活動とヘディンの講演会を合わせてまとめたものである。

　『史学研究会講演集』（第一～四冊）によれば、史学研究会の発足以降、1910年10月までの間に例会16回、総会3回、臨時遠足1回、臨時講演会2回が開催された。これらの例会と総会は、ほとんどの場合、講演と陳列との組み合わせで行われている。講演では、江戸時代の大阪市制（幸田成友）、平城京（喜田貞吉）、宋学の伝来（西村時彦）、長白山の地勢と松花江の水源（小川琢治）、大嘗祭（猪熊浅麿）、日本に伝わる波斯文（羽田亨）、国語史上の疑問（新村出）、公家と武家（三浦周行）、古美里城出土亀骨（富岡謙三）、日本の外国貿易（内田銀蔵）、江戸口語（吉澤義則）、当麻曼荼羅（江馬務）、西魏の四面像（濱田耕作）、高句麗百済新羅三国開闢の年代（内藤虎次郎）、博望侯張騫（桑原隲藏）、伊曽保物語考（上田敏）、印度史研究資料（松本文三郎）、儒

表4 大学講演の際に陳列されたヘディンの著書と探検資料

（一）ヘディン博士著書	文学部図書館・所蔵教室 （ヘディン講演以前の登録年月日）
1. *Through Asia*. 1898.	東洋史
2. *Durch Asiens Wüste*. 1899.	
3. *Die geographisch-wissenschaftlichen Ergebnisse meiner Reisen in Zentral-Asien 1894–1897*. Ergänzungsband 28 zu Petermanns Mitteilungen. Gotha 1900.	
※4. *Central Asia and Tibet*. 1903.	地理学（明治41.3.31）、東洋史、社会学
5. *Im Herzen von Asien*. 1903.	
※6. *Adventures in Tibet*. 1904.	地理学（明治41.6.20）、中文
※7. *Scientific Results of a Journey in Central Asia and Tibet 1899–1902*. 1905.	地理学（明治41.10.10）、梵文
（二）ヘディン博士稿圖	
第三回探検西藏山嶽、湖沼、寺院、人物、見取圖　108葉	

※ヘディンの署名あり（1908年11月29日付）。
資料：東京地学協会 1909b「ヘディン博士滞洛記事」『地学雑誌』21(6)。

表5 大学講演の際に陳列された欧文のチベットおよび中央アジア報告書類

（三）中央亞細亞及西藏探検報告	文学部図書館・所蔵教室 （ヘディンの講演以前の登録年月日）
1. M. Huc: *Souvenirs d'un voyage dans la Tartarie, le Tibet et la Chine*. 1853. （*Souvenirs d'un voyage dans la Tartarie et le Thibet, pendant les années 1844, 1845 et 1846*）	
2. W. H. Knight: *Diary of a Pedestrian in Cashmere and Tibet*. 1863.	
3. R. Shaw: *Visits to High Tartary, Yarhand and Kashgar*. 1871.	東洋史（明治41.7.10）、社会学
4. C. R. Markham: *Narratives of the Mission of George Bogle to Tibet, and of the Journey of Thomas Manning to Lhassa*. 1876.	羽田記念館
5. G. Bonvalot: *Du Caucase aux Indes, à travers le Pamir*. 1888.	
6. L. Dutreuil de Rhins: *L'Asie Centrale, Tibet et Régions limitrophes: texte et Atlas*. 1889.	東洋史（明治41.7.25）
7. W. W. Rockhill: *Land of the Lamas*. 1891.	東洋史
9. H. Lansdell: *Chinese Central Asia*. 1893.	東洋史（明治41.7.25）
10. F. E. Younghusband: *Heart of a Continent*. 1896.	
11. The Earl of Dunmore: *The Pamirs*. 1894.	東洋史、印哲
12. A. H. S. Landor: *In the Forbidden Land*. 1898.	地理学
13. M. S. Wellby: *Through Unknown Tibet*. 1898.	羽田記念館
14. H. H. P. Deasy: *In Tibet and Chinese Turkestan*. 1901.	東洋史、羽田記念館
15. Sarat Chandra Das: *Journey to Lhasa and Central Tibet*. 1902.	地理学
16. G. Sandberg: *Exploration of Tibet: its History and Particulars from 1623 to 1904*. 1904.	東洋史（明治39.11.20）
17. *Papers relating to Tibet* (presented to both Houses of Parliament by Command of His majesty) 1904.	東洋史
18. L. A. Waddell: *Lhasa and its Mysteries*. 1905.	仏教学
19. W. J. Ottley: *With mounted Infantry in Tibet*. 1906.	東洋史（明治41.5.25）、羽田記念館
20. Sir T. Holdich: *Tibet, the Mysterious*. 1907.	東洋史（明治40.6.15）、地理学（明治41.3.31）、羽田記念館
21. M. A. Stein: *Ancient Khotan*. 1907.	印哲（明治41.2.5）
22. Kuchner: *Opisanie Tibet*. 1907.	

注：羽田記念館が内陸アジア研究の発展に寄与した羽田亨博士の功績を顕彰するために設立されたのは、1966年である。
資料：東京地学協会 1909b「ヘディン博士滞洛記事」『地学雑誌』21(6)。

表6 大学講演の際に陳列された漢文地誌類

（四）漢文中央亞細亞誌				文学部図書館・所蔵教室 （ヘディン講演以前の登録年月日）
1. 初刊本禹貢錐指	（清）胡渭		10冊	東洋史、中文
2. 水經注	（後魏）酈道元		12冊	中哲史、地理学、東洋史
3. 水道提綱	（清）齊召南		8冊	中哲史、東洋史
4. 大清一統志			内1冊	東洋史（明治40.1.4）、社会学
5. 欽定皇輿西域圖志	（清）傅恆等修；（清）褚廷璋等纂			中哲史、地理学、東洋史、社会学
6. 小方壺齋輿地叢鈔			内3冊	地理学
7. 西域考古録	（清）俞浩		10冊	東洋史
8. 漢西域圖考	（清）李光廷		3冊	地理学、東洋史
9. 西域聞見録	（清）七十一		3冊	東洋史

10. 西域水道記	（清）徐松	6 冊　附　漢書西域傳補註新疆賦	東洋史
11. 欽定新疆識略	（清）松筠ほか	10冊	東洋史
12. 新疆要略	（清）祁韻士		東洋史
13. 回疆誌	（清）蘇爾德		東洋史
（五）漢文西藏地誌			**文学部図書館・所蔵教室** **（ヘディン講演以前の登録年月日）**
14. 西招圖略	（清）松筠	2 冊	東洋史
15. 衞藏通志		8 冊	中哲史、地理学、東洋史、社会学
16. 西藏紀述	（清）張海	1 冊	
17. 西藏記	著者不詳	2 冊	東洋史
18. 康輶草	陳鍾祥	1 冊	
19. 得一齋雜著四種 　　西輶日記、印度箚記、遊歷芻言、西徼水道	（清）黃楙材		東洋史
20. 西藏圖考	（清）黃沛翹	4 冊	地理学、東洋史
21. 西藏賦	（清）和寧	1 冊	東洋史（明治40.6.10）
22. 明代四譯館表文		青刷 1 冊	

注：漢籍には複数の版のあるものが少なくなく、所蔵確認作業が、近年の復刻等を含めた網羅的なものではないことを断っておく。東洋史学教室所蔵の『水道提綱』には、「文學博士内藤虎次郎寄贈本」の印あり。

資料：東京地学協会 1909b「ヘディン博士滞洛記事」『地学雑誌』21(6)。

表 7　大学講演の際に陳列されたチベットおよび西域仏典

（六）漢文西藏佛典　附　西藏文佛典		**出品元**
23. 洛陽伽藍記　初印漢魏叢書	1 冊	本派本願寺
24. 龍藏本佛國記	10冊	本派本願寺
25. 校本大唐西域記	4 冊	本派本願寺
26. 長寬寫本大唐西域記	12冊	石山寺
27. 宋版大唐西域記	12冊	東寺
28. 龍藏本大唐西域記	12冊	本派本願寺
29. 龍藏本慈恩寺三藏傳	5 冊	本派本願寺
30. 龍藏本南海寄歸內法傳	10冊	本派本願寺
31. 龍藏本西域求法高僧傳	10冊	本派本願寺
32. 佛説十力經	10冊	本派本願寺
33. 呉船錄　　范成大著	2 冊	本派本願寺
34. 至元法寶勘同錄	1 冊	本派本願寺
35. 唐熙板番藏經目錄	1 冊	本派本願寺
36. 西藏文藏經		本派本願寺
37. 原刻本造像量度經	2 冊	―
（七）歐譯西域佛典		**文学部図書館・所蔵教室** **（ヘディン講演以前の登録年月日）**
38. A. Rémusat: Foĕ kouĕ ki, ou, Relation des royaumes bouddhiques: voyage dans la Tartarie, dans l'Afganistan et dans l'Inde, exécuté, à la fin du IVe siècle. 1836.		梵文
39. S. Julien: Mémoires sur les contrées occidentales. 1857–58.		東洋史
40. S. Julien: Histoire de la vie de Hiouen-Thsanget de ses voyages dans l'Inde : depuis l'an 629 jusqu'en 645 : suivie de documents et d'éclaircissements géographiques tirés de la relation originale de Hiouen-Thsang. 1853.		東洋史
41. A. F. R. Hoernle: The Bower Manuscript. 1893.		梵文

資料：東京地学協会 1909b「ヘディン博士滞洛記事」『地学雑誌』21(6)。

表 8　大学講演の際に陳列された金石と古地図

（八）金石		**備　考**
42. 漢斐岑紀功碑　　永和二年	1 幅	
43. 唐吐蕃會盟碑　　長慶元年	1 幅	
44. 打箭爐藏文碑片	1 個	
45. 古鏡　漢海獸葡萄鏡 5 面　　漢六朝唐鏡15面	20面	
（九）古圖		**出品元**
46. 混一疆理歷代國都圖（建久四年朝鮮製東亞地圖）	1 軸	本派本願寺

資料：東京地学協会 1909b「ヘディン博士滞洛記事」『地学雑誌』21(6)。

表9　史学研究会発足から2年間の行事とヘディンの講演会

年　月　日	事　項（会場）	おもな内容
1907年12月	史学研究会	発足創立
1908年2月16日	第1回例会（文科大学第八番教室）	講演（武田五一） 陳列（出陳者：国史学教室、富岡謙三、三浦周行、江馬務、武田五一、坂口昂ら） 演説（内田銀蔵）
1908年3月22日	臨時遠足会	巡検　宇治平等院など（案内：武田五一）
1908年4月26日	第2回例会（京都府女子師範学校）	講演（幸田成友）＊参考書・資料持参 陳列（出陳・解説者：内藤虎次郎、碓井小三郎、富岡謙三、内田銀蔵）
1908年6月7日	第3回例会（京都府女子師範学校）	講演（喜田貞吉） 故那珂（通世）博士追悼紀念陳列会（出陳者：東洋史研究室、国史研究室、川島元三郎、内藤虎次郎、富岡謙三、狩野直喜、幸田成友、羽田亨、大谷光瑞、白鳥庫吉、増澤長吉、中村久四郎など）
1908年9月27日	第4回例会（京都府女子師範学校）	講演（西村時彦） 陳列（出陳者：国史研究室、京都府図書館、西村時彦、上村観光、富岡謙三ら）
1908年11月29日	ヘディン講演会（京都帝国大学）	午餐会 講演（スウェン・ヘディン） 陳列（出陳資料：ヘディンの稿図・調査資料、関連文献、古地図等、出陳者：本派本願寺など） 歓迎晩餐会（京都ホテル）
1908年12月6日	第1回総会（本派本願寺）	総会（佛教大学図書館） 茶菓（大谷伯爵邸） 陳列（出陳者：大谷光瑞） 講演（大谷光瑞） 見学　飛雲閣
1909年2月21日	第5回例会（法科大学第八番教室）	講演（上村観光；小川琢治） 陳列（出陳者：小川琢治、富岡謙三）
1909年5月23日	第6回例会（京都府立第一高等女学校）	講演（内田銀蔵；猪熊浅麿；原勝郎）
1909年6月20日	第7回例会（法科大学第八番教室）	講演（田中勘兵衛；桑原隲藏）
1909年10月31日	第8回例会（法科大学第八番教室）	講演（羽田亨；内田銀蔵） 陳列（講演に関係する資料）
1909年11月28日	第2回総会（京都府立図書館） （＊11月29日も陳列を一般公開。観覧者多数。）	総会 講演（新村出） 午餐 講演（三浦周行） 陳列：敦煌石室発見古書画及参考図書目録 （解説者：小川琢治、内藤虎次郎、富岡謙三、濱田耕作、羽田亨、狩野直喜、桑原隲藏）

資料：史学研究会 1908-1910『史学研究会講演集』第一～三冊、冨山房。東京地学協会 1909b「ヘディン博士滞洛記事」『地学雑誌』21(6)。

仏道三教葛藤史研究資料（高瀬武次郎）、フレデリック大王（中村善太郎）など多彩なテーマが取り上げられた。講師は会員のほか、ゲスト講師が招かれることもあった。また、1910年10月の星野恒（東京帝国大学）による「説文の六書」の講演会は、文科大学の支那学会（1907年10月設立）と合同で開催された［史学研究会 1908-1911］。

陳列では、会員および関係機関の所蔵する資料が出陳され、解説も行われた。どのような資料が誰から出陳されたか、点数まで記録されている。非会員の大谷光瑞による資料出陳もある。講演者自身が講演内容に関連する資料を持参することもあり、原資料を実際に見ることや、関連文献を参照することが重視されたことがうかがえる。表9に示した行事のなかでは、1908年6月の故那珂博士追悼紀念陳列会や1909年11月の敦煌石室発見古書画及参考図書の陳列が充実していた。それぞれ、項目を立てて展示資料を分類し、項目ごとに資料名と点数、出陳者などを記載した詳細な一覧表が彙報欄に掲載されている［史学研究会 1908: 165-171；史学研究会 1910: 285-290］。敦煌石室発見古書画の展示の際には、小川や内藤、狩野らが、各自の専門の立場から資料解説にあたっており、文科大学の多くの講座の協力による分野横断的な催しであったと言えよう。

1908年3月の臨時遠足会は、第1回例会で行われた平等院の装飾模様についての武田五一の講演に続いて実施された現地見学会であり、説明は武田自身が行っている［史学研究会 1908: 147-172: 史学研究会 1909: 175-183］。

学会発足頃の史学研究会の会合では、講演と陳列を組み合わせた形式のプログラムが慣例となっていた様子からすると、京都帝国大学でのヘディンの講演会の際、文科大学を会場にして、関連文献の展示が企画され実施されたことは、ごく自然なことに思われる。漠然と多くの文献を並べるのではなく、明確な意図を持った構成のもとに、選ばれた文献が展示されている点や西本願寺等、学外からの出陳協力も得ている点も、史学研究会の陳列スタイルと共通する特徴である。ヘディンの講演会のおりの展示のために蔵書を出陳した可能性があるのは、内藤や小川だけでなく、他の史学研究会会員も同様かもしれない。滞洛中の京都や奈良等での名所旧跡案内も、専門家たちによる解説付きの現地説明会と見ることもできよう。

さらに、ヘディンの講演会の直後、ヘディンが滞洛中に開催された第1回総会が、西本願寺を会場とし、大谷光瑞による「東洋史研究に就きて」と題した講演や西本願寺所蔵資料の陳列が行われたことを合わせて考えると、ヘディンの講演会と展示は、史学研究会による一連の活動の中での特別例会であったかのようにも見える。

文科大学における東洋学と史学研究会

では、史学研究会とは、どのような組織であったのだろうか。史学研究会は、1907年12月、文科大学の教員を中心にして、「同志ノ士相集マリ史学ニ関スル研究ヲナスヲ以テ目的」

《京都市内高等教育機関》			《他地域の高等教育機関》		《文科大学の卒業生》	
前川亀次郎* 山内晋卿* 藤田元春*	中村善太郎* 野々村戒三* 増澤長吉*	山本行範* 阪倉篤太郎* 江馬務 ほか	重田定一 長壽吉 植木直一郎	松本彦次郎 ほか	寺田貞一 西田直二郎	清原貞雄 ほか
《京都帝国大学文科大学》			羽田亨 桑原隲藏 富岡謙三 内藤虎次郎*	幸田成友 喜田貞吉 三浦周行 内田銀藏*	原勝郎 坂口昂*	
島文次郎* 〈英語学〉	濱田耕作 〈考古学〉	石橋五郎* 小川琢治* 〈地理学〉	〈東洋史学〉	〈国史学〉	〈西洋史学〉	谷本富 〈教育学教授法〉
〈言語学〉 新村出	〈国語学国文学〉 吉澤義則 藤井乙男	〈支那語支那文学〉 狩野直喜	〈梵語梵文学〉 榊亮三郎	〈印度哲学〉 松本文三郎	〈支那哲学〉 高瀬武次郎	〈美学美術史〉 武田五一 瀧精一
《新聞社》 岩井武俊 西村時彦 牧 巻次郎	《公的機関》 亀岡末吉* 川島元次郎 湯浅吉郎 水木要太郎 森潤三郎 福井利吉郎	《西本願寺》 堀賢雄 梅上尊融 渡邊哲乗	《その他寺院》 大谷勝眞 上村観光 渓内弌恵 ほか	《その他》 中目覺 名越那珂次郎 碓井小三郎	溝江八男太 ほか多数	《法科大学》 池邊義象

図6　史学研究会の会員構成（1908年〜1911年）

*ヘディンの歓迎行事に参加した者（『外国名士招待関係書類』（自明治四十一年至明治四十五年）による。
注：姓名における誤字が確認できたものは訂正した。
資料：『史学研究会講演集』第一冊〜四冊、『京都帝国大学一覧　従明治四十一年至明治四十二年』、『第三高等学校一覧　明治四十一年九月出　明治四十二年八月止』など。

として発足した［史学研究会 1908: 172］。会合や調査研究のほか、会誌の刊行が主要な活動で、発足から4年間は、毎年、例会や総会で行われた講演をまとめた『史学研究会講演集』を、さらに後継の二誌を経て、1916年からは『史林』が学会誌として発行され、現在に至る。発足時に63名であった会員は、その後4年間で105名となった（入会116名、退会10名、死亡1名）。図6は、会員の構成を整理したものである。史学という名称を有するが、文科大学からは、東洋史学、国史学、西洋史学、地理学などの史学科の教員だけでなく、哲学科や文学科からも多くの教員が参加している。また、第三高等学校をはじめ、京都市内外の高等教育機関や京都府立図書館や帝室博物館等の機関のほか、新聞社などからも入会者があり、史学に関心を持つ者に対して、広く門戸が開かれた会であったことがわかる。図6では、ヘディンの歓迎行事に参加した会員に*を付して示している。『外国名士招待書類』で確認できた参加者は、文科大学の教員や市内の教育機関に属する会員を合わせて22人にものぼる。亀岡末吉（京都府技師）は、桂離宮等で案内役を務めた人である。

さまざまな分野や内外の機関に所属する会員で史学研究会が構成されていたことは、総合的な幅広い史学研究を意図するという史学研究会の姿勢とも対応している。内田銀藏は、1908年2月に行われた第1回例会で、「殊に、東洋文明史の研究は、此京都の地に於て一の新生面を開くに至らんことを切望するものなり」と述べ、史学が研究対象とする時代や地域、事象、史料や方法論が多様かつ広汎であることを強調し、多くの関連分野の研究者が相互に情報や意見交換し刺激を与え合うことの大切さを説いた［史学研究会 1908: 148］。会員の顔ぶれや講演テーマからみると、内田の言う「東洋文明史」における東洋の範囲も文明の領域も、非常に広範かつ多様に捉えられていたことが明らかである。

史学研究会が掲げた東洋文明史への志向性は、京都帝国大学における文科大学創設の趣旨と切り離して考えられるものではなく、必然的なものでもあった。すなわち、既存の東京帝国大

学文科大学とは異なる特色を持つ大学であることを強く要請され、打ち出された方針の一つが、東洋学の発展に重きを置くというものであった。この方針にそって、「支那学」として知られる支那哲学と東洋史と支那文学とが、それぞれ哲学科・史学科・文学科の三学科に属する独立した講座として開設され、特に東洋史学には三講座が置かれることとなった［京都帝国大学 1935: 16-17］。文科大学における東洋学のその後の発展については、ここでは触れないが、1906年6月の文科大学創設から1年余り経た、1907年10月、支那哲学講座と東洋史、支那語学支那文学の三講座を中心に学外の人々も集めて、総合的な東洋学研究のために支那学会が組織されたことや、同年末に設立された史学研究会もまた「東洋文明史の研究」を目指したことは、文科大学における東洋学重視の方針にそったものであろう［京都帝国大学文学部 1935: 34］。

この文科大学における東洋学という観点から興味深いのは、東京地学協会による地理学教室の紹介記事である［東京地学協会 1908: 525］。記事では、1907年9月に開設した地理学教室について、「京都は東亜地理学研究史の一中心たるの観あり」と評され、京都には、西本願寺に地理学上の事業に熱心な大谷光瑞と彼の率いるアジア探検家たちがおり、東洋に関する多数の文書が蒐集されていること、史学研究会による那珂博士追悼紀念の陳列には、大谷光瑞のほか、内藤湖南や富岡謙三らから蒙古地方の地理に関する貴重な蒐集史料が寄せられたことが挙げられている。地理学教室が、西本願寺と史学研究会との関わりの中で、東洋学研究の一端を担う講座としてとらえられていることがわかる。

6.　待望の客ヘディンの歓迎に見える京都らしさ

本章では、1908年のヘディン訪日に際して行われた、京都での歓迎、とくに京都帝国大学の学賓としての歓迎行事に焦点を当て、その特徴と意味を探ってきた。その際に、注目した点の1つは、東京帝国大学におけるヘディン歓迎行事と京都帝国大学による歓迎行事の違いであり、もう1つは、講演に合わせて行われた関連史料の展示とその背景である。

東京と京都でのヘディン歓迎は、いくつかの面で対照的にとらえることができる。まず、東京では東京地学協会が招待主として組織的な対応を行ったのに対し、京都では、京都帝国大学がヘディンを学賓として遇し、日程や行事全般の手配をし、総長自ら率先して歓迎に努めたことである。また、京都帝国大学のすべての分科大学から多くの分野の教員が参加したこと、文科大学における関連文献の展示、奈良や大阪も含めた名所旧跡

の案内に専門家を当たらせたことなどから、京都での歓迎は、学術と文化を前面に出した歓迎であったと言える。この点で、公式行事と理系分野の研究者と軍人の目立つ東京での歓迎とは大きく異なる。

東洋学研究の拠点を築こうとする文科大学および文科大学を中心に組織された関連学会にとって、中央アジア探検家として世界に名を馳せるヘディンが京都に滞在するという知らせは、まさに朗報であり、時宜を得たものであっただろうと想像される。こうした見方からすると、奈良や大阪も含めて、ほぼ連日、ヘディンに同行し、漢籍の英訳まで行った小川琢治の尽力、講演に合わせた関連文献の展示における内藤虎次郎の貢献、西本願寺の協力、専門家による寺社や旧蹟等の現地説明、文科大学の教員を含む多数の史学研究会会員がヘディン歓迎行事に参加したことなど、いずれも、当然の歓待ではなかったであろうか。文科大学、また史学研究会として、京都帝国大学文科大学における東洋学研究の機運を高める上できわめて重要な客人を歓迎するために、するべきことを行ったという感すらある。

とりわけ、内藤虎次郎を中心に、小川琢治や大谷光瑞らの協力を得て開催された関連文献の陳列企画は、東洋学を志向する文科大学の姿勢がよく現れている。日本でのヘディンの他の講演では、こうした関連する文献の展示が行われなかったということもまた、東京帝国大学の文科大学とは違う大学として存立意義を求められた文科大学らしい独自性と見なすことができよう。さらに、滞在中に限った歓待や交遊ではなく、小川による『水道提綱』の英訳を、ヘディンが大変喜んで自身の報告書に引用したことは、後世に残る学術的な交流の証として意義あるものと言える。

［文献］

安部弘敏 2014「ヘディンの来日と日本政府及び日本の諸機関の対応」（白須淨眞編『大谷光瑞とスヴェン・ヘディン』勉誠堂出版、103-121頁）。

『大阪時事新報』1908年11月29日記事「探検博士の入洛」。

『大阪時事新報』1908年12月2日記事「探検博士の観劇　舞台は十段目の光秀」。

『大阪毎日新聞』1908年11月30日記事「ヘ博士の講演」。

小川琢治 1902「北清雑記（第一稿）」『地学雑誌』14(6)：562-565.

金子民雄 1972『ヘディン伝――偉大な探検家の生涯』人物往来社。

金子民雄 1986『秘められたベルリン使節――ヘディンのナチ・ドイツ日記』胡桃書房。

『教海一瀾』第445号（明治41年12月12日発行）17頁。

『京都新聞』1908「本願寺に於ける探険博士」（1908年12月3日記事）。

京都帝国大学 1909『京都帝国大学一覧　従明治四十一年至明治四十二年』京都帝国大学。

京都帝国大学 1908-1909『外国名士招待関係書類（自明治四十一年至明治四十五年）』京都大学大学文書館所蔵資料（識別番号：01A19469）。

京都帝国大学文学部 1935『京都帝国大学文学部三十周年史』京都帝国大学文学部。

『京都日出新聞』1908「ヘ博士再び来る」（1908年12月11日記事）。

高本康子 2014「ヘディンの来日――近代日本とヘディンとチベット」白須淨眞編『大谷光瑞とスヴェン・ヘディン：内陸アジア探検と国際政治社会』勉誠出版、pp.123-144.

坂口貴弘 2013「スヴェン・ヘディンの京大訪問」『京都大学文書館だより』25、p.8.

史学研究会 1908『史学研究会講演集　第一冊』冨山房。

史学研究会 1909『史学研究会講演集　第二冊』冨山房。

史学研究会 1910『史学研究会講演集　第三冊』冨山房。

史学研究会 1911『史学研究会講演集　第四冊』冨山房。

白須淨眞編 2014『大谷光瑞とスヴェン・ヘディン――内陸アジア探検と国際政治社会』勉誠出版。

『新衣装』81巻（1910年1月1日）記事「ヘ博士の御来店」。

第三高等学校 1908『第三高等学校一覧　明治四十一年九月出　明治四十二年八月止』第三高等学校。

田中和子 2015「京都大学が所蔵するスウェン・ヘディンにかかわる絵画資料について――1908年におけるヘディンの日本訪問による遺産とその意義」『人文地理』、67(1)：57-70.

地質調査所 1982『地質調査所百年史』工業技術院地質調査所創立100周年協賛会。

東京地学協会 1908「京都帝国大学文科大学に於ける地理学」『地学雑誌』20(7)：525.

東京地学協会 1909a「スエンヘデイン氏歓迎報告」『地学雑誌』21(6)：a1-a31.

東京地学協会 1909b「ヘディン博士滞洛記事」『地学雑誌』21(6)：b1-b12.

日外アソシエーツ編 2011『明治大正人物事典』（2冊）、紀伊國屋書店。

日彰百年誌編集委員会 1971『日彰百年誌』日彰百周年記念事業委員会。

古林亀治郎編 1912『現代人名辞典』中央通信社。

矢澤大二 1989 "スヴェン・ヘディンと楼蘭王国展" に想う」『地学雑誌』、98(3)：366-373.

Hedin, Alma 1925. *Mein Bruder Sven: Nach Briefen und Erinnerungen*, Mit 61 Abbildungen. Leipzig: F. A. Brockhaus.

Hedin, Sven 1903. *Central Asia and Tibet: towards the holy city of Lassa*. London: Hurst and Blackett.

Hedin, Sven 1904. *Adventures in Tibet*. London: Hurst and Blackett.

Hedin, Sven 1905. *Scientific Results of a Journey in Central Asia and Tibet 1899-1902*, vol.1～3. Stockholm: Lithographic Institute of the General Staff of the Swedish Army.

Hedin, Sven 1909-1913. *Trans-Himalaya: discoveries and adventures in Tibet*, vol.1-3. New York: MacMillan.（初版1909-1912）

Hedin, Sven 1917-1922. *Southern Tibet: discoveries in former times compared with my own researches in 1906-1908*, vol. 1-9. Lithographic Institute of the General Staff of the Swedish Army.

3
ヘディンによる京都滞在の遺産
——京都大学に残されたヘディン原画の模写

田中和子
TANAKA Kazuko

　スウェン・ヘディン（Sven Hedin）は、探検や地理学だけでなく、絵の才能も豊かで、生涯にわたりで非常に多くの絵を描き、それらの大部分はスウェーデンの民族学博物館に保管されている。だが、ヘディンの絵をもとに模写が行われ、それが保存されているという事例は、現在のところ、京都以外の地では確認されていない。

　本稿では、1908年11月末から約半月間にわたり、ヘディンが京都に滞在したおりに、彼がチベットで描いた水彩画やスケッチが模写されたことを紹介し、その経緯や背景をさぐる。京都帝国大学による一連の歓迎行事の一つとして、文科大学の協力によって、ヘディンの原画および漢籍を含む関連文献の展示が行われたこと、また、その展示をきっかけに原画の模写が行われたことを述べる。こうした展示や模写の背景として、当時の京都には、学術分野と芸術分野の人々が大学や組織の枠を越えたさまざまな交流があったことを明らかにする。

1. 地理学教室に残されていたヘディン原画の模写

模写作品の概要

　2014年初頭、京都大学文学部地理学教室のキャビネットの引き出しから、「石田金三　西村純二　安達伊太郎　模冩　中央アジア（?）地形・風俗　I．」と墨書きされた厚紙の間に26点、「中央アジア　地形風俗　模冩　II．」と墨書きされた封筒の中に34点、合わせて60点のスケッチや水彩画が発見された（図1）。これらの作品のリストは、本書の第Ⅰ編に掲載している（○○頁を参照されたい）。60点の模写や描いた人々については、すでに田中和子［田中 2015］の報告があるため、ここでは簡単に概要を紹介するにとどめる。

　60点の作品のうち、57点には、模写した人の名前が書き込まれている。模写した人たちは、西川純二（30点）、安達伊太郎（15点）、石田金三（8点）、田中善之助（4点）の4名である。厚紙に記載されていた西村純二は、西川純二の誤りであった。

　描かれているものは、中央アジアのなかでもチベットの風景・屋外の景観（山岳、廃墟群、寺院の建物群、建物と群衆、寺院正面）を描いたもの、寺院内部（祭壇、僧侶、守護神を描いた入り口の壁面、回廊、僧の居室、扉を押す男性、僧侶の集まり）、人物（上半身の肖像、身につけた装束、装具と衣服をまとった全身像など）の3つのグループに大別できる。模写とはいえ、人物も寺院も山岳も活き活きと描かれており、魅力的な絵である。鉛筆画が22点、ペン画が16点、ペンや鉛筆を併用したものも含めて水彩画

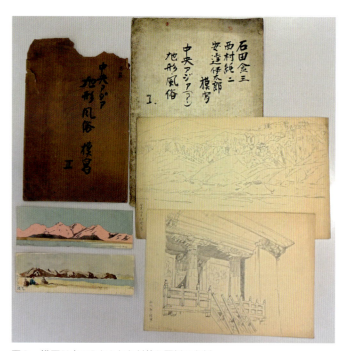

図1　模写60点の入れられた封筒と厚紙の台紙
資料：京都大学文学部地理学教室所蔵。

図2　模写の一例
資料：京都大学文学部地理学教室所蔵（収蔵ID：II-7）。

図3　ヘディンが描いた挿絵
出典：Hedin, Sven 1910. *Trans-Himalaya: discoveries and adventures in Tibet*, vol. 2 , Illustration 360

図4　ヘディンの絵が展示された様子（シムラ、1908年）
出典：Hedin, Alma 1925. *Mein Bruder Sven: Nach Briefen und Erinnerungen.*

が22点である。素材は薄手のわら半紙と画用紙で、描くものに合わせて裁断されたらしく、最も小さい約8cm×25cmから最大は21cm×63.5cmまで、大きさはさまざまである。模写のうち42点には、隅に鉛筆でメモのような単語や説明がアルファベットの筆記体で記載されている。

これらの模写には、模写作成の時期や目的、地理学教室で保管されることになった経緯などを記した資料は添えられていなかった。

模写した人々

模写した4名は、関西美術院の学生であった［田中2015: 59］。関西美術院は、近代洋画の大家である浅井忠が中心となって、1906年に京都に設立された団体で、浅井が創立した聖護院洋画研究所および、洋画家の懇親会として結成された関西美術会と二十日会とを前身とする。浅井は、1902年に創設された京都高等工芸学校の教授として着任し、1907年に亡くなるまで、関西美術院の院長を務めた。田中と西川は第一期の入学生、安達と石田は第二期の入学生であった［志賀・清水2006: 195-196］。

4人の画学生たちのうち、画家としての活動がたどれるのは、田中（1889-1946）と西川（1896-1974）の2人である。浅井の内弟子であった田中は、精力的に作品を発表し、京都の洋画運動を牽引する活動を展開した［星野・星野1990］。鹿子木孟郎の弟子であった西川は、大阪三越や島津製作所に勤めた他、民家や風景画を得意として個展をたびたび開催した［京都市美術館1974］。鹿子木は、浅井と共に、関西美術院設立にあたって中心的な役割を果たした洋画家である。田中も西川も、後年、関西美術院で教授や理事を務めている［志賀・清水2006: 213-215］。安達については、彼の名前が画工として記された学術書が出版されており、同書には多数の精密な挿絵が掲載されている［鈴木1910］。石田の作品等については、現在のところ確認できていない。模写者として「西川純二」の名前が記されている点を踏まえると、模写が作成された時期は、西川が画家として本格的な活動を始める前、まだ洋画の修業をしていた頃と推測できる。

いつ、何を見て模写したのか

中央アジア、とくにチベットの風景や人々を描いた60点の模写作品と同じ内容のものが、ヘディンの著書である *Trans-Himalaya*（1910-1913）（全3巻）の挿絵やヘディンの没後に出版された *Sven Hedin as artist*（1964）のスケッチの中に含まれている［田中2015: 60-62］。こられの著作の挿絵は、ヘディン自身によって描かれたものである（図3）。図3は、図2の模写と同じ内容のものである。挿絵として掲載されている絵の範囲は少し狭いが、2つは非常によく似ている。

画学生たちがこれらの本の挿絵をもとに模写したとは考えにくい。最も大きな理由は、*Trans-Himalaya* に用いられた挿絵の多くは、ヘディンが出版用に描き直したものであることである。また、これらの本の挿絵の大きさは縦横ともに数センチで小さく、精密な模写をするには向かないこと、挿絵にない模写があること、白黒図版の挿絵として掲載されている絵が、模写では多色の水彩画として描かれているものがあること、挿絵に含まれない範囲まで描いた模写があることなどを指摘できる。したがって、模写する際に、画学生たちが見たのは、ヘディンの原画と考えるほうが自然である。

画学生たちによって原画の模写が行われた時期は、ヘディンが来日し、京都に滞在中の期間、すなわち、1908年11月28日から12月12日までの間、また、模写のもととなる原画は、11月29日午後、京都帝国大学で開催されたヘディンの大講演会に合わせて、別室で展示された資料の一つである、ヘディン自身による稿図108点の一部ではないかと推測される［田中2015: 64］。

ヘディンは、生涯にわたる数々の探検の際には、写真を撮影しただけでなく、現地の風景や人々の様子をスケッチや水彩画に描き、数千枚にのぼる絵を残した。ヘディンは子供の頃から絵を描くことが好きで、父親から手ほどきを受けたとされる。

風景や人々の様子を活き活きと伝える彼の絵は人気が高く、展示公開されることも多かったという。来日の直前、ヘディンがシムラ逗留中に撮影された写真（図4）では、厚板状の台の上に白布（もしくは紙）を敷き、その上に多数のヘディンの絵が並べられ、人々がその前の前に立ってそれらを眺めている［Alma Hedin 1925: 240］。また、一般向けの旅行記や学術的な報告書に、彼自身の手による挿絵が多く掲載されたのも、彼の死後、1964年に素描集が刊行されたのも、彼の絵の魅力の故であろう。

　こうしたヘディンの絵をもとに模写が行われた例は、他に報告されていない。この点からすると、京都大学文学部の地理学教室に、60点というまとまった量の模写が残されているという事実は、世界中でも類例がないという意味で、稀有で興味深い出来事と言えよう。

2.　模写の作成に関わった人々

ヘディンの原画の展示と鹿子木孟郎

　どのようにして模写が行われたのであろうか。前述したように、1908年12月29日のヘディンの講演に合わせて行われた資料展示では、ヘディン自身がチベットで描いたスケッチや水彩画など、総数108点もの稿図が並べられた［東京地学協会 1909b］。展示にあたって力を尽くしたとされる内藤虎次郎（文科大学講師）は、文献類だけでなく、原画の陳列も行ったのであろうか。模写をする画学生たちを見つけたのも、彼であろうか。

　できあがった模写が地理学教室で保管されたことを考えると、内藤以外の人物も関与していたはずである。地理学教授の小川琢治が関与した可能性は高いと思われるが、彼自身が美術の世界に通じていたとは考えにくい。絵や絵を描く人々に詳しい人として関与の可能性が高いのは、ヘディン歓迎行事に協力し、桂離宮や御所で案内役を務めた鹿子木孟郎である。鹿子木は、近代京都を代表する洋画家で、ヘディン来日当時は、関西美術院の院長を務めるかたわら、京都高等工芸学校の講師もしていた。鹿子木（春子）夫人が残した詳細な日記[(1)]によると、1908年12月3日の記載の中に、「今朝からヘディン博士の絵を模写するため学生大勢来」とあり、鹿子木の自宅で模写作業が行われたことが明らかである。少し遡ると、11月29日の日記には「主人朝一寸大学へ」と記述されている。京都高等工芸学校を指す場合は学校と書かれているため、日記に書かれた大学は、京都帝国大学を指していると考えられる。29日の正午から展示が公開されているので、鹿子木は、午前中、京都帝国大学

の会場で原画の展示を手伝ったのではないだろうか。鹿子木夫人の日記には、「午後は円山公園で写生」とあり、鹿子木はヘディンの講演や歓迎会には参加していない。鹿子木がヘディンと直接、接触するのは、12月1日午後の華族会館での蹴鞠見学の際で、2日午後もヘディン歓迎に関わって西本願寺へ行き、さらに、3日および4日は市内案内を務めている。

　ヘディンの原画を模写した4人のなかの一人、西川純二は鹿子木の弟子であった。模写を行うために、画学生たちを紹介し、その場所を提供したのが鹿子木であることは確かである。では、ヘディンの原画を模写することを思いつき、そのことをヘディンに対して提案し、了解を得たのは誰であろうか。ヘディンとの交流の機会の多さや、模写が残された地理学教室の教授である点からすると、小川がヘディンに提案した可能性は十分ある。ただし、模写を思いついたのも小川であったかどうかは定かでない。鹿子木がヘディンと接した機会は、何度かあるが、これらは他の人々も同席した行事の際であり、合間に会話を交わし、模写の提案をする余裕があったかどうか、疑わしい。さらに、11月29日の講演会終了後、ヘディンの原画などは、京都帝国大学の図書館の書庫内に保管された［京都帝国大学 1908-1909］。この原画を、鹿子木の自宅（祇園小堀袋町）[(2)]まで、運んだのは誰かという点から検討すると、小川や鹿子木以外の人物の関与もあったと考えるのが自然である。なぜならば、小川はヘディンの過密な歓迎日程のほぼすべてに同行し、鹿子木も1日から4日まで案内役を務めており、この2人にヘディンの原画を大学から運ぶ時間的余裕があったとは考えられないからである。この間、鹿子木夫人の日記には、鹿子木が大学へ行ったという記載はない。図書館の書庫から澤文旅館へ届けられて鹿子木宅へ運ばれたのか、書庫から直接、鹿子木宅に届けられたのか、いずれにせよ、原画を運搬する指示を出した人物は、京都帝国大学の関係者であろう。

　他方、自身の絵を預けたヘディンの立場に立って考えると、命がけの探検の中で描いた、かけがえのない絵を数日間であれ、他人に預けること、しかも模写という作業のために用いる場合、絵の具などで汚される可能性もあることを考えると、かなり大きな決断だったのではないだろうか。ヘディンが、探検後、絵をインドから故郷のストックホルムに宛てに送付しないで、インドから中国を経て日本にまで携えて来たこと自体、彼にとって手元から離さない大切な資料であったことを示している。模写を依頼することも、依頼に応えて原画を託すことも、京都の関係者たちとヘディンとの間につくられた信頼関係なしにはありえなかったであろう。

---

(1)　鹿子木春子夫人の日記「明治四拾一年　西暦千九百八年」による。鹿子木家の資料を受け継いで管理されている鹿子木良子氏のご厚意により閲覧の機会を得た。

(2)　鹿子木春子夫人は、明治41年12月31日の日記に、明治37年春に岡山から移住して四度目の住まいとして、祇園小堀袋町という住所を書いている。祇園小堀袋町という地名は、現在の地名表示では確認できないが、小堀は小堀広道（現在の東大路）、袋町は知恩院門前の祇園袋町あたりを指すのではないかと推測される。鹿子木孟郎は、円山公園に頻繁に写生に出掛けている。

模写の作られた背景──組織や分野を越えたつながり

小川の自伝［小川 1941］には1904年7月までの記載しかなく、ヘディン滞在中、終始付き添っていた堀賢雄も1908年の日記は残していない［堀 1987］。当時の新聞記事にも地学雑誌の報告にも、模写についての言及はない。鹿子木の自伝［鹿子木孟郎画伯還暦記念会 1934］にも、1908年については、フランス留学から帰国し、京都高等工芸学校の講師に復帰したことしか書かれていない。画学生たちが書いた当時の日記といった資料も見つかっていない。ヘディンの自伝でも、京都での模写のことは触れられていない［ヘディン（山口訳）1966］。当時の新聞記事や東京地学協会の報告にも、模写についての記載は皆無である。文献資料等から、ヘディンの描いた原画の模写がおこなわれるきっかけや状況を詳細に突き止めるのは困難である。そこで、視点を変えて、模写が作られた背景に目を向けて、ヘディンが来日した頃、京都帝国大学内外の人々がどのよう関わり合っていたかを見てみよう。

図5は、当時、京都帝国大学、京都高等工芸学校および関西美術院に所属していた人たちのなかで、ヘディンの歓迎行事や絵と関わりの深い人物を取り上げた模式図である。図中の二葉会は、京都帝国大学、第三高等学校、京都高等工芸学校の職員や学生たちによって組織され、浅井忠が指導した洋画同好会であり、関西美術会は、関西美術院の前身の団体の1つで、1901年に中澤岩太を会頭として設立された団体であった［村上 1903: 1-2］。

図5からうかがえる大きな特徴は、組織を越えた人々のつながりが重なり合っていることである。中澤岩太、武田五一、石川一は、京都帝国大学、京都工芸高等学校、関西美術院もしくは関西美術会のいずれにも関わりを持つ。また、京都帝国大学の島文次郎や日比忠彦、鈴木文太郎は、関西美術会あるいは関西美術院からの依頼に応じて、講義や講演、貸し出し等を行っている。前述したように、鹿子木孟郎は、当時、京都高等工芸学校の講師と関西美術院の院長を兼職していた。二葉会自体、3つの組織の洋画好きの人たちの集まりで、浅井忠が指導にあたっていた。明治期の日本を代表する洋画家であった浅井は、ヘディン来日の約1年に亡くなったが、ヘディンの歓迎と模写に関わった人々のつながりを見る際、彼の存在は重要である。浅井忠の没後、彼と交流のあった人々が集まり、遺稿集の発行と墓石の建立を目的として作られた黙語会には、図5に示した、中澤、武田、石川、鹿子木、小川、島のほか、浅井の弟子であった田中も加わった［千葉県立美術館 1981: 52-58］。黙語会の構成員から、浅井を介した洋画にかかわる人々と大学関係者との交流がうかがえる。

こうした個人的なつながりも含めて、人々の関係を少し詳しく見てみよう。菊池総長と共にヘディンの買い物に同行した中澤岩太は、京都帝国大学理科工科大学学長であったが、京都高等工芸学校の設立に尽力し、1902年の開校時に、校長に就任した。中澤の懇請に応じて、教授として着任した浅井忠は、1906年、京都帝国大学に近い聖護院の自宅に聖護院美術研究所をつくり、関西美術会と1903年に発足した二十日会とをあわせて、1906年、関西美術院を創設し、院長となった。浅井が1907年12月に急逝した後は、中澤が2代目として院長を引き継いだ。大学事務官としてヘディンの歓迎行事全般を取り仕切った石川一は、京都高等工芸学校の設立以来、倫理学の講師として出講していた。彼はまた、専門画家に交えても遜色ないと賞されるほど絵がうまく、関西美術院の前身の関西美術会の展覧会に出品したり、競技会で入選したりもしている［黒田 2006: 114-115；島田 1995: 87-88］。

他方、鹿子木は、浅井を介して、京都高等工芸学校とも関西美術院とも関わっている。1904年、パリ留学から帰国した鹿子木は、浅井の推薦で、京都工芸高等学校の講師となり、1906年2月から1908年1月までのフランス再留学の後、講師に復帰した。同年6月には、中澤に代わって、関西美術院の院長にも就任した。フランス留学から帰国し、京都高等工芸学校の教授となった武田五一は、文科大学にも美学の講師として出講していた［京都高等工芸学校 1908］。関西美術院建設にあたり、設計を担当したのは武田で、彼も、石川と同様、建築図案などを関西美術会に出品し、入賞もしている［島田 1995: 62, 88］。関西美術院では、日比は用器画、つまり透視画法の講義を担当し、島は1908年12月10日に講演に招かれた［京都府立総合資料館 1972: 1-2］。日比も島田文次郎も、ヘディン歓迎行事に参加した（本書2章参照）。

同じく、解剖学教室教授の鈴木も、ヘディン歓迎

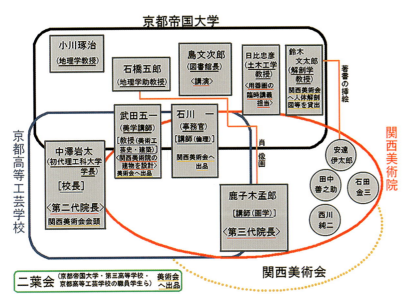

図5　ヘディン歓迎行事に関わりが深かった人々の間のつながり
資料：村上勘兵衛 1903『関西美術院展覧会出品目録　明治36年』；京都高等工芸学校 1908『京都高等工芸学校一覧　自明治41年至42年』；鈴木文太郎 1910『顕微鏡及鏡査式』；『昭和十一年一月　石橋博士還暦記念　絵葉書』；京都府立総合資料館 1972『関西美術院内日誌　明治三十九年-明治四十四年』；千葉県立美術館 1981『浅井忠と京都洋画壇の人々』；島田康寛 1995『明治の洋画　浅井忠と京都洋画壇』；黒田重太郎 2006『改訂版 京都洋画壇の黎明期』など。

の晩餐会に出席した。この解剖学教室は、関西美術会が1903年に行った展示会に、教室所蔵の人体解剖図等の資料を貸し出し、協力している［村上 1903: 10］。鈴木が1910年に刊行した顕微鏡に関する著作［鈴木 1910］に、模写をした画学生の一人である安達伊太郎が画工として挿絵を描いている。鈴木は、人体描写について『美術解剖学』［鈴木・蔵田 1908］の共著があり、京都市立絵画専門学校で講師を務めたことがあるなど、絵画に対して関心を持っていたのであろう。鈴木がどのようなきっかけで安達を採用することになったのか、経緯は確認できないが、興味深い2人のつながりである。

鹿子木がヘディン歓迎行事の案内役を務めることになった経緯は不明であるが、英語もフランス語もでき、芸術に詳しい人物として、中澤や石川を含めた人々から推薦された可能性もある。図5からは、そうした推薦や紹介があったとしても不思議はないほど、互いの交流が幾重にも重なっていた様子が想像できる。こうした人々の関わり方に比べると、ヘディン原画の模写を保管していた地理学教室の小川と石橋の2人と絵画の世界とのつながりはやや希薄なように見える。だが、ヘディン来日から30年近く経た1936年1月、石橋の還暦記念として作成された絵葉書に、鹿子木が描いた石橋五郎の肖像画（図6）が用いられており[3]、両者の間で長年にわたり交友関係が続いていたことがわかる。

本節で検討した人々の間の関係はごく限られた面についてのものではあるが、ヘディン来日当時の京都においては、学術の世界と芸術の世界が決して乖離したものではなかったこと、また、小川を含めた誰かが、あるいは、複数の人々がヘディンの原画を模写することを思いつき、実現に協力したとしてもおかしくなかったであろうことを想像させる。こうした状況が、ヘディンの絵の模写が作られることになった背景にあったと考えてよいのではないだろうか。

ヘディンの原画を写真撮影するのではなく、模写をすることになった動機や理由についても、文献での記録が残っておらず、特定するのは難しい。ヘディンの絵の魅力を訪問の記念として残す、チベットという足を踏み入れることすら困難な地の風景や風俗を伝える貴重な視覚資料として地理学の教育・研究に役立てる、西洋人の手によるスケッチや水彩を模写することで洋画の訓練とするなど、さまざま理由が考えられる。いずれであっても不思議でないし、すべての理由が動機になったこともありえる。学術分野の人々と芸術分野の人々の間で密接なつながりがあったことを踏まえると、学術的な動機と芸術的な動機とが重なって、図5に挙げたような人々の間で自然な形で、原画を模写をさせてもらおうという合意ができたのかもしれない。とすると、ヘディンに模写の許諾を依頼する人、模写する画学生たちを紹介する人、原画を鹿子木邸に運ぶ手配をする人、模写を保管する人といった役割分担や協力が行われたこと

図6　石橋五郎の肖像画　昭和11年1月　鹿子木孟郎作
資料：京都大学文学部地理学教室所蔵。

も十分ありえることであろう。

ヘディンは模写を見たのか

果たして、ヘディンは、京都滞在中に、作成された模写60点を見たのだろうか。ヘディンが帰国する前に、模写を作成するために鹿子木の自宅に預けられた原画は、ヘディンの元に返却されたはずである。上述したように、模写の作業が始まったのが12月3日、ヘディンが京都を発ったのが12月12日であった。この間、ヘディンは、京都市内の名所旧跡等の見学のほか、京都市と商業会議所主催の講演会や晩餐会（12月5日）、大阪・奈良への遠出（12月7～8日）、西本願寺法主の大谷光瑞への訪問（12月10日）と多忙で、自分の買い物などに時間をあてる余裕があったのは、12月6日および9日から11日までのわずかな間である［東京地学協会 1909b］。また、模写の作業も日数を要したと思われる。画学生たち4人での作業とはいえ、水彩画も含めた60点の模写に要する時間と労力は相当なものであり、1日や2日で終えることができたとは思えない。これらのことを考えると、原画がヘディンに返却されたのは、彼の京都滞在の終わり頃と考えるのが妥当であろう。

誰が、ヘディンの元に原画を持って行ったのか。また、その際、模写の作品60点も持って行って、ヘディンに見せたのか。これに関しても、現在のところ、新聞記事や日記といった資料がなく、突き止めることは難しい。手がかりの1つは、模写に鉛筆で書き込まれたメモである。"år" というスウェーデン語で「年」を意味する単語や Selipuk や Dava といったチベット地名と推測できる語が書かれている。したがって、これらの情報は、ヘディンが現地で描いた絵に自ら書き込んだものと思われる。問題は少なくとも2つある。すなわち、原画に記入された情報と同じ内容のものが模写にも書かれているのか、また、模写の作品にメモを書き込んだのは誰か、である。

2015年11月の調査により、ストックホルムの民族学博物館に所蔵されているヘディン原画のなかに、模写に対応するものが49点あることが確認された[4]。これらに書き込まれたメモと模

---

(3) 絵葉書の包み紙には、『昭和十一年一月　石橋博士還暦記念』と記されており、肖像画はスーツ着用のものと礼服着用のもの、各1枚である。それぞれ、鹿子木孟郎作と記されている。

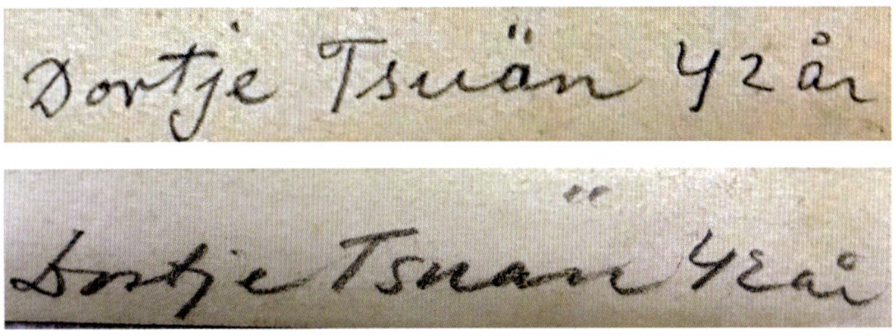

図7　書き込まれたメモの筆跡（上段：模写、下段：原画）
資料：京都大学文学部地理学教室所蔵の模写（収蔵ID：I-11）、およびスウェーデン民族学博物館所蔵のヘディン原画（収蔵ID：B10 VI 216）。

図8　書き込まれたメモの筆跡（上段：模写、下段：原画）
資料：京都大学文学部地理学教室所蔵の模写（収蔵ID：II-11）、およびスウェーデン民族学博物館所蔵のヘディン原画（収蔵ID：C 7 VI 452）。

写に書き込まれたメモを照合してみたところ、以下のようなことが判明した。

　書かれたメモの内容は、原画と模写もほぼ同じである。筆跡については、似てはいるが、特徴の異なる箇所も少なくない。とりわけ違いが明瞭なのは、アルファベットのD、K、L、Tのほか、数字の2、3、4などである。断定するのは難しいが、おそらく、模写に書き込まれた文字はヘディン自身が書いたものではないだろう。図7に原画と模写に書かれた文字の例を示す。

　奇妙なのは、図8に示したメモである。原画では、鉛筆書きのメモの上に、ヘディンが後にペンで清書をしている。このペン書きのメモの語順と、模写のメモの語順および内容は同じである。だが、原画でペン書きの下に読み取れる鉛筆書きのメモの語順は、最初の2つの単語が入れ替わっている。原画のメモを書き写したのであれば、その語順が忠実になぞられたはずで、誤って書き写された可能性は低い。模写のメモが、後に原画上に清書された語順のように書き込まれる状況としては、2とおり考えられる。ヘディン自身が書き入れたか、ヘディンの口頭による指示に従って誰かが書き込んだかである。模写の数字の7には斜め点がなく、ヘディンが通常書いている斜め点の入る7の書き方とは異なる点からすると、可能性が高いのは後者である。

　ヘディンとは別の人物が、模写にメモを書き込んだと考える場合、画学生たちが模写の作業と並行して書き写したのか、小川や鹿子木らの誰かが原画をヘディンに返却する前、あるいは、返却する際に、模写と照合しながら書き写したのか、いずれかである。模写にメモ書きされた鉛筆の線は、模写した者の署名やスケッチに用いられた鉛筆の線とは太さや濃さが異なることからすると、絵を模写した学生たちとは別の人物が別の鉛筆を用いて、メモを書き入れたかもしれない。また、筆跡の特徴の異なるメモがあるため、複数の人間が書き込みをした可能性もある。

　模写にメモ書きしたのが誰であれ、いつ行われたにせよ、図8に示したような語順の入れ替えが起こりうるのは、ヘディン

が模写を見ているという状況である。ヘディンに原画を届けて返却する際に、合わせて模写を持参し、地理学教室で大切に保管したいとの希望が伝えられたとしても不自然ではない。ヘディンが模写を見て、どのような感想を漏らしたか、それが画学生たちに伝えられたのか、想像を巡らすほかはない。

3.　学術と芸術の邂逅と交流——パリと下鴨

海外での出会い——パリ万国博覧会

　京都の内部から視野を広げ、海外での交流という面に目を向けてみると、ヘディン歓迎行事にかかわった人々の間には、さらに多様なつながりがあったことがわかる。その一例として、1900年のパリ万国博覧会をとりあげてみよう。1900年、小川琢治は、地質調査所からパリ万博に派遣されることになり、3月、横浜を出航した。パリでは、留学中の浅井忠と親しくなり、同年秋には一緒にパリ南郊への遠足を楽しんでいる［小川1941: 130-131］。また、滞欧中にウィーンで開催された万国地質会議にも参加した。このおり、1901年1月にウィーンを訪れた大谷光瑞一行を出迎え、彼らも交えて、留学中の山崎直方（当時、第二高等学校の地理学教授）[5]やウィーン大学のペンク（Albrecht Penck）教授[6]らと郊外に遠出をした［小川1941: 133; 片山2004: 46］。ウィーンからパリに戻った小川は、カーニバルを見てからにせよと浅井に帰国を引き留められたため、3月にパリを発ち、ロンドンに立ち寄る［小川1941: 149］。この地で、再会した大谷光瑞に王立地理学協会を案内してもらっている。小川は、堀賢雄にも会い、西本願寺による中央アジア探検計画を聞いて、心引かれるものがあったようである［小川1941: 152; 片山2004: 48］。堀は、当時、オックスフォード大学で地理学、おもに地図製作を学んでいた［篠崎2001: 1-2］。他方、中澤岩太は、1900年夏、パリ万博視察に訪れて、留学中の浅井と出会

(4)　模写では、年号が書き込まれたものと書き込まれていないものが混じるが、原画は49点すべてに年号が書き込まれていた。ただし、鉛筆書きの自署の横にペン書きの年号あるものについては、後に書き加えられたと考えられる。

(5)　山崎直方は、1901年に帰国後、東京高等師範学校教授となった。1908年のヘディン来日に際しては、東京地学協会の委員として、歓迎に尽力した［東京地学協会1909a］。

(6)　ペンク（Albrecht Penck）教授は、1909年に来日し、京都帝国大学も訪問した。京都大学文書記録［京都帝国大学1908-1909］によると、ヘディンの次に海外名士として歓迎された人である。

表1 鹿子木孟郎の『知人名簿』（1915年頃～1933年頃）に記載された京都帝国大学教員

部　局	1908年当時、京都帝国大学に在職していた者				1908年以降の京都帝国大学在職者
法科大学	千賀鶴太郎*	織田　萬	田島錦治	跡部定次郎	烏賀陽然良
	末廣重雄*	神戸正雄	市村光惠	財部静治	
	竹田　省	河上　肇*			
医科大学	荒木寅三郎*	加門桂太郎*	中西龜太郎*	賀屋隆吉	小南又一郎
	和辻春次	今村新吉*			
文科大学	松本文三郎*	狩野直喜*	藤代禎輔*	小川琢治*	石田憲次　　深田康算　　上田　敏
	新村　出	石橋五郎*	武田五一	松本亦太郎*	瀧　精一
	野上俊夫*				
理工科大学	新城新藏*	大幸勇吉*	吉川龜次郎*	近重眞澄	今西錦司　　石野又吉　　宮田道雄
	田邊朔郎*	大藤高彦*	金子　登*	齋藤大吉*	西堀栄三郎　関口鎗太郎
図書館	島　文次郎*				

＊1908年11月29日のヘディン歓迎行事に参加
注：汚れや破損等のため判読できなかった氏名もあるため、漏れがある可能性もある。
資料：鹿子木家所蔵資料。京都帝国大学 1909『京都帝国大学一覧　従明治四十一年至明治四十二年』ほか。

い、彼に京都高等工芸学校への赴任を要請した［島田 1995: 86; 黒田2006: 104］。1900年11月に日本を発った鹿子木孟郎は、アメリカとイギリスを経由して、1901年6月、パリに到着し、浅井と知り合い、浅井の強い勧めもあり、鹿子木はパリに2年半留まって本格的に洋画を学ぶ［鹿子木孟郎画伯還暦記念会 1934: 5-7］。鹿子木は、この浅井との縁で、1904年春に帰国した後、京都に住まうことになる。大谷光瑞や小川琢治をはじめ、ヘディンの日本への招待や歓迎に関わった人々が、1900年頃のパリを拠点に出会っていたことがわかる。

　明治・大正期の日本では学術分野でも芸術分野でも、欧米への留学が積極的に行われ、前節でとりあげた武田、日比、鈴木、中澤、石橋、島、石川、また、浅井も鹿子木も留学を経験した。日本人の多くない海外での出会いや交遊が、互いに強い印象を残し、日本での交友に続いたことも少なくなかったであろう。

　画家と大学とのつながりに関しては、前節でも触れた肖像画という要素もあることを指摘しておく。たとえば、創立60年を迎えた頃の京都大学附属図書館の閲覧室には、浅井忠の筆による木下廣次（初代総長）の肖像画のほか、小西重直（鹿子木孟郎筆）、松井元興（鹿子木孟郎筆）、濱出耕作（太田喜二郎筆）、鳥養利三郎（須田国太郎筆）、服部峻治郎（須田国太郎筆）、滝川幸辰（小栗美二筆）の歴代総長の肖像画が掲げられ、京都画壇の重鎮たちによる画廊のような観を呈していたとされる［京都大学附属図書館 1961: 71-72］。「1907年 C. Asai」と記された木下廣次の肖像画は、浅井忠の最晩年の作品である。総長以外にも、地理学教室の石橋五郎のように、各分科大学の各教室・講座等で肖像画を画家に依頼した例も少なくなかったであろう。

鹿子木を中心とした交友──下鴨

　最後に、模写した画学生たちを指導していた鹿子木に注目して、彼の交友関係を見てみよう。検討する資料は、鹿子木孟郎の『知人名簿』[7]である。これは、1915年頃から1933年頃のも

ので、AからYまで、アルファベットごとに人名が整理された頁が約315、その他、関西美術院や画塾の名簿などの頁が約80ある。さらに、祝賀会や送別会、講習会などの参加者名簿は別紙や小冊子も貼り付けられた大部な名簿である。知人として記載された人々には、美術会の仲間や塾生、画廊や百貨店関係者、新聞記者等のほか、顧客も含まれる。抹消された人名もあるし、住所変更にともない何度も書き換えられた人名もある。総人名数は、重複を含めて、優に3000を超える。

　この鹿子木の『知人名簿』に記載された人名のうち、1908年のヘディン来日当時、京都帝国大学に在籍していた人を表1に示す。京都帝国大学の教員の名前が30名余り記載されていた。これらの人々のうち、1908年11月29日に京都帝国大学で行われた講演会あるいは歓迎晩餐会に参加した者には、＊印を付した。『知人名簿』が作られた時期がヘディンが来日した1908年より少し後であるため、当時の知人が逝去や転居のために、消去されている可能性を踏まえると、30名以上の教員の名前が挙がっているのは、やや意外なほど多い。表1には、1908年以降に京都帝国大学に在籍した者もあわせて記載している。理系から文系まで、幅広い分野の教員が鹿子木と交遊関係にあったことがわかる。その他、『知人名簿』には、東京帝国大学や九州帝国大学、神戸高等商業学校など、京都から離れた大学の教員の名前も含まれている。その一人、神戸商業学校の田中薫は、10歳のおり、東京地学協会でヘディン接待役を担当した父、田中阿歌麻呂に連れられ、ヘディンの講演を聞いた人である［田中 1969: 202］。

　鹿子木の知人全体の中で見ると、大学教員の割合は決して大きくはないが、学術分野の人間がある程度まとまった人数含まれることは注目してよかろう。逆に、1908年頃の京都帝国大学の教員総数が内外の講師を含めて、300人足らずであったことからすると、1割を超える教員が鹿子木と交流があることに驚

(7)　鹿子木家の資料を受け継いで管理されている鹿子木良子氏のご厚意により、『知人名簿』を閲覧する機会を得た。

かされる［京都帝国大学 1908-1910］。東洋学の狩野直喜から、地理学の小川や石橋、美学の深田康算といった文科大学教員をはじめ、法経、医学から理工系まで、さまざまな学術分野の教員の名前が『知人名簿』に記されている。京都帝国大学の教員の中には、肖像画の依頼を通じた顧客と画家の関係もあったかもしれないし、絵画や美術を趣味として、鹿子木の描く絵に興味を引かれていた者も、子女を鹿子木の画塾に通わせていた者もいたかもしれない。小川琢治と浅井忠がパリで出会ったように、留学や派遣によって海外で知り合い、交友が始まった場合もあるかもしれない。

　住まいが近所同士というつながりも無視できない要素である。鹿子木が1918年に三度目の留学から帰国して住まいを構えた下鴨は、同年、京都市域に編入され、郊外住宅地としての開発が始まったばかりの地であった。学者と画家が多かったことが、下鴨へ移り住んだ人々の特徴とされている。学者の多くは、京都帝国大学と第三高等学校の教官たちで、1918年時点で織田萬、千賀鶴太郎、深田康算、跡部定次郎（いずれも『知人名簿』に名前がある）など10名、1931年では22名の居住が確認でき、大正期にはすでに「学者村」と称されていた［石田 2000: 253-254; 京都日出新聞 1918: 3月6日］。画家については、鹿子木が下鴨神社の近くに住まいを構えたのに続き、続々と芸術家が住み始め、「日本のバルビゾン」と呼ばれるまでになった。とりわけ、下鴨神社の西で賀茂川沿いの一帯は、学者と芸術家の居住密度が高かったようである。

　近所住まいという以上に濃い関係もある。『知人名簿』には、生態学ならびに人類学の研究で知られる今西錦司や、彼の登山仲間である西堀栄三郎の名前がある。西堀は、1927年に今西の妹と結婚し、その翌年、今西は、末妹の友人であった鹿子木の長女と結婚し、鹿子木は今西の岳父となった［斎藤 1994: 29-30］。したがって、鹿子木と今西、西堀の3人は縁戚関係にある。当人同士だけでなく、家族や子供たち、親戚といった関係もあっただろうし、同郷や同窓といった間柄なども含めると、人々の実際の交流というのは、職場も分野も超え、範囲も種類も多様なものであったと考えられる。

　学術分野とのつながりの多さが、鹿子木特有のものなのか、当時の画家や芸術家に共通するものなのかについては、判断しがたい。しかしながら、ヘディン来日頃、またそれ以降も、京都では、芸術の世界と学術研究の世界とは決して隔たったものではなく、いろいろな場所で、ゆるやかに、ときには濃密につながっていたのかもしれないという想像は、あながち外れてはいないであろう。ヘディンの講演会や歓迎晩餐会には、学内からヘディンの活動と関わりの深い、地理学や西域の歴史や文献学、地質・鉱物学などに限らず、さまざまな分野の人たちが集まった。こうしたさまざまな分野間のつながりや交友が、大学内に限らないものであっても、不思議ではなかろう。

4. ヘディンによる京都訪問の遺産としての模写

　ヘディンの京都帝国大学訪問のおりに作成された60点の模写は何のために作られたのだろうか。画学生たちに模写させることは、彼らにとって貴重な洋画修業の機会であったかもしれないし、完成した模写を中央アジアやチベットの地形風俗の視覚教材として地理学教室で活用するという意図があったのかもしれないが、明確な証拠となる資料はまだ見つかっていない。

　模写を作成した際の意図は不明であるが、少なくとも、模写が行われたこと、また、模写が保存されたことの意味は十分にあるのではないだろうか。模写のきっかけは、ヘディンの原画が漢籍を含む関連文献とともに展示されたことである。講演会に合わせた公開展示が京都帝国大学挙げての一連の歓迎行事の一つであり、東京帝国大学や東京地学協会では行われなかった京都帝国大学独自のものであることも、見逃せない点である。また、この展示には文科大学の貢献が大きかったことも、地理学や地質学など理系中心の顔ぶれでの行事が続いた東京と比べると、京都での歓迎の大きな特徴であった。

　本稿では、小川琢治、石川一、鹿子木孟郎、中澤岩太、京都帝国大学の内外でヘディンの歓迎行事に係わった人たちの間には、京都帝国大学、京都高等工芸学校、関西美術院といった組織を越えて重なるつながりがあったことを明らかにした。また、そうしたつながりは、海外赴任や留学での出会いや下鴨を中心とした近所住まいの間柄など、さまざまな交友関係とも重なって、学術研究や芸術という分野を超えた交流の場が形成されていたのではないかと指摘した。こうしたことがらを踏まえると、60点の模写は、京都だからこそ生まれたものと評価できる。むろん、ヘディン自身にも、彼が行ってきた探検にも、さまざまな学問分野の交流や芸術分野との協働を促すような大きな影響力や魅力があったことは確かである。京都という場所にヘディンが訪れたこと、それによって生じた熱気や興奮や好奇心が、模写を作り出す源だったとも考えられる。そうした模写の作成過程に、おそらくは複数の人々が関与し、協力し合っていたであろうことも、想像に難くない。模写というアイデアは、そうした人々の間から、「面白そうなこと」として、ごく自然に生まれたものであったかもしれない。

　模写が作られるに至った状況や背景に目を向けてみると、京都大学文学部地理学教室に残されたヘディン原画の模写作品は、当時の京都ならびに京都帝国大学を舞台にした学術と芸術の多様な交流のエネルギーに触れる貴重な資料としての意義を有すると評価できる。この意味で、模写60点は、まさに1908年のヘディンによる京都来訪の遺産である。

［文献］
石田潤一郎 2000「北白川・下鴨／京都——京都の近代が求めた居住空間」（片木篤・藤谷陽悦・角野幸博編『近代日本の郊外住宅地』鹿島出版会）、pp.245-260.

小川琢治 1941『一地理学者の生涯』小川芳樹、133頁。

片山章雄編 2004『予會ゝ英國倫敦に在り：欧亜往還西本願寺留学生・大谷探検隊の100年』大谷記念館。

鹿子木孟郎画伯還暦記念会 1934『鹿子木孟郎畫集：不倒山人』鹿子木孟郎画伯還暦記念会、pp.5-7.

京都高等工芸学校 1908『京都高等工芸学校一覧　自明治41至42年』京都高等工芸学校。

京都市美術館 1974「（訃報）西川　純」『京都市美術館年報』49、p.45.

京都大学附属図書館編 1961『京都大学附属図書館六十年史』京都大学附属図書館。

京都帝国大学 1908-1909『外国名士招待関係書類（自明治四十一年至明治四十五年）』京都大学大学文書館所蔵資料（識別番号：01A19469）。

京都帝国大学 1909『京都帝国大学一覧　従明治四十一年至明治四十二年』京都帝国大学。

『京都日出新聞』1918年 3 月 6 日記事「新市街（六）下鴨村（上）」。

京都府立総合資料館 1972「関西美術院院内日誌　明治三十九年―明治四十四年」京都府立総合資料館『京都府百年の資料　八　美術工藝編』京都府、pp.1-27.

黒田重太郎 2006『改訂版 京都洋画壇の黎明期』山崎書店、pp.114-115.

斎藤清明 1994「今西錦司　年譜」今西錦司・斎藤清明『増補版　今西錦司全集　別巻』講談社、pp.1-140.

志賀秀孝・清水佐保子企画・編集 2006『浅井忠と関西美術院展』府中市美術館・京都市美術館・京都新聞社。

篠崎陽子 2001「堀賢雄氏（M. Hori）直筆英文史料 "The Lob-Nor. N. Przhevalysky & S. Hedin." 'Oxford, 9. June 02.) について」竜谷史壇115：1-35.

島田康寛 1995『明治の洋画　浅井忠と京都洋画壇』至文堂、pp.86-91.

鈴木文太郎 1910『顕微鏡及鏡査術式』丸善。

鈴木文太郎・蔵田貞造 1908『美術解剖學』鈴木文太郎。

田中薫 1969「東京地学協会と父と私」地学雑誌78: 200-203.

田中和子 2015「京都大学が所蔵するスウェン・ヘディンにかかわる絵画資料について――1908年におけるヘディンの日本訪問による遺産とその意義」『人文地理』67(1)：57-70.

千葉県立美術館 1981『浅井忠と京都洋画壇の人々』千葉県立美術館。

東京地学協会 1909a「スエンヘデイン氏歓迎報告」『地学雑誌』21- 6 : a1-a31.

東京地学協会 1909b「ヘディン博士滞洛記事」『地学雑誌』21- 6 : b1-b12.

ヘディン、スウェン 1966『探検家としてのわが生涯』山口四郎訳、白水社（原著：Hedein, S. 1942. Mein Leben als Entdecker. Leipzig: F. A. Brockhous.（初版は1926年））。

星野桂三・星野万美子 1990『生誕101年　田中善之助展』星野画廊。

堀賢雄著・水野勉校閲 1987『大谷探険隊　西域旅行日記』（陳舜臣編『中国辺境歴史の旅 8 』）白水社。

村上勘兵衛 1903『関西美術院展覧会出品目録　明治36年』山田芸艸堂。

Hedin, Alma 1925. *Mein Bruder Sven: Nach Briefen und Erinnerungen*, Mit 61 Abbildungen. Leipzig: F. A. Brockhaus.

Hedin, Sven 1909-1913. *Trans-Himalaya: discoveries and adventures in Tibet*, vol.1-3. New York: MacMillan.（初版1909-1912）

Hedin, Sven 1964. *Sven Hedin as artist: for the centenary of Sven Hedin's birth*. Revised and with supplement by Gösta Montell; and essay by Folke Holmér; translated by Donald Burton. Stockholm: Sven Hedins Stiftelse, Statens Etnografiska Museum.

Column

ヘディンは大阪で何を見たのか：鳴らずの釣鐘異聞

出口康夫
DEGUCHI Yasuo

京都滞在中のヘディンは、在阪の新聞各社の要請を受け、1908年12月7日から8日にかけて大阪を訪問した。7日昼過ぎに梅田駅に到着したヘディンは、大阪城と四天王寺を見物した後、人力車上から道頓堀や心斎橋の賑わいを眺め、市内の料亭での新聞各紙主催の晩餐会に出席し、翌日京都に戻っている［大阪朝日新聞 1908b: 3，東京日日新聞 1908: 3］。

この大阪行には、京都から、京大地理学教室の教授・小川琢治のほか、西本願寺の大谷光瑞法主の側近である堀賢雄や京都でのヘディンの動静を新聞に寄稿していた記者らも同行していた［大阪朝日新聞 1908c: 3；大阪毎日新聞 1908: 2］。

随行記事によれば、ヘディンは、天守台に登った大阪城（もちろん当時は天守閣はない）にはさして興味を示さず、むしろ次いで訪れた四天王寺で触れた各種の仏教文物に感銘を受けたようである［大阪朝日新聞 1908a: 2］。中でも、彼が最も興味を示したのが、当時、同寺にあった「世界最大」の大梵鐘だった［大阪朝日新聞 1908a: 2］。つまり大阪でヘディンの注意を最も引いたのは、他ならぬ四天王寺の釣鐘だったことになる。

ではその鐘を前に少々興奮気味のヘディンの様子を見てみよう。

　天王寺では例の大釣鐘が非常に気に入って、世界一の巨鐘だと謂つて居た、莫斯科（モスクワ）の釣鐘も巨大だが、之よりは少し小さい、其れに破目（ひび）が入つているので響きが悪い、金はいくらでも出すから是非大釣鐘を撞いて見たいという希望であつたけれど、撞くことの出来無い事情があるといふので、尠（すく）なか

らず落膽したのである、何時ごろから撞くことが出来るのか、今度は此の釣鐘を撞く為に日本に来無ければならぬと謂つて居る…

［大阪朝日新聞 1908a: 2］

金はいくらでも出すから鐘を撞かせろ、いま撞けないなら、いつ撞けるのか教えろ、その時には、またはるばる日本までやってきて今度こそ鐘を撞いてやる…。鐘を撞くことを拒まれたヘディンの子供じみた駄々のこねぶりには、同行記者も驚いたようである。もちろんヘディンとしては、落胆の気持ちを冗談めかして表現しているわけだが、どうもそれだけではなさそうだ。おそらく四天王寺側は「撞くことができない事情がある」とは言ったものの、それがどのような事情なのかについては口を濁したのだろう。ヘディンの冗談には、寺側のこの思わせぶりな対応に対する軽い苛立の気持ちも込められていたのではなかったか。

説明の歯切れの悪さにはわけがあった。ヘディン訪問の5年前、1903年に鋳造されたばかりで、完成当時「世界無二」を謳われたこの巨鐘は、実は本来均一であるべき同一水平面上の肉厚が部位によって異なるという致命的な構造的欠陥を抱えた失敗作だったのである［市村 1998: 59］。そのため鐘声本来の響きを持たず、単なる金属打撃音しか出せないことが、衆人注視の打ち初め式で判明して以来、この梵鐘は、二度と鳴らされることのない「鳴らずの釣鐘」として当時既に有名であった。世界最大を争うライバルである「莫斯科の釣鐘」、即ちモスクワはクレムリンの大聖堂広場に鎮座する「鐘の王様」の欠陥――こちらは正真

正銘の割れ鐘である――を引き合いに出されたこともあり、寺側としても、自分たちの鐘も実は出来損ないの鳴らずの鐘だと言い出しにくい状況だったのだろう。担当者の困惑した表情が目に浮かぶようである。いずれにせよヘディンが大阪で目にしたのは、まずは「世界最大の失敗作」だったのである。

＊

この日の大梵鐘見物の体験にもとづいて、ヘディンは後年以下のような見聞記をしたためている。

　もし日本的な「小さき物たち」の仲間に必ずしも入らないものとして［京都・西本願寺の大伽藍以外に］何か別のものを見たいと思うなら、日本の商工業の中心地である大阪の寺を訪れるべきだ。そこには高さ25フィート［約7.6メートル］、重さ220トンの釣鐘がある。その鐘を囲う枠組みには、よくある突き棒のような横木が吊るされており、それを行きつ戻りつさせることで鐘が鳴る仕組になっている。そしていざ鐘がその重厚で耳をつんざくような音を立てると、雷のような音声が辺りに響き渡るのである

［Hedin 1912: 194］

ちなみにこの文章は、ヘディンが1912年に出版した『世界の涯から涯まで（From Pole to Pole）』と題された若者向け旅行記の一章「日本（一九〇八）」からの一節である。大阪についての記述はこの鐘についてのものだけなので、やはり四天王寺の釣鐘が彼の大阪訪問のハイライトであったことが確認できる。また彼が実際には聞いて

いない鐘の音について、脚色を交えて描写しているのも見て取れる。現場での確認不足にもとづく、この手の勇み足的な脚色は、もちろんほめられたことではない。だが一方、寺側が鐘は欠陥品だと遠慮せずに正直に伝えていれば、ヘディンとても、このような脚色はしなかったはずだ。いずれにせよ、誤解を招く遠慮と確認不足というヒューマンエラーのお陰で、鳴らずの鐘は、旅行記の中で殷々たる鐘声を響かせることになったのである。

＊

　話をもう一度、四天王寺の釣鐘に戻し、そもそもなぜ世界最大の鐘が作られねばならなかったのかを考えてみよう。この鐘の建造は、1900年に、3年後の1903年の完成を目指して立案された。四天王寺の創建者・聖徳太子の千三百年遠忌を記念するためというのが表向きの理由だが、千三百年忌自体は1922年であり、その遥か前の1903年に鐘を作るというのも奇妙な話である。一方、建造の趣意書には1903年に第5回内国博覧会が近隣の天王寺公園で開催されることがわざわざ添記されている［市村1998: 57］。内国博覧会は明治日本における一大集客イベントであり、5回目のそれは、初めて大阪で開かれる博覧会とあって、地元の期待も高まっていた。鋳造作業の遅れから実際には間に合わなかったものの、この大鐘の落成式も、当初は博覧会開催中の挙行が見込まれていたはずである。要するに、この釣鐘は、当時の最大級のイベント開催に便乗した「見世物」として建造されたのである。見世物には集客力が求められる。「世界一」という呼び声も、この見世物の壮観さ、ひいては集客力を高める演出の一つに他ならない。梵鐘が、真に

信仰の拠り所としてのみ建造されたのであれば、それは世界一巨大である必要はない。釣鐘には人寄せのスペクタクルという役割が期待されていたがために、それは「世界一」でなければならなかったのである。

　内国博覧会に便乗した見世物の建造を発案したのは四天王寺だったとしても、その呼びかけに広く応えて梵鐘の建築費や建築資材を提供したのは、大阪市民だった。そして彼らが暮らす当時の大阪は、まさに近代都市としての勃興期にあった。近代的港湾を整備する大工事が現に進行中で、博覧会の年には日本初の市電が開通し、また民営バスも営業を開始している。このような都市機能の充実を背景に、「日本の商工業の中心地」という呼び名も既に定着しており、ヘディンも晩餐会の席上、如才なく、その言葉を用いて大阪を持ち上げているし［大阪毎日新聞1908: 2］、先に見たように日本見聞記でもその表現を使っている。

　新興都市は、それが新興であるがゆえに、その経済力を誇示できる象徴を求める。またその象徴には、他のライバル都市を追い抜き、さらに発展したいという願望も込められる。新興都市において、しばしば世界一高い高層建築物が立てられるのも、「世界一」になりたいという、その都市の欲望の現れに他ならないのである。当時の大阪市民にとって、「世界一大きい」釣鐘は、自分たちの経済力に対する自負と、さらなる経済発展を願う欲望とを共に体現する一つのシンボルだったのである。

　四天王寺をヘディンの訪問先に選んだのは、彼を招いた報道各社だったろう。その四天王寺で、ヘディンが世界一の釣鐘へと案内されることも、彼らの計算に入ってい

たに違いない。ヘディンは巨鐘を見たというより、むしろ見せびらかされたのである。そして彼が大阪で見せびらかされたものは「大阪という新興都市の自負心と願望の象徴」でもあったのである。

＊

　大阪の経済力の象徴であった世界一の釣鐘も、梵鐘としては欠陥品であったことは既に触れた。そして、その欠陥の原因は、鋳造時に鋳型の中に据えられた砂型の位置が偏っていたという「初歩的失敗」にあった［市村1998: 59］。鋳造に当たった、当時の日本でも屈指のベテラン技術者集団にして、このような初歩的なミスを犯したのは、過去の彼らの経験を遥かに超える、あまりに巨大な鐘の鋳造に手を染めたためだろうというのが、現代の専門家の診断である［市村1998: 59］。また鋳造に必要な資金が足らず、十分な資材が集められなかったことも失敗の一因だったと推測されている［市村1998: 61］。ありていに言えば、自らの技術力と資金力の限界を弁えず、それを超えた事業に手を出してしまったことが、ここでの「失敗の本質」なのであった。鳴らずの鐘は、自分の身の丈を無理に超えようとする「背伸び」の産物だったのである。

　このような危うい背伸びの姿勢は、当時の大阪中、いや日本中に蔓延していた。1908年には、前年の日露戦争の戦勝を受けて、南満州鉄道の運営が既に始まっており、数年後には韓国併合も迫っていた。このような日本の帝国主義的拡張が、日本の統治能力を超えた「背伸び」であったことは、後年、出先の軍部の暴走を切掛けに、その帝国そのものが崩壊したことからも明らかである。

　夏目漱石は、ヘディンの大阪訪問の2年

後、大阪を含めた関西各地で講演し、当時の世相を「皮相上滑りの開化」と評した[夏目 1986: 34]。梵鐘の建設は、開化というより伝統を拡大再生産する試みだが、そこに見られる背伸びの姿勢には、漱石が指摘した「上滑りの開化」と同じ危うさが潜んでいる。ヘディンが大阪で見たのは、結局のところ、このような「背伸びする危うい時代精神の一つの現れ」だったのである。

*

新聞記事には、四天王寺側でヘディンに応対した僧侶として「市川大僧都」の名が見える[大阪朝日新聞 1908b: 3]。鳴らずの鐘の前でヘディンとやり取りを交わしたのも、おそらくこの大僧都こと市川圓常だったと思われる。この人物、私にはいささかの縁がある。ヘディン訪問の約2年後、市川の下に10歳の少年が最初の住み込み弟子として引き取られることになる。この少年こそ私の祖父であり、後に市川の後継者となる祖父にとって、彼は義理の父とでも呼びうる存在となった。私の幼少時、市川は既に物故していたものの「老僧」として何かにつけ家族の話柄に上っており、私も彼をあたかも曾祖父のように感じていた。

祖父・出口常順は、その後、京大文学部でインド哲学を専攻し、ヨーロッパに留学中のベルリンで、ヘディンのライバルの一人である中央アジア探検家ルコックと接触するにいたる。そしてルコックが中央アジアのトルファンで発掘した文書の一部を購入し、「出口コレクション」として日本に持ち帰ることになるのである。トルファン出土文献を前にして、市川と祖父の間でどのようなやりとりがあったのか、そしてその席上、果たして市川はヘディン来訪の昔語りを始め、「あの時は鳴らずの鐘を撞か

せろと駄々をこねられて困った」と苦笑いしたのかどうか。いまとなっては、もはや知るすべはない。

*

その後、鳴らずの鐘は、背伸びを続けた大日本帝国と運命を共にすることになる。1943年12月、太平洋戦争の戦況悪化に伴い、大梵鐘も金属供出の対象となり鋳潰されたからである。供出に際しては撞き納め式が大々的に挙行され、鳴らずの鐘は、撞き初め式以来実に40年振りに、封印されていたその悪声を人々に披露することとなった。ヘディンが訊ねていた「次の機会」は、この時、こういった形で訪れたのである。

この撞き納め式には大阪府知事や第四師団長といったお歴々に加え一般市民も多数詰めかけた[市村 1998: 59]。その中には当時まだ4歳だった私の母も交じっていた。自分が後年この釣鐘のすぐ隣にある四天王寺の塔頭に嫁入りすることになろうとは露とも知らないこの幼女の当日の記憶に残っているのは、鳴らずの釣鐘が撞かれるやいなや、その上に長年降り積もった塵芥が、本人を含めた列席の人々の頭の上に雨霰と降り掛かったという体験らしい。満鉄経営や韓国併合といった帝国主義的拡張に比べれば、世界最大の梵鐘の建造という背伸びは、いかにも人畜無害なものではある。そのいわば微笑ましい背伸びの結末としては、この最後の灰神楽という一幕の笑劇も案外悪くないのかもしれない。

もし釣鐘に心があれば、誕生5年目でまだ世間の視線も熱かった頃、ヘディンという外国の名士の訪問を受けたあの日のことを、短く不遇であった生涯の数少ない晴れがましい場面として最期に思い出したのか

どうか。もちろん、それは誰にもわからない。

[文献]

市村元 1998「幻の世界最大鐘：四天王寺頌徳鐘の悲劇の生涯」『鋳造工学』70(1): 57-62.

大阪朝日新聞 1908a「ヘ博士と大阪」（1908年（明治41年）12月8日記事：2）。

大阪朝日新聞 1908b「ヘ博士来阪」（1908年（明治41年）12月8日記事：3）。

大阪朝日新聞 1908c「ヘ博士歓迎會」（1908年（明治41年）12月8日記事：3）。

大阪毎日新聞 1908「ヘ博士招待會」（1908年（明治41年）12月8日記事：2）。

東京日日新聞 1908「ヘデイン博士来阪」（1908年（明治41年）12月9日記事：3）

夏目漱石 1986「現代日本の開化」『夏目文明論集』三好行雄編、岩波書店。

Hedin, Sven 1912. *From Pole to Pole: A Book for Yong People*, Macmillan & Co., London.

第二部

20世紀の政治・社会・科学とヘディン

4
20世紀初頭の国際政治社会と日本
—— 大谷光瑞とスヴェン・ヘディンとの関係を中心として

白須淨眞
SHIRASU Joshin

20世紀初頭の数ある西洋の内陸アジア探検家のなかでスウェーデンのスヴェン・ヘディン（Sven Hedin, 1865-1952）だけが、探検家と見紛うほどに行動した東洋日本の仏僧・大谷光瑞（1876-1948）と深い交流を持った（図1）。その理由は、2人がともに係わった20世紀初頭という「時」と、ヒマラヤの向こうのチベットという「場」を焦点化すると、鮮やかに浮かび上がってくる。ヘディンの『トランスヒマラヤ（*Trans-Himalaya*）』(1910)をチベット探検の記録報告書としてだけでなく20世紀初頭のチベットをめぐる国際政治社会の歴史的記録としても読み、また光瑞が展開した大谷探検隊もチベットにも重きを置いた20世紀初頭のアジア広域調査活動と見なせば、チベットが2人を直接結びつけるのである。その結びつきを近年に提示した新資料（外務省外交記録、内閣記録）や、そこから垣間見えた当時の日本外交の様相も加えながら、概論化して述べて行こう[1]。近年に提示した新資料と新見解は、次の三冊に収録した。

『大谷光瑞と国際政治社会——チベット、探検隊、辛亥革命』[白須編 2011]
『大谷光瑞とスヴェン・ヘディン——内陸アジア探検と国際政治社会』[白須編 2014]
『大谷探検隊研究の新たな地平——アジア広域調査活動と外務省外交記録』[白須 2012]

図1　ヘディンと大谷光瑞
［白須編 2014: 巻頭図版］

1. 1899年、光瑞が西太后に賜与を願ったのは、チベット経典

京都西本願寺の宗門大学・龍谷大学の大宮図書館には、清国の西太后（1835-1908）が光瑞へ寄贈したとされる清の「龍蔵」が保管されている。しかしこの「龍蔵」は、西太后の寄贈ではなく賜与であり、実は、1899年、チベット経典を求めた光瑞の意に沿うことなく、清廷（清国政府）が与えた官版漢文大蔵経なのだと証したのは、同大学の木田知生教授である［木田 2008］。2008年のことである。賜与を寄贈と理解してしまうことは、光瑞の権威増幅を無意識にも図ろうとする宗門関係者にはありがちな現象なのであろうが、光瑞が西太后に賜与を願ったのは漢文大蔵経ではなくチベット経典だという指摘は、光瑞とそのアジア広域調査活動（以下適宜、「大谷探検隊」と併用）に関心を寄せるものは、すぐにも感応すべきほどに重要な事実であった。それは、1902年を起点として本格的に始動することに

---
(1) 本稿は、「近代日本における学術と芸術の邂逅——ヘディンのチベット探検と京都帝国大学訪問」(2016.12.3　於京大) における発表を補足したものである。煩雑な研究蓄積をスリム化し概括的に述べる試みの一環で、国内外での発表を一部援用していることを予め断っておく［白須 2016b; 白須編 2014: 27-65; 栄新江・朱玉麒主編 2013: 614-627; National Museum of Korea 2014: 99-121］。

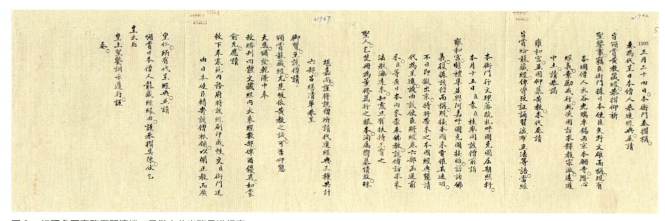

図2　総理各国事務衙門清檔・日僧大谷光瑞呈進経案
台北・中央研究院近代史研究所蔵

なる光瑞のアジア広域調査活動（大谷探検隊）に3年も先行しているだけでなく、チベットとその経典への関心がその活動の起点となることを示唆するからなのである。したがってまずこの点から解析を開始してみよう。

西太后に、光瑞がチベット経典を求めていると上奏されたのは、清の光緒25年3月24日、すなわち1899（明治32）年5月3日のことであった。当時、西本願寺の新門であった光瑞は、初めての外遊先として清国を選び、1899年1月から4月にわたって「行程二千五百余里」という大規模な巡遊を試みた[2]。この時、北京に到達した光瑞は、日本の清国駐箚特命全権公使・矢野文雄（矢野龍渓に同じ。在任1897-1899）[3]の全面的な支援をえて、当時の清国の最高統治者であった西太后に、外交手法によるチベット経典の賜与を求めていたのである。木田はこの事実を教団の内部資料だけでなく、大谷探検隊の研究者が従来まったく承知していなかった清国の公式記録である「檔案」よって示したのである。この種の「檔案」があることは、光瑞とそのアジア広域調査に関する日本国外務省外交記録によって、私も承知していた。在清日本公使が外務大臣に寄せた「公信」に、その写しが添え付けられていたからである。そこで光瑞に係わる清国の「檔案」を求めていたところ、台北の中央研究院保管の「教務部檔案」にもそれが含まれていることに気がついた[4]。「教務」とは、宗教に係わる行政事務のことである。その全容は改めて紹介するが[5]、ここでは光瑞が西太后にチベット経典を求めたことを、総理衙門の慶親王・奕劻の光緒25年3月24日（1899年5月3日）の上奏文によって提示する。総理衙門（総理各国事務衙門）とは、1860年の北京条約後に新設された清国の外交を所轄する官庁である。その衙門の筆頭大臣が、慶親王・奕劻（1836-1916）であった[6]。上奏文は、日本公使・矢

野の面称[7]も含み煩雑で難解であるから、時系列に配置し要所を訳文で示す。〔　〕は原文の補足、アンダーラインはチベット経典に係わる箇所である。また原文は挿図によって提示する（図2）。

〔光緒二十五年〕三月二四日（1899年5月3日）、……竊かに臣（慶親王・奕劻）の衙門（総理衙門）が、日本使臣（公使）の矢野文雄が直接申しましたことに依って[8]〔西太后さまに〕もうしあげますと、「現に私の国（日本国）の僧侶である大谷光瑞は、西京（日本の西の都・京都）の本願寺にあって、仏教教義をよく研鑽し、僧侶としての行いも素より立派であります。このたび、仏教の各宗派の状況を訪ね求めて遠く中国にやって来て、恭しく雍和宮（北京最大のチベット仏教・黄教の寺院）にお参りすることを願い、また併せて、黄教（チベット仏教の黄帽派、正教）を仰ぎ慕うことから、〔皇帝、西太后の〕旨（ご裁断）を願って〔チベット仏教の経典である〕龍蔵経を御下付いただき、〔またそれを〕研鑽し諳んじて〔チベット仏教の〕正しい教えを広めさせていただきたいと、〔光瑞が、自身に〕代わって〔総理衙門が西太后さまに〕上奏してくださるように、と求めました。」とのことであります。…。

これに続いて、慶親王・奕劻は、その衙門内での協議を、次のようにまとめている。

臣等が察しますに「……〔光瑞が〕航海して遠くからやって来て、震旦（中国の異称）に三宝（仏法僧）を扶持する

---

(2)　その成果報告は、〔教学参議部〔西本願寺〕編 1900〕。研究は、〔白須 1994；柴田 2014：108-112〕。
(3)　清国公使時代の矢野とその関連資料は〔白須 2017：4, 48-49〕。
(4)　研究留学中の新潟大学の柴田幹夫に依頼して入手した。ここに記して厚く感謝する。
(5)　近刊の『アジア遊学』（勉誠出版）の特集「台湾の日本仏教」（仮題）に、掲載予定。

(6)　乾隆帝の曽孫に当たる清国の皇族の愛新覚羅・奕劻は、慶親王であった。当時は、総理衙門の大臣であったから、光瑞にも会い上奏も行ったのである。彼は、1911（宣統3）年、清国が軍機処を廃止して内閣制を採用した際、初代の内閣総理大臣となったが、辛亥革命によって退位した。
(7)　矢野は、文面でも申し立てたはずである。それは、光緒25年3月15日（1899年4月24日）のことである。
(8)　原文も「面称」。上奏の9日前のことである。

聖人のおられること知り、梵冊（経典原典）[9]を乞い、万行を薫修（香の煙がしみこむほどにあらゆる修業すること）するを根本となすことは洵に饗慕の情の殷んになるに属し（ほんとうに仏の教えを慕う心が旺盛であり）、殊に嘉尚するに堪えるものです（特別に褒め称えるべきものです）。謹んで該僧（光瑞）の代進（代わって上呈すること）を請う所の経典三種共計六部（光瑞が持参した浄土真宗の聖典六部）を将て另（別）に清単（目録）を繕り、恭しく〔西太后さまの〕御覧に呈します。該僧（光瑞）の龍蔵経の頒賞を請うに至りては、尤も黄教に皈依（帰依）するの誠を見るものです（誠実さがうかがえます）。」

と。そして慶親王・奕劻は、西太后に次のような提案をして、その上奏を終えた。

　　仰ぎて天恩を懇うに、乾隆中に敕を奉じて繙刊（刊行）した四体文経典のなかの大乗経典数部を頒発して（分け与えて）優異（清国の経典がとりわけて優れていること）をお示めしになってはいかがでしょうか。
　　もし兪允（西太后の許可）をいただければ、まさしく敕を奉宸苑、内務府に下されんことをお願いし、該当の経典を刷印（印刷）して帙（ケース）に入れて臣（私・奕劻）の衙門（総理衙門）にお交し（交付）いただければ、日本使臣（矢野公使）に由って〔該当の経典を〕送り、該当の僧（光瑞）に転寄（転送）して祗領せしめ（恭しくいただかせて）、正教（チベット仏教の黄教の教え）を闡らかにして皇仁（清国皇帝の仁徳）を広めさせましょう。所有（すべて）の代呈する経典並びに日本僧人に龍蔵経を頒賞されんことをお願いしました縁由、謹んで恭しく摺して（上奏文にして）具に陳べました。伏して皇太后・皇上の聖鑑をお願いいたします。訓示を頂ければ遵行いたします。謹んで奏上いたしました。

と。この上奏文に、光瑞が「黄教（チベット仏教の黄帽派）を仰ぎ慕う」と見えるのは矢野公使の言であり、「尤も黄教に皈依（帰依）するの誠を見るもの」とはそれを受けた慶親王・奕劻の儀礼的表現である。日本の浄土真宗の西本願寺の新門であった光瑞が、文面どおりにチベット仏教を信奉したことはありえないが、ここでは、光瑞がそれほど熱心にチベット経典の下付を願っていたと理解すればよい。したがって、その熱意に応えて「正教（チベット仏教の黄教の教え）を闡らかにして皇仁（清国皇帝の仁徳）を広めさせましょう」という具申となったのである。この慶親王・奕劻の上奏の発端は、文面に見える「雍和宮」（北京最大のチベット寺院）への光瑞の参拝が実現した際、雍和宮へ同行した総理衙門の大臣の袁昶や桂春らに[10]、日本か

ら持参した「経典三種共計六部」[11]を西太后へ献上するとともにチベット経典の賜与を願ったのである。これを受けて日本使臣（公使）の矢野は、外交ルートによって総理衙門へ公式に依頼し、総理衙門の筆頭大臣の慶親王・奕劻は各大臣と協議し、軍機処の定める呈式に従って、上奏文を作成し、日本公使館が持参した光瑞の「六部の経典」も軍機処に届けて献上を依頼したのである。言うまでもないが、当時の清国にあっては、最高官庁の軍機処を介さなければ上奏することも最高統治者の聖鑑（裁可）を仰ぐこともできなかった。こうして光瑞の願いは上奏され、西太后の兪允（西太后の許可）をえたのである。

しかし光瑞に与えられたのは、官版漢文大蔵経の「龍蔵」であってチベット経典ではなかったことは、すでに述べたとおりである。その意外な顛末を木田は、「『龍蔵』が漢文大蔵経であると応接の当事者達が正確に認識していたようにも思えず、喇嘛黄教の経典と誤認していたかのようにも推察される。これは『龍蔵』そのものがあまり普及しておらず、実際に刻本を手にしての内容確認手段がほとんど無かったためもあろう」と推察するが［木田 2008: 117］、台北の「教務部檔案」によってもそれ以上のことは解らない。日本公使館、総理衙門、軍機処の係わった複雑な公文にたびかさねて使われた「黄教蔵経」、「蔵経」、「龍蔵経」などの紛らわしい語（「蔵」は、大蔵経ともチベット経典とも受けとめうる）が混乱を招き、結果的には漢版漢文大蔵経の印刷となってしまったのであろう。しかし西太后自身は、光瑞にはチベット経典を賜与したと思っていたかもしれない。

さて官版漢文大蔵経「龍蔵」が、矢野公使を介して光瑞の元に届いたのは、同年〔1899〕の12月のことであった［鏡如上人七回忌法要事務所 1954: 18］。しかし光瑞は、12月3日、インドを経由して英国へ向かっていることから、この届いた官版漢文大蔵経の「龍蔵」を直接目にして出発したか否か解らない。ただしこの「龍蔵」は、西本願寺の第22世法主を継承した光瑞が、帰国後の1903（明治36）年11月以後、第21世法主（父・明如）の蔵書を宗門大学の仏教大学（現、龍谷大学）に寄贈した際、あわせて贈られたという［木田 2008: 119］。しかしこの「龍蔵」は、第21世法主の蔵書ではなく光瑞自身が入手したものであるから寄贈の性格を異にする。帰国した光瑞がこの「龍蔵」を手元に置くことなくほどなく手放したのは、チベット経典を求めていた当時の光瑞にとってこの漢文大蔵経はさほどの魅力がなかった、そうした推察も可能とするであろう。なお、この帰国に際して光瑞が開始していたのが、アジア広域調査活動の一環となるいわゆる第一次大谷探検隊である。

---

(9)　直接の意味はサンスクリット経典を指すのであろうが、ここでは本文のように理解した。

(10)　袁昶（1846–1900）は1898年に、桂春は1898年に総理衙門大臣に就任した。［教学参議部〔西本願寺〕編 1900: 238; 呉福環 1990: 261–264］。

(11)　六部の経典とは、上奏文に付された「清単（目録）」によれば、「仏説浄土三部経」、親鸞の「正信念仏偈」「三帖和讃」、蓮如の「五帖消息（御文章）」、つまり浄土真宗の所依の漢訳経典と聖典各2部。

2. 光瑞には、なぜチベット経典が必要だったのか

　光瑞は、西太后に賜与を願った1899年のその北京で、「天津号」という西蔵経典印刷所も訪ねチベット経典を求めていた[12]。当時の光瑞には、なぜかくまでチベット経典が必要だったのであろうか。この点を不明確にしておくと、知られざるチベットの大自然に挑む西洋の地理学者にして探検家のヘディンと、東洋の仏僧・光瑞との重なりを深めて問うことは難しい。

　光瑞がチベット経典に強いこだわりを持ったのには、やはり深い理由があった。すでに別稿において明らかにしたように、当時のヨーロッパの仏教研究者が主張していた「大乗非仏説論（大乗経典は仏陀が説いたものではないという学説）」を克服するに足る漢訳大乗経典のその原典を、チベットに求めようとしていたからである［白須 2016a: 728］。つまり反証、物証となしうる経典である。漢訳大乗経典を所依の経典とした日本仏教の各宗派が、自らの仏教を大乗仏教と固く信じていたことは改めて言うまでもない。とすれば所依の漢訳経典には、それぞれ原典があったことは当然承知されていたはずであるが、それらを求めようとする発想はなかった。漢訳への絶大なる信頼がそうさせたのであろう。こうした日本の伝統仏教が、文明の国と仰ぐヨーロッパのその仏教研究に触れて驚いたのは、漢訳経典に依拠した大乗仏教は仏説ではない、つまり仏陀（釈迦）が説いたものではないと否定されていることであった。19世紀後半、明治になってからのことである。その「大乗非仏説論」を知った当時の青年学僧たちは、日本の大乗仏教の根底が揺らいでいると真剣に受けとめたのである。したがってどうあっても漢訳大乗経典の原典を探し求め、ヨーロッパの研究者が原典と見なした南伝仏教の経典と同じく、漢訳大乗経典の説くところも仏陀の口から出た「金口」（仏陀の説いた不滅の真理）からの漢訳であることを証そうとしたのである[13]。それこそが彼らの眼を、大乗仏教が今まさしく信奉されているチベットへと向けさせた理由なのである。そこには漢訳大乗経典の原典となったサンスクリット経典が残っているかもしれない[14]、サンスクリット経典からの忠実な翻訳と見なされるチベット経典のなかにも漢訳大乗経典の原典に準ずる経典が含まれているかもしれない、とすれば失われたサンスクリット原典を補完し「大乗非仏説論」への反証をチベットにこそ見出しうる、そのように期待したのである。そして不惜身命の思いを胸に入蔵（チベット行）を果たそうしたのである。

　当時、西本願寺の新門であった若き光瑞も、まさしくそのなかにあった。しかし光瑞が北京で外交的手法によってチベット

経典を入手しようとした10余年以上も前、その端緒はすでに切られていた。西本願寺の宗門校から英領インドに向かった留学生、東温譲、川上貞信、徳沢智恵蔵は入蔵まで志向し、同窓のヨーロッパ留学生・高楠順次郎はそれを強く鼓舞していたのである［白須 2016a］。また、東域に過ぎなかったとはいえ日本人として初めてチベットの地に踏み込んだ東本願寺の能海寛や寺本婉雅、あるいは日本人として初めてラサに到達した河口慧海も実際に行動を起こした青年僧であった[15]。したがって1899年の光瑞の北京における行動も、その3年後の1902年に本格的に始動することになる光瑞のアジア広域調査活動（大谷探検隊）もまた、この「大乗非仏説論」へ反駁を奥底に秘めていたと理解すべきなのである[16]。

　こうした視点は、さらに次のような認識へも導いていく。宗祖・親鸞（1173-1263）の法灯と血統を一身に継承して法主（門主）となる光瑞が、従前の西本願寺歴代宗主（法主）と異なっていたのは、「大乗非仏説論」との遭遇であった。ヨーロッパに展開されていたその説は、「浄土真宗は、大乗仏教のなかの至極」という宗祖・親鸞の浄土真宗に対する確信を危うくするかのような根源的問題を内在させていたのである。明治新政府と競うかのように近代化を推進し、ヨーロッパの仏教研究の吸収も早かった西本願寺教団にあっては［白須 2012: 317-328］、どうあっても確たる証左を以て「大乗非仏説論」へ反駁を加えたかったに相違ない。まさしくこの点にこそ、浄土真宗の西本願寺の新門、次いで法主となる光瑞が、アジア広域調査活動を主宰するだけでなく自らが直接参画して展開した理由が見出せるであろう。西太后にチベット経典を求めるという一見すればあまりにも大胆で、しかも若き仏僧貴公子の派手なパフォーマンスと映るような行動も、このように整理すれば光瑞個人の固有の宗教的立場から湧き出た行為、そうした理解へと深められよう。したがって光瑞が、国家プロジェクトに匹敵する大事業を個人として展開したという賞賛の語りだけに埋没させることなく、光瑞を最も規定したはずである宗祖・親鸞の浄土真宗への確信、それ故の「大乗非仏説論」への反駁であったことを見落としてはならない。光瑞は漢文大蔵経ではなくチベット経典を求めていたとする木田の指摘［木田 2008］に即座に感応できなかった自らの鈍感さをここに反省しつつ、この認識の共有化を願う[17]。

---

(12) 「支那御巡錫記」の4月17日の項、『教海一瀾』第47号（1899）、p.24。「新伝来の西蔵語経典」同号、p.28。なお『教海一瀾』とは、西本願寺の情報誌。

(13) もちろん今日の認識ではなく、当時の認識である。

(14) 光瑞も、青木文教をチベットに近いネパールのカトマンズに派遣してサンスクリット仏典を得ようと試みたが、英国インド政庁によって拒否された。外務省外交記録によって明らかとなった事実である［白須 2012: 95-96］。青木文教については、［高本 2013］。

(15) ［白須 2016a］以前のもので多少の修正を要するが、［白須 2012: 173-182「大谷光瑞とチベット」］と［白須 2012: 183-192「能海寛チベットへの旅立ち」］を参照。また［奥山 2003; 高本 2012; 高本 2013; 高山龍三 2011］。

(16) 光瑞が1902年に開始したいわゆる第一次大谷探検隊においても、英領インドからチベットに入ろうとする思いがあったことは、すでに触れた［白須 2012: 182（註15）］。

3. 1908(明治41)年のヘディンの来日と光瑞の置かれた立場

さて、チベット探検を終え英領インドのシムラに出たヘディンは、母国スウェーデンへの帰国に先だって1908（明治41）年11月に来日し、1ヶ月にわたって滞在した。この来日は、外務大臣・小村寿太郎が、ヘディンに「勲一等瑞宝章」の授与を願った天皇への上奏文によれば、「已に欧米各国ノ政府学会ヨリ相競テ招待シ来レルモノアルヲ尽ク拒絶シテ」（図3）来日したものであり［白須 2014: 273］、スウェーデンへの帰国にも先立つ異例のものであった。

またそのヘディンを迎えた日本側の対応も異例ずくめであった。内閣総理大臣・桂太郎は叙勲を求める外務大臣・小村の上奏を認め、これを裁可した天皇は、日本に寄与した外国君主や宰相クラスに相応する高い勲位勲章を西洋の一内陸アジア学術探検家に与えたのである。加えて天皇は、ヘディンを謁見し、直近のチベット探検について前例のない下問も行い、外務大臣・小村も自ら歓迎晩餐会を主宰した。また当時の日本の最上級の学会と目される東京地学協会は、ヘディン招聘の主役として行動し、外国人には初めてとなる金牌を授与し、東京・京都両帝国大学も大々的な講演会を開催した(18)。こうした「お上」のあまりに手厚い大歓迎は、日露戦争後一気に高揚していた日本社会を強く刺激し、また帝国アカデミズムの確立期（京都帝国大学に文科大学が開設されたのは、1906・明治39年）とも相乗して、ヘディンの歓迎は、官民挙げて熱を帯び、明治末期の大きな出来事となった。世界的な学術探検家が、探検直後、しかも西洋ではなく東洋の日本をまず最初に訪れたのだ、そうした高揚感を官民が共有したからであろう。

しかし、こうした官民フィーバーのなかにあっても確認しておきたいのは、西本願寺関係者が悔やむように、本来は光瑞こそが前面に出るべきはずのものであった。それは光瑞なくしてはヘディンの来日は実現しなかったからである。だれよりもはやくヘディンと交流し、また来日への希望も察知していた光瑞は、ヘディンの動向を正確に察知し、チベットからシムラに出た彼に即座に招聘電を打っていたのである（図4）。それだけではない。光瑞は、かつて第一次大谷探検隊員として内陸アジ

---

(17) 「大乗非仏説論」に遭遇した光瑞が、大規模なアジア広域調査活動を組織的に実施できたのはのは、ヘディンもまさしく認識していたように、次の天皇〔大正天皇〕の義兄となることを約束された最も重要な日本仏教の高僧というそのステイタスの高さも要因の一つである［白須 2014: 335］。それは、光瑞が巨大教団の新門、次いで法主であっただけでなく、「伯爵」と「従四位」という爵位と位階を国家から授与された明治憲法下のオフィシャルな国家貴族であり、しかも妻（裏方）・籌子のその妹（節子）が、明治天皇の皇太子の妃であったことを指している。光瑞と関わりの深かった外務大臣・小村も「伯爵」ではあったが、光瑞のこのステイタスには憚らざるをえなかったであろう。また光瑞に接触した在外公館の職員が、今にしてみれば私的、あるいは過剰と思えるほどの要求に応えたのもそのためであろう。したがって光瑞は、このステイタスにさらに明治新政府と競うかのような近代化に成功した近代西本願寺教団［白須 1992: 210-212, 2002: 52-59］を相乗させて、十二分な活動が可能だったのである。それは光瑞に10余年も先行した宗門留学生の個人的試みが挫折を余儀なくされたこととは対照的であった［白須 2016a］。

(18) こうした全体的状況については、[白須編 2014: 13-17「はじめに」]。個別研究は、[白須編 2014: 89-102「ヘディンの日本招聘—東京地学協会と大谷光瑞」、103-121「ヘディンの来日と日本政府及び諸機関の対応」（安部弘敏）；123-144「ヘディンの来日—近代日本とヘディンとチベット」（高本康子）。

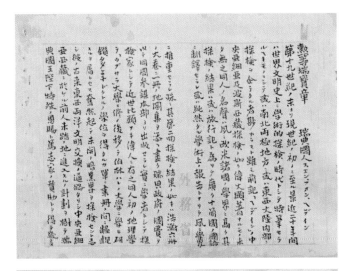

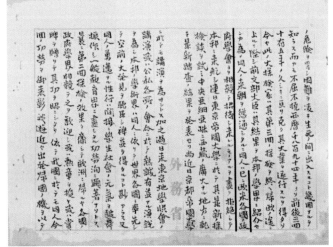

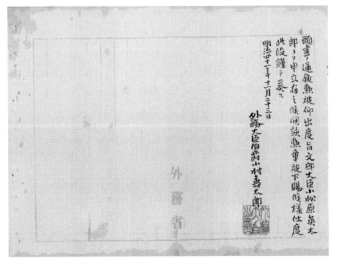

図3　1908（明治41）年11月23日、外務大臣・小村寿太郎が、ヘディンに「勲一等瑞宝章」の授与を願った上奏文
［白須編 2014: 272-273］。側線は筆者。国立公文書館蔵

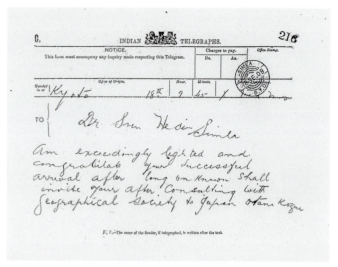

図4　大谷光瑞のヘディン招聘電
スウェーデンの国立民族学博物館蔵。［白須編 2014: 249-250］。金子民雄提供

図5　ヘディンに従った堀賢雄
写真下段に堀眞澄、M. Hori とみえるが「眞澄」と「M.」は堀賢雄の別名。堀賢雄資料

アを踏破させた堀賢雄（図5）を来日途上の上海まで迎えさせ、その日程が終了しロシアに向かうまで終始傍らに扈従させたほどであった[19]。また法主の別邸である京都伏見の三夜荘にも、もちろん西本願寺にも招いて大歓迎を行った。西本願寺建造物に詳しい建築学の菅澤茂が明らかにしたように、光瑞は、ヘディンを西本願寺の公式な対面所である「鴻の間」の上段にまで登壇させ、法主の私室である「黒書院」の「鎖の間」にまで宿泊させる破格のもてなしをしたという［白須編 2014: 169-180］。光瑞のヘディンに対する思い入れの深さは尋常ではなかったのである。しかしそれも、官民挙げての大フィーバーのなかにかき消されて見えにくくなってしまった。それだけではでない。スウェーデン国王からヘディン歓迎の功労者へ贈られた叙勲者のなかに最も肝要な光瑞が漏れてしまったように[20]、満たされた結果だけには終わらなかった。国家貴族（伯爵）であることに加え宗教的ステイタスも相乗させて振る舞う若き光瑞に心穏やかでいられなかった者の心情が、見え隠れするかのようである。こうした心情は、他者も利用して巧妙に仕組まれることもあって概してつかみにくい。しかし、いつの時代にもありうるこうした心情に惑わされることなく、光瑞とヘディン、そして2人に係わった日本政府も含めて、より大きく共有される20世紀初頭の国際政治社会に置いて落ち着いて問うことが肝要であろう。

4. 日露戦争（1904〜1905）後の国際政治社会におけるチベット

1906年8月19日、英領インド・カシミールのレーを発ちチベットに潜入したヘディンは、まさしく当時の国際政治社会の制約に直面した。逮捕してまで潜入を阻止しようとした英国と、その地からの退去を求める清国の動きが連動したのである。1904年、日露の開戦と並行して英国は、露国に傾いたと見なしたチベットに武力侵攻してラサを占領し、「ラサ条約」を結んだ。これに対し清国はその条約を認めず、英国と激しく対立した。しかしその英清両国が、わずかに2年後の1906年という時点で、しかもチベットに潜入した西洋の一探検家への対応に至るまで歩調を合わせたことを見逃してはならない。それはひとえに「西蔵に関する英清条約」（「中英続訂蔵印条約」）が締結され、極めて有効に機能していたからなのである。この条約に英国のアーネスト・サトウ（ERNEST SATOW）と清国の唐紹儀（図9）が署名したのは1906年4月27日であったが、批准書をロンドンで交換したのは7月23日であった。まさしくヘディンのチベット潜入の直前のことであった[21]。

ところでヘディンは、チベット探検調査を英国から阻止された時、かねてより交流のあった光瑞に、清国の護照の取得を依頼した[22]。つまり、チベットにおける活動の保証を東洋日本の光瑞の手を借りて求めようとしたのである。依頼を受けた光瑞は、在清国日本公使館の協力をえて清国外務部（総理衙門を廃止し、1901年に新設）と交渉した。光瑞自身も加わった1907年4月13日の直接交渉は、ヘディンはすでにチベットに深く潜入していたため、彼の保護を求めるものとなった。光瑞に協力したのは、日本公使館の阿部守太郎一等書記官である。その様子は、光瑞がヘディンに送った英文書簡に詳しく綴られているから（図6）、その要所を訳してみよう［白須編 2014: 246-249］。

---

(19) その日程は［白須編 2014: 319-320］。
(20) この叙勲に外務本省が関与したことは、すでに指摘した［白須編 2014: 298］。
(21) このヘディンのチベット潜入は、新疆省へ向かうとみせかけたものであった。新疆省では、外務部の打電によってヘディンが実際に到来すると思っていたようで、それに係わる「檔案」も残っている［小島 2016: 381-382］。
(22) こうした依頼が可能であった光瑞とヘディンの交流については、［白須編 2014: 69-88（金子民雄「光瑞とヘディンの交流」）］。

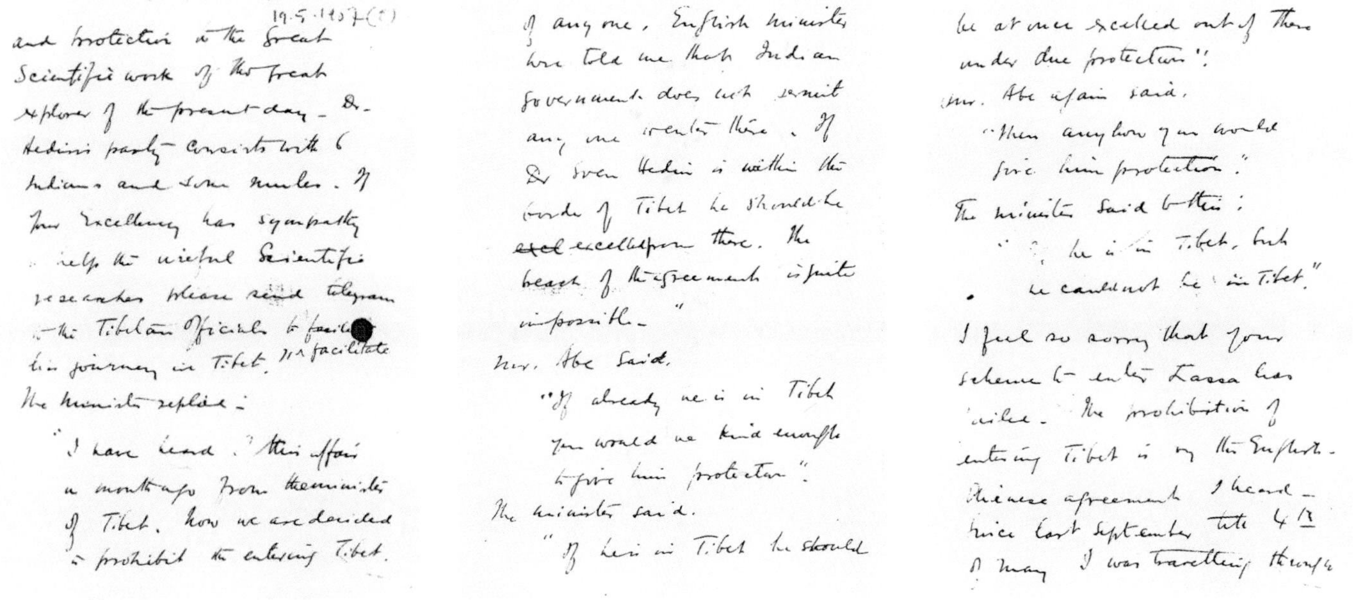

19.5.1907(?)

and protection in the Great
Scientific work of the Great
explorer of the present day. Dr.
Hedin's party consists with 6
Indians and some mules. If
Your Excellency has sympathy
to help the useful Scientific
researches please send telegram
to the Tibetan Officials to facilitate
his journey in Tibet. to facilitate
The minister replied:
"I have heard this affair
a month ago from the minister
of Tibet. Now we are decided
to prohibit the entering Tibet

of anyone. English minister
here told me that Indian
Government does not permit
any one to enter there. If
Dr Sven Hedin is within the
border of Tibet he should be
excelled from there. The
breach of the agreement is quite
impossible."
Mr. Abe said.
"If already he is in Tibet
you would we kind enough
to give him protection".
The minister said.
"If he is in Tibet he should

be at once expelled out of there
under due protection"!
Mr. Abe again said.
"Then anyhow you would
give him protection."
The minister said further:
"If he is in Tibet, but
we cannot let him in Tibet."
I feel so sorry that your
scheme to enter Lassa has
failed. The prohibition of
entering Tibet is by the English-
Chinese agreement I heard.
Since last September till 4th
of May I was travelling through

図６　大谷光瑞がヘディンに宛てた書簡（左より第５、６、７紙）
［白須編 2014: 248-249］スウェーデンの国立民族学博物館蔵。金子民雄提供

阿部氏は大臣〔外務部の大臣の那桐〕に言いました。「私は、公式に交渉するつもりはなく、あくまで科学的研究の目的のために交渉するのです。スヴェン・ヘディン博士は、世界中で最も著名にして偉大な旅行者であり探検家であります。……氏の目的は科学的な探検調査以外にはありません。閣下〔那桐〕もよくご承知のように、スウェーデンは、東方にあって政治的意味合いでのいかなる野心も欲望もまったく抱いておりません。」「もし閣下がこの有益なる科学研究を支援することにご賛同頂けますならば、西蔵（チベット）当局者に、ヘディン博士のチベットにおける活動を支援するように打電してくださいませんか。」と。

しかし那桐は、「合意を得ることは極めて困難であります。」と。

それでも食い下がろうとする阿部一等書記官に対し、那桐は次のように繰り返した。「もし当事者〔ヘディン〕がチベット域内にいるのであれば、ただちに、しかるべき保護のもとに域外へ退去させられるべきでしょう。」「もし当事者〔ヘディン〕がチベット域内にいるのであれば、我々〔清国〕は、チベットにいさせることはできないのです。」「この事案については、すでに一ヶ月前、チベット大臣（the minister of Tibet、駐蔵大臣・聯豫）から聞き及んでおります。しかし目下のところ我々は、いかなる人物であってもチベットに入ることは禁止するという決定を下しました。インド政府〔英国インド政庁〕は、いかなる人物も当地に入ることを許可していないことを英国公使〔駐清英国公使、ジョーダン（John. Newell Jordan）〕は、私に伝えています。」と。

こうして光瑞の那桐との交渉は、とりつく島さえもないままに失敗に終わった。そして光瑞は、その要因をすでに結ばれていた「西蔵に関する英清条約（1906）」にあることを覚ったのである。日露戦争後、日本の国際社会におけるステイタスが向上したと認識していた在清国日本公使館や光瑞にとっては意外なことだったかもしれないが、ここにより留意しなくてはならないのは、次のことである。

それは光瑞のこの対清国交渉が、日本の同盟国の英国が「英露協商」の締結を目ざし水面下で露国と交渉していた、まさしくその時に重なっていたことである。1907年８月31日にペテルスブルクにおいて署名に至ったこの「英露協商」は、その公称を「ペルシャ、アフガニスタン及びチベットに関する英露条約」と言うように、ペルシャ、アフガニスタン、チベット係わる英露両国間の条約である。しかしこの条約が目ざしたのは、通常の取り決めではなく、もはや宿命的とまで見えていた両国百余年を越える対立を一挙に逆転させ協調へと転じること、すなわち「外交革命」にあった。したがって英国のチベット侵攻（1904）によって生じた露国との直近の対立をまず清算し、それをペルシャ、アフガニスタンへと遡及させることであった。つまりチベットにおける対立解消こそが最初の起点であり、最も重要な要だったのである。だからこそ「英露協商」に、条約当事国でない清国に係わる異例の条項、すなわち英露両国が清国のチベットにおける宗主権をともに承認することが盛り込まれたのは、まさしくそのためだったのである。この「英露協商」は、英国が清国の西蔵に対する宗主権を認めたと理解した1906年の「西蔵に関する英清条約」に積み重ねられた条約なのである。したがって英国は、1905年の露国の日本への敗北という好機をしっかりととらえ、チベットにおける英国の清国への譲歩を露国にも同様に求めながら、両国間のすべての対立の清算を一挙に謀ったのである。英露両国がチベットに係わってと

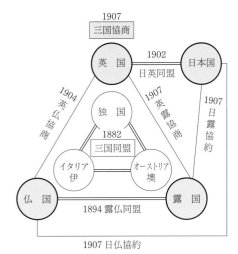

図7　三国協商と三国同盟と日本

もに身を切る「痛み分け」に合意できたのは、「英露協商（ペルシャ、アフガニスタン及びチベットに関する英露条約）」がただちに「英露仏三国協商」を導出したことによく現れているように、英露協調の最大の目的が、「独伊墺三国同盟」と対峙する「英仏露三国協商」を成立させるためだったことは言うまでもない（図7）。つまり英露両国は、バルカンに進出する独国に対抗するためには、もはや対立したままでいることなどできないほどにヨーロッパ情勢は緊迫の度を深めていたのである。「英露協商」と「英露仏三国協商」の起点は、ヨーロッパから見れば遙かに遠いアジアのヒマラヤの向こうのチベットだったのである。したがって英露仏三国、とりわけ主導した英国とそれを容認した露国が、チベット情勢に極めてナーヴァスにならざるをえなかったのはそのためなのである。しかし、チベットに対する宗主権が国際的に認められ、他国の干渉は排除できると確信した清国は、「英露協商」によって生じたチベットにおける力の空白に呼応し、かつてには見られないほど積極的な動きを開始するようになった。

ヘディンと光瑞は、当時の国際政治社会が導出したこのナイーブなチベットに、ともに觝触してしまったのである(23)。これこそが光瑞とヘディンがともに英清から直接に対応を迫られ、あるいは同盟・協約関係にありながらも、日本政府が英露両国から光瑞の行動への善処を要求される要因となっていくのである。続いて追ってみよう。

5. チベットにおける清帝国の首席長官・チャンインタン

さて、光瑞と阿部一等書記官が清国外務部の那桐と交渉していたころ、ヘディンはチベットのどこにいてどのような状態におかれていたのであろうか。

交渉は、先に述べたように1907（明治40）年4月13日であった。那桐はこの時、ヘディンのことは「すでに一ヶ月前、チベット大臣から聞き及んだ」と言っていることから、3月13日前後のことであろう。ヘディンの『トランスヒマラヤ』によれば、彼は、1907年3月13日前後は、タシルンポ寺のあるラサ西方のチベット第二の町シガツェ（日喀則）にいた。そのお寺には、ダライ・ラマ13世に次ぐチベット仏教の第二の指導者パンチェン・ラマ（タシラマ）がいた。シガツェに居留していたヘディンは、意外にも、このパンチェン・ラマから厚遇を受けていた。パンチェン・ラマは、1905年に英領インドに招聘されたことがよく物語るように、英国が抱き込もうとしたチベット仏教世界の指導者であった。1904年、英国は露国勢力の浸透を阻止するためラサに武力侵攻したが、その要となる13世を取り逃がしてしまった。ヘディンがシガツェに滞在していたころは、13世は清国にあってその監視下にあった。したがってチベットを掌握したい英国は、13世に次ぐステイタスを持つシガツェのパンチェン・ラマに接近していたのである。とはいえヘディンは、このシガツェからラサへと進むことはできず、「チベットにおける清帝国の首席長官」のチャンインタン（Chang Yin-t'ang）の命令によって引き返さざるを得なかった。チャンインタンとは、その音の整合性から張蔭棠であることは疑いない。彼は、駐蔵大臣がラサに赴任しているにもかかわらず清国皇帝がチベットの諸事に対処する全権を与え、重ねて特派した欽差大臣あり、当然、駐蔵大臣を上回る権限を持っていた。その張蔭棠の退去を命ずる書簡をヘディンは『トランスヒマラヤ』に記録している。ヘディンは、これを中国の外交文書の標本（a specimen of Chinese diplomatic correspondence）と認識していた。訳文と原文（図8）を提示しておこう［スヴェン・ヘディン 1979: 334］。

　　親愛なるスウェン・ヘディン博士！
　　本月五日付け貴簡を拝受し、貴下が当国で未知の地域を地理学的に探求なさるために、シガツェにご来着になりました旨を伺い、ご同慶に堪えません。貴下が、ヨーロッパにおける有名な地理学者のひとりとして、何らチベットの政治や、その他の事項に介入することなく、ひたすら地理探求のために、お出になったことは、よく存じ上げています。
　　地理学発展のために、真剣なる学者たる貴下にたいし、わたくしは大いなる尊敬を惜しまぬ者であります。常に、かかる人物を高く評価し、最大の敬意を表してきましたもの。
　　ところがイギリス人であれ、ロシア人であれ、あるいはアメリカ人もしくは他のヨーロッパ人であれ、いかなる外国人も、三商業地、ギャンツェ、ヤートンおよびガルトクを除く他のチベットの土地に立ち入る権利を有さないこと

---

(23)「英露協商」の調印に当たって、露国外務大臣イズヴォルスキーと英国ロシア公使ニコルソンが相互に交わした交換公文は、英国の制止を振り切ったヘディンのチベット潜入が念頭にあってのことであろう。ヘディンの行動はここまで影響を与えていたと承知すべきであろう［白須編 2014: 37］。

> DEAR DR. SVEN HEDIN—I was much pleased to receive your letter of the 5th instant, and to hear that you are come to Shigatse in order to investigate the geography of the unknown parts of this country. I know that you are one of the famous geographers of Europe, that you move about here without meddling in the affairs of Tibet, political or otherwise, and carry out only geographical work.
> I have a great respect for you as a man of science, who seriously advances the progress of earth knowledge. I always value such men most highly and show them the greatest reverence.
> But, to my great regret, I must inform you that the last treaty between China and Great Britain contains a paragraph declaring that no stranger, whether he be an Englishman or Russian, an American or European, has any right to visit Tibet, the three market-towns, Gyangtse, Yatung, and Gartok, excepted. You are, then, not the only one to whom the country is closed.
> I shall be glad, then, if you will return the same way you came, and you will thereby put me under a very great obligation.
> China and Sweden are really friendly Powers, and both peoples are true brothers.
> I hope you will not judge me harshly, for I am bound by the treaty not to suffer you to travel farther.
> I have issued orders to the Chinese and native authorities along your route to afford you all the facilities in their power.
> Wishing you a successful journey, I am, yours truly,
> CHANG YIN TANG.

図8　清帝国の首席長官・チャンインタン、すなわち進蔵査辨蔵事・張蔭棠がヘディンに送った公文書の記録
Sven Hedin 1910, p.397.

図9　カルカッタにおける対英交渉時（1905）の張蔭棠
前列右から張蔭棠、唐紹儀、梁士治、後列右から吉青納（Herbert Kitchener、英領インド総司令官）。
蘇苑、張暁輝2006、巻頭図版

　が、チベットに関するシナ大英帝国間の最近の条約にはっきり規定されたと申し上げなければならないことを、まことに遺憾に存じます。だが、かように、ご入国をお断りするのは、貴下おひとりに限るものでないことは勿論です。
　したがいまして、恐縮に存じますが、往路と同じ道をお引きかえし下さるならば、このうえなくありがたく存じます。
　シナとスウェーデンとは、事実、友好国で、両国民は真に兄弟です。
　ご旅行の継続を、お止めしたことにつきましては、なにとぞ誤解なさらないで下さい。条約によって、私たちは縛られているのです。
　ご帰路におきましては、シナ人および土着民の官憲が、能う限りのご便宜をおはかりするよう、わたしは既に発令致しました。
　貴下のご多幸なご帰還を祈りつつ、貴下の真実なるチャンインタン

　これは、チャンインタン（張蔭棠）が、チベットにおける首席長官（進蔵査辨蔵事）として公式にヘディンに発した公文書と見なしてよい。ただし当時の清国の公文書の書式でも文体でもなく、また張蔭棠の個性から出た文体でもなく、国際政治社会の外交文書の様式を取得したもので、もとより英文であったと推察される。
　張蔭棠（1866-1937）（図9）とは、1905年、前年の「ラサ条約」（1904）について英国インド政庁と協議するため、外務部右侍郎・唐紹儀に侍してカルカッタに行き、さらに、1906年、「西蔵に関する英清条約」を欽差全権大臣・唐紹儀を補佐して締結させた人である[24]。当時の清国には、こうした主張を展開する外交官がすでに育っていたのである。日露戦争における日本の勝利の衝撃は、立憲制への施行、伝統的官吏登用制度で

あった科挙の廃止（1905）に端的に表れたように清国の政治制度の根元的改変を促したが、厳しい国際政治社会の矢面に立つ外務部にあっても、帰国留学生を含む外交人材の登用が一挙に進展していたのである。唐紹儀も、張蔭棠もまさしくそうした新外交人材であった[25]。
　さて張蔭棠のこの書簡は、在チベット清国最高官が、「西蔵に関するシナ大英帝国間の最近の条約」、つまり「西蔵に関する英清条約」（1906）にはっきり規定されたと公式に伝えたのであるから、たとえタシラマの保護下にあったとはいえ、ヘディンは引き返す以外には方法はなかったのである。
　光瑞が阿部一等書記官とともに外務部の那桐と交渉した1907年4月13日のすでに1ヶ月前には、張蔭棠はこのヘディン宛て書簡を書いていたのである。ヘディンがシガツェの最後の日を過ごしたのは、1907年3月26日であるから、外務部の那桐はこうした経緯を熟知した上で、なに食わぬ顔で光瑞と阿部と交渉していたことになる。この交渉が、すでにヘディンを退去させてしまった「後の祭り」であることすらも知らせなかった、そのように理解してよかろう。

---

(24)　この時すでに、清国のアメリカ公使館の二等参賛、駐旧金山（サンフランシスコ）領事も経験していた［中国第一檔案館・福建師範大学歴史系 1985: 84］。
(25)　唐はコロンビア大学で学び、帰国後、外務部右侍郎となった。英国のチベット侵攻後、「ラサ条約（1904）」に抗議するため急遽カルカッタに派遣され、英国インド政庁と交渉した。また1907年の「西蔵に関する〔英清〕条約」（1906）においては全権として英国と交渉した［蘇苑、張暁輝2006］。

6. さらに光瑞の動向を国際政治社会に重ね合わせると

　ヘディンがチベットに潜入を謀った１ヶ月余日後の1906（明治39）年９月26日、光瑞は神戸を出港して、清国調査に向かい、上海、杭州、漢口、鄭州、西安を経て、1907年の新春を四川省の成都で迎えた。そして重慶、巴東、宜昌、沙市、漢口、上海、香港、広東、香港を巡って、再び上海と漢口に至り、北京へと赴いた［鏡如上人七回忌法要事務所 1954: 41-44］。そして先に述べたようにヘディンのために那桐との直接交渉に臨んだ。それだけではない。４月17日には、在清国日本公使・林権助の同行をえて西太后の謁見も受け、慶親王（愛新覚羅溥偉）、粛親王（愛新覚羅善耆）、瞿鴻禨ら清国高官とも接触した［白須編 2014: 43-45］。西太后の謁見を受けたことは『清実録』にも記されているように、外交上の公式なものであり、在北京英露公使たち外交官の眼にも、光瑞は日本の一宗派の単なる法主ではなく日本政府と緊密な関係を持つ特別な存在に映ったことであろう。しかもチベットに潜入したヘディンと呼応するかのように清国調査を行っただけでなく、チベット方面への入り口の一つである成都にまで深く入り込んだことは[26]、清国調査の目的が、漢口を中心とする清国における浄土真宗の海外教線の新たな拡大にあったとしても、その通りに受けとめることは難しかったに相違ない。帰国した光瑞自身も清国の監視を受けていたことを語っているように清国も疑惑の眼を向けていたことは疑いない。また当時の清国は、外務部の那桐が「インド政府〔英国インド政庁〕は、いかなる人物も当地に入ることを許可していないことを英国公使は、私に伝えています」と語り、また張蔭棠がヘディンに対し「西蔵に関する英清条約」を持ち出して退去を求めたように、英清両国がチベットに係わって密接な連絡を取り合っていたことを見逃してはならない。従来、この清国調査がいわゆる大谷探検隊の活動に含まれたことも、チベットと関連づけて認識されたこともないが、この光瑞の調査についても、清国の檔案資料も存在しているのでさらに検討が必要であろう。なお堀賢雄資料に、この調査を裏付ける資料を確認したので示しておこう（図10）。

　しかし光瑞の行動は、この清国調査活動にだけには終わらなかった。外務部交渉のほぼ２ヶ月後の1908年６月16日、光瑞は、北京を起点とする内外モンゴル経由の内陸アジア調査隊を派遣したのである[27]。通常、第二次大谷探検隊と呼ばれているアジア広域調査活動の一つがそれである。この活動が、内陸アジアへ向かうにしてはあまりにも遠回りで異例のルートであることは言うまでもない。隊員は、橘瑞超と野村栄三郎であるが、その橘自身が明言しているように、重要な目的の一つは、内外モンゴルにおける「喇嘛教」、すなわちチベット仏教徒の現時点での動向を探ることにあった［白須 2012: 59-71］。こうし

図10　大谷光瑞の清国調査（1906〜1907）の記録写真
洞庭湖の東北岸の岳陽楼（現・岳陽市）と、漢昌（現・武漢市）のチベット仏塔。

た情報によれば、1904年、英国のラサ侵攻によって逃亡した13世が、まずチベット仏教の浸透した外モンゴルのウルガ（現、ウランバートル）、次いでチベット仏教の聖地でもある山西省の五臺山に居留していた当時の状況はやはり無視できない。したがってこのモンゴル経由の探検コースの異例性は、成都まで入った清国調査、北京における外務部との交渉、逃亡していた13世の動向を総合的に勘案すれば、チベット情勢との相関を否定できるものではない。そしてさらに、実弟である西本願寺の清国開教総監・大谷尊由を、五臺山に派遣して13世と会談させた「五臺山会談」もこれに加わる。1908年８月２日、４日の両日のことで、北京最大のチベット寺院・雍和宮に入れていた堀賢雄（図11）も随行させていた[28]。チベットから逃亡していた当時の13世の動向が、チベットを起点として積み上げられていった「西蔵に関する英清条約」、「英露協商」のその根底を揺るがしかねないことは言うまでもない。清国や英露だけでなく、独、米国までもが注意深く13世の今後の動向を探ろうとしていたのはそのためである。大谷尊由と13世によるこの五臺山会談は、日本とチベット仏僧の交換留学であると直ちに公にされたように会談内容が秘密にされたわけではない。しかし在北京日本公使の同行をえて西太后の謁見まで受けるほど日本政府との関係が深いこの光瑞の行為を、関係国がそのまま受けとめることはやはり難しかったであろう。五臺山会談と内外モンゴルへ調査隊の派遣は、光瑞がチベット情勢に介入を謀っているとの確信を持たせてしまったことは疑いない。それは、日本政府に直接向けた英露の外交アクションが明らかにしていく。

---

(26) ただしこの両者の活動が、連動していたか否かは解らない。
(27) その記録は、野村栄三郎「蒙古新疆旅行日記」（[上原芳太郎 1937]に収録）。

(28) この会談については、[白須 2012: 35-58]。

4章　20世紀初頭の国際政治社会と日本 | 193

図11　雍和宮の堀賢雄
チベット僧姿の賢雄で、新たに紹介するものである。
堀賢雄資料

7. その光瑞の動きと、英・露両国の日本政府への抗議

　1908年8月20日、在日本英国大使・マクドナルドは、日本政府に対し、「軍事秘密保護ニ関スル探偵規則及ヒ外国人一般ノ取扱ニ関スル警察規則等」の有無について異例の問い合わせを行った。光瑞のいわゆる第二次大谷探検隊の派遣と五臺山会談後まもなくのことである。その内容は意外にも諜報活動に関わる日本の法令を調査しようとしたものであった。この問い合わせは、国立公文書館の記録のなかに見出したもので、その詳細な解析は、次に触れる露国の日本政府への警告とともに別稿とせざるを得ないが[29]、光瑞の背後に日本政府があると見なしての外交アクションを想定させるものである。

　そしてその年の初冬、つまり1908（明治41）年11月、英国の制止をくぐり抜けてチベットに潜入し、また清国の阻止にあいながらも、トランスヒマラヤ山系を発見し、インダス・ガンジス両河の源も突き止め、大成果をあげたと称するヘディンが、欧米諸国からの招聘を辞し、母国への帰国を後回しにして、日本の横浜港に着いたのである。そしてすでに述べたように1ヶ月にわたって日本に滞在し、官民挙げての大歓迎を受けただけでなく、日本政府は「勲一等瑞宝章」を授与し、外務大臣・小村も主役を演じるかのように振る舞った。英国にしてみれば、「西蔵に関する英清条約」に抵触したヘディンを同盟国の外務大臣が大歓迎するさまは、日本の諜報活動の法令の問い合わせまで行っていた状況を勘案すれば、不快であったに相違ない。加えて日本政府が、ヘディンを支援するだけでなく13世とも接触を謀る光瑞の後ろ盾であると見なしていたことを加えれば、英国の不快感は尋常ではなかったとみなすべきであろう。それは日露協約を結んでいた露国（図7）にとっても、やはり同様であった。

　内外モンゴル調査、いわゆる第二次大谷探検隊の記録である野村栄三郎の「蒙古新疆旅行日記」の〔明治41（1908）年〕十一月十二日の項に、次のような興味深い記述が見える〔上原芳太郎 1937: 496〕。

　　夕食後少しく英語を解する一清人〔来た？、脱字か〕り。訊(とう)に対し答える口吻(くちぶり)に依りて、一露人とともに烏魯木斉より余に尾し来れるなり。先に烏里雅蘇台より、余等に前後せる一露人一清人を見たるが、今にして露国領事の神経過敏なるを知れり。

　この烏魯木斉(ウルムチ)より追尾してきた「少しく英語を解する一清人」と「一露人」が、烏里雅蘇台(ウリヤスタイ)（庫倫、現ウランバートルの西方）あたりで野村がすでに気づいていた「一露人一清人」と同一であったのかわからないとしても、庫倫(クーロン)（現、ウランバートル）の露国領事が追尾を指示し、烏魯木斉の露国領事もそれを継続させていたことは認めてよく、露国が光瑞の派遣した橘・野村の行動に警戒していたことは疑いない。野村の庫倫への到着は、1908（明治41）年7月29日、烏里雅蘇台への到着は同年9月11日である。烏魯木斉出発は同年11月10日であり、ヘディンが横浜に着く直前である。野村日記に見えるこの「一露人一清人」の報告情報は、露国領事から露国政府へと当然伝えられていたと見なすべきで、これに呼応する露国からの「口上書」(note verbale)が、翌、明治42（1909）年1月23日付けで、在露国臨時代理大使・落合謙太郎から外務大臣・小村に送付されている（図12）。この時、橘・野村はすでに内陸アジアに入っていた。この「口上書」は外務省外交記録のなかに見出したもので、「露領中央亜細亜旅行ニ関スル件」と題されたその内容は、露領の中央アジアへの旅行者一般を対象としながらも、日本政府に対して橘・野村の行動を警告したものであることは疑いない。今まで紹介されたことのない外交記録の一つで、先に触れたように追って全文を発表するが、この「口上書」が、在日本英国大使・マクドナルドが日本の諜報活動に関する法令の問い合わせと連続していることは指摘しておきたい。「英露協商（ペルシャ、アフガニスタン及びチベットに関する英露条約）」を締結した英露両国の連携は、想像以上に密接だったのである[30]。

---

(29)「英露協商（ペルシャ、アフガニスタン及びチベットに関する英露条約）・「日露協約」下の光瑞のアジア広域調査活動」（仮題）。

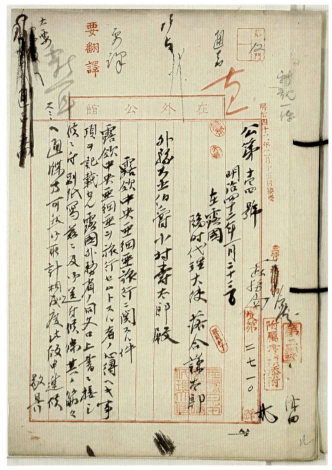

図12　在露国臨時代理大使・落合謙太郎が外務大臣・小村に露国政府の「口上書」を送付した公信
外務省外交史料館蔵

英国はさらに、1908年8月、新疆のカシュガルに到達した橘の行動を背景に、1909年11月15日、日本政府が2人の日本人を使って内陸アジアの英国のテリトリーで情報活動をしていると公式に抗議してきた。これは、金子民雄が英国の外交記録によって外務大臣・小村の回答も含めて見出した大きな発見である。この抗議に見える2人の日本人が、その名を言わないもののモンゴル経由で内陸アジアに入っていた橘と野村であることは言うまでもない。英国は、この2人を日本政府が派遣していたと見なしていたのである。これに対して小村は、日本政府とはまったく無関係として突っぱねた［白須 2012: 142-143］。しかし必ず存在すると推定されるこの英国の外交記録に対応する日本の外交記録が、見いだせない。不思議なことである。確かに日本政府がこの2人を派遣した事実はなくまったく無関係であったから、この小村の態度は毅然として立派であるが、その毅然さを凌駕してしまう次の事実も熟知しておくべきである。

実は抗議を受けたとき、外務大臣・小村は、2人の日本人が橘・野村であることも、当時の光瑞が派遣していた探検隊の行動についてもまったく知らなかったのである。つまり日本政府と関係ありませんという一点での事実強調でしかなかったのである。光瑞に問い合わせた節もないように、外務大臣・小村は、英国の抗議の深い背景や光瑞がチベット問題へ抵触していることなどにはまったく気づいていなかったのである。したがって英国抗議の経緯を探ってその真意を探ろうともせず無視に等しい態度を取ったことは、やはり失策であろう[31]。外務大臣・小村は、1908年のヘディンの大歓迎に重ねて、英国の不信感を増幅させてしまったことになる。

その外務大臣・小村が、光瑞の行動が日英の同盟関係にまで齟齬を来しかねない重要案件であると感じたのは、マクドナルドの抗議から約2ヶ月を経た1910年2月23日のことである。それは在カルカッタ総領事代理・平田知夫からの「大谷伯一行ノ動静ニ関スル件」と題する135行にも及ぶ長文の機密公信（図13）を受け取った時である[32]。その公信は長文であったことに加えて、カルカッタ総領事と英国インド政庁と行き交った発信・受信の英文公信の焼き付けまでをすべてを附した極めて異例のものであった。それを概括的に示せば、次のようになる。1909年、光瑞は柱本瑞俊らとともにインドに先発し、内外モンゴルと内陸アジアの調査を終えてカシュガルからインドに出た橘・野村に合流した。そして英領インドで仏跡調査を展開するとともに、英領インドを起点としてネパールのほぼ全域を調査し、チベットのギャンツェにまで向かい［白須 2012: 93-103］、加えてカラコルム峠を通過して内陸アジアの再度の調査まで行おうとした［白須 2012: 122］。したがってこの計画に沿って光瑞は、総領事代理・平田を通し外交ルートで公式に英国インド政庁に調査の許可を申請した。しかし英国インド政庁は、それをことごとく、しかも一切の理由も言わず拒絶した。同盟国に対するこの理不尽な態度に驚いた総領事代理・平田は、直接交渉に及んだ。しかし英国インド政庁は、「拒絶ノ理由ニ至リテハ事ヲ左右に託シテ」まったく明言しなかったのである［白須 2012: 123-133, 333］。総領事代理・平田は、光瑞の一連の行動が、インド国境付近の英国のすべての行動を日本は承知するという第二次日英同盟に抵触したのではと察知し、交渉を取りやめ、外務大臣・小村に判断を仰いだのである。外務大臣・小村が英国の深い不信に気づいたのは、まさしくこの時なのである。マクドナルドからの抗議が実は約2ヶ月前あったことを、機密交信によってインド総領事代理・平田だけでなく在英大使・加藤高明に初めて知らせたことが、それを裏付ける［白須 2012: 135-146］。こうして光瑞自らもチベットへ赴こうとする企ては潰えたのである。しかしこうした事実のあったことは、光瑞もそのアジア広域調査活動に参画した人々もほとんど語らなかった。日本外務省外交記録と英国外交記録だけが語っていることなのである。

---

(30) この条約が締結された1907年以降、カシュガルの英国総領事マカートニーに対する同地の露国領事館の態度が一変したことは、両国の緊密性を裏付けている［白須 2012: 194］。

(31) 外務省が、光瑞の一連の対チベット行動に報告を求めたのは、1912年、つまり辛亥革命後になってからのことである。革命政府と積極的に接触しチベット問題にも継続的に係わろうとする光瑞を無視できなくなったからである［白須編 2011: 263-297］。

(32) 全文の移録は、［白須 2012: 329-335］。

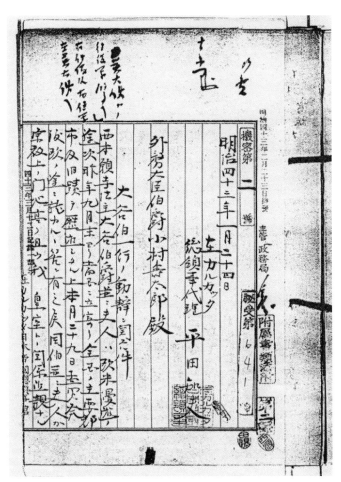

図13　1910（明治43）年2月23日、外務省が接受した在カルカッタ総領事代理平田知夫の機密公信「大谷伯一行ノ動静に関する件」
外務省外交史料館蔵

　これが、20世紀初頭のチベットから見えた光瑞とヘディンであり、その2人を介して垣間見た当時の国際政治社会と日本の相関である。語り尽せないことも多いが、未知の大自然に挑んだ西洋の大探検家と「大乗非仏説論」への反証を求めようとした東洋日本仏僧が、相互に目的をまったく異にしながらもチベットを舞台として結びついたそのことが、チベットを巡る20世紀初頭の国際政治社会の利害に牴触してしまったことになろう。「時」と「場」を共有させる歴史学の手法が拓いた視界の広がり、そのように受けとめていただければ幸いである。

［文献］

荒川正晴・柴田幹夫編 2016『シルクロードと近代日本の邂逅——西域古代資料と日本近代仏教』勉誠出版。
上原芳太郎 1937『新西域記』下巻、有光社。
奥山直司 2003『評伝河口慧海』中央公論新社。
木田知生 2008「龍谷大学所蔵の龍蔵について」『龍谷大学論集』471、pp.104-129.
教学参議部〔西本願寺〕編 1900『清国巡遊誌』。
鏡如上人七回忌法要事務所 1954『鏡如上人年譜』。
高本康子 2012『チベット学問僧として生きた日本人——多田等観の生涯』芙蓉書房。
高本康子 2013『ラサ憧憬——青木文教とチベット』芙蓉書房。
小島康誉 2016「ヘディンに関する档案史料の若干の紹介」［荒川正晴・柴田幹夫編 2016: 375-401］。
柴田幹夫 2014『大谷光瑞の研究——アジア広域における諸活動』勉誠出版。
スヴェン・ヘディン、青木秀男訳 1979『トランスヒマラヤ』上（ヘディン探検紀行全集7）、白水社。
白須淨眞 1992『忘れられた明治の探険家渡辺哲信』中央公論社。
白須淨眞 1994「上原芳太郎『外遊紀稿』所収の「南船北馬」」『龍谷史壇』第103・104号、pp.70-143.
白須淨眞 2002『大谷探検隊とその時代』勉誠出版。
白須淨眞 2012『大谷探検隊研究の新たな地平——アジア広域調査活動と外務省外交記録』勉誠出版。
白須淨眞編 2011『大谷光瑞と国際政治社会——チベット、探検隊、辛亥革命』勉誠出版。
白須淨眞編 2014『大谷光瑞とスヴェン・ヘディン——内陸アジア探検と国際政治社会』勉誠出版。
白須淨眞 2016a「大谷探検隊に先行する真宗僧の英領下セイロン・インドへの留学——1889（明治22）年の徳沢智恵蔵のセイロン留学を中心として」［荒川正晴・柴田幹夫編2016：659-771］。
白須淨眞 2016b「1908（明治41）年のスヴェン・ヘディンの来日とその新資料——内閣・外務省記録への新視点も兼ねて」『敦煌写本研究年報』第10号第2冊分、pp.477-495.
白須淨眞 2017「大谷光瑞が二楽荘に招聘した日本最初期のモンゴル語教師・羅子珍に係わる新資料」『東洋史苑』89、pp.1-49.
高山龍三 2011『河口慧海への旅——釈迦生誕地に巡礼した人々』勉誠出版。
栄新江・朱玉麒主編 2014『西域考古・史地・言語研究新視野——黄文弼中瑞西北科学考査団国際学術研討会論文集』科学出版社、北京、pp.614-629.
呉福環 1990『清季総理衙門研究』文津出版社、台北。
蘇苑、張暁輝 2006『中華民国第一任内閣総理　唐紹儀』珠海出版社。
中国第一檔案館・福建師範大学歴史系 1985『清季中外使領年表』中華書局。
National Museum of Korea 2014 "2014 International Conference Collecting Asian Objects in Colonial Korea, 1910–1945" National Museum of Korea, pp.77-121.
Sven Hedin 1910 "Trans-Himalaya, Discoveries and Adventures in Tibet" vol.I, Macmillan and Co., Limited, London.

| 196 | 第Ⅱ編　報告集

5

ヘディン・インパクト

——近現代日本人の「ヘディン」

高本康子
KOMOTO Yasuko

　明治以降の日本において「大陸」と通称されてきた広大な空間、すなわち、中国、モンゴル、満洲、シベリア、そしてインドシナ半島、ヒマラヤ山脈などを含んで広がる陸地は、日本人にとって最も身近な異文化世界であった。日本人が視界の中でこの「大陸」をどのように形作ってきたのか考える時、際立って影響力を持った人物の一人として、スウェーデンの地理学者スウェン・ヘディン（1865-1952）が挙げられると、筆者は考える。それは彼の影響力について以下3点を指摘できるからである。すなわち、研究者や宗教者といった限られた一部ではなく、いわゆる一般の多くの日本人に対しても広くおよんだと考えられること、そしてそれが明治末以降現代に至るまで続くこと、さらにまた「インパクト」と形容し得る大きさを持つこと、である。このどれか一つではなく、3点を同時に持ち得たことに、筆者は注目するのである。

　ヘディンの経歴、および彼が生涯で成した調査活動については、すでに諸先行研究がある[1]。しかし、それらにおいて、上述の3点、すなわち、一般の日本人の「大陸」認識に対するヘディンの影響、そしてその影響力が持った現代への連続性については、ほとんど言及されてきていない。

　従って本稿では、ヘディンの行動や著作物の他に、ヘディンに触れる記述などを含め、日本において見られる、ヘディンをめぐる様々な事象を、日本人と「ヘディン」とのかかわりとして取り上げる。そしてそれを、日本人の視界の中の「大陸」像の変遷という観点から、日本と「大陸」の交流史の中に跡付けようと試みる。そのため本稿では、以下3件の事象を取り上げる。第一は1908年のヘディン初来日をめぐる報道である。この時、彼は各地で自身の調査活動、特に成功裏に終えたばかりの

チベットでのそれについて講演を行い、その内容が各種メディアによって詳細に伝えられた。後述するがこれは、日本人一般が「ヘディン」に接した最初であった。第二は、昭和期、特に日中戦争開戦前後から、彼の著作が次々に日本語訳されていくことである。第三は、戦後再び、ヘディンの著作が大量に翻訳出版され、そしてそれだけではなく、ヘディンの「探検」を題材とした記述が、教科書やコミックといった媒体にまで出現するようになっていくことである。この3件が、上述のような日本人の「大陸」観形成においてどのような影響作用を持ったか、検討を試みる。

1.　「チベット」とヘディン ——ヘディンの初来日

　ヘディンは何度か来日しているが、その最初は1908（明治41）年であった[2]。2年にわたるチベット探検を、トランスヒマラヤ山脈のいわゆる「発見」［東京地学協会 1909: 6］をはじめとする輝かしい成果をもって終えた時であった。しかもこの時点では、後に起こるイギリスやフランス、ロシアの地理学会との軋轢はまだ起こっておらず、各学会から授与されたメダルなどの栄誉は剥奪されずにあった［金子 1988: 408-411］。いわば学者としての評判が最も喧しい時に、彼の日本訪問は実現したこ

---

(1)　そのうち最大の功績を持つものは金子民雄の研究であり、『ヘディン伝』（1972年、新人物往来社、1988年中公文庫）等がある。また、直近でまとめられた成果としては、白須浄真編『大谷光瑞とスヴェン・ヘディン　内陸アジア探検と国際政治社会』（勉誠出版、2014年）がある。

(2)　ヘディンの初来日について述べたものとしてはまず、東京地学協会編『地学論叢』特集ヘディン号の一部を『ヘディン中央アジア探検紀行全集』月報1（白水社、1964年6月20日）に転載した岩村（1964）がある。また、大谷探検隊関連研究においては、この初来日時のヘディン西本願寺訪問を中心にいくつかの検討がなされてきた［片山・白須 1998: 4、13、片山 1990: 271、片山 2001: 32］。これについて最も詳細な考察はやはり金子民雄の研究であり、例えば、来日の経緯や東京地学協会との交渉および明治天皇との会見について［金子 1982: 201-218］、ヘディンの西本願寺訪問と大谷探検隊事業との関連について［金子 1989: 242-245］、それぞれ記述がある。

とになる。

　彼は日本滞在の１ヶ月余りの間に「官民の歓迎会に出席したること六十五回に及び」（「ヘヂン博士」『東京朝日新聞』1908年12月14日付）という歓迎を受けた。東京、京都の両帝国大学総長をはじめとする学者、山県有朋などの政治家、徳川家達公爵などの華族、東郷平八郎などの軍人、その他徳富蘇峰など各界のいわゆる「名士」とされる人々が、これらの歓迎会に参加している。東京滞在最終日である11月26日には宮中に参内、天皇に拝謁して勲一等瑞宝章を授与された。さらに日光や熱田神宮から小学校、百貨店に到る様々な場所を訪問し、また東京、京都の両帝国大学は勿論、早稲田大学、三井銀行、西本願寺その他で講演している。日本人側におけるこのような歓迎の白熱ぶりは、連日のように新聞各紙に掲載されたヘディン関連の諸記事中に十分うかがうことができる[3]。

　筆者が注目するのはこの時、日本人が初めて、「ヘディン」にアクセスしたということである。ヘディンの名はこの来日まで、少なくとも、限られた一部の人々以外には、あまり知られていなかったことが、すでに当時の報道に見える[4]。しかしいわばこの「ヘディン・ブーム」とも表現し得る一連の動きによって、大多数の日本人は新聞等のメディアを通じて、そして一部の少数の人々は、歓迎会や講演会の席に連なることでさらに身近く、ヘディンという人物およびその内陸アジアにおける調査活動に関する情報に接することとなった。

　これらヘディン情報が持った影響の第一として注目されるのは、日本人のチベット・イメージに対するものである。明治日本においてチベットは、「大陸」の未知の部分、すなわち文明の光のおよばない部分を象徴する地域の一つであった。チベットがそのように未知なる土地として、日本において具象化されていくプロセスで、ヘディン情報は以下に述べるように、インパクトと形容すべき力を持ったと考えられるのである。しかしこれをとりあげる前に、本稿ではその前段として、ヘディン来日に至るまでの、当時の日本におけるチベット情報と、日本人

のチベット認識についてふれることとする[5]。

　明治期のチベット情報としては、明治初年にすでに、小栗栖香頂『喇嘛教沿革』（石川舜台、1877年）があった。また明治20年代、すなわち1880年代後半から1890年代前半にかけての時期には、若い世代の仏教者の間に、のちに「入蔵熱」と呼ばれる関心の盛り上がりがあり、仏教関係の雑誌に、チベット情報がしばしば登場した［奥山 2003: 104-110］。

　しかし、仏教者、というような限定された一部ではなく、より大多数の日本人にとって接触可能な情報媒体に、まとまったチベット情報が初めて登場するのは、1900年からの10年間である。この期間には、1901年にチベット仏教の「活仏」、すなわち高位の転生ラマである阿嘉呼図克図（1871-1909）が来日、1903年には、チベットの首都ラサに足を踏み入れた初めての日本人として、黄檗宗の僧侶河口慧海（1866-1945）が帰国した。さらに1905年には、チベット入りの途上にあった真宗大谷派の僧侶能海寛（1868-?）がチベット・清国境地帯で殺されたという報道があり、そして1908年にはヘディンが初来日した。これらの出来事を契機に、チベット事情が次々と新聞紙上で紹介されることとなった。現代に至るまで見ても、この期間のチベット関連記事数は際立って多く、従って1900年代は、一つの画期となっている。

　1901（明治34）年の阿嘉呼図克図来日報道[6]は、一般の人々を巻き込んだものとしては明治日本において最初の「西蔵熱」（『伝燈』243号、1901年8月13日付、28頁）、すなわちチベット・ブームを引き起こした。メディアではチベット事情の紹介記事が連日組まれ、それによって、大まかながらチベット像が特徴づけられることとなった。すなわち、チベットは「無知無力」な小国であり、外国人排斥が激しい「閉ざされた」土地で、「喇嘛教」という「迷信」が「未開」の人々の上に強い影響力を持つ、実態はほとんど外部にしられていない「秘密国」である、というようにである。

　これらの情報が、体験談という豊富な事例によって詳細に語られたのが、この2年後、1903（明治36）年から1904（明治37）年にかけての一連の、河口慧海のチベット旅行談であった。すなわち、河口慧海の帰国から始まった新聞報道と、彼の各地での講演、日本人初のチベット旅行記となった河口『西蔵旅行記』（博文館、1904年）の出版を指す。これらは、それまでにない大量のチベット情報の発信となった。特に、『時事新報』、『大阪毎日新聞』二紙における彼の口述記事の長期連載は、現代に至るまで見ても、チベット事情紹介としては、空前絶後の規模であったといえる。例えば戦後における新聞報道で、これに類する記事としては、1952（昭和27）年から始まった日本山岳会のマナスル登山に関する一連の報道[7]があるが、河口の連載は、それを遙かにこえるものであった。これらの記事は、「魂飛び肉躍らしむ」、「空前の大活劇」（『大阪毎日新聞』1903年

---

(3)　例えば11月16日の東京帝国大学でのヘディン講演について、会場は満員で、入りきらなかった人々が「大騒動」を起こしたことであるとか、「入場券」を発行したが1000枚ほどがまたたくまに無くなった等と、新聞紙上に伝えられている（「ヘヂン博士の昨日」『東京朝日新聞』1908年11月18日付）。また、『大阪朝日新聞』が東京でのヘディンを取り巻く状況について、「昨今東京で持て囃されてゐるヘディン博士」（「天声人語」『大阪朝日新聞』1908年11月22日付）と伝えていることにも、当時の歓迎ぶりの一端を見て取ることができると思われる。

(4)　これについては、金子民雄がすでに指摘している［金子 1982: 211］。当初、一部の専門家以外の日本人において、ヘディンという人物の認知度が高くなかったことがうかがえるものとしては、例えば『読売新聞』の、公式の東京訪問の直前にヘディンが非公式に東京を訪れた際、出迎えが東京地学協会の会員らのみであったことを、「市民は何たる冷淡ぞや」と非難する記事（「ヘディン博士の入京」11月16日付）、また、少年向けの雑誌『冒険世界』所載「大探検家ヘデン博士の秘密国旅行」の、「ヘデン博士！　ヘデン博士！！真実白状すれば未だ一般国民の耳に熟せざる名である」（「大探検家ヘデン博士の秘密国旅行」『冒険世界』第1巻第12号、1908年12月5日発行、34頁）という記述がある。

(5)　以下これについての詳細は、別著に述べた［高本 2010］。
(6)　この来日については、別稿に詳述した［高本 2011: 299-324］。

6月4日付）と評され、中国古典の冒険物語である西遊記に擬された（『時事新報』1903年5月28日付）。

河口のチベット旅行談は、世論の絶大な関心をよぶ一方、一部には、これらのチベット情報について、内藤湖南のように、精確さに欠けるとする指摘［内藤1903］、また甚だしくは、真偽さえ疑問視せざるをえない、とする受け止め方があった。例えば、当時、地理学など関係する分野の学者や軍人などが海外事情を知る窓口でもあった東京地学協会は、河口に対してはほとんど無反応とも言える態度をとっており、中には河口がチベットに入ったこと自体疑わしいとする見解もあった［高山2004: 251、奥山2003: 218-222］。

しかしその翌年の、1905（明治38）年の能海寛横死報道において、河口のチベット情報は一部、裏付けられることとなった。これは能海が、中国雲南省の奥地、「西蔵界」（「能海寛氏の生死」『東洋哲学』1905年9月5日発行、564頁）で現地住民に殺害されたと、1905（明治38）年7月22日付以降の東京・大阪各紙が一斉に特集記事を組んで伝えたものである。ここでは、彼がいかに残酷に殺されたかが、詳細に報じられた。その結果、「幾多探険家の生命を犠牲とせる西蔵」（「西蔵探険家能海寛最後の手紙」『万朝報』1905年7月24日付）、すなわち、容易に進入できない危険な場所であるという意味において、河口が語った「チベット」の一部を再現するものとなった。

ヘディン来日報道はこの3年後の出来事である。注目すべきは、記事の量が河口帰国時の報道に次ぐ規模であったことに加え、河口にはなかった学術的権威を十全に具えた人物によるチベット事情紹介であったことにある。河口が一介の僧侶であり、ヘディンが高名な学者であったという当時の事情を考えれば当然のこととも言えるが、河口のチベット行について沈黙していた東京地学協会は、ヘディンに対しては際立って対照的な態度をとった。彼等がヘディンのチベット調査を功績として讃え、彼に協会の金メダルを贈ったことにもそれは充分見て取れよう。さらに、彼等はヘディンの講演会を複数回開いた上、その講演内容を編集して出版するなど、積極的にヘディンのチベット情報に係わったのである。

河口の旅行記事の内容が「空前の大活劇」（『大阪毎日新聞』1903年6月4日付）等とされ、それゆえに西遊記に擬されたと同様に、ヘディンの旅行の記事も、河口の帰国時の報道で紹介された内容と軌を一にするものであり、やはり「活ける冒険小説」などと形容された。しかし河口が語った「チベット」は、「伝奇的」（内藤1903）などとされ、東京地学協会など、一部の専門家には架空のものと言うに近い印象を与えたのに対し、ヘディンの名によって記述された、この報道での「チベット」

は、そのような評価は全く受けていない。これは、当時両者が置かれていた場や身分を考えれば当然のこととも言えるが、しかしそれだからこそ、ヘディンの来日報道は、河口の記事に描かれたチベットについて、ヘディンの情報の具えるデータとしての厳密さと、欧米人の「博士」、すなわち、欧米という「文明」と、アカデミズム双方に由来する権威をもって、その信憑性を保証する結果となったと言えよう。東京地学協会のヘディンに対するこのような態度は、河口の「チベット」をいったん退けた人々が、ヘディンの情報を通して結局それを受け入れたことを、示しているのではないかと思われる。

河口のチベット旅行談は、掲載された1903-4（明治36-7）年から現代に至るまで、日本国内でのチベット・イメージ形成において突出した影響力を持ったと推測される。例えば、明治から昭和までの日本人入蔵者の事績を詳細に調査したジャーナリスト江本嘉伸が、河口の『西蔵旅行記』以降の入蔵者の歴史を俯瞰し、「内容がおもしろかったために、この本が出たあとは、チベットに関しては河口慧海という名しか日本人は覚えなかったということではないでしょうか。ほかの人たちのことは黙殺した、といってもいい」［根深1994: 300］と述べていることも、その一端をうかがわせるものである。しかし河口旅行談がそのような影響力を持つに至った要因の一つには、上述したようなヘディン情報による「保証」があるのではないかと、筆者は考える。

筆者のそのような推測はつまり、彼という人物像が持ったインパクトの大きさによる。報道においては、ヘディンを、沙漠や高山の未踏地域に果敢に挑戦する「世界の大探検家」（「世界の大探検家」『読売新聞』1908年11月9日付）である面と、また同時に、欧米の最高水準の学識を持つ「世界一流の大学者」（「机の塵」『万朝報』1908年11月14日付）である面の、両方を持つ人物であるとし、そしてその活動もまた、単なる「探検」もしくは「学術」ではなく、その両方を兼ね備えた「学術探検」（「スエン、ヘディン氏」『万朝報』1908年11月11日付）、「科学的探検」（「大探検家歓迎」『東京朝日新聞』1908年11月16日付）とした。この、両面を持ち得ているという、まさしくそのことが、ヘディン情報のニュース・バリューをより輝かしいものとした可能性が考えられる。例えば、以下のような記述が『大阪朝日新聞』に見られる。

　　ヘディン博士と云ふと武骨一片のさも荒くれた冒険児とやうに思つてるものもあるらしいけれど、決してさうぢやない、人格から謂つても風采から謂つても、実に立派な一紳士である学者である、単に探険家といふのは当ら無いやうだ

　　　　　　（「ヘ博士と大阪」『大阪朝日新聞』1908年12月9日付）

この記述からは、「探険家」という表現に、「学者」や「紳士」などとは相反する、言ってみれば「虎も憚る険難を攀ぢ」る人物といった（「大探検家ヘディン博士と語る」『読売新聞』1908

---

(7)　日本山岳会のマナスル登山は、1952（昭和27）年から1956（昭和31）年まで行われた。これに対する国民の関心がいかに高かったかは、それが当時「マナスル・ブーム」と表現されたことからも十分にうかがい知ることができる。マナスル登山をめぐっては多くの著書が出版されているが、本稿では主に、日本山岳会の報告書［日本山岳会1954、日本山岳会1958］を参照し、その他合わせて、関係の新聞・雑誌諸記事を適宜利用した。

年11月13日付）イメージがあったことが読みとれる。そして、この記述はまた、「探険家」と「学者」「紳士」は、当時の日本人の認識において、イメージとして容易に繋がり得ないものの一つであったことも、示すものである。つまり日本人にとってこの時のヘディンは、「探検」と「学術」、「探険家」と「学者」というそれぞれを、見事に重ね合わせて見せた実例、それも際立って優れた実例であったと言えるだろう。一連の報道においてヘディンの名に、「世界の大探検家を以て目せらる」（「世界の大探検家」『読売新聞』1908年11月9日付）などというように、「大」や「世界の」という語が、定冠詞のように付せられていること[8]には、彼がその最も尤なるケースと目されている状況の一端を、読み取ることができる。

そしてヘディンの「学術的探検」は、近代日本において西洋文明の精髄としての存在感を持っていた「学術」が、文献や資料を対象とするだけではなく、現地の厳しい状況に身を以て直面する「探検」をその活動の重要な一つとしていることをも示すものであった。ヘディンは自身を、明治日本がその存亡を賭けて向き合ってきた異世界、明治日本にとって最も切迫した存在感を持つ異世界である「大陸」での、その具体例として見せることとなった。ヘディンの探検の成功はすなわち、日本人がこの先「文明」人として、いかに「大陸」現地に向き合うか、その展望を明るく照らすものの一つとなったと言えるだろう。そのインパクトの大きさを示すものの一つに、例えば、日本の登山界の指導者の一人であった松方三郎（1899-1973）が戦後、このヘディン初来日を、振り返った記述がある。松方はここで自分だけではなく、地理学者の田中薫、中国史学者の貝塚茂樹などが、学術の道を歩むことになったそのきっかけを、この時幼い彼らがヘディンの風貌に直接接したことに帰している［松方 1966: 2］。戦後20年ほど経過した時点において、日本が持っていた最良の学知のルーツの一つが、ヘディン初来日にもとめられていることは、ヘディン初来日が持った光がいかに明るいものであったか、それを示唆するものであると思われる。ヘディン初来日の熱が胚胎するところは、実にこの点ではなかったかと、筆者は考える。

2.「大陸」とヘディン
――「大陸」関係書の出版ブーム

日本人とヘディンとのかかわりにおいて、次の画期として注

目されるのは、1930年代後半から終戦までの時期である。1937（昭和12）年に日中戦争が始まると、中国、満洲、モンゴル、シベリア、中央アジア等、すなわち「大陸」に関する著作の出版が急増した。このブームとも形容し得る現象の中で、ヘディンの旅行記が次々と翻訳される。彼の著書が、一般の大多数の日本人、つまり、ドイツ語や英語などの原書を読みこなす能力を持つ限られた専門家以外の、一般の日本人にアクセス可能なものとなったのは、この時がほぼ、最初だと言える[9]。

当時の日本人の眼にも、この大陸関係書出版の増加は顕著なものと映っており、例えば、中国学者として高名な石田幹之助（1891-1974）は、1942（昭和17）年に出版されたその著書『欧米に於ける支那研究』において、以下のように述べている。

支那事変以来、支那本土は勿論、蒙疆・外蒙・新疆・西蔵などその辺境地方に対しても、我が国民の知識欲は頓に旺盛となり、これに応ずべく、その方面に関する書物もかなり多く上梓を見た（中略）それに伴つて今迄は専門家の間にしか知られなかつたこれら諸地方の探検家などの名も急にクローズ・アップされて一般国民の前に現はれるやうになつた［石田 1942: 410-411］

石田がこの「探検家」として名を挙げているのは、プルジェワリスキー、スタイン、ヘディン、ヤングハズバンドなどである。しかしこの時期実際に出版された翻訳旅行記の中で、ヘディンのものは、群を抜いて多い。例えば、国会図書館所蔵を1935年から1945年までの10年間に出版されたもので見ると、プルジェワリスキーは1点、スタインとヤングハズバンドは2点にすぎないが、しかしヘディンは14点にのぼる[10]。これはなぜであるか。

---

(8) 例えば『万朝報』では、ヘディンに関して一貫してこのような表現が使われている。以下記事名を示す。「ヘヂン氏の講演」（1908年11月5日付）、「大探検家来朝」（1908年11月9日付）、「ヘヂン氏入京期」（1908年11月11日付）、「大探検家来る」（1908年11月13日付）、「ヘヂン氏の入京」（1908年11月14日付）、「ヘヂン博士接迎式」（1908年11月16日付）、「スエン、ヘディン氏」（1908年11月11日付）、「活ける冒険小説」（1908年11月17日付）、「公人私人」（1908年12月1日付）。

(9) ヘディンに関しては、1915（大正4）年に『独逸従軍記』（宮家寿男訳、大倉書店、1915年）、大正15年に『北極と赤道』（守田有秋訳、平凡社、1926年）があるが、これらはいずれも、彼の業績の中で最も広く知られている第一次から四次までの中央アジア、チベット探検に関する著作ではない。

(10) 以下その詳細を述べる。プルジェワリスキー『蒙古と青海』（上下、田村秀文他訳、生活社、1939-1940年）、スタイン『中央亜細亜踏査記』（風間太郎訳、生活社、1939年）、同『中央亜細亜の古跡』（満鉄弘報課訳、朝日新聞社、1941年）、ヤングハズバンド『ゴビよりヒマラヤへ』（筧太郎訳、朝日新聞社、1939年）、同『西蔵』（村山公三訳、小島書店、1943年）。ヘディンの著作は以下。『馬仲英の逃亡』（小野忍訳、改造社、1938年）、『中央亜細亜探検記』（岩村忍訳、冨山房、1939年）、『赤色ルート踏破記』（高山洋吉訳、育生社、1939年）、『北京より莫斯古へ』（高山洋吉訳、生活社、1939年）、『西蔵探検記』（高山洋吉訳、改造社、1939年）、『ゴビの謎』（福迫勇雄訳、生活社、1940年）、『独逸への回想』（道本清一郎訳、青年書房、1941年）、『リヒトホーフェン伝』（高山洋吉訳、慶應書房、1941年）、『ゴビ沙漠横断記』（隅田久尾訳、鎌倉書房、1942年）、『探検家としての余の生涯』（小野六郎訳、橘書店、1942年）、『西蔵征旅記』（吉田一次訳、教育図書出版、1942年）『熱河』（黒川武敏訳、地平社、1943年）、『彷徨える湖』（岩村忍、矢崎秀雄訳、筑摩書房、1943年）、『絹の道』（橋田憲輝訳、高山書院、1944年）。なお、以上の同館所蔵資料の他に、1943年出版の『禁断秘密の国』（田中隆泰訳、青葉書房）がある。

もちろん、ヘディンのものに限らずこれらの旅行記には、「大陸」現地に対する国民の注意を喚起し、同時にこの地域についての知識を供給する読み物としての需要があった。これは例えば、モンゴルを専門とする東洋史学者後藤冨男（1909-1976）が、1938（昭和13）年、「支那西北辺疆紀行解題」と題して「一般向」の内外の旅行記を紹介する際に、「関心と理解を高めることが必要であるとすれば、地理書、統計などに拠るよりも、先人の旅行記をのぞくことが最も捷径であり、且つ生きた印象が得られる」［後藤1938：1-2］と述べていることからも、その一端は十分にうかがえる。加えて、これらの旅行記は、「冒険的興味」［ヘディン1944：4］に応えるものでもあったと言えよう。つまりこれらは、現地の情報を手っ取り早く得られ、かつ、スリルに満ちた冒険談を楽しめる読み物として世に出されたものであったと考えられる。しかし、繰り返すが、その中でもヘディンのものが際立って多く出版された理由は何か。これを筆者は、以下述べるように、日本人と「大東亜」世界とのかかわりに見出したいと考える。

日本人の「大陸」認識のありようを考える時、満洲事変以降終戦までの時期、特に日中戦争開戦前後以降において注目されるのが、この「大東亜」という表現である。例えば、1941（昭和16）年、小学校が国民学校へ再編され、教育内容が一新された際、これに対応するべく編まれた第六期国定教科書『初等科地理』（1943年）[11]において、この用語は、世界地理の教授項目を代替する内容を指すものとして提示された。「大東亜」は日本を中心とし、シベリア、インド洋、オセアニアまで広がる世界であり[12]、授業においてはそこに属する諸地域を「わが国と関係づけ、また大東亜の一翼として、各地域を認識せしむること」が目標とされた（文部省1943：27-28）。ここにおいて、この当時の日本人が認識する「大陸」が、「大東亜」に、いわば積極的に編成しなおされていこうとしているのを見ることができる。

そして「大陸」各地には、この「大東亜」を、将来の「大陸」世界のあるべき姿として胸中に持ちつつ、その実現を目指して獅子奮迅する日本人たちがいた。しかし彼らが相対した現地の状況は、当然のことながら非常に厳しいものであった。例えば、『中支宗教人同連盟月報』という資料がある。これは「中支」、すなわち中国の長江流域を中心とする地域において布教活動をする日本人宗教者を一括した組織「中支宗教大同連盟」の、月刊機関誌である[13]。これによれば、この日本人宗教者らが使命としたものはすなわち、「東亜共栄圏の確立」、

「東亜新秩序の建設」実現のための、「民心の掌握」、「心と心の結合」であった（「巻頭の辞」『中支宗教大同連盟』第二年九号、1頁）。それが容易なものではなかったことは、この機関誌掲載の諸記事の記述に、日本人に対する中国人のネガティヴな態度に関する記述、および、それを乗り越えるための忍耐と奮起を呼びかける表現が、頻々と見られることに、十分うかがい得る。「我等の真意図を曲解してか、協力提携を躊躇し、逡巡し、或ひは猜疑し、さなくば白眼視して居るものゝ多い現状」（同前、2頁）に対し、「何事も狭く小さく出来上り、またさういふやうに育てられて来た日本人の性格で、此の支那人を律するといふことはそれは潔癖でなくて狭量である。狭量だと眼前に変転する些事によつて喜怒の情を変え易くなる。（中略）我が日本人もまた、そこにそれへの忍耐を学ばなければならない」（「冠頭辞」第三年八号、2頁）といった反省と、「いよいよ支那民心の把握に勤行邁進」（第三年十二号、「巻頭辞」1頁）といった日本人自身を鼓舞する言葉が繰り返される。そしてそのような「忍耐」と「邁進」が実を結んだ成功例として必ず引き合いに出されるのは、中国での欧米人によるキリスト教宣教活動である。中国における宣教に、欧米人たちがいかに多くの時間と精力を費やしてきたか、それを「日本人として支那民衆工作に従事するに際して範とすべき」であることが度々言われる（松室孝良「巻頭辞」第三年十一号、1頁）[14]。実際に同組織で開かれた講習会の内容には、これら欧米人の成功事例の分析も含まれている[15]。現地の日本人が情報として、「大陸」での「成功例」を必要としていたことが、ここにも見て取れる。

そして筆者は、ヘディンの著作もこれと同様に、当時求められていた「範とすべき」成功例であったと考える。彼の著作をして当時、他の欧米人旅行記に別して属目せしめるものとしたその理由は、彼の著作に描かれた彼の姿がまさしく、現地の「白眼視」に耐え、自身の信じるところを貫いて「邁進」し、ついに輝かしい成功をつかむというものであったことにあるのではないかと考えるのである。例えば、1934（昭和9）年の『チベットの征服』（A Conquest of Tibet）という著作がある。これは、

---

(11) 本稿では海後宗臣編『日本教科書大系　近代編』第17巻（地理（三）、講談社、1966年）所収「初等科地理」（6-99頁）を参照した。

(12) 教師用指導書『初等科地理　教師用』（上下、1943年）において「大東亜」は、「主として満洲・支那・南方諸地方・シベリア・インド・インド洋・西アジヤ・太平洋・濠州等を含む地域」であり、「わが国土・国勢を理会する上に直接に必要」な地域、「現下の情勢においてはわが国民一般が深き認識を持たなければならない地域」と定義されている（教師用指導書『初等科地理　教師用』下巻、21頁）。

(13) 同組織および同資料に関しては、同資料を復刻の付録として掲載予定の別稿に述べた（高本2017）。同書には中支宗教大同連盟関係資料として、『中支宗教大同連盟月報』、『中支宗教大同連盟年鑑』、『東亜仏教大会紀要』「昭和十五年度総会要録」の復刻が収められており、また大東仁による同組織についての詳細な解説も付せられている。

(14) 例えば、欧米キリスト教の現地における布教活動が、以下のようなプロセスで進められることに触れ、「永年殖民地宗教に経験を持つ米人が此の慎重さであります」と述べられる。すなわち、最初の現地入りは4-5年をかけて文化や地理、政治に至る現地事情を研究し、次にいったん母国に帰還して、2-3年かけて母国の教壇に立ちその研究を練り上げること、その上で改めて現地に派遣されること、そしてこの間、生活の保障が十分になされること、である。この点、「日本宗教界の此の方面に関する反省は是非なされねばならぬ」と続けられている（第3年8号、10-13頁）。

(15) 例えば、「中支日本人伝道者錬成会」昭和17年5月21日の、繆秋笙滬江大学教授による講演がある。これは、その翻訳が「支那に於ける基督教とその直面せる諸問題」とタイトルを付せられて、第四年五号「参考」欄に収録された（15-21頁）。

彼の数次の調査活動のうち、チベットに関係する部分を抜き出して一般向けにまとめたものである。注目されるのは、この著にこの時期、高山洋吉訳『西蔵探検記』(1939年)、吉田一次訳『西蔵征旅記』(1942年)、田中隆泰訳『禁断秘密の国』(1943年)と、3種もの訳本が出されていることである。これは、ヘディン旅行記の中でも特にこの著に人気があったことを示唆するもののひとつであると思われる。

これら3種の翻訳の記述を通じて描かれるのは、「危険な境遇に真逆様に飛込むことを瞬時も躊躇しなかつた」[ヘディン1943: 71]、「人力の及ぶ限りを尽す迄は、決して屈しまい」[ヘディン 1943: 330]等という言葉によって表現される、ヘディンの不撓不屈の姿勢であった。例えば、チベット人たちがヘディンの前進を止めるために、彼を威したりすかしたり様々な手を尽くすのに対して、彼は「すげなく」[ヘディン 1943: 198]、「断然冷静に構へてゐて微笑しながら」[ヘディン 1943: 202]、「仮令何万人召集されようとも、私達は一寸たりとも退かない」[ヘディン 1943: 198]と言い放つ。また、武力で押さえつけられ、後退を強制された時も、彼らを連行するチベット人の護衛隊を二度も出し抜き、目的としていた調査に成功した[ヘディン1943: 234-235]。

彼のこのような活躍と成功をさらに引き立てて見せるのは、折々に登場する現地の人々の言動である。『チベット遠征』では、外国人に対して敵対感情をもつチベット人が、貧しい僧侶から最高活仏の一人であるパンチェン・ラマに至るまで、ヘディンとのふれあいの中で、次第にヘディンに魅せられ、ついにはヘディンびいきとでも言えるような好意を彼に対して持つようになる様子が、頻繁に記述されている。その中でも典型的な例と言えるのは、キャラバンに雇われたラマ僧シェレブについての記述である。シェレブは、キャラバン半ばで、ラサへの道案内をヘディンに依頼されたが、いったんは断った。しかし、ヘディンと生活をともにするうちに、彼は、ヘディンの願いを拒否するのが自分にとって正しい行いなのかどうか悩みはじめる。「彼は喇嘛僧としての義務と、私に忠実に仕へようとする希望との苦しい闘を闘つてゐるのであつた」[ヘディン 1943: 79-80]。結局シェレブは、外国人をラサに案内するという、「背教者、裏切者」[ヘディン 1943: 79]と罵られても致し方のない行動を、あえて実行に移す決心をするに至る。

ヘディンの人格に魅せられ、好意を寄せるチベット人の最も顕著な例は、ダライ・ラマに次ぐ権威を持つ活仏、パンチェン・ラマ（札什喇嘛）についての記述に見られる。当時ダライ・ラマがモンゴルに蒙塵していたため、パンチェン・ラマは、チベット社会において事実上最高位にある人物として登場する。その上で、このチベット最高の貴人の、ヘディンへの厚遇ぶりが詳細に語られる。最初の会見から、パンチェン・ラマがヘディンの人格に魅せられてしまう様子が以下のように記述されている。

歓談をしてゐるうちに次第にはにかみがすつかり消えてい

つた、そして彼は、自分は私の心の友であるから、あらゆる僧院、あらゆる寺廟、講堂を私に案内するよう僧に言付けて置いたから、この寺院都市では何でも自由に見物し、写真を写し、スケッチをし、手帳に書留めて差支へないし、又誰にも決して私の邪魔をさせないと言はれた[ヘディン 1943: 274-275]

その後もパンチェン・ラマがいかに彼を丁重に扱ったか、また彼がパンチェン・ラマといかに親しい関係を結んだかが、ヘディンに対するパンチェン・ラマの配慮の数々についての記述によって示され続ける。その結果、チベット人たちが、「国中全体が札什喇嘛の友人であることを知つてゐる、不思議な外人に対して、迷信的な畏敬の念を抱いた」(同、321頁)と、ヘディンが言い切るに至るのである。

3種の翻訳のうちの一冊、田中隆泰訳『禁断秘密の国』の「解説」には、当時ヘディンの著作にどのような関心が寄せられていたのかを、端的にうかがうことができる（同、2-3頁）。田中は、「禁断の国を以て名の高い西蔵の紹介としては、本書よりもさらに組織的な詳細な良書が他にいくらもあるであらう」としつつ、しかしこの本は、ヘディンの「真摯な学者的良心、あの不屈不撓の火の如き敢闘精神」が最も発揮されているのを見ることにおいて、他の追随を許さないものであると述べている。ここには、ヘディンの知識、すなわちチベット情報そのものにではなく、ヘディンの「気力」の偉大さが様々に披露された「敢闘」の数々に関心が持たれていることがうかがえる。この時翻訳された3種のうち2種が、スウェーデン語版や英語版をさらに簡略化したドイツ語版レクラム文庫の訳であったことも、当時の日本における関心の有り様について、上述した事情を裏付けるものであろう。すなわち、現地に関する情報については、簡略版であっても読者の要求に十分に対応できる、もしくは簡略版でも事足りるものとされていた状況を読み取ることができると考えられるのである[16]。ヘディンの著作は、日本人がまさにその当時苦闘しつつあると同じ「大陸」において、まさしく日本人が直面していると同様の現地の非常な敵意が、こちら側の「不撓不屈」の努力によって、最後は「迷信的な畏敬の念」にさえ変化し得るという可能性を、実例として示すものであったと言える。日本人の読者にヘディンの著作が広く迎えられた[17]第一の理由は、実にここにあったと、筆者は考える。

---

(16) 高山洋吉訳『西蔵探検記』、吉田一次訳『西蔵征旅記』、田中隆泰訳『禁断秘密の国』の3点に、スウェーデン語版からの訳であり、日本語への翻訳の中では最も詳細なものであると言える金子民雄訳『チベット遠征』(1992年)を加えて比較すると、ドイツ語版レクラム文庫からの訳である高山訳、田中訳には、金子訳における第2、8、9、16章に相当する部分が欠けていることがわかる。

3. 「シルクロード」とヘディン
──戦後日本における「ヘディン」再発見

　ヘディンと日本人とのかかわりにおいて、次の画期として注目されるのは、戦後、1960年代から1980年代にかけてである。この時期には第三のヘディン受容とも表現すべき、より広い多様な形で、「ヘディン」が語られていった。

　その第一の動きは、1960年代の、ヘディン旅行記の全集出版である。この中心となったのは、登山を共通の関わりとする人々である。日本登山界の重鎮深田久弥（1903-1971）と、東洋史学者榎一雄（1913-1989）が監修をつとめ、翻訳は福田宏年（1927-1997）をはじめとする東京大学ドイツ文学の人脈を中心に、そして現地に関する専門家として北村甫（1923-2004）など東洋文庫の研究員たちが協力した。いずれも当時、その分野において最前線に立っていた研究者たちであり、これらの優れた人材を結集して、『ヘディン中央アジア探検紀行全集』全11巻が、1964-6年に、白水社から出版された。同社は、その後、70年代に入って『ヘディン探検紀行全集』（全15巻、別巻2巻）、80年代には『スウェン・ヘディン探検記』（全9巻）を刊行する。同じ人物の、そしてほぼ内容を同じくする全集が、同一の出版社から3種出されていることは、とりもなおさずヘディンに対する当時の関心の、非常な高まりを示すものであると言える。

　しかし、「ヘディン」はなぜ再び、世に出されようとしたのか。しかもこれほど徹底的に、である。本論はここで、戦後日本山岳会を牽引する主要な一人であった登山家加藤泰安（1911-1983）の記述に注目する。加藤は最初の全集刊行にあたり、「中央アジアへの夢」と題した文章で、以下のように述べている。

　　一九五三年には、マナスルの肩から、はるか北に、チベットの高原をふちどり、鉈のように光る、トランス・ヒマラヤの山なみを睨んでいた。一九五八年、カラコルム・ヒマラヤのチョゴリザから、西北に深く続くシャクスガムの谷を渇くように見つめていた。（中略）一九六二年、同じカラコルム・ヒマラヤのサルトロカンリから、北に連なるコンロンの峯々や、ヘディンがラサへの道を求めて苦闘したチャンタンの暗紫色の荒原を、唇をかんで凝視していた。（中略）私が達し得た点を辿ってみると、中央アジア内陸を中心とした、一つの同心円の上をむなしくさまよってい

るにすぎない。そして禁断の地は今やますます遠ざかってしまった。私は果たしていけるのだろうか（加藤 1964: 2-3）

　加藤はなぜ、マナスルから、カラコルムから、「内陸アジア」へ眼を向け続けているのか。そしてその地と自身との間に、「禁断」、「ますます遠ざかる」、「夢」というように、彼我の隔絶を感じているのはなぜか。これにはまず、当時深田久弥が「政治的牆壁」［深田 1975: 340］と表現したように、国際情勢によって日本人が容易に足を踏み入れられない地域となっていたことが事情の第一であると考えられる。したがってヘディンの旅行記は日本人にとって、現実では訪れることのできないその「内陸アジア」を、いわば非現実の中で体験することのできる手段のひとつであったと言えよう。もちろん旅行記は往々にして、読者に対してそのような役割を担うが、ヘディンのそれが特に選択されたことには、それまでに、つまり明治末から戦時中にかけての日本で培われた、「ヘディン」に対する信頼が厚かったことがうかがい知られる。しかしそれだけではなく、その背後にはさらに、それまで日本人が存在すると考えていたアジアとの繋がりを、戦後の日本人が見失ってしまっていたことがあるのではないかと筆者は考える。アジア各地と日本とが関係づけられ、一つのまとまりとして構想されていた戦時中の「大東亜」は、まさしくそのような繋がりを持つものであった。それが白紙に戻されたことで生まれた、いわば喪失感のようなものが、ここに反映されているのではないだろうか。

　さらに1980年代に入って、「ヘディン」は新たな文脈で召喚されることになった。「シルクロード」である。80年代前半に放映されたNHK特集「シルクロード」シリーズをきっかけとしたシルクロード・ブームは、その後1990年代に入って、チベットなどその他のアジア地域を対象とするブームへと広がっていくことになるが、その「シルクロード」とヘディンを結びつけたのは、井上靖（1907-1991）の小説「楼蘭」（1958年）であった。この小説自体、毎日芸術賞を授与されるなど注目を集めたものであったと言えるが、しかしそれと同時に井上が、ブームの火付け役となったNHK特集の制作においても大きな役割を果たしていたことも、「ヘディン」を、日本人の「シルクロード」イメージの、主要な側面の一つとした大きな要因となったと思われる。そして注目されるべきは、この「シルクロード」のヘディン像に、明治の初来日以降もたれていた理想の「科学者」イメージがより強く重ねられていくことである。研究活動において己に徹底的な厳密さを課し、大きな危険に直面しても、その真摯な態度を失わない、そのようないわば「科学者」の一つの理想型として、ヘディンが三たび、読みなおされていくこととなった。例えばその典型が、教育出版の中学校用国語教科書（第一学年）1972～1986年発行分に掲載された石井良治[18]のエッセイ「さまよえる湖」であった。地理学上で注目されたタクラマカン沙漠の湖ロプ・ノールの位置特定に関するヘディン、プルジェワリスキーなどの調査活動を題材とし

---

(17)　中央アジアに関心を持つ、研究者などの限られた人々だけではなく、ヘディンの翻訳が広く影響力を持ったと推測しうる一端は、例えば、大正アバンギャルドの旗手の一人であり、プロレタリア美術の主な担い手でもあった画家柳瀬正夢（1900-1945）なども、ヘディンの影響を受けたことが、関係者の記述に残されているからである（高山 1964: 3）。ヘディンが調査の際に作成する多数の自筆スケッチは、明治の初来日時には、講演会等で公開されたにすぎず、東京地学協会の発行物を除き、新聞などの一般メディアには出されなかった。従って、この昭和の「大陸」関係書ブームで日本語訳本が出版されて初めて、一般の人々の目に触れることになったと言える。

たものであるが、タイトルがヘディン著書の日本語版と同じであることが象徴するように、ヘディンの探検行が活写されたものとなっている。同社の国語教科書は、この1972〜1986年の15年間に5回発行されている[19]が、この「さまよえる湖」は改訂や新編集によっても削除されず、一貫してそのコンテンツでありつづけた[20]。そのことに、このエッセイに対する人気のありようがうかがえる。

ヘディンに、「シルクロード」と同時に「科学者」のイメージが結びついていたことは、シルクロード・ブームと同時期に、いわゆる少女マンガと呼ばれる領域で活動していた神坂智子の連作、「シルクロード・シリーズ」のうちの一冊、『ヘディンの手帳』にも見て取れる[21]。この作品は、ヘディンがタクラマカン沙漠での調査において手に入れたとされる絨毯の切れ端を共通の題材に、時代や場所の異なる5つのストーリーが展開されていく構成となっている。ヘディン自身のエピソードとしてその中に織り込まれているのは、1895年のタクラマカン沙漠での遭難である。注意すべきなのは、これが明治以降、ヘディンが紹介される際最も頻繁に紹介されるエピソードであり、またその際のヘディンの冷静沈着が、科学者が持ち得る最善の理想的な態度の好例として挙げられることの多いものでもあった点である。さらに、ヘディン自体が登場するのは一部にすぎないにもかかわらず、この作品全体のタイトルとして、「ヘディン」が冠され、さらに「ヘディン」だけではなく、ヘディンの調査活動の記録である「手帳」が付け加えられていることには、「シルクロード」といえばヘディン、そしてヘディンといえば「科学者」であったという、イメージの連鎖を端的に示していると考えられる。上記の国語教科書の巻頭写真に、当時、最新技術を象徴する存在の一つであった衛星ランドサットから撮影したロプ・ノールが収められていることは、シルクロードにおけるヘディンを、アジアに対する「科学者」と捉え、「科学」によってアジアとの新しい関係性が拓かれる可能

性を見ようとする日本人の心情を、端的に表していると言えるのではないだろうか。

4. おわりに

日本人にとって「大陸」の存在とは何だったのか。それが未だ明らかにならなくても、「大陸」を理解しよう、「大陸」に理解されようとする努力は過去においても積み重ねられ、現在においても積み重ねられつつあり、それは日本の歴史の一部を確実になしていると言えると思われる。そのような営為の中で、日本人は「ヘディン」に、自分たちが今生きている現実と、自分たちが目指そうとする未来図としての「大陸」との間に、きずなを結ぶ可能性を指し示してくれる存在を見続けてきたと言えるのではないか。最初は学問という「文明」が「大陸」現地とどのように相対するべきか、次に「大東亜」世界の理想をどのように現状につなぎとめるべきか、そして戦後は、敗戦で失われたアジアとのつながりが、再びどのように結ばれるべきか、日本人にとってヘディンは常に、そこから「大陸」に対する希望を汲み出すことのできる源泉でありつづけたのではないかと、筆者は考える。

---

(18) 石井良治（1934-）は、当時高校教諭であり、地質学を専攻した人物である。「さまよえる湖」は、別著『自然界のふしぎ』（偕成社、1968年）中に一章を書き改めたものであった（国立教育研究所付属教育図書館、教科書研究センター1986: 78）。その他の著作として『湖がきえた　ロプ・ノールの謎』（築地書房、1988年）がある。

(19) 「さまよえる湖」掲載の教科書は以下である。西尾実他『新版標準中学国語一』（1971年検定、1972-1974年使用）、西尾実他『改訂標準中学国語一』（1974年検定、1975-1977年使用）、西尾実他『新版中学国語Ｉ』（1977年検定、1978-1980年使用）、木下順二他『中学国語Ｉ』（1980年検定、1981-1983年使用）、木下順二他『改訂中学国語Ｉ』（1983年検定、1984-1986年使用）。いずれも教育出版から刊行された。

(20) 「さまよえる湖」は、科学に関するトピックの読み物の部である「知識をもとめて」（1978年以降発行の教科書では「科学への視野」）に収められた2篇のうちの1篇である。もう1篇は、1977年までは末広恭雄「魚のことば」、1978-80年は山本学治「地震でも塔は倒れない」、1981-1986年は西村純「大空へのあこがれ」と、2回変更されている。

(21) 神坂智子「シルクロード・シリーズ」は、1981-1990年、白泉社から出版されている。「花とゆめコミックス」版で全11巻が刊行されたのち、「あすかコミックス」版でも一部復刊されていることからも、人気シリーズであったことが見て取れる。

［文献］

石田幹之助 1942『欧米に於ける支那研究』創元社。

岩村忍 1964「ヘディンの日本での講演」『ヘディン中央アジア探検紀行全集』月報1、白水社、pp.1-3.

奥山直司 2003『評伝河口慧海』中央公論新社。

加藤泰安 1964「中央アジアへの夢」『ヘディン中央アジア探検紀行全集月報』4、1964年、白水社、pp.1-3.

片山章雄 1990「渡辺哲信伝」『吐魯番出土文物研究会会報』第50号、吐魯番出土文物研究会、pp.270-272.

片山章雄、白須浄真監修 1998『大谷光瑞師と中央アジア探検——その時代性をめぐって』大谷記念館。

片山章雄 2001「大谷探検隊の足跡」『文化遺産』11号、pp.30-33.

金子民雄 1988『ヘディン伝』中央公論社（1972年、新人物往来社）。

金子民雄 1982『ヘディン　人と旅』白水社。

金子民雄 1989「解説」橘瑞超『中亜探検』中央公論社。

高本康子 2010『近代日本におけるチベット像の形成と変遷』芙蓉書房出版。

高本康子 2011「明治期日本と「喇嘛教」」白須浄真編『大谷光瑞と国際政治社会』勉誠出版、pp.299-324.

高本康子 2017予定「「大同」と「理解」——中支宗教大同連盟関係資料に見る「大陸」と日本人」『近代中国関係日本宗教資料集成（仮題）』龍溪書舎。

国立教育研究所付属教育図書館、教科書研究センター共編 1986『中学校国語教科書内容索引　昭和24-61年』上巻、教科書研究センター。

後藤富男 1938「支那西北辺疆紀行解題」『東亜研究講座』第81輯、pp.1-56.

白須浄真編 2014『大谷光瑞とスヴェン・ヘディン　内陸アジア探検と国

際政治社会』勉誠出版。

高山洋吉 1964「ヘディンで思い起こすこと」『ヘディン中央アジア探検紀行全集月報』3、白水社、pp.1-3.

高山龍三 2004「国内の著作に見る河口慧海（四）」『黄檗文華』123号、pp.243-258.

東京地学協会編 1909『地学論叢』ヘディン号。

内藤湖南 1903「河口慧海師の入蔵談に就て」『大阪朝日新聞』1903年6月22日付。

日本山岳会編 1954『マナスル1952-3』毎日新聞社。

日本山岳会編 1958『マナスル1954-6』毎日新聞社。

根深誠 1994『遙かなるチベット』山と渓谷社。

深田久弥 1975「解説」『ヘディン中央アジア探検紀行全集』第5巻、白水社。

ヘディン 1943『禁断秘密の国』田中隆泰訳、青葉書房。

ヘディン 1944『絹の道』橋田憲輝訳、高山書院。

松方三郎 1966「B君の話など」『ヘディン中央アジア探検紀行全集月報』11、白水社、pp.1-3.

文部省 1943『初等科地理　教師用』下、文部省。

6

探検・科学・異文化理解

—— ヘディンの軌跡を通して考える

松田素二
MATSUDA Motoji

1. 現代世界における異なるものへの不寛容

　グローバル化する世界では、ある社会のなかにこれまで馴染みのなかった異質な人々が大量に流入し、その社会の新たなあるいは一時的な成員になることが日常化しつつある。宗教的信念や価値観、人間観から服装や食べ物まで異なる他者が、同じ社会の隣人として生活を共にすることは、当然、ある種の驚きや嫌悪、感動や反発を引き起こすことになる。「異質なものとの共存・共生」は、現代世界が直面する最大の課題の一つといってもよいだろう。

　本章では、この課題に取り組むために、人類史上初めて世界的かつ集中的に、まったく異質な他者と遭遇し彼らとの関係を築いてきた19世紀後半から20世紀前半にかけての「探検の時代」の探検家たちの経験に焦点をあてる。とりわけスウェーデンの中央アジア探検家スウェン・ヘディンの実践の軌跡をとおして、この現代的課題に迫る手掛かりを得ることを目的としている。

　今日の世界の主要な傾向は、21世紀初頭に喧伝されたように異質なものに対して、国籍や人種・民族的出自、性別や性的志向、あるいは宗教の「違いを尊重」し共生を保証していくというよりも、歴史的にもその社会の主流であったものへの回帰と「差異への不寛容」へと移行しているようだ。その不寛容は、現実的には、異なるものへの排除、ときには暴力的な排斥へと繋がっている。

　ヨーロッパではかつて EU が示した中東やアフリカからの移民への寛容的態度は急激に後退し、英国の EU 離脱（BREXIT）やフランスの大統領選挙にみられるように政治的に国民を二分するホットイッシューになっている。なかでもイスラーム移民については、すでに移民先の国籍を取得して社会的に定着している第二世代までも含んで「他者」化し、社会的憎悪や排斥の対象とする動きが顕在化している。イスラーム女性のスカーフや水着を「宗教的」として公共の場から排除しようとすると

き、当然のことながら、主流派の女性や聖職者がつけるキリスト教的コスチュームや装飾品は「宗教的」排除の対象とはされない。こうしたイスラムフォビアは、主流社会のポピュリズムの勃興のなかでいっそう顕在化しつつある[1]。

　この「異質なものへの不寛容」は、今日のヨーロッパ社会のみに特徴的なものではない。アパルトヘイトというもっとも組織的かつ暴力的に異質なものを迫害排除してきた支配体制を打ち破った新生南アフリカ社会においても、ジンバブエやモザンビークなど近隣の国々から安定した職を求めて大量に流入してきたアフリカ人の出稼ぎ労働者とその家族に対して、国籍や文化の違いを根拠とする排外主義と暴力的襲撃が頻発し、ポストアパルトヘイト時代の「ゼノフォビア」問題として深刻化している。そこには、かつてもっとも人種的異質さを根拠に迫害をうけた犠牲者が、新たな加害者・迫害者の側に組み込まれるという悲劇が確認できる[2]。

　異質なものへの排除という点においては、日本社会も例外ではない。かつて植民地支配を行い政治的文化的迫害をした負の歴史を「自虐史観」として消去し、日本で暮らす在日朝鮮・韓国人への差別的制度や排除が助長されている。「在特会」が唱える「朝鮮人殺せ」「朝鮮人追い出せ」というヘイトスピーチや、朝鮮学校への暴力的な襲撃は、こうした社会に浸透した排

---

(1) 　フランス、ベルギー、イギリスなどにおける「イスラム過激主義者のよるテロ」以降、イスラームに対する嫌悪と警戒の感情は、従来の「多文化共生」「差異の承認」を「政治的に正しい」としてきた価値観を根源的に懐疑する社会的意識をマジョリティのあいだに強化していき、その意識に根差してそれをさらに喚起し動員する政治勢力が、これまでにない支持を得るようになった。こうした状況については、以下を参照のこと。［森 2016］、［ブルーベイカー 2016］、［トッド 2016］。

(2) 　現代南アフリカ社会の外国人移民・出稼ぎ労働者排斥（ゼノフォビア）については、それがたんに貧しい黒人南ア国民の外国人移民に職を奪われる不満から引き起こされたという解釈や理解ではとらえられない、ポストアパルトヘイト社会の病巣を示唆しているという視点が、マイケル・ネオコスモスやフランシス・ニャムンジョなどによって提起されている［Neocosmos 2010; Nyamnjoh 2006］。

外主義的な意識を後ろ盾にしている点でより深刻である。

現代世界に充満する「異質なものへの不寛容」「異質なものへの排除排斥」に対して、もちろん法的対処も重要な対策ではある。しかしこうした緊急避難的対処法だけでなく、より根本的に、異質なものと遭遇しともに存在するときの向き合い方、相互の認知の仕方について思考することも重要な作業であり、本章ではこの点についてより深く考えてみたい。

自分（たち）とは異なる文化、価値観、社会生活、環境を生きる他者と遭遇することは、人類史における移動と漂泊の営みのなかで数限りない経験が蓄積されてきた。未知の他者と遭遇し、他者と関係をとりむすぶ（それは戦争であったり通婚や交易だったりした）。そのさい他者（異なるもの）に対してどのような態度をとり、それはどのような他者に対する認識（眼差し）に根差していたのかを検討することは、現代世界の「他者への不寛容」を乗り越える方策を考えるうえで重要なヒントを与えてくれる。歴史的に、未知なる他者との遭遇を検討するとき、近接する他者との自然な（日常的な）接触を除外して、まったく異質な他者と（現代のように）不平等な力関係を背景にして遭遇するケースをとりあげるとすると、世界史的にみると、このような遭遇が組織的かつ集中的に行われたのは、ヨーロッパが世界全体を認識し支配しようと試みた19世紀から20世紀初頭にかけての時代だろう。植民地支配に先立って、異世界・異人を自分たちの知的世界に包摂しようとしたこの探検と冒険の時代こそは、異人（異文化）に対する態度や眼差しを検討するための格好の材料となるのである。

2. 探検と科学

19世紀後半から20世紀初頭にかけてヨーロッパが世界全体を認識しようとした時代、夥しい数の異文化との遭遇が出現する。そのさい異文化と出会ったヨーロッパ世界の住人は、2つの重なり合いながらも相異なる態度を異文化に対してとるようになった。一つはその異文化の新奇さに注目しその「発見」をもっとも価値あるものとするような態度である。新奇な「発見」は最高の手柄としてヨーロッパに持ち帰られ富と名声を得る手段となる。こうした態度を支えてきたのは、未知なるもの、新奇な存在に対する素朴でむき出しの好奇心だった。この時代、多数の探検家や冒険家が、この種の「発見」を求めて世界中の「辺境」に出かけ、山や川、滝や湖を「発見」した。たとえば地元の住人が「霧の河」と呼んで親しんでいた滝を新たに「発見」したリビングストンは、これをイギリスの女王の名前を冠した「ビクトリア滝」と名付けて祖国にその栄誉を報告したのである。

こうした態度に対してもう一つの異なる態度をとる遭遇者も存在した。それは異質な文化や社会をなんとかして理解しようという態度である。その理解という営みは、対象を自らの知的基準によって位置づけ、自らの知的世界のなかに意味づけ認識するという点で、知的な統治作業でもあった。この作業を支えてきたのが、科学（近代科学）であった。この態度に従えば、アフリカで遭遇した人々や彼らの社会・文化は、たとえば進化論によって最下層に序列づけられた未開で野蛮な黒人という存在にカテゴリー化され、そうしたものとして科学的に理解・認識される。

未知のものと遭遇したとき、好奇心に基づく「発見」を志向する態度と科学に基づいて「認識・理解」する態度は、ヨーロッパが世界史的に示してきた典型的な向き合い方であった。前者を主導したのがヨーロッパから非ヨーロッパ世界に押し寄せた探検家や冒険家たちであり、後者を主導したのが、探検家・冒険家のなかから生まれてきた民族学者あるいは地理学者たちであった。異なるものと遭遇するなかで、世界史的にみると探検と民族学が同時に成立したのである。

このようにして成立した2つの態度のもとになった探検と探検家については、その政治的な役割や対象認識の偏向が強く批判されるのは当然だった。探検家は1884-5年にかけてアフリカを一方的に分割したヨーロッパ列強の君主たちによる「ベルリン会議」のもう一方の主人公だったし、その「発見」や「科学的報告」は、植民地支配のための重要な道具であった。彼らは、いわばヨーロッパによるアフリカ植民地化の政治的軍事的なエージェントであった。また近代ヨーロッパがその基盤とした知的世界のなかにアフリカを組み込み一方的な理解と認識を生み出す作業の現場監督として、彼らは、ヨーロッパによるアフリカの知的統治を推進したのである。

こうした探検家が遭遇した異世界の異人としてのアフリカ人をどのように描いていたのかは容易に想像できるだろう。この時代のもっとも著名な探検家でナイルの水源を求めて多くの同業者と争っていたサミュエル・ベーカーの眼差しがそれをたんてきに表現している[3]。彼はアフリカ人について「黒人の特徴を考えると白人と黒人は異質な人間だと思えてくる。…黒人は衝動的で考えて行動するということがない。見ていてこちらがびっくりするくらいだ。ぼんやりして、精神活動のかけらも感じられないほど愚鈍な状態だったかと思うと…」と述べた。彼の眼差しは当時の探検家が共有していたものだった。それは好奇心にもとづく「発見屋」の探検家とは異なる、「人道主義者」のリビングストンや地質学者のジョゼフ・トンプソンといった「誠実な」探検家にも共有されていた。

---

(3) サミュエル・ベーカーは、19世紀後半の高名なアフリカ探検家の一人だが、彼がほかの探検家と異なっているのは、オスマントルコ支配下のエジプトから軍事指導者「パシャ」の称号を得てナイル川上流部、今日の南スーダン・エクイトリアル州を支配したことだ。彼は、ナイル川（アルバート・ナイル）の水源であるアルバート湖を「発見」したことでも知られる。同時代の探検家のなかでも、黒人に対するストレートな差別意識で知られる。たとえば「馬とロバを一緒につなぐことができる日が来ない限り、白人と黒人が仲よく暮らすことはできない。劣った人々を我々の水準まで引き上げようと考えるのは重大な誤りなのだ」と断言する［Baker（1884）2015］。

こうしたヨーロッパの世界（自世界）のなかに、まったく別種の存在として他者（異世界）を位置づけ、知的に包摂することで一方的に理解・認識してしまうという探検家が圧倒的に多数派を占める中で、少数ながら、これとはまったく対照的な態度をとる探検家も存在していた。現代世界における「異なるものへの不寛容」を乗り越えるための手掛かりは、こうした少数の探検家の実践のなかに見出すことができる。その一人がスウェーデンの中央アジア探検家、スウェン・ヘディンである。ヘディンのような少数派の探検家が、多数派とまったく異なる点は、自世界と異世界との繋ぎ方にある。それは端的にいうなら、２つの世界を切断して捉えるか、連続して捉えるかということだ。対象となるアフリカやアジアの人間集団や社会・文化を、自世界（ヨーロッパ世界）と別世界の存在（たいていは劣った珍奇な存在）と捉えるか、自世界と地続きの同じ人間が暮らす異なる在り方の世界と捉えるかの違いである。たとえばリビングストンの発見記の挿絵に出てくるアフリカ人のイメージと、ヘディンが中央アジアの探検途上で出会った少女のデッサンを比べると、両者の違いが明瞭になるだろう。

こうした異世界の他者と自世界の自分を地続きで捉える探検家の異なるものへの態度や眼差しのなかにこそ、今、私たちが求めている異なるものとの共生を模索するヒントが隠されているのである。

3．ヘディンの世界

このような問題意識からヘディンの思想と実践にアプローチしていくことにしよう。スウェン・ヘディンの人物および来日・入洛時の詳細については第２章などですでに詳細に述べられているが、ここでは探検と異文化理解（民族学）、好奇心と科学という２つの世界を繋ぐ思考と実践の体現者としてヘディンを捉えることにしよう。1908（明治41）年の入洛時の官民あげての熱狂は、日露戦争に勝利し「一等国」の仲間入りをした日本が、世界的な探検家を迎えるという国家と国民のアイデンティティを確認するための壮大な政治的ドラマであった。しかしこの当時のヘディンは、探検と学術（科学）という２つの世界を繋ぎ合わせる前段階で苦吟していた。

ヘディン財団の民族学者ホーカンは、中央アジア地域で画期的な考古学的発見をつづけるヘディンの探検と学術の葛藤の軌跡をもとにその経験をさらに一般化して、三段階の区分を提唱している。第一段階は、探検家が驚異的な過去を発見し発掘するが、専門的体系的な考古学的調査には至らない時期で、彼はそれを「疑似考古学」の段階と名付けた[4]。ヘディンは1893年から97年にかけてタリム盆地南西のタミール高原からタクラマカン砂漠を横断する第一次探検のなかで、古代の住居群を発見している。この遺跡は４年後、オーレル・スタインによってダンダンウィリクと命名された。ちなみにこの第一次探検ではタ

クラマカン砂漠横断の過酷な行程でキャラバンは壊滅的打撃を受け、数人の従者が犠牲になった。さらに1899年から1901年にかけて行った第二次探検では、タリム盆地、タリム川の測量を行ったが、その過程で漢字で書かれた紙片木片文書を発見、桜蘭の存在を世界に発信した。こうした世界史的考古学的発見は、当時、探検家が至上の社会的名声を得る定番の方策であった。ヘディン自身には考古学の専門家としての知識や資格は欠けており、ホーカンによると桜蘭遺跡調査においても、「早かろう悪かろう」式の調査で彼の「アマチュア性」が露呈していたという。

探検家が好奇心から発見し、その対象に対して探検家自身が疑似科学的な調査を行うという第一段階のあと、探検家自身が体系的専門的考古学的知識を身につけ対象に科学的にアプローチするという第二段階があり、それを彼は「誠実な考古学」段階と呼んだ。探検家自身は専門的な考古学者ではないアマチュア学者だったり、ほかの分野（たとえば地理学・地質学や民族学・言語学など）を大学で学んでいたりするが、体系的で専門的な考古学的知識を学習して発掘と分析を行うのである。ヘディンもドイツのベルリン大学でリヒトホーフェンのもとで地理学・地質学を学んだのだが、探検を重ねるにつれて考古学的知識と技術を積極的に身につけていった。

最後の第三段階が「専門的考古学」あるいは「科学的考古学」の段階で、これは体系的な考古学を基礎から学んだ専門家の手によって、発掘発見された遺跡遺物が調査される段階である。ヘディンの場合、1927年から35年まで行った第四次探検がこれにあたる。これはそれまで単独で実施してきた三次にわたる探検とはまったく異質なもので、多くの異分野の研究者、しかも中国の研究者を中心にした多国籍調査隊で、いわば「フィールドワークのための総合計画」［ホーカン 2001: 32］といってよいものだった。

このように探検家としてのヘディンの特徴は、19世紀末のヨーロッパに充満していた「強者の好奇心」にもとづく探検家から、国籍や民族・文化を超えた知（学術）の実践者へと移行していく過程にあると言ってよい。

この移行を可能にした一つの要因が、ヘディンが自ら大きな影響を受けたと語る恩師リヒトホーフェンの異文化への眼差しであることは否定できないだろう。フェルディナンド・フォン・リヒトホーフェンは、日本では「シルクロード」の命名者として一部で知られているが、19世紀後半の世界的な地質学・地理学者であり中国研究者であった。彼は幕末と明治初期の二

---

(4)　ホーカンは、地理的にも政治的にも隔絶しているスウェーデンの探検家と科学者が、中国の西域考古学の発展に寄与した「不思議」を解明したが、この三段階説においてホーカンは、ヘディンについては第一期の代表的貢献者としてあげ、特に桜蘭調査を例にあげている。ヘディンは第一期の探検調査の時代、スウェーデンやドイツで学んだ地質学や古生物学の基礎的知識を実践的に発展させて「熟練した野外地質学者」になったと指摘している。その意味でホーカンの図式においてもヘディンは第二期の代表的貢献者でもあった［ホーカン 2001: 4-35］。

度日本に来ている。1回目は1860年、オイレンブルグ伯爵率いるプロイセン通商使節団の団員として、2回目はその10年後、清国における排外主義（天津の虐殺事件）を避けて日本に研究旅行のために滞在した。彼は2回の滞在期間中、詳細な日記を残しているがそのなかに日本人と日本文化に対する遭遇と異文化認識の姿勢がよくあらわれている[5]。初めて訪日した幕末の1860年10月20日（日本の旧暦では万延元年9月7日）神奈川でフランス人の夫婦と一緒になって「日本人論」で盛り上がったときの記述だ。「夫人は日本人は汚くいまいましく、彼らの性格はとてもいやな感じで、不愉快でごまかしがあると言った。その後、この若いパリジェンヌによってそうしたいやな性質が並びたてられた」のだが、リヒトホーフェンはこうした（日本という東洋の異文化への）眼差しを冷静に分析している。彼はつづけてこう記しているのである。「そこには彼女の病んだ虚栄心と満たされない享楽欲が反映していた」。彼はこの夫人のような「偏狭な意見」は、（対象を）「自分の懐具合によって判断し、精神的内容に対する理解をいつも欠いている」と批判するのだった。

　強力な外圧によって鎖国から開国へと無理やり移行させられていた幕府は、当時、外国人に対して厳しい移動・居住の制限と日常的な監視を行っており、滞日外国人のあいだにはそれに対する怒りの感情が渦巻いていた。しかしリヒトホーフェンは、「彼ら（日本人役人）のことを厳しく憎々しく思うある種の権利はあるが、そうした判断は、そのような仕打ちを呼び起こした欧米人に幾分かは責任があることを常に考慮すべきだろう」と述べ、日本人と日本文化（社会）を一方的に型にはめて集合化（一般化）して侮蔑することを慎重に避けていた。

　このように、たんなる好奇心によって自世界と異世界を切断して対象を一方的に決めつけてしまう眼差しとは異質な、両者を地続きで繋ぐ他者認識の枠組を彼は備えていたように思われる。この時代は、ヨーロッパが世界に向けて膨張し探検家や冒険家、宣教師や商人・軍人が多くの異文化と遭遇し、彼らを文明化するために支配したり、彼らを自分たちの世界認識の下層に位置づけて「理解」してきた時代だった。そのなかで、リヒトホーフェンのような態度はその認識に抗う点で際立っていた。ヘディンが見せる異文化への地続き感に満ち溢れた態度は、この尊敬する恩師の示した態度をさらに展開発展させたものだということができる。

---

(5)　リヒトホーフェンの最初の来日5ヶ月間だったが、幕府によって江戸、横浜、長崎以外の滞在は認められなかったが、宣教師や商人と違う冷静な異文化記述は際立っていた。彼は横浜の遊女屋などについても観察記録を残している。2回目の来日は、東京から甲府、松本、名古屋、京都、大阪、神戸まで踏破し船で長崎に行ったあとは、天草を経て鹿児島、熊本と周った。その途上でとくに鉱山については詳しい記述をしている。彼は初回の来日の後、上海から北京に至るが、当時の清国は外国人の学術調査を認めなかったので、東南アジアからアメリカに渡った。しかし当時、世界的に未知の地であった中国内陸部への学術（探検）調査の夢捨てがたく、1868年には中国に向かい、3年近く各地を研究・踏破し研究書を刊行した。それによってリヒトホーフェンの名は、中国学者として、地理学の泰斗として世界的な名声を得たのである［上村2013: v–vii］。

4. 探検家の時代

19世紀的探検の世界

　ヘディンが示した異文化との「地続き感」に基づいた眼差しを考察するためには、まず彼が探検を開始した時代、つまり19世紀後半の「探検家の時代」について検討する必要がある。この時代の探検家にまず社会が求めたものは、世界の辺境にある未知なヒト、モノ、社会・文化についての新奇で珍奇な発見だった。もちろんそれだけではない。その発見を勝ち取るために探検家が経験した「冒険」（とりわけ異文化の野蛮人や前人未踏の魔界のような自然とのあいだで経験した命からがらの冒険譚）も社会が欲望した対象であった。この点についてレヴィ＝ストロースは皮肉を込めて、「評価されるのは冒険が試みられたという事実であって、冒険の目的ではない。並外れた状況に身を晒すために、何週間何か月間、集団から一人離れていた若者は一つの力を見つけて帰って来る。この力は我々の社会では、新聞記事やベストセラーの本や満員御礼の客止め講演会となってあらわれる」と述べている［レヴィ＝ストロース 2001: 53–54］。「探検家が自らを聖列に加えて戻ってくるためには、ただ訪ねて行きさえすればよい。あの未開人や氷に覆われた峰や深い洞窟や森は、尊く自愛深い啓示を垂れる神殿であり、これらのものはいずれも文明社会の敵なのである」というわけだ。

　こうした冒険譚が欲する異文化は、文明の側にある自世界とは絶対的に異質で交わることのない野蛮で未開な「彼ら」の世界であり、そうした異文化観を探検家が提示するのは、強烈な社会的要請でもあった。この異質さを一望し世界全体を、彼らを基準にして序列的に認識するということが、当時の異文化理解の王道だった。そのための壮大な装置として「万国博覧会」が出現し消費されたことはよく知られている[6]。1851年のロンドン万博を皮切りに、19世紀のあいだにパリで5回、ほかにもウィーン（1873年）、アントワープ（1885年）、バルセロナ（1888年）、シカゴ（1893年）で開催された万博は、世界の異文化を一望することを通して、政治・経済的にも文化的知的にもヨーロッパが世界を制覇したことを大衆的に確認し祝福するイベントであった。じっさい世紀の変わり目に開催された1900年のパリ万博の参加者は4800万人を超えた。この時代の万博の第1回のロンドン万博からすでに異文化の展示は万博の「華」であり、インド、セイロン、ガンビア、ケープそれにカナダやオーストラリアの先住民社会の物品展示であり、探検家の書いた旅行記やエッセイは当時もっとも人気を集めた著作であった。

　こうした異世界・異文化・異人を世界の辺境で「発見」し文明世界に紹介することが、探検家の重要な役目だったが、彼ら

---

(6)　19世紀のヨーロッパに出現した万国博覧会が果たした政治的文化的装置としての意味とそれを産みだした時代状況と時代精神については以下を参照のこと。［吉田1986］、［吉見1992］、［海野2013］、［松田2003］。

を送り出し、彼らの「発見」をヨーロッパの世界認識の知的枠組に包摂する作業の中心にあったのが、各国に成立した地理学協会であった。フランスの場合、パリ地理学協会の設立は1821年だが、その前身には1799年に設立され啓蒙委思想のもとで南太平洋探検隊を組織した人間観察協会がある。フランスの地理学協会はパリ地理学協会が設立時にはわずか200名足らずの会員で発足したが、19世紀末にはフランスだけで30の協会が出現し２万人近い会員数を誇った。地理学協会はこぞってアフリカやオセアニアに探検隊を派遣し、探検家が帰国後はその功績に応じてメダルを授与して社会的栄誉を与えた。地理学協会こそは、19世紀後半のヨーロッパの異文化遭遇と自世界と切断した一方的な異文化認識を発明し普及・消費させた原動力であった。科学による異文化・異世界・異人の暴力的認識に貢献したのは、地理学協会だけではなかった。フランスの場合、1839年にはパリ民族学協会が組織され探検家や宣教師が断片的にもたらす一方的な「発見」や「事実」を知的世界のなかに序列化して位置づけたし、1859年にはパリ人類学協会が誕生し、異文化を生きる異人（種）を生物進化の序列のなかに科学的に位置づけた。文明人種の脳の容量が、野蛮な人種のものより大きいとされそこに生物体としての優劣を見出した。

こうした体系化され制度化された異文化を眼差す枠組が、社会的にも、心性レベルでも、科学的にも確立したのが、ヘディンが生をうけたヨーロッパの探検家の時代だったのである。その枠組から離脱したり抗ったりすることの困難と意義は強調しすぎることはないだろう。

ヨーロッパを後追いして文明化と近代化の道を歩もうとした日本においても、このヨーロッパが築いてきた異文化に対する体系と制度は、モデルにすべきものとなった。万国博覧会をコピーし、そこに異文化や異人種展示をすることを真似たのは、こうした試みの延長線上にあった。ヘディンが来日したとき、その学術的成果発信の受け皿となったのが、東京地学協会であったことは当然なことであった。当時日本ではすでに東京人類学会（現在の日本人類学会）が組織されており、1886年に誕生した翌年にはもう200名を超える会員を抱えていた。こうした学術団体が、ヨーロッパのモデル同様、異文化と異人種への一方的認識を創出していったのである。

探検家と異文化遭遇

19世紀後半、ヨーロッパに出現した「探検家の時代」の時代的メンタリティとしてよく指摘されるのが「５つのC」である［ユゴン 1993: 35-36］。それは文明（Civilization）、キリスト教（Christianity）、植民地化（Colonization）、商売（Commerce）それに好奇心（Curiosity）である。たしかにこの時代の探検家は、アフリカ人への布教・伝道を試みるキリスト教の宣教団が送り込んだ宣教師、珍しい物産や金などの稀少な鉱物で一儲けしようとする商人、それに地理学協会などがスポンサーになって未知の土地を探索踏破して名をあげようとする好奇心旺盛な冒険家た

ちであった。彼らが一通り探検をすませると、そこで生まれるメリットに応じて植民地支配がついてくることになる。

先述したように、この時代の探検家は、基本的には対象となる現地人や現地社会・文化を自己あるいは自社会・文化と地続きで捉えることはなかった。地続きとは、自分自身や自世界の他者を捉え認識する眼差しと変わらない態度で、異世界の他者・異文化を認識しようとする態度や認識枠組のことだ。探検家の時代のなかでも、当時の「文明」社会からもっとも高く評価されてきたアフリカ探検家のリビングストンでさえこうした地続きの発想は持ちえていなかった。

リビングストンの高い評価は、たとえば1856年、王立地理学会からヘディンが後年授与されのちにはく奪されるのと同じ金賞牌を贈られていることからもわかる。そこには彼を称えて、旅行家、地理学者、動植物学者、天文学者、医師、宣教師、商業の先駆者、そして人道の戦士と５つのCが勲章として散りばめられていた。また1873年、アフリカで病没後、翌年、遺体はロンドンまで移送され国家的英雄としてウェストミンスター寺院に埋葬された。その人物についても、「リビングストン捜索隊」を率いたもう一人の著名な探検家スタンリーによると「彼は天使であるとは言わないが、生ける人間としてはもっとも天使に近いひとである」とその人柄の崇高性を称えている。

そのスタンリーの異文化そして異人（アフリカ人）に対する強圧的で差別的な態度は、その探検記から明らかだが、リビングストンのなかにもそうした眼差しがみてとれる。スタンリーは『リヴィングストン発見記』[(7)]のなかで、過酷な条件に耐えかねてキャラバンから脱走をはかったアフリカ人に対して、「二度とそのようなことをしないとたっぷり鞭打たれたあげく、鎖に繋がれた」状態にさせたうえで、彼自身もその責めに加わった。曰く「私としては彼女の肩に鞭を振りあてて、そのききめを試みる以外にはなにもすることがなかった。…十度の鞭を加えようとしたときに、彼女はとうとう叫びを止めて」おとなしく罰を受けたという。こうした「地続き感」とは程遠い暴力的な異文化・異人への向き合い方とは色合いは異なるものの、リビングストンのアフリカ人とその文化習慣に対する非地続き的認識は確認できる。たとえば護符を首のまわりにつるしているアフリカ人をみると、彼らの信念を否定したうえで「用心深い臆病者」と呼び、「この心の中の暗さと外界のあかるさとの——霊魂に対するわけのわからない恐怖と周囲をとりまいている光景にみなぎっている平和と美との——対照はなんとい

---

(7) リビングストンは1840年から亡くなる1873年までほぼ休みなく南部アフリカから中央、東部アフリカを探検し文明と福音の伝道を行った。途中までは家族も同行し探検の途上でわが子を亡くしている。しかし1868年以降、消息をたったリビングストンを探索・救出するために、ニューヨーク・ヘラルドの社主は自社の特派員、ヘンリー・モートン・スタンリーにその任務を託した。スタンリーは即座に350名の大キャラバンを組織し、1871年11月10日、タンガニーカ湖畔のウジジで病気静養中のリビングストンと出会った。スタンリーはこの「発見」で一躍スター探検家となったが、リビングストンはこのあとも探検をつづけ２年後にザンビア北東部のチタンポ村で死去した。

たましいことであろう。」と同情を寄せるのである。彼のアフリカ描写は、こうしたアフリカ人を教え導く対象としての「幼子」と捉える視線で貫かれているのである。

以上みてきたような19世紀のヨーロッパが示した異文化との遭遇は、近代日本において忠実に再現されている。明治以降、国策として周辺地域への領土的関心を直截に示してきた帝国日本は、ヨーロッパの探検家と同じように5つのCならぬ4つのC（5つのなかからキリスト教のCが脱落）をエンジンにして探検家が活躍した。その筆頭は、鳥居龍蔵である[8]。彼は日清戦争直後に台湾に赴き1900年までのあいだに4回も探検行を実施した。そこでは中央山脈を横断し山間部の少数民族と遭遇して住民の生体計測をするだけでなく、土器や語彙などの民族学調査も実施した。その報告記のなかで鳥居は、「大南社は今や三個の首級を獲、盛大なる首祭りをなし居れり、恐ろしや、もしも今一、二日後れたらんには小生も又この首級の一つとなりしなり…」とその未開と野蛮さ（ひるがえって自らの文明性）を強調して自慢するという、19世紀の探検家の時代に共通のメンタリティを継承していることを披露している。鳥居はその後も朝鮮、「満洲」蒙古まで足を延ばしてこうした異文化との遭遇を積み重ねてきた。もちろんそれはもう一つのC（植民地化）の露払いという役目を果たすことにもなった。ヘディンが来日した当時、ヨーロッパにおいても、そして日本においても、このような異文化への眼差しが強力に確立していたのである。

5. ヘディンの実践

中央アジア探検

ヘディンの異文化への眼差し、すなわち他者・異人に接する基本的な態度と認識の枠組に迫る前に、ここではまずヘディンの探検家としての実践を確認しておこう。少年期に当時の冒険家志望の男子の目標となった、北極、南極、ヒマラヤという究極のゴールのなかで、ヘディンはヒマラヤを超えてひろがるヨーロッパ人にとって未踏の地である中央アジアの探検を志すことになる。そのきっかけは、ベルリン大学で指導を受けたリヒトホーフェンの影響だった。彼は本格的な探検活動をする前に、ペルシャ、メソポタミアを旅行し、数年後にはサマルカン

───────────────
(8) 日清戦争の勝利によって日本が清国から手に入れた台湾では、漢族系住民の反発が高まっており、山間部の先住諸民族の「慰撫」「教化」が台湾統治にとって重要な課題となっていた。そのため東京帝国大学の人類、地質、動物、植物の学者が調査に派遣された。そのとき、日清戦争で日本軍が占領していた遼東半島で調査経験のあった鳥居が、人類学の調査担当者として坪井正五郎によって選ばれ派遣されることになった。鳥居の異世界・異文化・異人との遭遇は、その初期から植民地支配と軍事的制圧と深く関わっていた［坂野 2005: 228–235］。

ド、カシュガルにも足を踏み入れている。

1893年に開始した第一次遠征では、ロシアのオレンブルクからウラル山脈を越え、パミール高原、タクラマカン砂漠南辺を踏破し、青海、張家口を経て北京に至った4年をかけた探検だった。休む間もなくヘディンは1899年、第二次遠征に出立する。今回は、タリム盆地および中部チベットの湖沼地方北辺を踏破した。その過程で1900年には、古代都市楼蘭の遺跡とロプ・ノールの湖床を発見した。このとき湖に水はなかったが、のちに「さまよえる湖」として知られることになる。この第二次遠征では、この遺跡付近で多くの漢文の文書・遺物を「発見」しこの地域の古代史を解き明かす貴重な史料となって今日に至っている。この後、ヘディンは、カラコルム山脈を越え、カシュガルからロシアに入ってスウェーデンに帰国した。帰国は1902年、3年にわたる探検だった。

それから3年の準備期間を経て、1905年から訪日する直前まで行ったのが第三次遠征である。この遠征はチベットに秘密裡（当時のチベットは外国人の入国を禁じていた）かつ非合法的に入国しようと試みたものであった。当時、この地域は北からロシア、南のインドからイギリスが勢力範囲を拡張し、宗主権を主張する清国も交えて複雑な政治状況を形成していた。ヘディンは、一方で皇太子時代から知っていたロシア皇帝ニコライ二世をパトロンとして援助を受け、他方イギリス政府を通じてインド植民地政府からのサポートも得ようと試みた。

ヘディンはまずペルシャに行きそこからインドに入り、そして中央チベットに向かおうとした。まずチベット西北部に入り、中央チベットの湖沼地帯を探索してインドの大河インダス川、その支流のサトレジ川さらにはガンジス川支流のブラマプトラ川の水源を調査した。その後シガツェに滞在してから、ヒマラヤ山脈の北にあってカラコルム山脈に連なる「新しい」山脈を「発見」した。のちに様々な議論を巻き起こしたトランス・ヒマラヤである。

第三次遠征の成功から20年近く経過した1927年から8年がかりで実施したのが第四次遠征である。それまで自分のポリシーとして単独探検（もちろん荷物を運ぶラクダの世話やガイドなどを含むキャラバンは組むが探検家は彼一人）方式を採用してきたが、今回はスウェーデン、ドイツ、そして中国の学者による合同学術調査団（西北科学考査団）という初めての組織的かつ学際的・国際的組織を立ち上げた。それは先述した第三期の探検から本格的な学術調査への移行を象徴するものだった。この遠征隊が踏破を試みたのは、東は蒙古東部の熱河地方、西は現在の新疆ウイグル自治区からペルシャにかけて、南はチベット北部、北は天山山脈におよぶ広大な地域であった。この広大な西域に地理学、地質学、生物学、考古学、気象学、民族学、人類学などの多様な学問の専門家が共同して調査を行おうとした。新疆の戦乱と第二次大戦前の不安定な世界情勢のため、完全には目的は達成できなかったとはいえ、ヘディンにとってはそれまでのスタイルを抜本的に変更する新しい挑戦であった。

ヘディンの異文化表象

　ヘディンは、一次から四次にいたる長い探検家としての実践のなかで、探検と学術の関係性を自らのなかで変化発展させながら探検のスタイルを刷新してきたが、彼の調査報告のなかに表れる探検の過程で遭遇する異世界、異文化、異人との向き合い方は、地続き感にもとづく記述と眼差しでほぼ一貫している。具体的な書き方、描き方については後述するが、彼の目の前に具体的に表れる異文化と異人に対して、自分との違いはそのままにして（他者との差異を前提にしながら）、ヨーロッパにおける知人隣人に接するのとほぼ同じような態度で、人間関係をつくりあがる。その場面に自らが没入して関係を築く姿は、自世界と異世界を切断して一方的（暴力的に）に対象を了解してしまう態度とはまったく異なるものだった。それは、それまでの探検家の時代に活躍した探検家や彼らの意識の母胎となったヨーロッパの時代精神特有の心性とは根本的に異なっていたのである。その心性は、異文化・異世界を「They」、自文化・自世界を「We」と峻別して両者を絶対的他者として切断する眼差しであり、「They」を眼差す主体はつねに「We」であり、そこには決して「I」は登場しないという構造を内包していた。たとえば未開で野蛮な他者と遭遇するとき、相手は個人ではなく「彼ら」であり、自分は文明の側にいる「我々」であって、「私」ではない。そのとき「私」はきれいに消去されるというのが、この異文化・異人を認識する眼差しの特徴である。これに対して、ヘディンの態度は、つねに「私」を遭遇の場面に挿入することで、「They」「We」二分法を超克する可能性を秘めていた。

　このヘディン特有の態度をより明確に理解するためには、同時代に同地域を探検した他の探検家の異文化に対する眼差しと比較してみるとわかりやすい。ここでほぼ同時期にチベットに潜入した探検家としてとりあげるのが黄檗僧、河口慧海である。ヘディンが第一次遠征を試みた当時、日本では「入蔵熱」が高まっていた。この時代（明治20年代）、西洋の仏教学者やオリエント学者たちは、日本などに受容されている仏教は、中国を経由したもので、ほんとうのブッダの教えを忠実に反映したものではないと否定的な評価を繰り返し明らかにした。これに対して、日本の仏教界は、ブッダの教え（経典）を忠実に継承しているとされるチベットでサンスクリット語で書かれた仏典（一切蔵経）を入手し、日本の仏教の教えがそれと違いはないことを証明しようと躍起になった。そのために探検家、冒険家、宗教家などがチベットになんとか潜入しようとしたのが、この時代の「入蔵熱」の背景であった。

　河口慧海は、二度にわたってチベット潜入を試み、二度目で成功した。初めての試みは、1897年から1903年であり、このときはインドからネパールへ入り、カトマンズから中西部のムスタンまでたどり着いたが、入蔵はできなかった。しかしその翌年、再度、チベット行きを試み、1914年には潜入に成功し1915年まで探検は続いた。彼は自らの探検記を『西蔵旅行記』とし

て刊行している。

　河口は優れた異文化遭遇者だった。「探検家の時代」のヨーロッパに支配的で、鳥居など日本の探検家もそれを手本とした眼差しとは異なるスタンスをとった。彼のスタンスは、遭遇した異文化の異人を劣等化して認識する暴力的な他者理解とは異なり、20世紀後半に支配的パラダイムとなった文化相対主義的視点の萌芽のようなものを内包している。たとえばチベット社会に特有の一妻多夫制度（ポリアンドリ）、とくに兄弟で妻を共有する婚姻形態は、その文化を持たない世界の住人にとっては想像しがたいものであり、それと遭遇すると原始乱婚、未開の象徴として誇張され自世界に報告されるのが常だが、河口は「一妻多夫で人倫のみだれていることはほとんど言うに忍びないほどのこと」とその驚きを表現するが、つづいて「そんなにみだれているからして、ドロドロまでも制限がないかと思うとまたそうでもない」と冷静に現実を捉え、この習慣について「今でもチベットではまことに盛大であってその国の人にはそのことは大いに善良であると信ぜられている」とこの家族制度が当該社会の家族規範に従えば「ふつう」であることを強調している［河口 1904下：12］。こうした文化相対主義的視点の萌芽を内包している河口の異文化への眼差しだが、ヘディンと大きく異なるのは、河口は「探検家の時代」の異文化遭遇者が定番で採用していた「We」「They」二分法の記述、すなわち自世界と異世界を完全に切断したうえで、異文化記述のさいの主体としての「I」を消去し、「I」に代わって「我々」を無意識・無条件に想定するというスタイルを採用している点である。たとえば1回目の旅行記でも二度目の旅行記でも、河口がもっとも強調するチベット人、チベット文化の特徴は、その「汚さ」「不潔さ」であった[9]。たとえば初回の旅行記のなかで「西蔵人の如く此の辺の人たちは不潔で或いは拉薩府の人間よりも此の辺の人間の方が尚汚わいです。実に言うに堪えない、見るに堪えない汚いことをやります」と自世界（文明世界）の清潔さとの違いを繰り返し強調して記述している。二度目の旅行記でもその点を改めて強調し、アフリカ黒人と比べながら、「アフリカ人の黒きはその皮膚の天然に黒きにて汚わいの感は生ぜざれども、チベット婦人の黒きは、垢と塵と油とにて黒く光れるなれば、一見その臭わいに嘔吐の感」と断じている。そこに見られるのは、遭遇した異文化の自文化との差異を絶対的に誇張し２つの世界を切断しようとする異文化観であり、その判断をするのは「私」ではなく「私たち」という実際に遭遇した自己の存在を消去してしまうという「We」「They」二分法的眼差しに特有の認識枠組なのである。

　ヘディンのように自己（「私」）を明確に介在させながら異文化で遭遇した異世界・異人を認識する眼差しは、「We」「They」

---

(9)　河口が「不潔」の極みとしてあげているのは、たとえば「彼等は大便にいっても決して尻を拭わない」とかバターのはいったチベット茶を飲んだ茶碗を、翌日どんなにバタ滓が残っていても洗わないとか、洗ってくれというと「自分の鼻汁をふいた筒っぽの先で茶碗をふきとる」とかいった場面である［河口 1904：56-57, 306-307］。

二分法にとらわれない、一方的ではなく双方向的で、暴力的固定的ではなく、流動的で柔軟な異文化理解を導くことができる。次節では、このことをヘディンの異文化表象の特徴と絡めて具体的に検証してみよう。

6. 異文化を表象する作法

書くこと

探検家が異文化に遭遇すると、すでに探検家の頭のなかに埋め込まれた認識枠組にしたがって対象（異世界・異文化・異人）を把握（了解）する。そのあとで探検家は自らが認識し了解した対象を自分自身を含む自世界の住人に向けて表現する。その表現する回路としては、対象について記述するという方法がもっとも一般的なものだろう。それが「（異）文化を書く」ということだ。

「（異）文化を書く」という営みは、民族学・文化人類学では「民族誌（エスノグラフィ）を書く」ことだが、これについては1980年代以降、根源的な批判が投げかけられてきた。そのきっかけをつくったのがアメリカで1986年に刊行された論文集 *Writing Culture* であり、またたくまに世界中の人類学、民族学、民族誌学者たちに衝撃を与えた[10]。この「ライティング・カルチャ・ショック」以降、それまで異文化のフィールドでの事実を長期間のフィールドワークによって収集しその深い意味を解釈することで異文化理解に貢献してきたと自負してきた成果は、「文化を書く」ことにまつわる政治学と詩学を駆使した人類学者の創作（フィクション）ではないか、という批判と疑問までもが突き付けられた。「ライティング・カルチャ」が人類学・民族学・民族誌学に提起した根源的な問題は、当時の「異文化表象」の営みが覆い隠してきた問題を先鋭に問いかけたものだったが、21世紀にはいると、この問題に向き合うことは慎重に回避され、現場における学問の実践性や有用性、公共性の強調によって不可視化されてしまった。しかし「（異）文化を書く」ことのなかに、ときに素朴に、ときに巧妙に隠蔽されて潜り込む、認識の枠組や修辞の技法を取り出し批判的に検討することの重要性は今も変わることはない。

ここでは、「探検家の時代」に彼らによって書かれた異文化の表象のなかに、素朴にむき出しの形で表れている異文化認識の枠組をヘディンのものと比べてみることにしよう。

---

(10) ライティング・カルチャは、その後の世界の人類学者の営み、とりわけ民族誌記述の在り方を根本的に変えた。1990年代は、一方でライティングカルチャが突き付けた批判を民族誌記述の中で受け止め応えようとした、いわゆる「実験的民族誌」を大量に生み出したが、他方で、その批判の前に立ち止まって思考停止になったり、批判を空虚な観念論として反発、無視、軽視して「現実」に拝跪したりする傾向も出現した［松田1996: 23-48］。

まずこれまでの何度も登場した「探検の時代」の英雄たちである。スタンリーとリビングストンはこの時代の探検家の両極である。一方は商業主義と山師的な魅力が持ち味であり、他方は人道主義と文明の伝道者として著名になった。まったく対照的な2人の探検家だが、本章で何度も繰り返し確認してきたように、異文化への眼差しの根幹に共通したものが垣間見られる。彼らの書いた旅行記のなかの具体的場面からそれを確認すると、異文化の住人のもつ「無知」を文明の高みから「ほほ笑み」や「笑い」をこめて描くスタイルである。これは平等な他者と自分とのあいだのギャップを笑いにする「ユーモア」とは異なる、文明と野蛮のギャップを嘲笑する姿勢である。それはアフリカの「奥地」の「原住民」に先進文明国の摩天楼や先進技術を見せて彼らの「驚き」を「笑う」、現代日本社会にも流通している姿勢だろう。そのルーツのような描写を、スタンリーからもリビングストンからも確認することができる。

たとえばスタンリーは、自分のキャラバンから脱走を試みた現地人を鞭打ったあとで、彼らにさらに追い打ちをかける。「次に私は濃縮アンモニアの瓶を取出し、これはヘビに噛まれたときや頭痛にきくと説明した…魔術的な効果だった。彼はまるで弾丸を受けたようによろめき、顔の表情をものすごく変化させて身をよじった。部下たちは大声で笑い、膝を叩いたり互いにつつきあったり…」［スタンリー1960: 57-58］。個人的な無知を笑うのではなく、文明と未開の差異を上から笑うというスタイルだ。同じように人道主義者のリビングストンも、率いるキャラバンが村に近づいた時の村人たちのパニックぶりについてこう記している。「最初に私たいをみた子供は…恐怖にとりつかれ一目散に逃げだす…」さらに母親も犬も鶏までも鳴き騒ぎ村は大混乱になるのだが、「その騒ぎは…（キャラバンの）人夫が白人は黒人を食べないと保証するまで続くのだ」（『南アフリカ、伝道と調査の旅』より）［ユゴン1993: 152-53］。

こうした無知を笑いながら「書く」とき、彼は、村人たちが外部からの奴隷狩り集団の襲撃を恐れていたことを知らない。ただ「食人」「無知蒙昧」という劣ったものへの異文化表象を再生産しているのである。あるいはリビングストンの発見と伝道の旅の途中で、自分たちの領域への侵入を拒否するアフリカ人に出会うと、そのための対価を支払おうという発想はなく、「私は白人が黒人に貢物を奉ったとは決して言わせない」と宣言し「どのように邪魔されてもカサイ河を渡り切ってみせる」と拳銃を振りかざして渡河を強行する［リビングストン1954: 268-269］。ここで問題にしているのはこの事実を批判することではなく、こうした表現（書き方）が異文化遭遇の記述のなかで自然に登場し受容される構造のなかにある、固定的で序列的な「We」「They」二分法であり、拳銃を片手に渡河したのは、リビングストンという個人ではなく、「We」の側にたつ社会と人々であったという点である。

こうした「書き方」に対して、ヘディンのそれは対照的なものだ。異文化の住人（異人）と向き合うのは、決して文明（「We」）と未開（「They」）ではなく、そこにはつねに「私I」が

図1　猛獣と闘う白人探検家と逃げ惑うアフリカ人（『リビングストン発見記』より）
提供：Bridgeman Images/ アフロ

あり、具体的な人間の間の眼差しの交換がみられる。第三次遠征時の旅の途上でであった踊り子の描写や、旅の途中で亡くなる従者へ記述からそれらが透けてみえる。「私と焚火の間を踊り子が漂うと、私の心臓の鼓動は一段と昂まり、彼女の優美なしぐさが、火の明かりで照らし出された背景に黒い影となって浮き上がった…」［ヘディン 2006: 13-14］。「アルダトは器量がよく若かったが、物静かで夢見るような人であった。彼は深い悲しみの思い出に沈んでいるかのような印象を与えたし、仲間たちとの交際をことさら避け、話をするようにすすめられても、ただ短く慎重な言葉で話すだけだった」［ヘディン 2006: 85］。彼の死を悼むとき、ヘディンは亡くなった若者が生きた異文化異世界の視線で彼を送った。「人が死んで、その遺骸が狼やハゲタカの貪り食うにまかせておかれると、霊魂はその宿るべき住処として新しい肉体を求め、見知らぬ場所やほの暗い土地をさまよう」［ヘディン 2006: 57］。こうした異文化の書き方は「探検家の時代」の異文化描写の背景にある眼差しからは完全に離脱していた。

　また探検の途上で、自分の目的遂行のためには、異世界・異文化・異人の存在そのものへの配慮を棚にあげて「拳銃を振りかざした」リビングストンと対照的に、ヘディンは第三次遠征で初めて禁じられたチベット潜入をはかろうとするのだが、そのとき協力を要請したチベット人に以下のように接したことが記述されている。そこには拳銃は介在していなかった。ヘディ

図2　膝まずく現地人（『リビングストン発見記』より）
提供：Mary Evans Picture Library/ アフロ

図3　ヘディン・デッサン（少女）© ヘディン財団

図4　ヘディン・デッサン（青年）© ヘディン財団

ンはチベット潜入のさいラマ僧に変装してチベット人ラマ僧と行動をともにしようと考えた。そこで旅の途中で知り合ったラマ僧に同行を依頼するのだが、その依頼は目的遂行のために異人（である相手）の都合は無視して強圧的に命ずるものではなかった。「あなたはご自分でお好きな道を自由に選べます。私はあなたに決して強制しようなどと思っていないことをぜひご理解ください」。そうするとそのラマ僧は、「私は一緒に行くことはできません。もし私がヨーロッパ人にラサへの道を教えたならまさしく私は背教者であり裏切り者とみなされてしまいます」とヘディンの申し出を拒絶する。そのこたえを聞いたヘディンは、ラマ僧に、「それでは私が旅をするあいだ、あなたはキャンプ地に留まっていただきたい」と伝えると意外なことにラマ僧は、「いえいえそれは出来ません。私がもっとも必要なときに、なんであなたを見捨てることができましょう」と応えたという。この状況をヘディンは、「彼の心はラマ僧としての義務と私に誠実に仕えたいという願いの間で激しく葛藤していた」と記述する。そこにあるのは、再び「探検の時代」の異文化への眼差しを規定した「We」「They」二分法ではなく、旅の過程で自世界異世界を超えて互いの眼差しを交換して築かれた「私」と「あなた」をベースとする認識の構図である。もちろんそれは帰属する世界（ヘディンの世界とラマ僧の世界）を無化し消去するものではなく、その世界の違いをそのままにして両者を繋ぐ試みなのである。そこにヘディンの異文化への眼差しが、「ライティング・カルチャ」以降の現代の異文化記述の難題を乗り越えるヒントが隠されていると言えるかもしれない。

画くこと

異文化を表象する代表的な方法は「書く」ことであり、それが今日の民族誌につながっていくのだが、もう一つの方法は「画く」ことである。異文化を消費し娯楽化するときには、「書くこと」よりも「画くこと」の方がむしろ社会的影響力は大きい。通常、異文化遭遇の旅行記や探検記にはその記述を鮮明にイメージさせる挿絵が挿入され、それが探検記の人気を左右することもあった。異文化、とりわけそこに生きる異人をどのように画くのかは、異文化を認識する枠組を知る重要な手がかりとなる。

ここでもまず「探検の時代」の両雄に登場してもらおう。スタンリーとリビングストンである。彼らのアフリカ探検記の挿絵に表現されるのは、文明（「We」）と未開（「They」）を峻別する眼差しだ。スタンリーの『リヴィングストン発見記』のなかで探検家はつねに堂々した姿勢で銃をもって立っていたり相手（探検家）と向き合っている（図1）。これに対してアフリカ人は探検家のそばで膝まづいていたり、混乱していたり、群れていたりする。そこにはアフリカ人ひとりひとりの人間性を地続きでとらえようとする意識は存在しない（図2）。それに対して、たとえばヘディンが第三次遠征直後に日本に持ち込んだフィールドでの異文化・異人との遭遇を画いたデッサンは、それと正反対の眼差しに基づいていることがわかる。異文化の異人をひとくくりにした「They」として描くのではなく、また自分の属する世界（文明世界）から切断された絶対的他者でもなく、現前する地続きの他者として描いていることがわかる（図3、図4）。それはヘディンの異文化認識の枠組が「We」「They」二分法からはかい離したものであり、異文化・異人と向き合うときに「I」を消去することなくそこに積極的に投企していることを示しているのである。

7. まとめに代えて——ヘディンの現代的意義

学術と探検の創造的総合

　ヘディンの異文化理解研究史のなかでの画期的な意義は、ヨーロッパが強大な政治経済的軍事的優位と、知的道徳的優越の主張を背景にして、世界各地で異文化と遭遇していった19世紀後半の「探検の時代」に特徴的であった、優劣を土台にした「We」「They」二分法とは異なる視線を創り出していた点にあった。もちろん今日の異文化理認識をめぐる議論において、明確な優劣の序列に基づいた異文化認識は、「政治的に正しくない」こととして原理的に斥けられている。しかしながら、「We」「They」二分法的認識と、そこにおける「I」の不可視化は、1980年代の「ライティング・カルチャ」が問題化した点の一つであり、今日まで解決したとは言い難い異文化認識と異文化表象の難題である。ヘディンの異文化認識の作法は、たんに異文化対する優劣認識の次元ではなく、この今日的課題に対しても重要な提起をしているのである。

　これに触れる前に、ヘディンが異文化・異世界への知的好奇心から開始した探検という実践の形態が、第四次遠征のなかでいかに変容し発展的に創造していったかについても見ておこう。前述したようにヘディンは、この遠征においては多くの変革を試みた。形式的にはそれまでの単独型から組織型へ、探検型から学際的学術調査型へ、一国型から多国籍型へ、収奪型から還元型へと、今日の学術調査の基本的な特徴をほとんど備えた形式へと変革したのである。そこにおいては、調査は中国の学術団体の間の正式な協定にもとづき行われ、調査の過程で得られた資料は中国の博物館や教育研究機関が管理し、ヨーロッパの研究機関に持ち帰る場合は許可を求め、終了後は返却されるというような、探検の時代とは異なる新しい関係性を体現するものであった[11]。学際的で国際的なこの組織では、スウェーデン語、ドイツ語、フランス語、英語、中国語、デンマーク語、モンゴル語、ロシア語、東トルキスタン（ウイグル語）が話されており、メンバーによって自由に言語をスイッチして議論を続けた。この「西北科学考査団」は「旅する大学」とも呼ばれ、多様な分野に関心をもつ中国の若い研究者たちを教育する母体にもなった。

　こうした探検と学術の総合は、もちろんヘディンの発明では

なかった。この時代、同じ中国において日本も、同じような探検と学術の総合を目指した試みを始めていた。その中心に位置したのは京都帝国大学の学者たちであった。京都探検地理学会を組織した今西錦司を中心とする研究者は、探検と学術の総合を実践していた。今西たちは1935年には「京都帝国大学白頭山遠征隊」、1938年には「京都帝国大学蒙古学術調査隊」、1942年には「大興安嶺縦断遠征隊」を組織した。彼らは戦争中、民族研究所や西北研究所を拠点として、探検と学術を国策として総合していったのである。とくに1944年に張家口に設立された西北研究所は、「満蒙」の生態学、民族学的調査を業務としており、今西はその所長に就任しており、所員には梅棹忠夫、岩村忍、藤沢晃、中尾佐助など戦後日本の知的リーダーとなる若き研究者が赴任していた。

　しかしながらこのような日本の（京都帝国大学の）探検と学術の総合は、ヘディンが「旅する大学」で見せた総合とは性質が異なっていた。一つは、調査対象となっている中国との共同というスタイルではなかったこと、もう一つは、探検と学術を総合する核心が「国益」「国策」であったという点である[12]。民族研究所の所長は京都帝国大学の高田保馬だったが、日本軍の勢力範囲における「民族工作に連関する民族誌的、民族史的、民族政策的研究」を担っていた[13]。異文化研究を行う学術組織である民族学協会は、「昭和19年度事業報告」のなかで「蒙疆ラマ廟、ラマ僧侶の実態調査」を「駐蒙軍、蒙疆連合自治政府、日本大使館とともに西北研究所と協力して行う」あるいは「蒙疆ラマ廟、ラマ僧侶の実態調査」を「駐蒙軍、蒙疆連合自治政府、日本大使館とともに西北研究所と協力して行う」などと明記していた。

　ヘディンの時代に「満蒙」「西蔵」を探検しながら学術していた日本の探検・科学者たちは、ヘディンが乗り越えようとした「We」「They」二分法で異世界と異文化と向き合い認識したわけではなかった。彼らはより内向きでナショナルな世界区分のなかで、探検と学術の総合を試みたのである。その意味で、ヘディンが第四次遠征で実践した探検と学術の総合は、ユニークでオリジナルな創造的総合ということができるだろう。

---

(11)　このときの探検隊の指揮官は実質的にはヘディンだったが、組織上は、中国政府鉄道部の部長が最高指揮権をもち、ヘディンは顧問という形式をとった。この「旅する大学」には総勢10名の中国人の学者と学生が参加した。ヘディンは自発的に次のような提案もしている。
　「ヨーロッパ人隊員が少なくとも1年以上の期間にわたって一連の気象学的観測を行ったのち、この観測所を付属器械器具類一式とともに全部中国政府に贈り物として引き渡そう」。なぜなら「中国人たちはヨーロッパ人たちと同じ権利をもつ。そのうえ、中国人たちは自分の国にいるのだ。それに対してヨーロッパ人たちはいわばお客である。」［ヘディン 1977: 13］。

(12)　今西自身は優れた探検家であり組織者であり学者であった。しかし彼が1939年ごろ組織した京都探検地理学会が最初に実施した大規模な学術探検隊は、1941年の南洋諸島のポナペ島だったが、それを後援したスポンサーは、「海の満鉄」と呼ばれた大日本帝国の植民地統治のエンジンでもある「南洋開発」であり、その翌年の大興安嶺遠征隊は実質的には関東軍（満洲国治安部が助言・支援）の要請に応えるものであった［中生 2016: 394-404］。

(13)　民族研究所は、関東軍からの要請を受けて、ソ連侵攻を想定した満洲各地の反日感情の調査を請け負うなど、植民地統治のみならず軍事作戦上の協力の積極的に行っていた。所員でのちに騎馬民族説を唱える江上波夫は、ビルマ作戦の行き詰まりを打開し撤退を実現させるために「一個小隊程度の兵隊を飛行機でラサまで派遣し氷結した湖に着陸させ、ダライ・ラマを説得して日本の後押しで独立宣言を出させる。そうすればビルマ作戦に従事している英軍の一部がチベット国境警備に割かれるため、ビルマ国境の攻撃が弱まりその間に日本軍が撤退すればよい」と参謀本部に進言した［中生 2016: 364-365］。

ヘディンの挑戦の異文化研究史における再評価

　最後に冒頭で問いかけた現代世界に充満する「異なるものへの不寛容」はどのようにして乗り越えることができるのだろうか、という問題にもどろう。ヘディンは19世紀末の「探検の時代」に探検家としてデビューし、探検から学術（科学）へと実践の意味が変化する時期に、異文化と遭遇しそれに対する認識枠組（眼差し）をつくりあげてきた。そこで彼は、当時の支配的な異文化認識の枠組であった文明（「We」）未開（「They」）二分法から離脱した見方を確立した。先述したように、異文化認識上のヘディンの今日的意義は、人間的（倫理的道徳的知的）な優劣区分で自世界と異世界を切断しないという点にあるのではない。そうではなく、優劣区分という視線を外したうえで、異文化と自文化のあいだの「We」「They」二分法を超克しようとした点にある。しかもその方策として、異世界を表象するさいに、表象する主体としての「自己I」を、相互に向き合う場面に位置づけることを実践している点が重要である。それは「ライティング・カルチャ・ショック」のあと、1990年代に出現した実験民族誌群に登場する一人称あるいは二人称民族誌とも異なるものだ。なぜならヘディンの認識枠組は、一方で「We」の世界が、他方に「They」の世界があり、それが「私」と「あなた」を軸にして地続きになっているという構図を備えているからだ。

　ではこうしたヘディンの認識枠組は、どのようにして今日の「異なるものへの不寛容」問題の解決に貢献するのだろうか？言うまでもなく、現代の「異なるものへの不寛容」を支えている認識枠組の基礎には、自分たちの世界（存在）と彼らの世界（存在）を切断する思考がある。他者（異人）に対するこうした二分法的世界の切断という認識のうえに、政治的、社会的あるいは歴史的な嫌悪や排除の意識が動員されたり喚起されると、「異なるものへの不寛容」が構成されていく。その根っこにあるのが、「We」「They」二分法であり、そこにあるのはつねに「我々」であって「私」はそのなかに解消されている。したがって、この根っこの（他者・異人）に対する認識を変えていくことは、「不寛容問題」の存在基盤を改変していくことにつながるのである。

　しかし「We」「They」二分法的他者認識は、誰から教えられたわけでもなく、私たちの日常の意識のなかに根付いている素朴な認識方法でもある。すべての人間を個化して「みんなそれぞれ違う一人の人間」として認識し対処していく場面は、現実には想像することもむつかしいだろう。私たちはなにかの基準でひとびとをカテゴリー化し、そこに自他界区分を設定することで、相互を了解したり相互の関係性を構築することが日常化しているからだ。したがって、目指すべきは「We」「They」二分法的認識枠組そのものを葬り去ることではない。この点において、ヘディンの実践が今日的意義をもって再評価の対象となるのである。「We」「They」二分法を相対化しながら、「I」を介して2つの世界を地続きで繋げていくという、ヘディンの思想と実践は、現代世界で異文化を認識し向き合ううえで重要性を増している。なぜならその向こうにこそ、「異なるものへの不寛容」を乗り越える可能性がみえてくるからである。

[文献]

海野弘 2013『万国博覧会の二十世紀』平凡社。

河口慧海 1904『西蔵旅行記』上・下、博文館。

クリフォード、C. & マーカス G.E. 編 1996『文化を書く』春日直樹ら訳、紀伊國屋書店。

坂野徹 2005『帝国日本と人類学者──一八八四─一九五二年』勁草書房。

スタンレー、H.M. 村上光彦 1960『リヴィングストン発見記』三輪秀彦訳、筑摩書房。

トッド、E. 2016『シャルリとは誰か？──人種差別と没落する西欧』堀茂樹訳、文芸春秋社。

中生勝美 2016『近代日本の人類学史──帝国と植民地の記憶』風響社。

藤野幸雄 1986『探検家リチャード・バートン』新潮社。

ブルーベイカー、R. 2016『グローバル化する世界と「帰属の政治」──移民・シティズンシップ・国民国家』佐藤成基ら訳、明石書店。

ヘディン、S. 1978『ヘディン探検紀行全集〈14〉さまよえる湖』白水社。

ヘディン、S. 2006『チベット遠征』金子民雄訳、中央公論新社；改版。

ヘディン、S. 1977『世界探検全集〈12〉ゴビ砂漠探検記』梅棹忠夫訳、河出書房新社。

ヘディン、S. 1984『シルクロード』上・下、福田宏年訳、岩波書店。

ヘディン、S. 2002『馬仲英の逃亡』小野忍訳、中央公論新社；改版。

ヘディン、S. 2003『シルクロード』西義之訳、中央公論新社；改版。

ホーカン、W. 2001「西域考古学の誕生と展開：スウェーデンの貢献：スウェン・ヘディンからフォルケ・ベリィマン」冨谷至 編著『流沙出土の文字資料 楼蘭・尼雅（ニヤ）文書を中心に』京都大学学術出版会。

松田京子 2003『帝国の視線──博覧会と異文化表象』吉川弘文館。

松田素二 1996「「人類学の危機」と戦術的リアリズムの可能性」『社会人類学年報』第22巻、pp23-48。

森千香子 2016『排除と抵抗の郊外──フランス〈移民〉集住地域の形成と変容』東京大学出版会。

山路勝彦 2011『日本の人類学──植民地主義、異文化研究、学術調査の歴史』関西学院大学出版会。

ユゴン、A. 1993『アフリカ大陸探検史』堀信行訳、創元社。

古田光邦編 1986『万国博覧会の研究』思文閣。

吉見俊哉 1992『博覧会の政治学──まなざしの近代』中央公論社。

リヴィングストン、D. 1954『アフリカ探検記』菅原清治訳、河出書房。

リヒトホーフェン、フェルディナンド・フォン 2013『リヒトホーフェン日本滞在記──ドイツ人地理学者の観た幕末明治』上村直己訳、九州大学出版会。

レヴィ＝ストロース［1967］2001『悲しき熱帯』川田順造訳、中央公論新社。

Baker, S.M. 1884. *In the Heart of Africa*, New York, Funk & Wagnalls.

Neocosmos, M. 2010. *From 'Foreign Natives' to 'Native Foreigners': Explaining Xenophobia in Post-Apartheid South Africa*, Dakar, CODESRIA.

Nyamnjoh, F.B. 2006. *Insiders and Outsiders: Citizenship and Xenophobia in Contemporary Southern Africa*, London, Zed Books.

Column

ヘディンの具足

田中和子
TANAKA Kazuko

　私がスウェン・ヘディン（Sven Hedin）が京都大学を訪れたことを知ったのは、『明治41〜昭和11　備品出納簿　京都帝国大學文科大學地理學研究室』[(1)]に記載された彼の名前を見たときである。図1は、この『備品出納簿』の当該箇所を示したものである。『備品出納簿』を見ていたのは、題簽（題名などを記して表紙に貼られた紙片もしくは布片）の失われた中国の古地図について、購入時期や名称の手がかりを探すためであった［田中ほか 2010］。そのため、ヘディンのことは、地理学教室の創設（明治40（1907）年）から間もない時期の訪問であることと、具足を1つだけ寄贈した意図の不可解さが印象に残っただけであった。不可解だと感じた最大の原因は、具足というのは、脛当て、つまり、脚絆のことだと勘違いしていたことである。探検に必要な消耗品として差し上げるなら、せめて1ダースくらい寄贈しても良かろうにと思ったのである。360円という価格も見落としていた。その後、ヘディンのことはすっかり忘れていた。

　「ヘディンが京都大学に来た」ということを、実際の出来事として感じたのは、2014年に地理学教室のキャビネットから見つかった模写60点がヘディンの絵の模写ではないかとわかったときである。まっさきに思い出したのが、『備品出納簿』のことであった。ヘディンが来日した1908年はまさに、具足を購入してヘディンに寄贈した年である［東京地学協会 1909］。

　活き活きした模写の絵の魅力となぜ模写

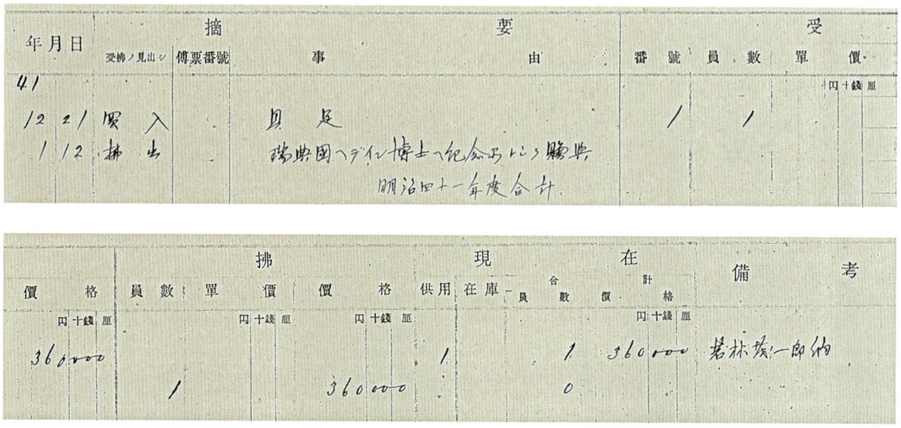

図1　『備品出納簿』に記載された具足の購入と寄贈の記録（上段：見開きの左頁、下段：見開きの右頁）
出典：『明治41〜昭和11　備品出納簿　京都帝国大學文科大學地理學研究室』。

があるのかという奇妙な謎とに惹かれて、関連する分野の人たちと共同で、ヘディンの来日と絵について調査を始めることになった。ヘディンの京都帝国大学訪問については、文学部が刊行した回顧などには、まったく触れられていない［京都大学文学部 1935］。調査を進めるなかで、ヘディンが京都帝国大学の学賓として大歓迎されたことや［坂口 2013］、大学文書館に所蔵されている『外国名士招待関係書類（自明治四十一年至明治四十五年）』にヘディンへの寄贈目録（図2）が綴じられていることが明らかになった。

　これらの記念品は、12月6日、菊池大麓総長自らの手で、澤文旅館に滞在していたヘディンの元に届けられた。地理学教室で購入し、ヘディンに贈与した具足が、この甲冑であることを証拠づける書類は確認できないが、甲冑が何領もヘディンに送られたとは考えにくい。地理学教室が購入した具足の価格は、360円である（図1）。『外国名士招待関係書類』の中には、ヘディン歓迎の準備の覚え書きもあり、「記念品贈付ノ件　五百円以内　甲冑、太刀（井上法

図2　ヘディンへの記念品寄贈目録
出典：京都帝国大学 1908-1909『外国名士招待関係書類（自明治四十一年至明治四十五年）』。

科学長に……）」と記載されている[(2)]。太刀の価格は不明であるが、金額的には条件に当てはまる。

---

(1)　『明治41〜昭和11　備品出納簿　京都帝国大學文科大學地理學研究室』は、文学部事務室の倉庫に保管されている。

(2)　井上法科学長とは、当時、法科大学教授・学長であった井上密（1867-1916）を指す。

図3 ヘディンがストックホルムの民族学博物館に寄贈した日本の甲冑
ストックホルムの民族学博物館で、筆者撮影

図4 ヘディンのマネキンが履いている皮製長靴
ストックホルムの民族学博物館で、筆者撮影

図5 *Trans-Himalaya* に掲載されたヘディンの変装姿
出典：Hedin, S. 1910. *Trans-Himalaya*, Vol. 2, Illustration 343.

　東京帝国大学からヘディンに贈られた花瓶一対という記念品に比べると、京都帝国大学の贈った太刀と甲冑は、いかにも武骨である。もっとも、ヘディンのために、東京でも京都でも、武術の実演を見学する機会が設けられていたことから想像すると、武具はヘディンの好みであったかもしれない［東京地学協会 1909a；東京地学協会 1909b］。この太刀と甲冑という贈り物は、帰国するヘディンの携行品とは別便で、故郷のストックホルムに送付された［京都帝国大学 1908-1909］。ヘディンの居宅に日本の甲冑が飾られている様子を写した写真が、ヘディン財団（The Sven Hedin Foundation）に所蔵されている。ヘディンは、この甲冑が気に入っていたのだろうか。

　後に、ヘディンが居宅に飾った甲冑は民族学博物館（Etnografiska Museet）に寄贈され、現在は、同館の日本関連のコーナーに「Oyoroi」（大鎧）として展示されている（図3）。この甲冑のそばに置かれた二振の太刀は、京都帝国大学から寄贈されたものではないとのことである[(3)]。民族学博物館を訪れて、『備品出納簿』の「具足」を目の当たりにした時、ヘディンと地理学教室、あるいはまた、ヘディンと京都帝国大学との交流を伝える物証が、100年以上の年月を経てなお、確かに存在していることを強く感じた。

　ヘディンに贈られた「具足」が脛当てではないことは明らかになったが、ヘディンは探検では、実際に何を履いていたのだろうか。図4は、民族学博物館のヘディン・コーナーで、ヘディンの姿のマネキンが身につけている皮製の長靴である。マネキンの服装からすると、1927年から行われた西北科学考査団[(4)]による調査の際の長靴のように見える。図5は、ヘディンが来日する直前に終えた中央アジア探検について一般向けに書いた *Trans-Himalaya*（1910, Vol. 2, Illustration 343）に掲載されたヘディンの写真である。ヘディンは、現地ではヨーロッパ人と見破られないよう、現地の人たちと同じような衣服を身につけていた。扮装した彼の足元は、皮製の長靴のように見える。脚絆も脛当てもない。改めて考えてみるまでもなく、ヒマラヤの山岳地帯や乾燥地帯といった地域の探検に脚絆が不向きなのは明かである。

　京都帝国大学から贈られた記念品は甲冑で、ヘディンの足元は皮製長靴であった。しかしながら、やはり、「ヘディンの具足」は、ヘディンの京都来訪の状況を調べる上で貴重な手がかりであったし、京都とヘディンをつなぐ証の一つであることも確かである。

［文献］

京都帝国大学 1908-1909『外国名士招待関係書類（自明治四十一年至明治四十五年）』京都大学大学文書館所蔵資料（識別番号：01A19469）。

---

(3) ヘディン財団の管理責任者である Håkan Wahlquist 博士による。

(4) 1927年から1935年までの間、3期にわたって、新疆省などの中国北方で学術調査を行った。スウェーデンと中国、ドイツから調査員が参加した。

京都帝国大学文学部 1935『京都帝国大学文学部三十周年史』京都帝国大学文学部。

坂口貴弘 2013「スヴェン・ヘディンの京大訪問」『京都大学文書館だより』25、p. 8.

田中和子・木津祐子・宇佐美文理 2010「『山西鎮辺垣布陣図』（仮称）に関する地理学、文献学、絵画論的調査―予備的考察」『京都大學文學部研究紀要』49: 1–53.

東京地学協会 1909a「スヱンヘデイン氏歓迎報告」『地学雑誌』21(6): a 1–a31.

東京地学協会 1909b「ヘディン博士滞洛記事」『地学雑誌』21(6): b 1–b12.

Hedin, Sven 1910. *Trans-Himalaya: discoveries and adventures in Tibet*, vol. 2 New York: MacMillan.（初版1909-1912）

第三部 芸術・学術におけるヘディン

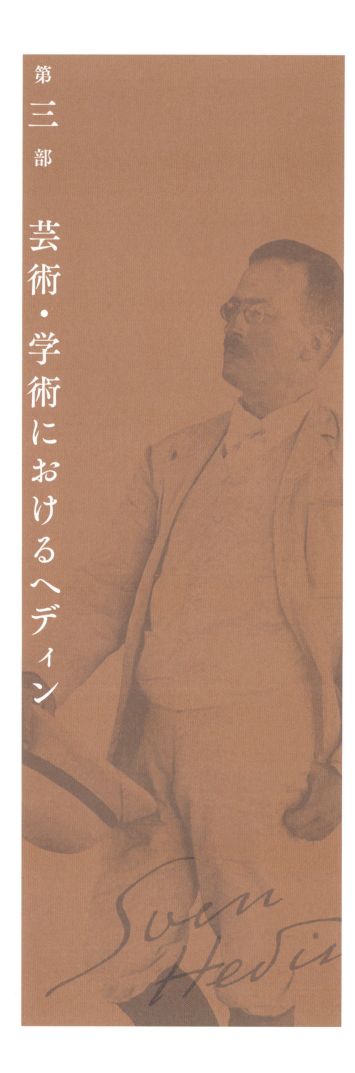

7

芸術家ならびに写真家としてのスウェン・ヘディン
──19世紀と20世紀における絵と地図にかかわる技法の拡張

ホーカン・ヴォルケスト
Håkan Wahlquist

［田中和子　訳］

1．地図とイラストレーション

　この世界は、地理や地質、自然、社会、文化などすべてが複雑にからんでいる。この複雑な世界についての我々の知識を広げるには、なによりもまず、フィールドで記録をとる技術が必要である。さらに、同じ研究分野の科学者たちにその成果を伝え、彼らにこれらの発見を認めさせ、最終的には、こうした知識の進展を広く世の中に知らせるための技術が必要である。

　ここでは、19世紀およびそれに先立つ時代について述べようとしているのであるが、とりわけ、初期のころの観察には、科学者がそれまで見たことも記録したこともない事柄が多く含まれていた。そのため、言葉だけで十分に伝えることができる場合はまれであった。誰もが理解できる適切な用語がないために、まったく知られていなかった事柄を正しく記述できなかったかもしれない。異国の景色や新種の鳥、あるいは異国の文化を伝えることは、周知のように、まさに翻訳の問題であり、ときには、新しい科学用語を作ったり、ときには、旧来の言葉に新しい意味を付け加えて使ったり、ときにはまた、タイプの異なる言語を導入する必要がある[1]。

　フィールドサイエンスでなされる観察をより精密にするために、さまざまな技術は常に進歩してきた。その例が、正確に位置や距離や高さを決定する際や信頼できる気象観測を行う際、また正確に試料を採取する際などに用いられる、極めて精緻な機器である。さらに、フィールドにおいても、フィールドから戻った後の作業においても、地図作成のための表現手段として、洗練された技術や機器や約束事が開発された。ほ乳類や鳥類、魚類、昆虫や花の標本だけでなく、フィールドでは採集されなかったものまで、さまざまな技術を使って、注意深く皮を剥がれ、型を取られ、乾燥され、紙の上に固定され、ピンで固定され、箱の中に仕分けされたり、あるいは、ガラス瓶でアルコール漬けにされて保存された。こうした処理により、これらの標本は、地質学や土壌の標本と同様、系統的な研究のために持ち帰り将来に役立たせることが可能となるのである。

　初期の探検では、工芸品や考古学の遺物は、頑丈な木箱や梱包用の木枠に入れられた。こうした梱包は、私たちが今日理解しているような科学的な目的のための探検が行われるようになった、19世紀になってからのことにすぎない[2]。

　19世紀末まで、実のところは20世紀初頭まで、フィールドにいる科学者は、多くの場合、研究、すなわち情報と標本を蓄積する孤独な探検家であった[3]。

　いずれにせよ、流入してくる資料は増え続けた。そうした資料は、ただちに展示されることもあったけれども、展示だけでは、それらがどのようなところで収集されたか、その場の様子がどのようなものかを伝えるには不十分であった。地図上に捉えられた景観、探検家と遭遇し文章に記述された人々、また、乾燥されて紙の上に固定される前の花といったものが、実際にどのように見えたかを伝えるには十分でなかった。出版された本に書かれた描写や講演の際に言葉で伝えられる描写を補うには、ある種の視覚的な手段が必要であった。

　19世紀後半、こうした状況の中に登場してきたのが、写真である。むろん、すぐさま、写真を用いて情報伝達のギャップを埋めようと試みられた。しかしながら、長年にわたって続く苦

---

(1)　数値表現への翻訳は、言語表現への翻訳と同様、むろん、1つの代替手段である。

(2)　コレクションの収集や整備がどのように進み、コレクションの研究がどのように発展してきたか、また、そうした努力の背後にあるさまざまな思想に関しては、初期の個人的な「美術品収集室」から現代の博物館まで、また、中世のイタリアから今日の世界までを対象として、膨大な文献があり、なおも増え続けている。

(3)　例外だったのは、主として船による探検であった。船には、より多くの人員、したがって多くの科学者たちを乗せることができたのである。たとえば、18世紀後半のクックの探検、あるいは、ノルデンショルドのアジア周航、19世紀後半の北極海航路の「開拓」があった。

図1　カラクル湖の水深を測定しているところ、1894年9月、パミール（写真）。

図2　カラクル湖の水深を測定しているところ、1894年9月、パミール（ペン画）。

難の多い探検では、さまざまな制約があるため、写真の使用は限られたものであった。カメラは大きくて重かったし、ガラス乾板はかさばったうえに重く、また驚くほど壊れやすかった。

露出の操作は素早く容易にできる作業ではなく、とくに周囲が暗い状況では難しかった。1880年代以降の初期のタイプのネガフィルムは、高温多湿あるいは低温乾燥という気象条件では、ともすると巻き上がってしまった。さらに、カラーフィルムが本当にフィールドで使えるようになるまでには、かなり長い年月を要したのである[4]。

スウェン・ヘディンは、1893年から1908年までの間に行った第3回までの探検では、ガラス乾板を用いたが、その大部分は現存している[5]。これらのガラス乾板は、現在もなお、かなり良い状態にあり、表面積が大きいため、非常に多くの情報を持っている。しかしながら、ガラス乾板を運搬するには、ヘディンのキャラバンを構成する馬、あるいはラバ、ヤク、ラクダのうち、かなりの頭数を割かなければならなかった。他方、これらの動物たちは、過酷な行程だったせいで、探検調査の間、減り続けていたのである[6]。

さらに、長年の間、写真を出版物に用いるということは、大きな問題であった。つまり、写真を印刷する前に、インクでもう一度描かねばならないことがしばしばあったのである。実際、ヘディンは時おり、そうした描き直しをしていた（図1、図2）。

上述した難点とともに、何年も続くかもしれない探検のために十分な量の写真資材を携行するというのは、とても困難な課題であった。そのため、20世紀に入っても、昔ながらの技法が使い続けられたのである。すなわち、ペンとインクで描図あるいはスケッチし、筆と絵具で絵を描くという術（アート）である[7]。

スウェン・ヘディンは、彼が関心を抱くアジアに関する古い書物に描かれた絵について、たいへん詳しい知識を持っていた。彼は、海外に派遣される使節団の一行が感じた印象を伝えるために、しばしば画家が使節団に随行していたことを知っていた。たとえば、乾隆帝との間に生じた外交的な難問を解決するため、1793年に中国に出向いたマカートニー伯爵（Lord MacCartney）[8]に随行したのが、ウィリアム・アレクサンダー（William Alexander）[9]であった。しかしながら、古い書物のなかの絵は、あまりに非現実的で空想的なものが少なくなかった。その例の1つが、アタナシウス・キルヒャー（Athanasii Kircheri）[10]の"China Monumentiis"（『支那図説』）である。この書物は、1667年にアムステルダムで出版されて以降、さまざまな言語でも出版されたが、その挿絵を見ると、新たに拡張されたラサのポタラ宮を描いた場面に、多くのヨーロッパ的要素が取り入れられているのがわかる（図3）。

---

(4) スウェン・ヘディンはカラー写真を使ったことがない。彼の公開講演のために作成された幻灯用のスライドは、彼のガラス乾板からのコピーに彩色を施したものである。彼の最後の探検中、調査隊の一員であった地球物理学者のアンボルト（Nils Ambolt）は、オートクロームを使って、西トルキスタン・新疆および北西チベットでの調査を記録した。

(5) それ以前、彼の最初の2度のアジアへの冒険（1886年から87年のコーカサスとペルシャ、および1890年から91年のペルシャと中央アジア）では、彼は、トルコおよびペルシャやロシアの情報源から購入した写真と、彼自身のスケッチの技術に頼らざるを得なかった。

(6) スウェン・ヘディンの第3回の探検（1906-1908）でチベットの山岳地帯の麓に向かう行程で、ガラス乾板の在庫が無くなりそうになった。そのため、彼は、ガラス乾板を割って数枚に分け、必要な写真を撮らねばならなかった。

(7) この問題に関する最近の文献として、Lewis-Jones & Herbert［2017］を参照のこと。

(8) 【訳注】初代マカートニー伯爵ジョージ・マカートニー（George Macartney, 1 st Earl Macartney, 1737-1806年）。イギリスの政治家、外交官。イギリス最初の訪中使節団の代表として、1793年（乾隆58年）、中国を訪れた。乾隆帝に謁見したものの、両国の通商条約を締結するという目的は果たせなかった。彼や団員たちが残した旅行記は、その後、イギリスにおける中国研究の貴重な史料となった。彼の訪中記については、マカートニー著（坂野正高訳注）1975『中国訪問使節日記』（東洋文庫）平凡社を参照されたい。

(9) 【訳注】ウィリアム・アレクサンダー（William Alexander, 1767-1816）。イギリスの画家、彫刻家。

(10) 【訳注】アタナシウス・キルヒャー（Athanasii Kircheri, 1601-1680）。ドイツ出身の学者、イエズス会司祭。科学と神学の両分野にわたって幅広い業績を上げ、中国研究でも知られる。

絵を描く際に空想性を排除するという点では、ヘディンはむしろ、彼以前の自然科学者たち、ことにアレクサンダー・フォン・フンボルト（Alexander von Humboldt）[11]やシュラーギントヴァイト兄弟（Schlagentweit brothers）[12]といったドイツの自然科学者たちの影響を受けている。そのことは、彼らが描いた多数の絵を掲載した本が、何冊もヘディンの書庫に収蔵されていることからうかがえる（図4）。

2. スウェン・ヘディン ―― 探検家の背景

　ある意味で、スウェン・ヘディンは、17世紀から19世紀の古典的な探検家の最後のグループの一人である。すなわち、ヘディンは、フィールドでは、大部分あるいは全てのことを自分自身でする、つまり、自然科学の調査を行い、探検ルートの図を描き、その周辺に棲息する生物を記述するだけでなく、画家ならびに製図者として優れた仕事もできる人であった[13]。

　ヘディンの名誉のために、彼が最後の「古典的な」探検家の一人であると同時に、真に近代的な最初の探検家の一人でもあったことを述べておくべきであろう。1927年から1935年にかけて実施された中国―スウェーデンの合同の探検調査は、ヘディンがさまざまな交渉にあたり、組織し、支援し、そして指揮したプロジェクトで、多くの国々から大勢の研究者が参加した。参加者それぞれが、自然科学から人文科学にまでおよぶ幅広い分野の専門家であった[14]。この探検が行われている間、このチームのメンバーたちのなかには、地図作成ならびにカメラによる撮影を担当する者たちもいたし、さらにスケッチしたり水彩画を描く者たちもいた[15]。ヘディン自身もスケッチを続けたが、それは大部分、彼自身の楽しみや気晴らしのためであった。もっとも、描かれたもののいくつかは、彼の一般書な

図3　"China Monumentiis"（『支那図説』）（1667）の中でアタナシウス・キルヒャーが描いたラサのポタラ宮とその周辺。
所蔵：スウェン・ヘディン文庫

図4　チベット、パンコンにあるミトバル塩湖。1856年6月、シュラーギントヴァイト（Hermann de Schlagentweit）が描いた水彩画。
所蔵：スウェン・ヘディン文庫

らびに学術書である出版物に掲載されている。

　ここで、スウェン・ヘディンの最初の三度の探検に話をもどすことにしよう。すなわち、彼自身が、天文学的な観測による位置特定を確かなものとするために、すべてのルートマップを描いて編集し、すべての写真を撮影し、すべてのスケッチとパノラマを描き、ときには水彩画を描き、さらに日誌を書き、すべてのフィールドノートと気象の記録をとり、地質学や植物学、動物学や古生物学の標本を収集した時期である。

　このような仕事を行うことに対し、人はどのように準備するのだろうか。むろんのこと、何よりもまず、フィールドにおけるこの種の絶え間ない仕事、さらに、フィールドから戻った後も引き続き、自宅の机に向かって論文や本や科学的な報告書を執筆し、講演を行い、公人としての生活を営むという、同じように絶え間ない仕事に対する適性が必要である。この観点からすると、スウェン・ヘディンは、「晩成型の人」であった[16]。

---

(11) 【訳注】アレクサンダー・フォン・フンボルト（Alexander von Humboldt, 1769–1859）。ドイツの自然学者、科学的探検家。地理学問や生態学の父と仰がれる存在。"Ansichten der Natur"（1808）（『フンボルト自然の諸相：熱帯自然の絵画的記述』）や "Kosmos. Entwurf einer physischen Weltbeschreibung"（1845–1862）などの著書は自然研究の古典である。

(12) 【訳注】アドルフ・シュラーギントヴァイト（Adolf Schlagintweit, 1829–1857）は、ドイツの植物学者で、中央アジアの探検家。アドルフは、兄弟のヘルマン（Hermann）とロベルト（Robert）と共に、1854年、イギリス東インド会社の委託を受け、デカン高原やヒマラヤ山脈等の地域で3年におよぶ地磁気調査を行った。Hermann, Adolphe, and Robert de Schlagintweit, 1861. *Results of a scientific mission to India and high Asia: undertaken between the years MDCCCLIV. and MDCCCLVIII., by order of the court of directors of the Honourable East India Company*, 4 Vols., Leipzig: F. A. Brockhaus.

(13) ヘディンとスウェーデン屈指の出版社である Albert Bonnier とは、ヘディンの指示やスケッチに基づいて、彼の初期の探検での光景を描くよう、大勢の画家たちに委託した。

(14) Romgard［2013］を参照のこと。

(15) たとえば、Hans Eduard Dettman（1891–1969）や Birger Bohlin（1898–1990）。

図5　仕事中のルドヴィヒ・ヘディン（Ludvig Hedin）と妻アンナ（Anna）。1890年代、ストックホルム。

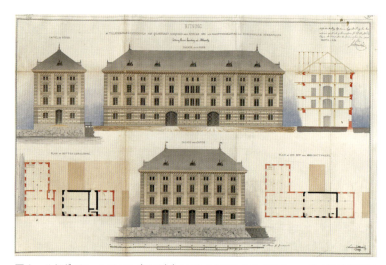

図6　ルドヴィヒ・ヘディン（1858年）：ストックホルムの"Eldkvarn"の正面を描いた建築設計図。
所蔵：ストックホルム市公文書館

彼の学校の成績は普通か、やや劣るものであった。転機を迎えたのは、20代前半、彼がスウェーデンの外の世界、つまり、それまで本や科学雑誌の中でしか読んだことのなかった世界に触れたときであった。

バクーに滞在し、ペルシャを長く旅する間に、彼は「アジア」およびその自然と人々に出会い、その魅力の虜になった[17]。ペルシャと中央アジアに出会ったことで、スウェーデンの極地方探検家たちの成功に続こうという、彼の少年時代の夢はうち捨てられたのである。

しかしながら、ほとんど信じがたいほど強い活動意欲[18]は、彼の生涯における偉大な資質の一つであった[19]。けれども、彼がキャリアを踏み出すには、それだけでは十分でなかった。常に彼を愛し励ます家族が、彼の背中を支えてこそであった。

この「支え」は、財政的なものではなかった。ヘディン一家は決して裕福ではなかったのである。彼らは、いわゆる上流中産階級に属していたが、そうなったのは、スウェン・ヘディンの父ルドヴィヒ・ヘディン（Ludvig Hedin, 1826-1917）の努力によるものであった（図5）。彼とその兄弟達は、まだ幼い頃に孤児となり、彼等の最年長の双子の姉妹と親戚の世話になったが、財政的な援助まではしてもらえなかった。ヘディンの父は、最初、煉瓦職人になるべく訓練を積んだが、同時に、王立美術院に入り、彼自身の紛れもない美術の才能を磨いたのである。彼は王立美術院で自ら学び、建築家になった。熟練した製図技師として、スウェーデン各地に派遣され、教会やその他の重要な場所を設計したり、詳細に調査したりした。彼は才能に恵まれた建築技師でもあり、地方の教会や邸宅、灯台のほか、主にストックホルムの市中では、住宅をはじめ、多数の建物を建設した（図6）。

ヘディンの父が活躍したのは、19世紀後半のことであった。この時期のストックホルムは、主として木造住宅からなる町、また、記録によれば、きわめて不衛生で埃っぽい小さな町から、今日見られるような石と煉瓦で作られた多層階の建造物が並ぶ、堅牢な造りの都市へと発展し始めた頃であった。

ルドヴィヒ・ヘディンは、まさにこうした都市の変容に貢献したのであり、その結果、彼の家族は上流の社会に入り、社会的、文化的な交際に関しては、王家にまでつながる広範で重要なネットワークの恩恵に浴したのである。スウェン・ヘディンの輝かしい経歴は、こうしたネットワークを、スウェーデン国内でも国際的にも、大きく拡大することとなった。

ヘディン家には、祖先の世代から続く知的な伝統があったし、スウェン・ヘディンの父方の祖母の側もまた同様の豊かな知的伝統があった。スウェン・ヘディンの曾祖父スウェン・アンデルス・ヘディン（Sven Anders Hedin, 1750-1821）は、19世紀初頭の優れた知識人であり医学者であった。彼は、カール・フォン・リンネ[20]（Carl von Linnaues, 1707-1778）の弟子で、スウェーデン王立科学アカデミーの重要メンバーだった。彼の母方の祖父クリスチャン・ギッセル・ベルリン（Christian Gissel Berlin）[21]

---

(16) 後述するが、彼が子供の頃に手描きした地図帳（アトラス）は、彼のこうした特性を予兆するものであった。

(17) Hedin [1886; 1887].

(18) スウェン・ヘディンがフィールドその他の場で発揮した、信じられないほどの持続能力と生産性については、しばしば論じられてきたが、おそらく最もわかりやすいのは、彼の親しい同僚たちが書いたものによるものであろう [Wegener 1935; Haack 1941]。こうした能力に加え、彼は、うらやむほどの記憶力を持っており、彼の友人たちが驚嘆することも少なくなかった。Stolpe [1974] を参照のこと。

(19) 言語を聞き取って使う才能のほかに、彼は、どのような状況にも自身をとけこませることのできる社交術を持っていた。他方、彼は、スウェーデン政府が追求する政策とはかかわりなく、国際政治を地政学的に解釈し続けた。このなかには、ドイツの明確な支持も含まれる。

---

(20) 【訳注】カール・フォン・リンネ（Carl von Linnaues, 1707-1778）。スウェーデンの植物学者、生物学者。「分類学の父」と称される。Caroli a Linné, 1735. *Systema naturae per regna tria naturae, secundum classes, ordines, genera, species*, cum characteribus, differentiis, synonymis, locis.

(21) 【訳注】クリスチャン・ギッセル・ベルリン（Christian Gissel Berlin, 1800-1863）。

は、数学の上級講師から転じてスウェーデン教会の傑出した聖職者となり、4つの階級に基づいて構成された旧議会の議員[22]となった。この家族の系譜は、18世紀にウェーデンへやって来たユダヤ移民にまで遡る。この先祖伝来の遺産は決して否定されるものではない。けれども、スウェーデンに入って直ちに洗礼を受けた頃の家族にはユダヤの慣習が残っていたかもしれないが、ヘディンの家庭では見られなかった。スウェン・ヘディン以外の近親者たちは、本当の意味でのアカデミックな野望は持っていなかった。ヘディン自身は、数多くの名誉博士号を授与され、学会やアカデミーの名誉会員の称号を贈られたが、大学教授になろうとしたことはない。彼は一人の独立した研究者であることを選んだのである。彼の叔父たちは、郵政や税関行政で身を立てようとした。もっとも、叔父の一人は、当時、風変わりな友人達をもつ喜劇役を得意とする、ストックホルムの劇場の人気俳優であった。ヘディンの兄弟・姉妹たちは、いろいろな職業に就いたが、それらはあまり目立たないものであった。その中にあって、彼の末の妹アルマ（Alma）[23]は社会事業家として活動し、貧しい人々のための住宅プロジェクトに携わった。ヘディンの一家は、君主制や教会や国家についてはきわめて保守的であったけれども、恵まれない人々に対する社会的な関心を持っていたことも明らかである。

家庭生活は、とても大切なものだった。劇場やレストラン、ときにはオペラにでかけることはあったけれども、家族の暮らしが営まれたのは、自宅や群島にあった夏の別荘、また、近しい親戚や友人達の自宅であった。家族の行事は始終あった。ヘディン一家に特別だったのは、ものを書くことであった。ヘディンの父の気分が高揚したときや皆を諭すときには、詩が朗読された。クリスマスの贈り物に添えるときなどには、こうした詩は機知に富んだものとなった。それらの詩にはたくさんの挿絵が入れられ、大切な思い出として保存された。スウェン・ヘディンは、こうした創作に熱心に加わった。したがって、子どもの頃から、文章を書き、挿絵やスケッチを描き、そして本の形にする技を鍛えていたのである。

彼の6人の兄弟姉妹のうち、結婚したのはただ1人だった。スウェン・ヘディンを含めて、他の者たちは両親と一緒に暮らし続け、彼がフィールドにいるときであれ、旅行に出ている間であれ、ストックホルムの自宅にいるときであれ、ヘディン専属の事務局ともいうべきものを形成していた。こうした役割分担は、スウェン・ヘディンならびに彼の兄弟や姉妹の生涯にわたり続いたのである（図7、図8）。

図7　サマーハウスでのヘディン一家。1898年。

図8　当時、存命の兄弟たちに囲まれたスウェン・ヘディン。1948年。

3. うわべは消極的であるけれども、実際は精力的な画家であったスウェン・ヘディン──自画像とパノラマ

ヘディンの家族が与えた最も大切なものは、必要な技能を育む環境であった。家族のなかには、スウェンの本や子どもたちの歯に関することにはお金を惜しまないという言いならわしがあった。たとえば、当時最も優れたドイツの地理学雑誌である*Petermanns Geographische Mitteilungen*[24]の購読がヘディンに許されたことを挙げられよう。この雑誌には、地理学や探険の分野でどのようなことが進行しているかという情報や地図が豊富に掲載されていた。たちまち彼の本棚の蔵書は増え始めた。

子どもから少年にかけての時期、ヘディンは、父の仕事に刺激を受けており、同じ職業につくことになりそうだった。ヘ

---

(22)【訳注】スウェーデンの議会の起源は15世紀にまで遡る。1527年に改革され、貴族、聖職者、中産階級（商工業者や弁護士など市中の富裕層）、農民階級からなる全4階級が参加するようになり、Ständestaatと呼ばれた。

(23)【訳注】アルマ・ヘディン（Alma Hedin, 1876-1958）。慈善事業家。兄ヘディンの伝記を執筆した。Hedin, A. 1925. *Mein Bruder Sven: Nach Briefen und Erinnerungen*, mit 61 Abbildungen. Leipzig: F. A. Brockhaus.

(24)【訳注】*Petermanns Geographische Mitteilungen*は、ドイツ語で出版された最も古い地理学の学術誌であり、ドイツのゴータに所在するペルテス（Justus Perthes）社で発行された。19世紀と20世紀に行われた主要な地理的発見はすべて、この学術誌で発表されたとされる。1855年、まず、*Mittheilungen aus Justus Perthes' Geographischer Anstalt*と題して、第1巻が刊行され、次いで、*Dr. A. Petermann's Mittheilungen aus Justus Perthes' geographischer Anstalt*に引き継がれ、その後、*Petermanns Geographische Mitteilungen*と改題された。

ディンにとってもう一つのインスピレーションの源は、絵であった。こうした絵のなかに、一家の親しい友人であった画家ショランダー（F. W. Scholander）[25]が描いた挿絵や、ドレ（Gustave Doré）[26]の有名な挿絵入りの聖書がある。ショランダーの挿絵には滑稽なものが多かった。

ショランダーやドレの挿絵は、学校に通っていた頃のヘディンが自分の空想世界に取り入れようとしたような類いの絵であった[27]。しかし、彼の後年の作品は、自由な創造性といったようなものを許容する余地がほとんどないものであり、子どもの頃に親しんだ挿絵の影響はほとんど見られない。

他方、ヘディンの父親が描いた作品には、後年まで残る印象となったにちがいない特徴が１つあった。すなわち、正確さ、精密さに注意を払うことである。スウェン・ヘディンは、画家としての仕事に導いてくれたいくつかのアイデアについて読者に述べた文章を残している[28]。そのうちで最も重要なのは、1920年に出版された小冊子である[29]。山の尾根、湖、寺院の内部、外部、人物といった目の前にある対象を、彼は常に正確に描こうと努力したのだった。

したがって、スケッチすること、あるいは水彩画を描くことは、写真を撮影するのと同様、ノートを取る方法の１つであった。また、そうすることで、彼は、ほかの技法では容易にとらえられない特徴に特別な注意を払うことができたのである。風景を写真撮影すると、そのカメラレンズで可能な限り、遠く離れた事物を鮮明に写すことができるけれども、遠くの谷や渓谷、山頂、氷原の詳細をとらえられないこともある。他方、スケッチでは、これらの地形の特徴を注意深く描き、位置づけることができた。

第３回の探険（1906-1908）でのチベット地域の調査中、彼は、山々が取り囲む景観を正確なパノラマ[30]として描き、記念碑的な作品を作り上げた。このパノラマは、さまざまな方向から注意深く仕上げられた眺望を途切れなく繋いだもので、お

もだった地形的特徴をあますところなく伝えていた。また、地図製作者たち[31]は、ヘディンのパノラマを用いて、彼のフィールドノートをもとにした出版用の地図を新たに描いた。これによって作成された２組の地図の１つは、ルートマップすなわち測量地図のセットで、もう１つは、ヘディン自身がフィールドで描いたルートマップ[32]をもとにした「特殊な」地図セットであった。後者は、視覚効果の高い技法を用いて作成された。これは、単純に見えるけれども実は難しい技法であった。これについては、あらためて後述する（図９、図10）。

よく知られていると同時に、詳細な計算や再検討[33]のためによく取り上げられるヘディンのパノラマの例は、南西チベットのクビガングリ（Kubi Gangri）の山頂付近にある大きな氷河を含め、集水域の東部と南部の山岳領域を描いたものである。ヘディンは、この地域にヤルツァンポすなわちブラマプトラの水源があると考えていた。それを再検討した者たちは、ヘディンが描いたパノラマと写真撮影されたものとの間で、水平的な差異と垂直的な差異とは無視できるほどのものであり、さらに、パノラマ間でほぼ一定であることを認めた[34]（図11）。

この骨が折れるパノラマ描写の技法[35]を使うアイデアを、ヘディンはどこから得たのだろうと不思議に思う人がいるかもしれない。彼は、周囲にある景観を現実そのままにとらえる必要があると考え、パノラマを描写するアイデアを長年、温めて

---

(25) 【訳注】ショランダー（Fredrik Wilhelm Scholander, 1816-1881）。スウェーデンの建築家、画家。スウェーデン王立美術院で教授を務めた。

(26) 【訳注】ギュスターヴ・ドレ（Gustave Doré, 1832-1883）。フランスの画家（版画、挿絵）、彫刻家。非常に多くの書物の挿絵を描き、国際的な名声を得た。彼が描いた挿絵入り聖書は非常に高い人気を博した。

(27) このことについては、Wennerholm [1978: 28 ff.] に詳しく述べられている。

(28) カルドン先生（"Miss Cardon"[76]）から肖像画を描くトレーニングを受ける機会を与えられた、学校時代の夏の数週間を除くと、彼は素描については正式な学校教育を受けていない。

(29) 同書のスウェーデン語のタイトル "En Levnads Teckning" には、２つの意味がある [Hedin 1920]。このタイトルの１つの意味は、この本に書かれた彼の伝記の概要、すなわち1885年の東洋への最初の旅行から第一次世界大戦中のヨーロッパの戦場における経験、さらに1910年代の中近東への旅行までを表す。このタイトルのもう１つの意味は、芸術と深く関わり多くの絵を描いた人生である。このテキストは、ヘディン生誕100年を記念してスウェーデン語と英語で再び出版された [Hedin 1964a; 1964b]。英語版では、タイトルは "Sketches of a Life-Time" と翻訳された。ドイツ語のインタビューでは、画家としての人生を語っている [Hedin 1936]。

(30) Hedin [1917] で出版された。ビューストレーム（Herman Byström）大佐が、ヘディンの描いたパノラマを、出版用にインクで描き直した。

(31) ビューストレーム大佐とシェルストレーム（Otto Kjellström）中尉。

(32) ヘディンの26枚の特殊地図の縮尺は１：30,000。また、52枚の測量地図の縮尺は１：150,000 [Hedin 1922]。パノラマと写真撮影、素描、それぞれの位置と方向は、測高法の地図上に注意深く書き込まれている。

(33) Dahlgren et.al. [1918].

(34) 「パノラマ262の調査の正確さに関してそのパノラマの領域内で調べたところ………方位角と高度の平均偏差はそれぞれ、±０°.5と±０°.4であることが判明した。これらの数字を原画のスケッチに書き換えて写すと………、ヘディンは、全長115cm、高さ８cmの２枚のスケッチの上で、水平方向には５㎜、垂直方向には４㎜しか誤差がないことが確認できる。この信じがたいほど正確な観察は、生理学の学生達の関心を引くにちがいない。それは、単に、正確な測定を決定する視覚の問題だけでなく、定位の問題でもある。なぜなら、パノラマを描くには、描き手が120°回転する必要があるからだ」[Dahlgren et al. 1918: 146-147]（筆者によるスウェーデン語からの翻訳）。

(35) ヘディンのパノラマは、多くの場合、チベットの最も過酷な状況のもとで描かれたことを記しておくべきであろう。風が強くて気温が低い峠で描かれたこともあるし、探険の最初の頃や最後の頃のキャンプ地では、冬季にきわめて標高の高いところでパノラマが描かれたのである。写真撮影で成果が得られない状況でも、スケッチすることはできた。たった１つのパノラマを描き上げるのに４時間かかった。彼は少なくとも、1736枚のパノラマを描いたが、それらは連結しない別々のものであった。次に、２枚から６枚をつなぎ合わせて552枚の完全なパノラマに仕上げた。ヘディンは、自分がどこまで仕事をしたか、数字を使って記録することに優れていた。彼が描いたすべてのパノラマの長さを合計すると、875.3ｍになる [Hedin 1910]。

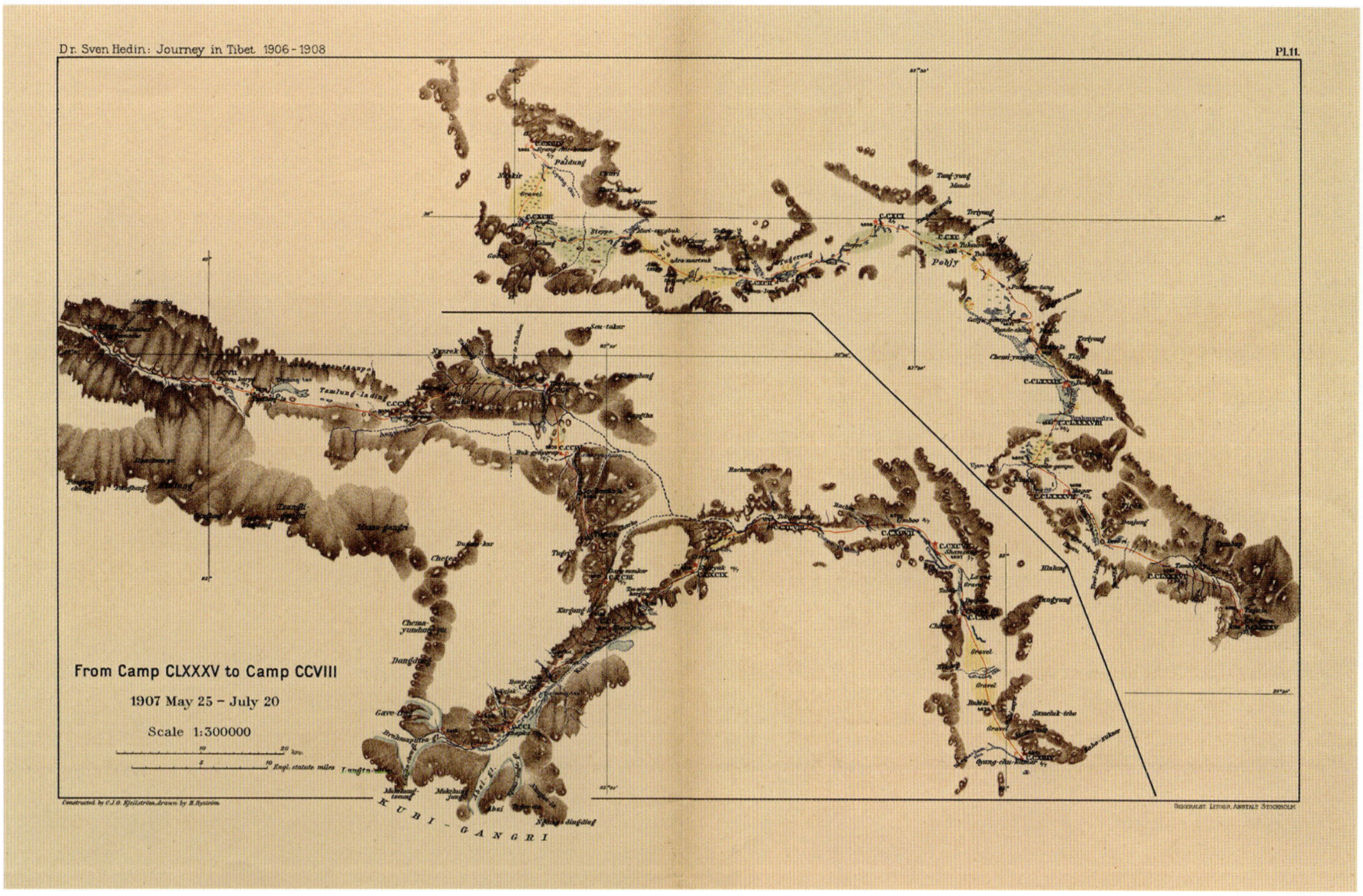

図9　クビガングリ一帯を描く特別なルートマップ。1907年、スウェン・ヘディンが、そこにヤルツァンポ（ブラマプトラ）の水源があると論じた箇所。

図10　カイラス―マナサロワル一帯の測量図。赤い円はスウェン・ヘディンが描いたパノラマを示す。黒い円は彼が撮影した写真パノラマを示す。マナサロワル湖の水深も詳しく記載されている。

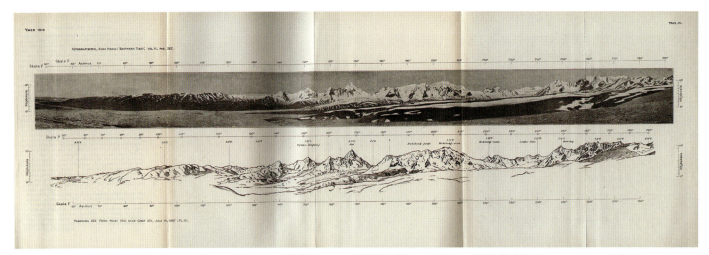

図11　クビガングリのブラマプトラ源流域を表わす写真パノラマと手描きパノラマとを比較したもの。1907年。撮影と作成はスウェン・ヘディンによる。

きたように思われる。水平方向の平面は、彼が地図作成に用いる技法で充分扱うことができる。彼がいる地点の標高は、水の沸点からかなり正確に計算することができる。自身が立っている位置の特定に関しては、彼は、まず六分儀を用い、次に、経緯儀（トランシット）[36]を用いた。しかし、垂直方向の平面は、彼が入手できる計器では扱えない問題を突きつけた。彼は、写真測量の資材[37]を入手できなかったため、自分の目を使い、細部まで正確に、水平に伸びる景観と山々とを彼のパノラマに写し取らねばならなかった。彼のパノラマのなかには、彼の周囲360°全方位に広がるものもある[38]（図12）。

最初に作成された小さなパノラマは、ゴータにあるペルテス社のドイツ人地図作成者であったハセンシュタイン（Bruno Hassenstein）（1839-1902）によって描かれたもので、ヘディンの最初の探険に関する地図群を出版するための第二稿に入っている[39]。ハセンシュタインは、ヘディンが北西チベットを踏査

図12　ロプ砂漠を平準測量中のスウェン・ヘディン、1901年。ロプ砂漠は、北部の干上がった盆地と南部の盆地との間にあり、当時、タリム水系の流路があった。

したルートを表す地図のなかに、ヘディンの描いた小さなパノラマを挿入している。このパノラマは、ハセンシュタインがこの地図を作るのに必要とした多数の山々への位置関係を示すものであった（図13）。

彼の第2回の探険（1899-1902）の終盤、チベット高原、チャンタン高原を越えながら、ヘディンは、自分が通ってきたさまざまなタイプの景観を連続した形で描き、それらを画像の形式で保存する手段を持っていないことを、次第に意識するようになった。彼は絶えず写真を撮ったが、それだけでは十分でなかった（図14）。そこで、彼は、周囲に広がる景観のスケッチやパノラマをしばしば描くようになったのである。しかし、それらは互いにつながって、全体に切れ目のない1枚の図となるものではなかった。つまり、それらを見ても、そのパノラマの左と右へ向かう景観がどのように目に映るかは、わからなかっ

---

(36) Norin［1954: 21］。1906年から1908年のチベット遠征中、彼の視力が悪くなったため、夜間に星を観察することを止め、代わりに、より信頼性の低い太陽高度の測定によらざるを得なくなった。ノリン（Norin）は後に、アクサイチンとタリム盆地の5つのキャンプ地点でヘディンが記した緯度と経度をチェックした。緯度は、前述した経緯儀（トランシット）で測定されたものであり、経度はクロノメーターで測定されたものである。ノリンは、これらの値を、アムボルト（Nils Ambolt）がはるかに高い精度で測定したものと比較した。アムボルトは、ヘディンの中国―スウェーデン遠征隊でヘディンの地球物理学者として働いた人物である。その結果、ノリンは、ヘディンによる測定値がきわめて良好であると認めた［Norin 1954: 21］。

(37) Hedin［1916: xvi］。

(38) エーレンスヴァルド（Ulla Ehrensvärd）はヘディンの方法を「写真測量的な作図と地形踏査を合わせたもの」（筆者による翻訳）［Ehrensvärd 1990: 95］と呼んでいる。これは、標高、すなわち、景観のなかで連続する一連の高度を表現するための複雑な方法である。使える方法はいくつかあるけれども、ヘディンが好んだであろう近代的な等高線への変換を行うには、ヘディンが得ることができた情報とは質が異なる基本データが必要であった。彼はフィールドでは、いわゆるバックストローク法（2地点間を往復して距離を測定する方法）を用いた。これは、18世紀末にドイツで開発された技法である。出版のための製図では、これらのデータはそのまま使うか、陰影法と合わせて用いられた。

(39) Petermanns Geographische Mitteilungen を出版したゴータに所在するペルテス社（Justus Perthes Geographischen Anstalt）で行われていた地図製作と地図製作者たちに関する全史については、Smits［2004］を参照のこと。ゴータにあるヘディンの地図コレクションについては、Weber［2012］を参照のこと。ハセンシュタイン（Bruno Hassenstein）については Smits［2004: 40-41］を参照のこと。

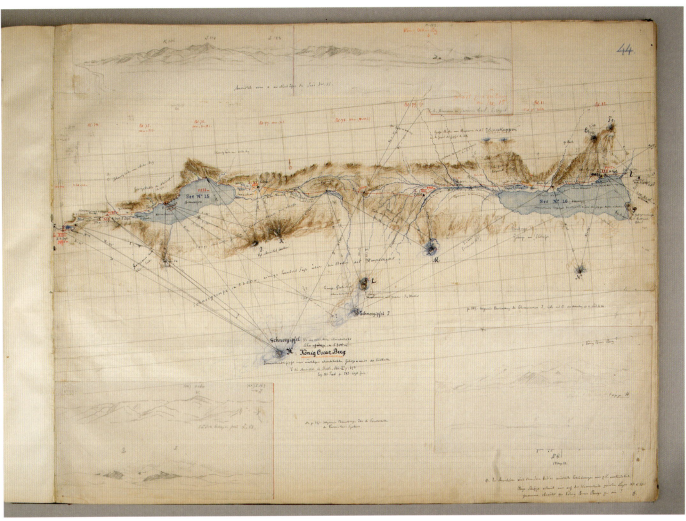

図13　ブルーノ・ハセンシュタイン（Bruno Hassenstein）が作成した地図の第二稿（1898年）。1897年に、スウェン・ヘディンが作ったルートマップに基づくもので、チベット北東部を描いている。上部にパノラマが挿入されている。

図14　チベットのキャンプ地。1901年、スウェン・ヘディン撮影。

たのである[40]。

　スウェン・ヘディンが、この技法を用いて先に述べたような結果を得るため、全力を傾けるようになったのは、第3回のチベット探険（1906-1908）のおりであった。チベットでの探険に先立って行われたペルシャでの探険中（1905-1906）で、彼はパノラマも描いたが、それはチベットで描かれたパノラマとは異なり、途切れない景観図を形作るものではなかった。ペルシャでのパノラマにはしばしば彩色がほどこされたが、後にチベットで描かれたパノラマで彩色されたものはきわめて少ない。水彩絵具を用いることは、ヘディンが熟慮したうえでの選択であった。というのは、こうしたパノラマを描いたのは、彼の目にしている山々の地質を、異なった色の地層として表現することによって把握するためだったからである。チベット高原にあるさまざまな湖を描いたパノラマは、湖岸線の後退が明瞭に見て取れることによって、乾燥が進行しているというヘディンの結論を裏付けたのである。

　ヘディンが、パノラマの描図技法あるいは「小縮尺の地形模型」[41]について、もっと早い時期から用いられていた例を知っていたのは確かである。しかしながら、フィールドで使う技法としては、ヘディンは、自ら開発した使い方を採用したのである。1890年ころ、ベルリンで指導教官であるフェルディナンド・フォン・リヒトホーフェン（Ferdinand von Richthofen）[42]の講義と演習に出席した数ヶ月の間に、彼はドイツ学派の地理学と

---

(40)　Hedin [1927: 133].

(41)　Smits [2004: 12].

地図学の素養を身につけ、学問的な基礎を固めた。カール・リッター（Carl Ritter）[43]は、19世紀前半における傑出した地理学者であったが、当時すでに、2次元の地図を補うために景観の立体模型を用いていた[44]。

ヘディンのインスピレーションのもう1つの源は、船舶が入港するのを容易にするために作成された航海図であったかもしれない。航海図は、港の入り口を明瞭に描いたスケッチとともに用いられ、海岸や島々や海峡、開放水域の正確な等高線を示すことができる。ヘディンのロールモデル（かつヒーロー）の一人であるアドルフ・エリック・ノルデンショルド（Adolf Erik Nordenskiöld）[45]は、航海図および初期の地図学のすぐれた研究者であった[46]。スウェン・ヘディンは、ノルデンショルドの末の息子であるグスタフ（Gustaf）[47]と学校友達であった。グスタフはヘディンに、ストックホルムの南にある Dalbyö を訪ねて来てよいと言ってくれた。アドルフ・エリック・ノルデンショルドはそこに住んでおり、そのたくさんの持ち物のなかに、途方もなくすばらしい地図コレクションがあったのである[48]。

フィールドで作成されたルートマップは、スウェーデンに持ち帰ってから完成されるのが常であった。日が暮れてから、彼はキャンプ地のテントの中で、日中に作った記録をチェックして完全なものにする作業の一部として、問題にしている箇所を眺めて検討した。

スケッチと水彩画について、彼は一風変わった考えを持っていた。スウェン・ヘディンは、後日、また当日の夜でさえ、フィールドで描いたスケッチに手を加えたり描き直したりするべきではないと考えていた。そして、そうしたことをしてしまった場合には、悔やんだ。「元のスケッチのほうがましでもあるし、価値も高い」とヘディンは述べている[49]。

スケッチは、フィールドで、まさにその瞬間に感じたことの記録であって、後の記憶に基づいて描かれるものではないはずである。また、実際、彼の作品は即時性を明白に示すものが多い。彼の作品には、意識してか無意識にか、未完成の状態で残されたものがかなりある。彼の注意は、彼の前にあるものの本質をとらえることに集中し、そのイメージの中心に向けられ、スケッチしたり水彩で描くことは、描き手にとってあまり重要でないものとなってしまうのである[50]。

しかし、描かれた時点ですでに、細心の注意を払って完成されている作品も多い。たとえば、大部分の水彩画、パノラマはむろんのこと、多くの肖像画である。ヘディンは、大好きなフタコブラクダの詳細な習作を何枚も描いたし、野生のヤクの静物画を何枚もスケッチした。また、先に掲げた図1と図2のように、鉛筆からインクに変えて、あるいは写真からインクを用いて描き直された絵が多数あることが知られている。これらの絵は、出版のためにストックホルムの自宅で仕上げられたものである（図15）。

スウェン・ヘディンは、画家として認められたいという野心を持ったことはないとも述べている。彼は、「芸術的観点からわたしのスケッチを判断するのはばかげている」と主張している[51]。しかし、画家として論評されるおり、彼はむしろ喜んでいたことは疑いない。1908年、彼がチベットから持参してき

---

(42) 【訳注】フェルディナンド・フォン・リヒトホーフェン（Ferdinand von Richthofen, 1833–1905）。アルプスやカルパチアで地質調査に従事した後、1860年より中国の地域調査に参加し、その成果を "China: Ergebnisse eigener reisen und darauf gegründeter studien"（5 Bd.）（1877–1883）に纏めた。東トルキスタンを東西に横断する複数の交易路を指す言葉として、Seidenstraßen（絹の道、シルクロード）の語を初めて用いた。

(43) 【訳注】カール・リッター（Carl Ritter, 1779–1859）。ドイツの地理学者。アレクサンダー・フォン・フンボルトと並んで、近代地理学の創始者といわれる。1820年、ベルリン大学に招かれ、世界で最初に開設された地理学講座の初代教授となった（1825年より正教授）。

(44) エーレンスヴァルド（Ulla Ehrensvärd）は、スウェン・ヘディン自身は、時代遅れと見なされかねない地図学の技法を用いていることをはっきり自覚していたし、自分が描いたパノラマについてやや相反する見方をしていたと述べている。リッターと彼と同じ時代の研究者たちは「二次元の地図とパノラマという補助手段とをしっかり結びつける」（筆者による翻訳）ことに慣れていた。このパノラマ技法は、登山と密接に関わるものとなっていた［Ehrensvärd 1990: 93］。

(45) 【訳注】アドルフ・エリック・ノルデンショルド（Adolf Erik Nordenskiöld, 1832–1901）。フィンランド出身の鉱物学者、探検家。北ヨーロッパと東アジアを結ぶ最短航路を開拓した。この探検の途中、ベーリング海で流氷に閉ざされたが、1879年、自力脱出に成功した。その後、日本に寄港し、大歓迎を受けた。北極海横断航海に成功したノルデンショルドに対し、東京地学協会はメダルを贈呈し顕彰した。

(46) Nordenskiöld［1897］. 彼の古地図コレクションについては、Nordenskiöld［1889］を参照のこと。これらの書物はいずれも、スウェン・ヘディンの書斎にある。ノルデンショルドの地図コレクションと彼の膨大な蔵書は、University Library in Helsinki/Helsingfors にある。

(47) 【訳注】グスタフ・ノルデンショルド（Gustaf Nordenskiöld）。（1868–1895）アドルフ・エリック・ノルデンショルドの息子。父と同じく、探検家を志し、アメリカ合衆国のメサ・ヴェルデにある古代プエブロ遺跡の調査を行った。1895年、旅行中に死亡した。

(48) ヘディンは、彼の恩師の足跡をたどることにより、歴史地図についての優れた研究者にもなったことを指摘しておくべきであろう。ヘディンのすばらしい著書である Southern Tibet は、チベットの古代地図についての学術論文という要素を含んでいる。また、ヘディンの図書室と書庫には、アジアのユニークな地図のすぐれたコレクションが納められている。

(49) Hedin［1920: 17; 1964b: 14］.

(50) おそらく、彼の最もよく知られた水彩画は、シガツェのタシルンポ寺院にある第5代パンチェン・ラマの霊廟に入ろうとする僧侶を描いたものである。この水彩画を参照されたい。この絵は、彼の著書 Transhimalaya に部分的に未完成のまま収録されている。彼は、その序文で、次のように、やや自己弁護的に書いている。「わたしのスケッチには芸術的な長所は少しもありません。わたしの水彩画には、素描の面でも彩色の面でも大きな欠点があります。わたしは多くの絵を描きましたが、そのうちの1枚は、霊廟のドアを開けようとする僧侶を描いたものです。でも、わたしは急ぐあまりに、その絵を未完成のままにしてしまいました。つまり、壁画や陰影を描き終えないで、他の絵と一緒にしてしまったのです」［Hedin 1909, Vol. 1 : viii］。実際のところ、ヘディンの絵の多くはこのように「未完成」であるが、そのことで彼が悩んだ様子はない。

(51) Hedin［1920: 6］.

図15　フタコブラクダのスケッチ。1896年、スウェン・ヘディンによる。

図16　モンゴル女性の肖像画を描くスウェン・ヘディン、1927年。

図17　ムハンマド・トグダ・ベク（Muhummed Togda Bek）、66歳。新疆のカパの住人、1896年。

た絵が京都で展示されたことがある[52]。自分の絵が芸術作品として展示されることが、彼をいたく喜ばせたのは明らかである。なお、彼の作品の展覧会はこれまで何度か開催されている。それらは、他の展覧会との合同のものもあれば、単独の展覧会もある[53]。

　ヘディンが自身の収入を得るために、スケッチや絵を個人的に売却したことは、おそらく一度もない。ヘディンの作品がときおり市場に登場してくるのには、さまざまな理由がある。彼が絵を友人たちあるいは同僚たちにプレゼントしたことはあっただろう。あるいは、慈善運動の募金集めのために作品が提供されたかもしれない。彼の "*En Levnads Teckning*" は、1920年にストックホルムで開催された彼の絵の展覧会のために出版された本である。この展覧会は、その少し前に終結した戦争による被災児童たちのための学校を支援するものであった。数年後、ストックホルムのオークション会場で何品かの絵が競売に掛けられたが、その時もまた、慈善のための募金目的であった。

　シカゴ万国博覧会の期間中、スウェン・ヘディンと中国―スウェーデン遠征隊によって、承徳（Jehol）のいわゆる黄金寺院の完全な模型が展示された[54]。このおり、ヘディンは大急ぎで、彼が以前に描いたスケッチでとりあげたさまざまな場面を思い出して、何枚も何枚もペン画を描いた。これは、展覧会の開催中、遠征隊のための資金を集めるためであった。当時、遠征隊の資金を調達する必要に迫られていたのである。多数のペン画が売れたけれども、ヘディンが望んだ額には及ばなかっ

た[55]。実際のところ、そのときに描かれたペン画の多くは、今も、ヘディンの作品の大部分を収蔵するヘディン文庫で見ることができる。ヘディンは決して自分の作品を手放さず、何千点もの作品を残した。そして、それらについては、彼の弟カール（Carl）によってきちんと目録が作成されている。

　スウェン・ヘディンは、鉛筆やインク壺や絵具箱を科学的な目的のために用いたのであるけれども、それらを使うのは、彼にとって安らぎの時間でもあり、心から楽しんで絵を描くことができた。彼が、探険ルートのどこかで足止めされたり、必要以上に長くそこにとどまらざるをえない場合、彼は、部下を周囲に派遣して、喜んで彼の前に座って肖像画を描かせてくれる人々を集めてこさせたのであった（図16）。

　彼のもっともすばらしい、とくに肖像画のなかでもっとも優れたスケッチが描かれたのは、最初の探険（1895-1897）の後半であった。1895年のタクラマカン砂漠に入ってゆく、いわゆる

---

[52]【訳注】1908年に京都帝国大学で行われた展示については、東京地学協会 1909「ヘディン博士滞洛記事」『地学雑誌』21（6）：b1-b12を参照されたい。

[53] 1969年、ストックホルムにある国立博物館で展覧会が開催された［Magnusson 1969］。また、1990年、ストックホルムにある民族学博物館で別の展覧会が開催された［Wahlquist 1990］。

[54] Montell［1932］.

[55] 彼の一般書の挿絵にするために、彼の手によって同じ様なスケッチが作成された。

図18 ゲル（伝統的な移動式住居）を組み立てる人々。1927年、内モンゴルでヘディンがスケッチしたもの。後に、インクで描き直された。

「死の行軍」の際、彼は、部下の何人かとラクダの大部分を失っただけでなく、彼の用具類の大部分も失ってしまった。カメラとガラス乾板の一部あるいはすべてが無くなったため、彼は全面的にスケッチに頼らざるを得なくなったのである（図17）。

第2回の探険（1899-1902）の成果を含む学術報告書[56]のなかで、彼は、自分の描いたスケッチを、前述したのとは異なる目的のために用いた。彼は、何巻もの報告書の1つのパートすべてを、それまで何度か出掛けたアジアへの旅行（1885-1897）中に描いた肖像画で構成することにした。このことは、スケッチを描こうとする学術的な意図があったこと、あるいは、少なくともそれらを用いる際にある種の意図があったことを示すのかもしれない。その意図とは、彼の旅行のなかで出会ったあらゆるエスニック・グループの肖像画を集めて提示することである。ヘディンは、学術報告書を出版する際、この肖像画集によって、彼が遭遇した集団に典型的に見られる人種的特徴を明らかにできると信じていた。1世紀前の当時、こうした企画は珍しかった[57]。

彼がフィールドに出かけた最後の冒険（1927-1927と1933-1935）では、彼自身が地図作成のために束縛されることはなく、彼が描いたものには、以前の作品よりも制約の少ない絵が多い。たとえば、彼は、人々の動きを限られた数の描線でつかむ、より「速記的」なアプローチを試みている（図18）。

1885年にバクーへの旅行を記録するために描かれた作品には、ヘディンが子どもの頃のスケッチに用いたのと同じスタイルが見られる。この子ども時代のスケッチが、彼の長年にわたる描画の修業の始まりであった。この頃から、彼の目を鍛え、彼の技術を向上させる猛烈な努力が始まったのである。描画の鍛錬は、彼の生涯を通じて行われ、1906-1908年の探険中にチベットの景観を描くのに用いたきわめて写真的な表現で最高潮に達した。腕前の上達ぶりは、1923年に旅したグランドキャニ

オンの壮麗さをとらえる多彩な画像や、1933～1934年に中央アジアで彼が最後に過ごしたおりに描かれた陽気な光景にもよく現れている。

スウェン・ヘディンが、フィールドでは常に、調査後に書く旅行記のことを考えていたことを思い起こすべきであろう。旅行記は、彼の財政にとって重要なものであった。家族に宛てた彼の手紙は、そうした旅行記の草稿であった。実際、家族宛の手紙は彼の日記でもあった。彼の写真やスケッチは、彼の記憶を補うだけでなく、探険直後に出版する一般書をより魅力的にし、学術報告書をより説得的なものにするための挿絵としても用いることを意図されていた[58]。

4. スウェン・ヘディン——写真家

本稿を貫く主張は、「画家」としてのスウェン・ヘディンと「写真家」としてのスウェン・ヘディンとは、相互に密接に関連しているというものである[59]。彼の画家としての才能を議論するのは、彼が写真家として大きな成功をおさめた理由の一つを語ることでもある。写真に関しては、彼は、彼の先輩にあたる大勢の探険家を手本としていた。

他方、本稿では、彼が企画し指揮した中国―スウェーデン遠征隊（1927-1935）[60]は、多くの国々がかかわるプロジェクトであり、さまざまな学問分野からの参加者たちが、きわめて近代的な方法で協力し合い、互いを補佐し合うというものだったことをすでに指摘した[61]。

本稿ではまた、ヘディンが、稀代の野外地図学者になったことも指摘した。彼は、彼以前に活躍した探険家たちよりも、また彼の後に登場した探険家たちよりも、おそらくはるかに多くの地図を自分の手で描いている。彼が作成した地図については慎重なコメントもあるけれど、多くの評論家が優れていると認めている[62]。

彼が受けた正式な地図学の訓練について調べてみると、1885年にセランデル（Selander）大佐による陸軍士官たちのための短

---

(56) Hedin [1904-1907].
(57) Hedin [1907].
(58) 彼の最初の探険（1893-1897）の学術報告書には、1枚も写真がなく、すべて彼のスケッチである［Hedin 1900］。
(59) エーレンスヴァルドは、ヘディンがどのように自分の活動を記述したか、その方法を見ると、彼が科学者というよりも、むしろ画家だということが信じられると述べている［Ehrensvärd 1990: 91］。
(60) このことは、中国人指導者たちが重要な貢献をしたことを否定するものではない。
(61) Philippe Forêt［2000］は、1910年頃のスウェン・ヘディンは、専門化する地理学、すなわち、発見や探険から科学へと移行する地理学に深く関わっていたと論じた。
(62) エーレンスヴァルドは、ヘディンが地図を作った広大な領域について考える際、作成された地図の質に関しては疑ってかかる必要があると述べている［Ehrensvärd 1991: 86］。だが、科学評論家たちがヘディンの地図を吟味し、それらはきわめて安定した質の高いものだと指摘したことを、彼女は認めるべきである。Dahlgren et.al.［1918］とNorin［1954: 20-24］を参照されたい。

期間コースを受講しただけで、彼が作った地図に対する信用を高めるような経歴はほとんどない。この点からすると、彼は、本質的に独学の人であった。また、何度も探険を重ねるにつれ、彼の地図作成がしだいに巧みになっていることが容易に見て取れる。彼の最初の探険で作成された550枚の地図は、さまざまな大きさの紙の上に、異なった縮尺で描かれていたため、それらをもとに製図するように委託された地図製作技師たちは、いくつもの余分な問題に取り組むはめになった。また、次に地図を作成する際はきちんと組織的な仕事をするよう、ヘディンを説得する格好の口実を彼らに与えたのである。ヘディンはこの問題をよく理解し、第2回の探険（1899-1902）で描かれた1149枚の地図は、統一された大きさの紙に、処理しやすい縮尺、すなわち1：30000と1：40000で作成された。同様に、ペルシャ（1906）で作成された179枚の地図とチベット（1906-1908）で作成された880枚の地図は、同じ大きさの紙（25x31.5cm）に、1：40000という統一した縮尺で作成された[63]。

本稿では先に、スウェン・ヘディンが学校に通っていた頃からすでに、当時最良の地図、とりわけドイツのゴータに所在するペルテス社[64]で製作された地図を眺めて夢中になっていたことを述べた。後年、このペルテス社とヘディンは、二度にわたって一緒に仕事をした。それは、彼の最初の探険（1893-1897）で得た地図を出版した際、また、中国―スウェーデン遠征隊（1927-1935）の主要な成果を出版した際とであった。

1881年、16歳のとき、彼は、後に実現したことを予兆するような計画をスタートさせた。ヘディンは、自分たちのまわりにある世界および自分たちの上にある星空に関する地図とヨーロッパとスカンジナビアの地理学および地質学、古生物学、鳥類学に関する地図とを描いて彩色するという、達成までに2、3年を要する計画に着手したのである。実在する資料に依拠するというアイデアは、まぎれもなく彼自身のものであった。彼自身、これは彼自身の「誇大妄想」の表出だと述べている[65]。完成した全6巻のアトラスは、たいへん綿密かつ正確に仕上げられ、テキストも添えられた。テキストの字体は、印刷されたものでないとは思えないような出来映えであった[66]。

スウェン・ヘディンのアトラスは、やがて上流社会の人々に知られるようになり、その一人が19世紀におけるスウェーデンの優秀な極地研究者、ノルデンショルド（Adolf Erik Nordenskiöld, 1832-1901）であった。北西航路を開拓し、ユーラシア大陸全体を周航した最初の人物となった後、彼はスウェーデンの名士と

図19　急遽作成した地図を前に、チベット探検について講演するスウェン・ヘディン。1908年、シムラにて。

なった。彼は、スウェン・ヘディンにとって重要なロールモデルでもあった。当時の国民的英雄は、冒険的な探険家と認められた科学者を兼ね備えた者たちから選ばれていたのである[67]。

スウェーデン人類学・地理学協会で、ニコライ・プルジェワリスキー（Nikolai Mikhailovich Przheval'skii, 1839-1888）[68]が行った中央アジア探険について講演が行われることになった。プルジェワリスキーは、ヘディンのもう一人の重要なロールモデルで、スウェーデン人類学・地理学協会からヴェガ・メダルを授与されることになったのであった。スウェン・ヘディンは、この講演のために大きな地図を描き、彩色をほどこすように依頼されたのである。彼は、中央アジアの地理について明らかにされていることを真剣に勉強した後、地図を作成した。それは1884年のことで、報道されたところによると、ノルデンショルドは、この少年が示した地図製作の腕前に強い印象を受けたのであった[69]（図19）。

フィールドでのヘディン自身の地図作成は、シンプルかつ効率的であった。しかし、1枚の地図が完成すると、毎日毎日、また、来る月も来る月も、同じ正確さと注意力をもって作業にあたり、一連の地図と観測との間に少しの食い違いも許さな

---

(63) 中国―スウェーデン遠征隊に関しては、メンバーの多くは、ルートマップを作ることを求められた。作成されたルートマップは集められて、秩序立てて整理された。当時、技法も用具も改良されており、平らなテーブルを使い、三角法のネットワークを作ることを目標として作業が行われた。

(64) 彼を刺激した地図の多くの例については、Smets[2004]を参照されたい。

(65) Hedin[1920: 10].

(66) しかしながら、これは彼のこの類いの最初の地図ではなかった。13歳以前ではないにしてもその頃、彼は似たような性質の地図を描いたことがあった[Montell 1961: 480]。

(67) 1879年、ヴェガ号（Vega）でスウェーデンに帰国の途上、彼と乗員たちは、9月から10月までほぼ2ヶ月、船が修理される間、日本に滞在したことを言及しておく。そのおり、彼と乗員たちはありとあらゆる栄誉を受け、明治天皇への謁見すら行った。

(68) 【訳注】ニコライ・プルジェワリスキー（Nikolai Mikhailovich Przheval'skii, 1839-1888）。ロシアの中央アジア探検家。1870～1893年にモンゴルと中国を、1876～1877年にジュンガリアを踏査して、ロブ・ノールの位置を確定し、1879年以降二度にわたりチベットへ赴いた。プルジェワルスキー（加藤九祚訳）1978『黄河源流からロブ湖へ』河出書房新社。

(69) 数年後、彼は、プルジェワリスキーの四度の探険をもとに書かれた旅行記をロシア語とフランス語から翻訳し、コンパクトにしてスウェーデンで出版した[Hedin 1891]。

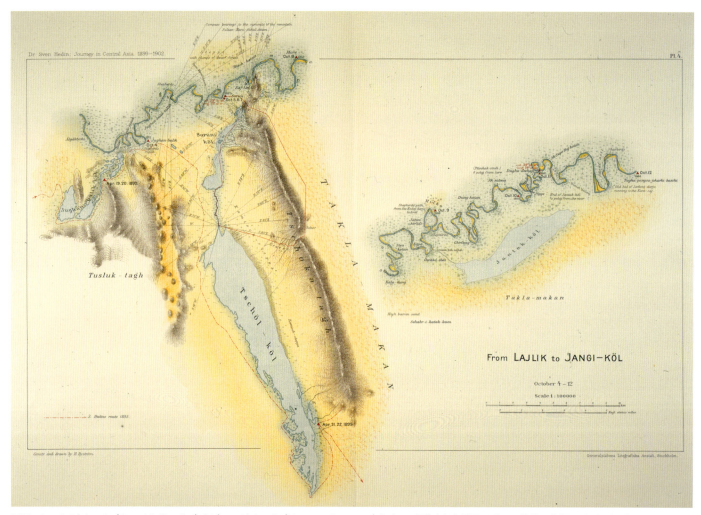

図20　シェルストレーム（Otto Kjellström）とビューストレーム（Herman Byström）によって編集された地図。タリム盆地の北部マザルタグ一帯を描く。スウェン・ヘディンの第一回と第二回の探険で描かれたルートマップをもとにしたもの。

かった。これは、精神的にも、肉体的にもたいへんな努力を要する仕事であったにちがいない。彼の最初の3回の探険では、彼は地図をすべて自分で作成し、決して、そのことに不平をもらさなかった。先述したように、年を経るにつれ、彼の地図作成は上達こそすれ、彼が、自身の仕事に対して、決して水準を落としたことがないのは明らかである。彼のコレクションに、1枚また1枚と地図を重ねていくことは、充分に彼の労苦にむくいるものであった。材料を集め、正確な観察から証拠を組み立てることが、彼が問題とする論点を科学的に議論し、証明するためのヘディンの方法であった。彼は、普遍的な理論を構築する人ではないと論評されてきた。けれども、彼は特殊な理論を定式化したことはある。最もよく知られているのは、位置が変動する湖についての理論である。もっとも、この理論が特定の問題を解くためのもので、普遍理論でないことは確かである。

どのような方法で地図作成に取り組むかについて、ヘディンは何度も説明している[70]。距離の測定には、歩数の他に、彼のラクダやウマ、ラバ、ヤクが、さまざまな地形条件のもとで一定の距離（150m）を歩くのに要する時間が用いられた。この方法は、定期的にチェックされなければならなかった。地形の変化や標高の変化、さらに、動物たちがどれくらい疲れているかが、彼らの歩数あるいは一定の距離を行くのに要する時間、または、それら両方に影響を与えたからである（図20）。

諸条件が一定に保たれた場合、とくに彼の乗り物がフタコブラクダであった場合、この方法はおどろくほど正確であると判明した[71]。動物の背中に乗って、彼は彼のまわりにひろがる景観をよく眺めることができた。その頃、彼が携えていたわずか2つの器具であるコンパス（方位磁石）付き矩形定規とクロノメーターを常時使用して、方向の変化と測定可能な距離とを

---

(70) ヘディンは、自身の方法論をきわめて簡潔に説明している［Hedin 1927］。

(71) ヘディンが用いたこの技法は、たいていの人が最初から疑ってかかるような代物であった。ノリン（Erik Norin）は、この技法を慎重にテストし、中国－スウェーデン遠征隊へ参加した際、彼自身でもフィールドで使ってみた。そして、この技法が信頼できるものであることを悟った。彼は、平らなテーブルで行われた作業で確かめられた距離とサイクロメーター（走程計）を用いた測定で得た距離とを比較してみたのである［Norin 1954: 20-21］。Dahlgrenと彼の同僚たちもまた、この技法で得られる情報精度が、他の情報源から得るものに引けを取らないことを理解した［Dahlgren et. al. 1918］。

すべて決定することができた。遠方の峰々や景観に見られる顕著な特徴を、さまざまな距離と方向から観察することができた。ヘディンは、この地方を以前に調査した探検家達がたどった道を行くのを避けるため、彼らが作った地図を携えていた。そうすることで、自分のルートと彼らのルートとが交差した場合には、別のルートを取る準備ができていたのである。

彼がフィールドで描いたルートマップは単純で、ときには雑然と見えるかもしれないが、その地図を確かなものとする多くの情報が満載されている。彼は、毎日、200ほどの情報を得ることができた。ノリン（Norin）[72]は、ヘディンの仕事について、類推によって概括化した記述をしなかったこと、すなわち、彼が観察できなかったものは何も付け加えなかったことを、特に賞賛している。「ヘディンの地図は観察された事実だけを含み、他のものは一切ない」（筆者の翻訳による）。彼は、彼が見たものから景観を外挿する、つまり、実際に目にした範囲の状況に基づいて、その外側にある状況を予想することができたのであるが、それを地図に描くことはしなかった。ノリンのキャラバンは、ヘディンの地図作成隊のキャラバンの後から進んでいたのであるが、後続のノリンが牧草の生えている地面を見つけられるよう、ヘディンは絶えず植生に関する情報を彼に伝えた。ノリンは、このことについても、ヘディンに感謝している[73]。

5. ルートマップから印刷された地図へ

ヘディンの著作や学術報告書のなかに収録されている地図は、彼自身が描いたルートマップを複写して作り直されることもたまにはあったが、多くの場合、もとのルートマップそのものではない。ルートマップを美しい地図、すなわち、今日わたしたちが目にしている、フィールド調査の成果としての地図にするために、ヘディンは、スウェーデンに帰国するとただちに、自分で作った地図を地図製作の専門技師たちの手にゆだねたのである。

今日、地図は航空写真や衛星やコンピュータで製作される時代であるが、それ以前は、地図は手で描かれ彩色を施されるものであった。地図作りの名人たちや彼らの元で働く人たちは、単なる技術職人ではなく、ある種の芸術家でもあった。

1893年から1897年の最初の探険に基づいた、初めての地図集を製作するために、彼はゴータのペルテス社に出向いた。19世紀末、そこの最も著名な地図製作者であったハセンシュタイン（Bruno Hassenstein, 1839-1902）は、ヘディンのルートマップをもとに何枚もの大縮尺の地図を製作し、タリム盆地とチベット高原の北部側面をくまなく描いた。ハセンシュタインはさらに、既存の地図を基にした、より広範な領域を表す地図を作り、そこにヘディンの探検ルートとさまざまな地理的発見を書き込んだ[74]。

これらの地図は、探険についての彼の学術的な説明と共に、この機関が発行する雑誌の附録として出版された[75]。

ヘディンが第2回の探検（1899-1902）から戻ったとき、彼のスウェーデン国内での立場は、以前とはまったく異なっていた。彼は、スウェーデンあるいは、この国の保守勢力が求める国民的ヒーローとなったのである。この探検の成果として地図を製作し、学術報告書を出版することは、国家としての重要性と誇りに関わる問題と考えられ、政府がそれを支援した。ヘディンが探検中に作った地図は、スウェーデン陸軍地図局に届けられた。地図局では、ビューストレーム（Axel Herman Byström）少佐（のちに大佐）（1856-1933）とシェルストレーム（Lieutenant Otto Kjellström）中尉（1855-1913）とが、それらの地図を注意深く取り扱った。すでに述べたように、フィールドワーカーとしてのヘディンの能力は、いろいろな意味で学習鍛錬の場であった最初の探検以来、高まってきており、その成果である地図のなかには、驚くほど美しく、情報豊かなものがあった。このときは、彼のルートマップはすべて出版用に描き直され、植生などの詳細を示す1：100,000の縮尺の地図が何枚も製作された。むろん、探検した領域全体を表す地図も製作された（図20）。

ヘディンの第3回の探検で得られた地図には、2つの部分があった。すなわち、ペルシャ／イランのカヴィール砂漠（1905-1906）の領域を表す地図群とチベット（1906-1908）の領域を表す地図群である。これらの地図の出版は何年も遅れた。その最も大きな理由は、第一次世界大戦であった。これらの地図は、当初、第1回の探検のときの地図製作を担当した2人の技師たちによって製作されたが、1913年にシェルストレームが亡くなった後は、ビューストレーム大佐と陸軍地図局の彼の部下たちの手によって完成された。カヴィールの8枚の地図はヘディンが踏査した領域を全て描いているけれども、チベットの地図は、以前の探検について出版したときと同じパターンを踏襲した。つまり、前述したように、チベットのルートマップは作り替えられ、2組の詳細地図集として出版されたのである。1組は特殊な地図を集めたもので、他の1組は測量地図を集めたものだった。

スウェン・ヘディンは、中国―スウェーデン遠征隊による成果である地図の最終版を目にすることはできなかった。地図製作は、当初、ゴータのペルテス社に委託され、そこで製作され

---

(72) 【訳注】エリク・ノリン（Erik Stefan Norin, 1895-1982）。スウェーデンの地質学者。西ヒマラヤで地質調査の経験を積み、1927年から1935年にかけて、中国―スウェーデン遠征隊に参加した。

(73) Norin［1954: 22-23］.

(74) Hassenstein［1900］.

(75) Hedin［1900］.

(76) 【訳注】カルドン（Kristina Mathilda（Kerstin）Cardon, 1843-1924）。スウェーデンの肖像画家。1875年から1884年まで、ストックホルムで美術教師をした。彼女の描いた肖像画のなかにヘディンを描いたものがある。

た4枚の地図の出来映えをヘディンは賞賛した。けれども、第二次世界大戦によるドイツの敗北により、この企画はアメリカ陸軍地図局に引き継がれ、結局のところ、元の資料がどのように扱われることになったのか、ヘディンがその顛末を知ることはなかった。1952年にヘディンが亡くなった後、エリック・ノリンは、地図局の人々と緊密に連携して作業を進めた。そして、1969年、ヘディンがその晩年の大部分を捧げた中国ースウェーデン遠征隊による一連の学術報告書の第47巻として、13枚の地図からなるヘディンの中央アジアのアトラスを収めたボックスが出版された。

［文献］

Dahlgren, E. W., Karl D. P. Rosén and H. W: son Ahlman 1918. Sven Hedins Forskningar i Södra Tibet 1906–1908. *Ymer* 1918 H. 2: 8–186.

Ehrensvärd, Ulla 1989. Sven Hedin - Der Kartenmacher, *Meddelanden från Krigsrakivet* XII: 157–180.

Ehrensvärd, Ulla 1990. Kartan mellan kod och verklighet. In *Bilden som källa till vetenskaplig information*, Konferens 23: 85–104, Kungl. Vitterhets Historie och Antikvitets Akademien, Stockholm.

Forêt, Philippe 2000. *La véritable histoire d'une montagne plus grand que l'Himalaya*. Les résultats scientifiques inattendus d'un voyage au Tibet（1906–08）et la quarelle du Transhimalaya. Éditions Bréal, Paris.

Haack, Hermann 1941. Sven Hedins Zentralasien-Atlas. *Petermanns Geographische Mitteilungen* 87 Jahrgang 1941, 1.Heft: 2–7.

Hassenstein, Bruno 1900. Begleitworte zu den Karten. *Petermanns Mitteilungen*, Ergänzungsheft No. 131: 378–399. Gotha: Justus Perthes.

Hedin, Sven 1886. Om Baku och Apscheronska halfön. *Ymer*: 337–350.

Hedin, Sven 1887. *Genom Persien, Mesopotamien och Kaukasus*. Reseminnen. Stockholm: Albert Bonniers Förlag.

Hedin, Sven 1891. *General Prschevalskij's forkningsresor i Centralasien*. Stockholm: Albert Bonniers Förlag.

Hedin, Sven 1900. Die geographisch-wissenschaftlichen Ergebnisse meiner Reisen in Zentralasien 1894–1897. *Petermanns Mitteilungen*, Ergänzungsheft No. 131. Gotha: Justus Perthes.

Hedin, Sven 1904–1907. *Scientific results of a journey in Central Asia 1899–1902* (6+2 vols.) Stockholm: Generalstabens Litografiska Anstalt.

Hedin, Sven 1907. *Scientific results of a journey in Central Asia 1899–1902*, vol.6: Part 3 Racial types from Western and Central Asia drawn by Sven Hedin.

Hedin, Sven 1909, 1912. *Transhimalaya*. Upptäckter och äfventyr i Tibet（3 vols.）. Stockholm: Albert Bonniers Förlag.

Hedin, Sven 1910. Die wissenschaftlichen Ergebnisse meiner Reise in Tibet 1906–1908. *Petermanns Geographische Mitteilungen* 2: 1–6.

Hedin, Sven 1916. *Southern Tibet* Vol I. Lake Manasarovar and the Sources of the Great Indian Rivers. From the remotest antiquity to the end of the eighteenth century. Stockholm: Generalstabens Litografiska Anstalt.

Hedin, Sven 1916–1922. *Southern Tibet*. Discoveries in former times compared with my own researches in 1906–1908 (9+3 vols.) Stockholm and Leipzig.

Hedin, Sven 1917. *Southern Tibet* Atlas of Tibetan Panoramas, Stockholm.

Hedin, Sven n. d. *Southern Tibet* Maps Vol. I set 4 Special maps of Dr. Sven Hedin's Route through Tibet 1906–1908, 26 sheets, by O. Kjellström and H. Byström, 1:300000. Stockholm.

Hedin, Sven 1920. *En Levnads Teckning*. Stockholm: Albert Bonniers Förlag.

Hedin, Sven 1922. *Southern Tibet* Maps Vol. II. Hypsometrical maps in 52 sheets with special use of Dr. Sven Hedin's Panoramas constructed and drawn by Colonel H. Byström. 1:200000. Stockholm.

Hedin, Sven 1927. *Eine Routenaufnahme durch Ostpersien* Zweiter Band. Stockholm: Generalstabens Litografiska Anstalt.

Hedin, Sven 1931. Kartläggning under mina resor i Asien. *Globen* 10: 55–62.

Hedin, Sven 1936. Sven Hedin über seine Bilder. *Velhagen & Klasings Monatshefte*: 81–88, Berlin.

Hedin, Sven 1964a. Sven Hedin som Artist（?）. *Sven Hedin Life and Letters* part II. Stockholm: Generalstabens Litografiska Anstalt.

Hedin, Sven 1964b. Sven Hedin as Artist *Sven Hedin Life and Letters* part II. Stockholm: Generalstabens Litografiska Anstalt.

Kircheri, Athanasii 1667. *China Monumentis*: qua Sacris quà Profanis nec non variis Naturæ & Artis spectaculis, Aliarumque rerum memorabilium Argumentis Illustrata. Apud Jacobum à Meurs.

Lewis-Jones, Huw & Kari Herbert 2017. *Explorers' Sketchbook*. The Art of Discovery & Adventure. London: Thames and Hudson.

Magnusson, Börje (ed.) 1978. Sven Hedin Teckningar. *Nationalmusei utställningskatalog* 416. Stockholm.

Montell, Gösta 1932. *The Chinese Lama Temple*. Potala of Jehol. Century of Progress Exposition, Chigaco.（Sven Hedin copyright - Gösta Montell text and ed.）

Montell, Gösta 1961. Sven Hedin's Mapping in Asia. *The Bulletin of the Geological Institutions of the University of Uppsala*, Vol XL: 479–484, Uppsala.

Nordenskiöld, Adolf Erik 1889. *Facsimile-Atlas to the early history of cartography* with reproductions of the most important maps printed in the XV and XVI centuries. Stockholm, 1889.

Nordenskiöld, Adolf Erik 1897. *Periplus*, Utkast till sjökortens och sjöböckernas historia, med talrika afbildningar av sjökort och kartor. Stockholm.

Norin, Erik 1954. Sven Hedins Forskningsresor i Centralasien och Tibet. *Geografiska Annaler* Årg. XXXVI: 9–39, Svenska Sällskapet för Antropologi och Geografi, Stockholm.

Romgard, Jan 2013. *Embracing Science*. Sino-Swedish Collaborations in the Field Sciences, 1902–1935. Stockholm: Department of Oriental Languages Stockholm University.

Smits, Jan 2004. Petermann's Maps Carto-bibliography of the maps in Petermanns Geographische Mitteilungen 1855–1945. *Utrechtse Historisch-Kartographische Studien* 3. Hes & de Graff Publishers BVí Goy-Houten.

Stolpe, Sven 1974. Sven Hedin och hans minne. *Tål ni höra mer*, Minnen och Anekdoter: 20–30.

Wahlquist, Håkan 1990. *Sven Hedin - tecknaren*, Med papper och penna i Centralasien Folkens Museum Etnografiska & Sven Hedins Stiftelse, Stockholm.

Weber, Matthias 2012. Die Erkundung Zentralasiens - der Nachlass Sven Hedins in der "Sammlung Perthes Gotha." *Cartographica Helvetica* Heft 46: 25–37.

Wegener, Georg 1935. Das Künstlerische in Sven Hedin Hyllningsskrift tillägnad Sven Hedin. *Geografiska Annaler* Vol. 17: 463–469.

Wennerholm, Eric 1978. *Sven Hedin*. Stockholm: En biografi Bonniers.

8

ヘディンと漢籍

木津祐子　　田中和子
KIZU Yuko　　TANAKA Kazuko

　1908年11月29日、京都帝国大学で開催された講演会では、ヘディンは、来日直前に終えた第3回の中央アジア探検について語った。この講演会にあわせて、同日、別室で、関連する文献ならびにヘディン自身の手による稿図等が展示された。文献展示にあたっては、内藤虎次郎（湖南）講師の尽力が大きかったと歓迎報告書に記されている［東京地学協会1909］。

　このおりに展示された漢籍の1つに『水道提綱』がある。ヘディンの京都滞在中に、この『水道提綱』巻22「西蔵」の一部が、文科大学教授の小川琢治によって英訳され、ヘディンに渡された［田中2015］。ヘディンは、小川の英訳をそのままのかたちで、*Trans-Himalaya*［Hedin 1909–1913］および *Southern Tibet*［Hedin 1917–1922］という2つの著作に収録した。漢籍の読めないヘディンが『水道提綱』の内容を著作に取り入れる経緯には、小川や内藤をはじめとする文科大学の教員たちが大きく関与していたことがうかがえる。

　ヘディンが実は中国を含む東洋の古典的な地理書に強い関心を持っていたと、ヴォルケスト（Håkan Wahlquist）は指摘している［ヴォルケスト2005］。しかしながら、これまでのヘディン研究において、ヘディンと漢籍の関わりを詳細に検討したものは見当たらない。そこで、本稿では、ヘディンの京都訪問と文科大学の教員たちとの交流という側面から、ヘディンによる漢籍への接近を探ることとする。これにより、京都から発信された東洋学の情報がヘディンにどのように影響したか、その一端を明らかにすることが本稿の目的である。

　本稿の課題は、次の3点にある。第一は、『水道提綱』の記載は、ヘディンの第3回の中央アジア探検（1906–1908年）で挙げた成果とどのような関連があったかを示すことである。第二は、ヘディンが目にした展覧会での漢籍コレクションの内容を提示し、『水道提綱』がどのような書物か、資料の特徴を示すことである。第三は、探検と研究を通じて、ヘディンが漢籍への関心を高め、東洋学へ接近してゆく過程のなかで、彼の京都訪問がどのような意味を持ったかを明らかにすることである。

あわせて、ヘディンにとって重要な意味をもった『水道提綱』の一節はどのような内容のものか、また、小川がそれをどのように翻訳したか、それぞれ、原テキストとその和訳を示す。

　小川による『水道提綱』の翻訳をヘディンが自身の学術報告書に引用した行為は、文献研究というデスクワークと探検活動というフィールドワークとの協働と見なすこともできる。上記の課題に取り組むことにより、こうした協働のきっかけとなった文科大学の教員たちとヘディンとの交流の今日的な意義を明らかにしたい。

　なお、本稿では、第2節と付録2（『水道提綱』巻22の該当部分の引用とその和訳）を木津が、それ以外の節と付録1（小川の英訳を含む *Southern Tibet* の第1巻第12章の英文とその和訳）および付図を田中が担当する。地名一覧の付表は木津、田中、池田巧が共同で作成した。

1. 第3回中央アジア探検における
　 地理学上の成果と『水道提綱』

ブラマプトラ川とサトレジ川の水源の発見

　ヘディンが行った第3回中央アジア探検（1906-1908年）では、どのような地理学上の成果が上げられたのだろうか。

　日本へのヘディンの招聘と歓迎に際して活躍した一人である山崎直方は、ヘディンの日本到着前に、ヘディンならびに彼の業績を紹介する講演を行った。山崎は、地理学上の大きな成果として、ヒマラヤ山脈の北にあって、ヒマラヤ山脈と並行して走り、カラコルム山脈に続く山脈を発見し、これをトランス・ヒマラヤと命名したことをまず挙げた。ついで、アジアの大河川のうち水源の不明であった、ブラマプトラ川とサトレジ川と

インダス川の水源を明らかにし、これらを地図上に明確に示した意義を強調し、ヘディンの偉業を称えた［山崎 1908: 777-780］。

ヘディン自身も東京地学協会での講演において、トランス・ヒマラヤの発見を最も重要なものとしたうえで、ブラマプトラ水源とサトレジ水源の発見とインダス水源の調査について説明した。ブラマプトラとサトレジという2つの大河川の水源は、実際には非常に近い位置にある。ヘディンは、まず、ブラマプトラ川を西北に遡り、上流部で合流する5つの支流のなかでクビツアンポーの水量が最大であること、クビツアンポーを遡り、クビガングリーという高山にある3つの氷河の溶解水が流れてきたものであることを確かめ、水源と確定した。さらに、ブラマプトラの最西の支流の分水嶺を西側に越え、西に流れるタゲツアンポーという小さな川がマナサロワール湖とラカスタール湖という2つの湖を経て、しだいに川幅を増して、サトレジ川になることを突き止めた［東京地学協会 1908: 55-62, 81-874, 91-92］(1)。

ヘディンは、一般向けの探検紀行である *Trans-Himalaya*［Hedin 1909-1913］と学術報告である *Southern Tibet*［Hedin 1917-1922］という2つのタイプの図書として、探検報告を刊行した。先に刊行された *Trans-Himalaya*（全3巻）の第2巻末には、探検ルートの全体図である "A Map of Tibet showing Dr. Sven Hedin's Routes 1906-1906" のほか、ブラマプトラとサトレジとインダスの水源（"The Sources of the Brahmaputra, Sutlej, and Indus"）とトランス・ヒマラヤ（"A Map of the Trans-Himalaya by Dr. Sven Hedin"）の地図という3枚の地図が付されている。ヘディンにとって、水源発見は、トランス・ヒマラヤ発見と並ぶ重要なものであったことが明らかである。

ヘディンの著書に引用された『水道提綱』

ヘディンの *Trans-Himalaya* の第2巻では、第42章 "In Search of the Source of the Brahmaputra"（pp.89-98）、第43章 "The Source of the Sacred River-A Departure"（pp.99-109）、第50章 "The Source of the Sutlej"（pp.178-188）と、3大河川の源流調査に1章ずつがあてられている。サトレジの源流に関する『水道提綱』の記述が、小川琢治による英訳として引用されているのは、第50章である。ヘディンは、引用のいきさつについて、彼が1908年に京都に滞在しており、見せられた漢籍コレクションの中の一冊が『水道提綱』であり、その巻22の一部を、小川がヘディンのために翻訳してくれたと述べている［Hedin 1910: 182-183］。ヘディンはさらに、「サトレジの水源の位置に関する記述は非常に興味深くて、学術報告書の刊行まで待ちきれなかった」［Hedin 1910: 184］とも記している。

小川琢治がヘディンのために英訳した『水道提綱』の記述

は、サトレジ水源だけでなく、ブラマプトラの水源についての部分も含まれる。ヘディンは、*Southern Tibet*（全9巻とアトラス）を執筆する際に、これら2つの水源についての小川の英訳を忠実に引用している。その上で、他の探検家たちによる地図と比較しつつ、『水道提綱』の記述内容を吟味することにより、自らが行ったブラマプトラとサトレジの水源特定の意義を明確にしている［Hedin 1917, Vol. 1 : Chapter 12］。

ブラマプトラについてもサトレジについても、『水道提綱』から引用されているのは、最上流部についての記述である。それぞれ、水源付近の描写、本流に流入する支流の出所となる山や流れの向き、本流の流路の屈曲と長さなどが詳しく説明されている。ただし、小川は、両河川に関する部分をすべて翻訳したわけではなく、抜粋である。

『水道提綱』には、2つの大河の水源についてどのようなことが書かれていたのか、小川がそれをどのように翻訳したか、さらに、ヘディンが小川の翻訳に基づいてどのような検討を加えたか、これらの詳細については、後に掲げる付録1と付録2をご覧いただきたい。また、関連地名の対照リストと水源地域の地図を掲げているので、合わせて、参照していただきたい。

前述したように、本稿の主眼は、ヘディンと漢籍のつながりをヘディンを迎えた文科大学の教員たちとの関わりから明らかにすることにある。よって、ブラマプトラとサトレジの水源位置、流路、地名などに関する記述の検討については稿を改めて論ずることとし、ここでは立ち入らない。

次章では、まず、『水道提綱』とはどのような書物なのか、紹介する。さらに、ヘディンが『水道提綱』を引用するきっかけとなった漢籍コレクションの展示とはどのようなものだったのかを紹介する。

2. ヘディンが目にした漢籍コレクション ——『水道提綱』およびその他の漢籍

齊召南撰『水道提綱』

『水道提綱』全二十八巻は、清の乾隆年間に撰述された地理書で、水脈を基準に各地の地勢を詳述する。著者は、浙江省天台出身の齊召南（1703-1768）、『清史稿』巻305に伝がある。『四庫提要』では、彼が翰林院編修を務めた時に『大清一統志』の編纂に与り、外藩・蒙古諸部の地誌を担当したことから西北の地形に精通し、加えて書局所蔵の国内各地の地図類を閲覧しえたことが、本書執筆の上で大きな助けとなったと記す(2)。

―――――――

(1)　地名の表記は、講演録「ヘディン号」の記載に従っている［東京地学協会 1908］。

―――――――

(2)　原文は以下の通り。「召南官翰林時。預修大清一統志。外藩蒙古諸部。是所分校。故於西北地形。多能考験。且天下輿圖。備於書局。又得以博考旁稽。乃參以耳目見聞。互相鉤校。以成是編。」（史部25地理類2）

このような、水脈に依拠して地勢を記す地理書としては、もとより魏の酈道元（469-527）『水経注』がその嚆矢である。しかし、清代に至るまでの1000年を超える時間の中で自然地理としての水系そのものが変動したのに加え、中華の、また王朝の境域についての意識も大きく変容したその一方で、時代の変化に対応する体系的な地理の専門書は出現していなかった。もちろん、宋代の楽史（930-1007）撰『太平寰宇記』（10世紀後半）や、明代には勅撰『大明一統志』（1461年）が各地の地誌をもとに編纂されるなど、人物や名勝などまでも含む国勢一般を網羅的に記録する伝統は存在し、特に元代以降は、全国および各地方の詳細な都市図や地形・河川図が描かれるなど、輿地に関する知識は蓄積されていた。

さて、満州族の入関（1644年）によって成立した清朝は、乾隆年間（1736-1795年）に到るまで、主として西域において国境紛争を繰り返しており、境界線の掌握は非常に敏感な軍事問題であった。そのため、辺境地域の監察御史は、任官するとまず管轄領域の地図を作成して朝廷に上進する習わしが存在した。それは、国立故宮博物院（台湾）に保存される「山西辺垣図」と呼ばれる地図群が、順治2年、4年、6年、15年と、御史の交代ごとに献上されていることからも明らかである。しかも、順治6年は1年の内に御史が交代したため、二度、同趣向の地図が上程されている[3]。

齊召南が編集に参画した勅撰『大清一統志』の成立にも、清朝の境域が頻繁に変動した歴史が反映する。康熙年間（1662-1722年）に編纂が始まった『大清一統志』は、幾度かの中断を経て、乾隆9年（1744年）に一旦刊行されている（全360巻）。しかし編纂中、そして刊行後も、清朝は西の巨大な対抗勢力ジュンガルを、雍正年間（1723-1735年）には西蔵において制圧、次いで乾隆20年（1755年）にはウイグルのイリ地方にあった残存勢力を平定するなど、西の境界は常に変動を繰り返していた。そして乾隆28年（1763年）、いよいよ新たな領土として「新疆」が清の版図に編入されたことを受けて、既刊の『大清一統志』内の地勢記載に対し、大幅な加筆を施すようにとの上諭が乾隆29年に出されることとなる。その勅命を受けて改訂された『大清一統志』を「乾隆29年勅撰本」と呼び、全424巻が乾隆49年（1784年）に完成することとなる。『大清一統志』は、さらに嘉慶年間（1796-1820年）にも大規模な第三次修訂が行われることとなるが、ここではそれには触れない。

齊召南は、乾隆9年（1744年）まで『大清一統志』の書局にいたとされ［恒慕義 1990: 106］、乾隆14年（1749年）に落馬によって負傷し朝廷を退き帰郷している。つまり乾隆29年勅撰本の編修に直接関与していないことは明らかである。故郷に退いてからの齊召南は自著の執筆に打ち込み、『水道提綱』を帰省後の乾隆26年（1761年）に完成させている[4]。しかしながら、今回、『水道提綱』巻22「西蔵」と、乾隆29年勅撰本『大清一統志』

巻413「西蔵」の本文との突き合わせをする過程で、両者のテキストの類似性が強く印象づけられた。乾隆49年成立の『大清一統志』が『水道提綱』を参照したのか、或いは両者の依拠した原資料が共通していたのか、いずれであったとしても、『水道提綱』が当時最新かつ最重要の文献に基づいて綿密に叙述された、極めて信頼性の高いものであることが知れるのである。

以下、齊召南の『水道提綱』が、どのような特徴を有し、どのような学術的意義を有していたかについて、『中国科学技術典籍通彙』五「地学巻」（唐錫仁主編、河南教育出版社、1995）所収の陳瑞平「水道提綱提要」（以下［陳瑞平 1995]）に基づき、かいつまんで記すこととする。

まず、『水道提綱』は、「水道」を記述する方法を体系的に提示した、最初の地理書であることを挙げねばならない。事象を「綱」と「目」で捉える中国の伝統に法り、一つの水系については、その水源を「綱」、支流を「目」とし、河川の大小については大を「綱」、小を「目」、そして、すべての河が流入することで1つになる「海」こそが、「綱中の綱」であると捉え、全巻の巻頭に置く。また、多くの支流を擁する大河に関しては「目中有綱、綱中有目」という考え方を提示するなど、彼が水脈の相互関係を柔軟にかつ実質的に把握していたことが見て取れる［陳瑞平 1995: 644]。

確かに、巻22「西蔵」部分においても、その原則は一貫する。詳細は付録部分の翻訳をご覧いただきたいが、重要な河川の流域を、その水源から説き起こしてどの方向に何里流れて別の河川をのみ込むのか、合流する別の河川はどこを水源としてどの方角から流入するのか、合流にともなって本流は方向転換をするのかどうか、また流入する傍流が、どのような別の傍流と相互関連を有しているか、非常に精密な記述が全編を通じて展開する。これらの記事を読むと、まるで齊召南が実地に測量を行ったかのような印象すら受けるのだが、もちろん浙江省天台出身の翰林院編修であった彼に、塞外に赴いた経験は無い。袁枚（1716-1797）撰の墓誌銘（「原任禮部侍郎齊公墓誌銘」『小倉山房文集』巻25）にも、「……さらに新たにイリ[5]が領土に組み込まれ、彼の地に使者として赴く役人たちは、みな真っ先に齊侍郎（齊召南）の家を訪問し、そこまでの路程を尋ねるのだが、彼は1冊の書物を与えると、どこそこの道標、どこそこの駅站、どこに宿泊して、いかほどの糧食を携行すべきか、何万里もの塞外の地をまるで掌紋を指すように指示し、そこには些かの狂いも存在しなかった。或る人が貴殿は塞外に行かれたことがあるのですかと尋ねたところ、齊公は無いと答える、では何故そのように塞外の地理にお詳しいのかと問うと、『漢書』地理志に習熟しているだけだと答えた」[6]との逸話を記す。『水道

----

(3) 「辺垣」とは、北方異民族領域との境界を画す長城のこと。本地図群に関しての詳細は、［田中和子・木津祐子 2011］を参照されたい。

(4) 出版はさらに遅れ、彼の死後、息子の齊式遷により上梓されたのは1775年（乾隆40年）のことである。

(5) 新疆ウイグルの伊犂地方を指す。清朝は、乾隆20年（1755）にこの地でジュンガルを平定した後、乾隆23年（1758）には駐防伊犂大臣を派遣、乾隆27年（1762）には総管伊犂等処将軍、伊犂参賛大臣、伊犂領隊大臣などを設置している。（『清史稿』巻12「高宗本紀」など）

『提綱』に盛り込まれた知識が『漢書』地理志の内容をはるかに凌駕することは一目瞭然である。この墓誌銘の記事は、経学者としても『尚書注疏考証』、『礼記注疏考証』、『歴代帝王年表』などの著述を有する齊召南の、中国地誌の本源として『漢書』地理志を尊崇する態度を、特に顕彰しようとしたものと見なすことができるかもしれない。

なお、小川琢治がヘディンのために翻訳した『水道提綱』が依拠したテキストについては詳細はわからない。ちなみに、ヘディン博士の講演に際しての展示漢籍リスト（次節にて詳述）に挙げられる『水道提綱』は8冊と記す。本学に現蔵される同書は、4冊本の伝経書屋刊本（1776年）と、「内藤虎次郎寄贈」の印を有する6冊本宏達堂刊本（1879年）の二種であるが、共に冊数が展示リストとは合致しない。内藤湖南旧蔵書の多くは、現在関西大学図書館に内藤文庫として所蔵されるが、その中に8冊本『水道提綱』（乾隆刊本）が見えるので、同書が展示に供された刊本であった可能性もある。

ヘディンが目にした漢籍コレクション

さて、上述の通り、ヘディン博士の京都帝国大学での講演に際しては、文科大学（現文学部）から複数の漢籍が関連書籍として展示された。下に挙げる表は、『地学雑誌』246号（1909）に掲載された中から、漢籍・仏典に関する部分を抜粋したリストである(7)。文科大学側で選書され出品されたものは、「（四）漢文中央亜細亜地誌」と「（五）漢文西蔵地誌」の二部門で、「（六）漢文西域仏典附西蔵文仏典」は、「本派本願寺出品」「石山寺出品」などと記されることから、ヘディン招聘に大きな力を発揮した本願寺の大谷光瑞の肝煎りで集められたと思われる、京都周辺寺院に所蔵される善本漢籍・仏典類である。このリストに基づき、それぞれから読み取れる事柄に二三触れておくこととする。元のリストは（四）（五）（六）の各表A〜Cで構成されている。表中に（ ）で記したのは引用者による補筆部分で、Dは展示本の版本に関する備考を記したものである。

(四) 漢文中央亜細亜地誌

A書名	B著者	C冊数	D備考
初刊本禹貢錐指	胡渭著	10冊	現京都大学文学研究科蔵本では、清・康熙44年（1705）漱六軒刊が全10冊
水経注	（北魏）酈道元著	12冊	全12冊は武英殿本・崇文書局本など。ともに京都大学に所蔵有り。
水道提綱	齊召南著	8冊	清・乾隆40年（1775）刊。8冊本は関西大学内藤文庫十万巻楼刊本。

(6) 原文は以下の通り。「…有新開伊犁、諸臣奉使者輒先詣齊侍郎家問路。公與一冊、某堠某程、應宿何所、需若干糧數。萬里外、若掌上螺紋、毫忽無訛。或聞、曾出塞外乎。曰、未也。然則何由知之。曰、不過漢書地理志熟耳。」

(7) 『地学雑誌』246号（1909）付録9–12頁。

大清一統志	（勅撰）	内1冊	
欽定皇輿西域図志	（褚廷璋等纂）		乾隆47年（1782）刊 武英殿本か。
小方壺斎輿地叢鈔	（王錫祺編）	内3冊	光緒17年（1891）刊。南清河王氏所輯書。
西域考古録	兪浩著	10冊	道光27年（1847）刊。京都大学蔵海月堂雑著本など現行諸本は全12冊。
漢西域図考	李光廷著	3冊	同治9年（1870）刊。現行諸本は全4冊。
西域聞見録	七十一著	3冊	乾隆42年（1777）刊。3冊本は、寛政13年（1801）須原屋茂兵衛刊本か。
西域水道記附漢書西域伝補註新疆賦	徐松著	6冊	道光3年（1823）序。京都大学蔵諸本は4冊・5冊・8冊本。6冊本については未詳。
欽定新疆識略	（松筠ほか著）	10冊	道光元年（1821）刊。武英殿本か。
新疆要略	祁韻士著		光緒29年（1903）刊。皇朝藩属輿地叢書第三集
回疆誌	蘇爾徳著		乾隆37年（1857）序の刊本があるが、本邦所蔵はすべて抄本。

(五) 漢文西蔵地誌

A書名	B著者	C冊数	D備考
西招図略	松筠著	2冊	2冊本は道光27年（1847）の王師道重刊本か。
衛蔵通志	松筠著	8冊	8冊本は光緒22年（1896）刊漸西村社刊本か。
西蔵紀述	張海著	1冊	光緒20年（1894）振綺堂叢書本。
西蔵記	著者不明	2冊	2冊本は、嘉慶元年（1794）の龍威秘書本か。
康輶草	陳鍾祥著	1冊	咸豊10年（1860）『趣園初集五種』「依隠斎詩鈔」所収。本邦の所蔵は関西大学内藤文庫のみ。
得一斎雑著四種：西輶日記、印度箚記、遊歴芻言、西徼水道	黄楙材著		京都大学蔵本は、光緒4年（1878）新陽趙氏刊本。
西蔵図考	黄沛翹著	4冊	4冊本は光緒12年（1886）滇南李氏刊本など。
西蔵賦	（和寧著）	1冊	嘉慶2年（1797）跋刊本。京都大学蔵本は写本。
明代四訳館表文		青刷1冊	

(六) 漢文西域仏典附西蔵文仏典

洛陽伽藍記 翻印漢魏叢書	本派本願寺出品	1冊
龍蔵本仏国記	同右（同上）	10冊
校本大唐西域記	同右（同上）	4冊
長寛写本大唐西域記	石山寺出品	12冊
宋版大唐西域記	東寺出品	12冊
龍蔵本大唐西域記	本派本願寺出品	12冊
龍蔵本慈恩寺三蔵伝	同右（同上）	5冊
龍蔵本南海寄帰内法伝	同右（同上）	10冊
龍蔵本西域求法高僧伝	同右（同上）	10冊
仏説十力経	同右（同上）	10冊

呉船録　　范成大著	同右（同上）	2冊
至元法宝勘同録	同右（同上）	1冊
康熙板校番蔵経目録	同右（同上）	1冊
西蔵文蔵経	同右（同上）	
原刻本造像量度経	同右（同上）	2冊

　「（四）漢文中央亜細亜地誌」として列挙される書物は、『水経注』『大清一統志』『小方壺斎輿地叢鈔』などの中国全土の地理・地勢を記述対象とする書物を除き、『欽定皇輿西域圖志』『西域考古録』『西域見聞録』『西域水道記』など、中国にとっての西域地域を対象とした書物群がその大半を占める。中国で伝統的に「西域」と呼ぶ地域に対し「中央亜細亜（中央アジア）」という名称を用いるのは、言うまでもなく西洋に始まるもので、博物学者であり探検家のアレクサンダー・フォン・フンボルト（Alexander von Humboldt）が、自著の *Central-Asien: Untersuchungen über die Gebirgsketten und die vergleichende Klimatologie*（Berlin: Verlag von Carl. J. Klemann, 1844）[8] で最初に用いたとされる。日本でこの名称がいつから使われたかは詳らかではないが、1884年の『万国蚕業彙聞』[菊池広治 1884: 35] に「中央亜細亜」の文字が見え、1888年刊行のケイス・ジョンストン著・富士谷孝雄講述『如氏地理教科書：中等教育』「第2帙 第2巻」には「露領中央亜細亜記」という章がある [富士谷孝雄 1888: 406]。また、「中亜細亜」という呼称も同時に用いられていたようで、同書の第一章「支那帝国記」の甘粛に関する記述に「甘粛ハ……其管轄域ノ北西部ハ遠ク長城外ニ及ビ、中亜細亜高原ニ達シ、東土耳其斯坦天山北路ノ東界、即チ天山ノ東端ニ接ス」とあり [同: 334]、1886年の西徳二郎著『中亜細亜紀事』も「中亜細亜」を書名に用いる。先に挙げた『如氏地理教科書』は翻訳書であったが、1895年刊の松島剛『新地理学・第2冊』「外国之部」に「印度及中央亜細亜」地図が配され [松島剛 1895: 地図6]、19世紀末までには、教育現場でこの地域名が広く用いられていたことがわかる[9]。

　しかしその一方で、漢籍分類に「中央亜細亜」という地域概念を用いることは中国でも日本でも、ついぞ行われてはいなかった。それは現在も変わらない。その意味に於いて、1908年に行われたこの漢籍展示で、「西域」ではなく「中央亜細亜」という地理分類を用いているのは異色と言って良い。それが実現した背景には、ヘディン京都滞在中の活動に尽力し、この展示の企画にも深く関わった京都帝国大学文科大学地理学講座教授小川琢治（1870-1941）の存在を忘れてはなるまい。小川は、儒学者の父から素読を授けられ中学時代に『資治通鑑』を読破するなど、漢籍の知識も豊富に有する学者であったが[10]、東京帝国大学在学中の1896年、『地質学雑誌』3-33「雑録」に

「中央亜細亜の層位について」という短文を寄せ[11]、中央亜細亜地層に関するロシアの実地調査による研究成果を紹介し論評を加えている。おそらく一般的な中国学の専門家に比して、新しい地域概念を漢籍の分類に持ち込むのに躊躇は無かったであろう。このように、「漢文中央亜細亜地誌」という標題は、特にヘディンの訪問と講演に特化した選書であり、尚且つ、当時の京都帝国大学東洋学の自由で柔軟な学術態度をよく示すものでもある。

　（四）・（五）に挙げられる漢籍は当時東洋史講座講師であった内藤湖南が選書に大きく関わったとされる。これらの多くは京都大学文学研究科図書館に複数の所蔵があり、中には内藤湖南旧蔵書も存在するし、受入記録が1908年以前の漢籍も多く現存はするが、当時展示された漢籍の原物が、実際に文科大学所蔵のものであったのか、湖南や小川琢治など関係する教官個人蔵のものであったかについては、厳密にはわからない。一つ、京大蔵書以外で手がかりを残すのは、（五）に挙げられる『康郵草』である。これは清の陳鍾祥作の、西蔵を含む地域の景観や風物を詠んだ連作詩で、陳鍾祥著『趣園初集五種』所収『依隠斎詩鈔』に収められるのであるが、国内外を問わず同書の所蔵は極めて少なく、京都大学にも所蔵が無い。「全国漢籍データベース」（http://kanji.zinbun.kyoto-u.ac.jp/kanseki）によると、日本では関西大学図書館内藤文庫が、その唯一の所蔵機関である。関西大学の内藤文庫は、内藤湖南旧蔵書が母体であるから、展示された『康郵草』はおそらくは内藤湖南所持本であり、展示後も湖南の架蔵であり続けたものと推測されるのである。

　最後に「（六）漢文西域仏典 附西蔵文仏典」についていくつか紹介をしておこう。これらは冒頭でも述べたとおり、すべて本願寺、ないしは真言宗の東寺・石山寺の所蔵仏典である。例えば、石山寺出品の『長寛写本大唐西域記』は長寛点本とも呼ばれ、平安末の長寛元年（1163）の識語「長寛元年八月十六日移點了」を巻末に有する、訓点資料として重要な写本であるし[12]、『宋版大唐西域記』は、東寺観音院所蔵の宋本で、やはり世界的に貴重な宋代の版本である。

　それ以外で目を引くのは、本願寺出品の「龍蔵本」と冠された『龍蔵本仏国記』・『龍蔵本大唐西域記』・『龍蔵本慈恩寺三蔵伝』・『龍蔵本南海寄帰内法伝』・『龍蔵本西域求法高僧伝』五種である。「龍蔵」とは、清の乾隆年間に刊行された『大蔵経』の通称で、勅命により刊刻、全国の寺院に頒布されたことからそう呼ばれる。本願寺にこの「龍蔵」がもたらされた経緯については、[木田知生 2008] に詳述されるが、それによると、大谷光瑞自身が、明治32年（1899）北京訪問の折に「請印」し、西太后より「大蔵経四十箱」を贈与されたもので、1904年には龍

---

(8)　中表紙裏の著者識語に、Paris, im Monat Februar 1843とあるので、執筆は1843年であったことがわかる。

(9)　以上の書誌情報は、国立国会図書館デジタルコレクション（http://dl.ndl.go.jp/, 検索日時2017年8月〜9月）により検索・閲覧したものである。

(10)　蛇足を加えるなら、小川琢治は、貝塚茂樹（東洋史）、湯川秀樹（物理学）、小川環樹（中国語学中国文学）の、三元京都大学教授の父でもある。

(11)　ちなみに、その2年後の1898年には、U. I 生の署名で「スヴェン、ヘディン氏中央亜細亜旅行談」が『地学雑誌』10-6、10-8に連載されている。このU. I 生が誰の筆名であるかは未詳。

(12)　詳細は、[中田祝夫 1958]、[築島裕 1963] を参照のこと。

谷大学（当時の名称は仏教大学）に移管されている［木田 2008: 114］。1907年、つまりヘディン来日の前年に北京を再訪した光瑞は、光緒帝と西太后に直に面談する機会を得、その際に「龍蔵」贈与の謝辞を述べたであろうことも指摘される［木田 2008: 117-118］。この「龍蔵」は、「京都地区仏教各宗派の学校連合会主催の「大蔵会」において度々展示され」、大正 4 年（1915）11月の第 1 回大蔵会での陳列は「その最初期の事例」とされるが［木田 2008: 120］、1908年11月開催の京都帝国大学「陳列会」での出品はそれを 7 年遡り、或いは同「龍蔵」の、本邦最初の公開と位置づけうるものかもしれない。ヘディン訪問に際し、光瑞が清朝皇室から直々に贈与された龍蔵本から西域に関連する典籍を抽出し、仏門とは無関係の京都帝国大学に搬出して展示に供したという事実も、光瑞にとってヘディン訪洛が極めて重要な事業であったことを如実に示すエピソードの一つであろう。

3. ヘディンの報告書のなかでの 漢籍と東洋学への関心

さて、ヘディンは、『水道提綱』を含むさまざまな漢籍資料を自らの研究においてどのように用いたのだろうか。ヘディンの研究に見られる東洋学への関心と照らし合わせて、ヘディンと漢籍の関わりを検討してみよう。

Southern Tibet の構成と漢籍

ヘディンは第 3 回探検の報告書である *Southern Tibet*［Hedin 1917-1922］では、漢籍をどのように扱ったのだろうか。まず、この学術報告書全体の構成を見てみよう。

同書は、全 9 巻にアトラスが付く、非常に大部なものである。以下に和訳した標題と各巻の題目を挙げる。（ ）内に示したのは各巻の発行年である。

『南チベット：1906～1908年にわたしが行った調査とそれ以前の発見との比較』
第 1 巻「マナサロワル湖とインドの大河川の水源―古代から18世紀末まで」（1917）
第 2 巻「マナサロワル湖とインドの大河川の水源―18世紀末から1913年まで」（1917）
第 3 巻「トランスヒマラヤ」（1917）
第 4 巻「カラコルムとチャンタン」（1922）
第 5 巻「Dr. Anders Hennig 教授による記載岩石学と地質学」（1916）
第 6 巻「第 1 部 Prof. Dr. Nils Ekholm 編「気象学的観測」；第 2 部 Dr. K. G. Olsson による計算と編集「天文観測」；第 3 部 Prof. Dr. C. H. Ostenfeld 著「植物学」；第 4 部

Friedrich Hustedt 編「Dr. Sven Hedin が中央アジアで収集した珪藻類」（1922）
第 7 巻「カラコルム山脈における探検史」（1922）
第 8 巻「第 1 部 Sven Hedin and Albert Herrmann「チュンリン山脈」；第 2 部 Albert Herrmann「中国の地図作成における西域」；第 3 部 A. V. Le Coq の協力のもとで Albert Herrmann 編「東トルコの 2 枚の写本地図」；第 4 部 A. Herrmann 編纂「古代地名の中国式言い換え」（1922）
第 9 巻「第 1 部 Sven Hedin「パミール東部の探険」；第 2 部 A. v. Le Coq による説明付き「東トルコの地名リスト」；第 3 部 Bror Asklund「パミール東部の地質について―ヘディンの収集による岩石標本に基づく」、附録：W. O. Dietrich「タリム川流域とパミール東部から持ち帰った化石を含む岩石資料」；第 4 部 Erich Hänisch 編纂「中国人のチベットに関する描写」；Erich Hänisch「中国とチベットの国境地帯にある Goldstromland」；第 5 部本篇索引」（1922）

第 1 巻と第 2 巻は、マナサロワル湖とインドの大河川に関する古今東西の文献レビューである。第 3 巻と第 4 巻がヘディンによる現地踏査報告、第 5 巻と第 6 巻は、ヘディンが現地で収集した岩石や植物標本等について、それぞれの分野の専門家が鑑定したものである。第 7 巻と第 8 巻は、西域の自然や地図、地名に関する文献研究的な論考、第 9 巻は東パミールに関する論文集と全巻の索引で構成されている。こうした構成から、2 つの特徴が明らかである。1 つは、ヘディンが丹念に関連文献を渉猟していること、他の 1 つは、さまざまな分野の専門家たちからの協力を得ていることである。

漢籍の活用の点から注目されるのは、第 8 巻である。同巻の 4 つのパートすべてが、何らかの形で漢籍資料を用いたものである。とりわけ、シルクロード学者であるヘルマン（Albert Herrmann）[13] による西域に関する中国地図史を収録した第 2 部は、極めて豊富な情報を盛り込んだものとなっている。中国地図の特質や概要の説明に始まり、古代から清朝に至り、外国人たちの手によって作成された地図まで、多数の地理書と地図を引用し、豊富な図版と表を提示しながら、全13章にわたって、詳述されている。張騫[14]、裴秀[15]、賈耽[16]といった西域地図史で特筆される人々、仏典地図である『南瞻部洲図』（1607）[17] も取り上げられている。また、『西域図識』（1776）か

---

(13) アルバート・ヘルマン（Albert Herrmann, 1886-1945）は、ドイツの考古学者・地理学者。著書の邦訳に、アルバート・ヘルマン著；安武納訳編 1944『古代絹街道（しるくろうど）：パミール高原ルートの研究』（原題：*Die alten Seidenstrassen zwischen China und Syrien*）霞ケ関書房や、ヘルマン, A. 著；松田寿男訳 1963『楼蘭：流砂に埋もれた王都』（原題 *Lou-lan: China, Indien und Rom im Lichte der Ausgrabungen am Lobnor*）平凡社がある。

(14) 張騫（？―紀元前114年）は前漢、関中成固（現陝西省城固）の人。武帝の使者として、匈奴に対する同盟を説くために大月氏へ赴いた。同盟は成立しなかったが、張騫により、それまで状況がほとんどわからなかった西域の情報が漢にもたらされた。

らは、前漢から明まで、歴代の西域図12葉とそれらの地名を欧文表記した地図（ヘルマン作成）がセットにして掲載されている。その他、地名情報の多い地図については、別途、地図上での参照位置を併せた地名表記のリストを添えられている。

この第8巻には、トルコ学者であり考古学者であるル・コック（August Albert von Le Coq）[18]の協力による東トルコの地名リストも地図付きで収録されている。また、第9巻では、中国学者のヘーニシュ（Erich Hänisch）[19]の2つの論文が掲載されている。ヘディン自身による論文ではないにしても、著名な研究者たちの協力を得て、漢籍を含む東洋諸語の書物をあつかう東洋学の研究論文は、*Southern Tibet* の中で、自然科学の諸論文に引けを取らない多様さと充実ぶりを示している。

『水道提綱』の情報価値──中国人の地理的知識の確かさ

『水道提綱』を取り上げた章は、他の研究者による著作からの間接的な引用ではなく、ヘディン自ら、書かれた内容を詳細に検討している点で、漢籍の扱いとしては、明確に性格が異なる。ヘディンが『水道提綱』をどのように取り上げたのか、もう少し詳しく見てみよう。『水道提綱』の一節が引用されているのは、*Southern Tibet* の第1巻の4つのパートのうちの第2部である［Hedin 1917, Vol. 1］。

ヘディンは、第2部「中国とチベットの地理学者たち」（第6〜13章）の最初の章「南西チベットの河川誌についての中国の書物」の冒頭で、次のように述べている。「第1部「インド、ギリシャ、ローマおよびイスラムの地理学者たち」では、チベットについて役立つ情報を見つけるのは空しい作業だった。第3部「チベットに関する初期のヨーロッパ人たちの知識」では、ヨーロッパが、チベットについて知るようになったのは、ごく最近であることが明らかにされる。何世紀も前から、チベットに関する信頼でき、かつ部分的にはきわめて詳細な情報を持っていたのは中国人である。もっとも、チベット東

部と南部に比べて、中部と西部はまったくと言ってよいほど知られていなかった。中国人は実際的な人々なので、ほとんど人が住まず、獲得できるものがない土地にはさしたる関心を持たなかったのである」［Hedin 1917, Vol. 1 : 79］。ヘディンが、チベットに関する中国の書物や地図が示す地理的な情報の有用性を高く評価していることがわかる。

第2部では、ヘディンは、日本のものを含むさまざまな文献や地図を挙げながら、おもにブラマプトラ川、サトレジ川、ツァンポ川およびマナサロワル湖について検討している。これらの文献の多くは、ヨーロッパ人の著者たちが著作で資料として用いたもので、ヘディン自身が原典を読んだわけではない。主なものを以下に示す。［ ］内に、その資料を用いた既往の研究を記す[20]。

『和漢三才図会』（正徳2年（1712））　［Klaproth 1826］
『大清一統志』（乾隆9年（1744）序）　［Klaproth 1828］
　　　　　　　　　　　　　　　　　　［de Rhins 1889］
　　　　　　　　　　　　　　　　　　［Bretschneider 1910］
『衛蔵図識』（乾隆57年（1792）序）　［Klaproth 1829, 1830］
　　　　　　　　　　　　　　　　　　［Rockhill 1891］
『西招図略』（道光27年（1847）序）　［Rockhill 1891］
『大清一統輿図』（同治2年（1863））　［de Rhins 1889］
　　　　　　　　　　　　　　　　　　［Bretschneider 1910］

そのほかに、『大唐西域記』（貞観20年（646））や『西蔵図考』（光緒12年（1886））なども言及されている。『大清一統志』や『西蔵図考』は、1908年のヘディンの講演の際に展示された書物にも含まれる。

『水道提綱』の記述に基づいたヘディンの考察が述べられているのは、「ブラマプトラとサトレジの水源に関する『水道提綱』の記述」と題する第12章である。この章のヘディンの記述の最も大きな特徴は、ダンヴィル（Jean Baptiste Bourguignon d'Anville）[21]やナイン・シン（Nain Singh Rawat）[22]などが作成した地図の記載と比較して、『水道提綱』の記述の正確さが賞賛されていることである。中国人が実地に目にしたものについては非常に正確な記載をするというリヒトホーフェン（Ferdinand Freiherrn von Richthofen）[23]の指摘を引用していることは、ベルリ

---

(15)　裴秀（224年-271年）は、魏、西晋の政治家・地理学者。河東聞喜（現山西省聞喜）の人。『禹貢地域図』十八篇を作り、序文に地図作成の準則六体を示し、方丈図（一寸百里）を作った。これはヨーロッパの図法が導入されるまで、長く中国地図作成の基本であった。

(16)　賈耽（730-805年）は、唐代の政治家・地理学者。滄州南皮（現河北省南皮）の人。『古今郡国県道四夷述』や当時の地名と古地名を並記した『海内華夷図』、『賈耽地図』などを書いたが、現存しない。石刻の『華夷図』で原図の様相を想像するほかない。

(17)　仏教では、須弥山の周囲にある4つの大陸のうち、南に位置し、人間の住む世界とされる大陸を南贍部洲と呼ぶ。南贍部洲図はこの大陸を描いたもの。

(18)　アウグスト・アルベルト・フォン・ル・コック（August Albert von Le Coq, 1860-1930）は、ドイツの考古学者で、中央アジア探検家。著書の邦訳に、A. フォン・ル・コック著；羽鳥重雄訳 1986『東トルキスタン風物誌』（原題：*Von Land und Leuten in Ostturkistan: Berichte und Abenteuer der vierten deutschen Turfanexpedition*）白水社がある。

(19)　ヘーリヒ・ヘーニシュ（Erich Hänisch, 1880-1966）。ドイツのモンゴル学者・中国学者。『元朝秘史』と『蒙古源流』の研究で知られる。

(20)　ヘディンによる書誌情報に欠落や不備があるものについては、適宜、補った。

(21)　ダンヴィル（Jean Baptiste Bourguignon d'Anville, 1697-1782）は、当時ヨーロッパ随一の地図学者として知られていた。

(22)　ナイン・シン（Nain Singh Rawat, 1830-1895）は、イギリスに測量技師として雇われてヒマラヤを探検し、ネパールからチベットへの隊商路の地図、"Map showing Route Survey from Nepal to Lhasa and thence through the upper valley of the Brahmaputra, made by Pundit" を描いた［Montgomerie and Pundit 1868］。

(23)　フェルディナント・フォン・リヒトホーフェン（Ferdinand von Richthofen, 1833-1905）は、ドイツの地理学者。1868年から1872年にかけて中国で調査を行い、大著 "China" にまとめた［Richthofen 1877-1912］。ヘディンは、彼がベルリン大学教授時代の弟子の一人である。

ン大学で学んだ恩師の漢籍観がヘディンに影響を及ぼしていることをうかがわせ、興味深い [Hedin 1917, vol. 1 : 121]。

『水道提綱』は、ブラマプトラの水源を「（北京より）35°西で、（北緯）29°」、サトレジの水源を「（北京より）西35°5’、北緯29°1’」と、緯度経度を用いて明確に特定している。当時の天文学的な測量精度等を考慮する必要があるため、緯度経度の換算は慎重に行わねばならない。そのことを踏まえた上で、経度の基準を北京ではなくグリニッジとした場合、『水道提綱』の記述は、東経81°、北緯29°の地点を中心に、ブラマプトラの水源はそのやや南西に、他方、サトレジの水源はそのやや北西に位置することを示している。これらは、現在の地図上での位置から大きくずれてはいないし、両水源が非常に近いことも明瞭である。

『水道提綱』の記述内容は、第3回の探検による大きな成果である2つの河川の水源特定に関わることであり、しかも、この内容は、他の研究者による漢籍の翻訳に依拠した間接的な引用ではなく、ヘディン自身のために翻訳されたものである。そのためか、ヘディンの書き方からは、彼の興奮がよく伝わってくる。第12章に書かれた内容の詳細については、付録1を参照されたい。

第1回探検から第3回探検までの
ヘディンの学術報告書の変化

ヘディンが、第3回探検の報告書で明確に示した東洋学への強い関心は、彼が中央アジア探検を始めた当初からのものであったのだろうか。彼が以前に行った探検の報告書と比較してみることにする。

彼の第1回の中央アジア探検は1894〜1897年に行われ、その学術報告書は1900年に刊行された [Hedin 1900]。同書の第1章から第6章までは、ヘディン自身による探検報告であり、第7章の附録として、諸地点の標高や東トルキスタンの地名・名称のほか、ヴィレ（N. Wille）による北部チベットでヘディンが収集した藻類の鑑定、ヘムズリー（W. B. Hemsley）とピアソン（H. H. W. Pearson）の編集による植物学な分析結果、チベットで採集された若い火山噴出物についてのベックストレーム（H. Bäckström）による分析、ハセンシュタイン（Br. Hassenstein）[24] による添付の地図についての説明を掲載している。

1899〜1902年に行われた第2回の探検の報告書は全7巻とアトラスからなり、ヘディン自身による報告（第1〜4巻）に加えて、第5巻の第1部はエクホルム（N. Ekholm）による気象学、第2部はオルソン（K. G. Olsson）による天文観察、また、

第6巻の第1部はレーチェ（W. Leche）による動物学、第2部はベックストレームとヨハンソン（H. Johansson）による地質学、第3部はヘディンの描いたさまざまな西部・中央アジアの諸民族のスケッチ集を掲載している [Hedin 1904-1907]。第2巻 "Lop-Nor"（1905）の巻末に、ヴィクルンド（Karl Bernhard Wiklund）[25] の解説とともに中央アジアの地名リストが付されている。

第1回と第2回の探検報告書に共通するのは、自身の報告以外の部分を自然科学の諸分野（天文、地質、植物など）の専門家の協力を仰いでいることである。けれども、地名に関する部分を除くと、人文学の分野に関わる論文や資料分析はほとんど見当たらない。したがって、第3回の探検の学術報告書では東洋学者たちとの共同作業が重要な部分を占めることは、それ以前の学術報告書との最も大きな違いである。

ヘディンの探検と研究を貫く2つの関心
──地名研究と東洋の地理書

ヘディンの東洋学に対する関心が学術報告書に明確に現れたのが、第3回中央アジア探検の時からであるとしても、彼は、そうした関心をいつ頃から抱いていたのであろうか。ヴォルケストは、ヘディンの学問的な関心のなかには、相互に密接に関わる2つの領域があったと指摘している [ヴォルケスト 2001: 31]。1つは、地名研究であり、他の1つは、中国語を含む東洋諸言語で書かれた文献とそれらが示す古代中央アジアの地理に関する情報に関する関心である。

地名に関するヘディンの関心は、最初の探検から一貫してうかがえる。第1回の探検では、ヘディンは、ルート沿いの地名を丹念に調査し、現地の地名とそれにかかわる語彙を収集し、得た情報を「東トルキスタンの地名・名称」リストとしてまとめた [Hedin 1900: 350-370]。第2回の探検の報告書では、中央アジアの地名表記にフィン・ウゴル語学者のヴィクルンドの協力を得た [Wilkund 1905]。さらに第3回の探検報告書では、トルコ学者であり考古学者でもあるル・コックに東トルコ地名リストの解説を依頼している [Le Coq 1922]。

ヘディンのもう1つの関心、すなわち東洋学の文献、とりわけ漢籍に記載された地理的情報への関心が明確に現れたのは、第3回の探検の報告書 *Southern Tibet* [Hedin 1917-1922] であったが、彼は中国語の原典に書かれた地理学や考古学の情報の重要性に早くから気づいていたと指摘されている [ヴォルケスト 2001: 31-32]。ヘディンの漢籍に対する強い関心には、恩師であるリヒトホーフェンの中国研究からの影響があるかもしれない。リヒトホーフェンは、1868年から1872年にかけて中国で調査を行い、大著 *China*（全5巻、アトラス2冊）をまとめた [Richthofen 1877-1912]。リヒトホーフェンがベルリン大学で教授を勤めていた時期の弟子の一人がヘディンである [ヘディン

---

(24) ブルーノ・ハセンシュタイン（Bruno Hassenstein, 1839-1902）はドイツの地図製作者。ゴータにあるペルテス（Perthes）社で出版された学術誌 *Petermanns geographische Mitteilungen* に多くの地図を描いたほか、ヘディンなど、探検家や旅行家たちの観察にもとづく地図の作成や編纂にもあたった。彼は日本のアトラスも描いている [Hassenstein 1885]。

(25) カール・ベルンハルト・ヴィクルンド（Karl Bernhard Wiklund, 1868-1934）は、フィン・ウゴル諸語、主としてサーミ諸語の研究者。

1941]。

Chinaの第1巻第2部は、「中国に関する知識の拡大」と題され、約450頁にもおよぶ。この第2部では、古代中国の地理に関する『禹貢』の内容を紹介した第8章と、中国人による地理的知識の拡大の過程を古代から明代までの5つの時期と、ヨーロッパ諸国からの宣教師や探検家による中国調査が行われるようになった時期とについて詳述した第9章からなる［Richthofen 1877, Bd. 1］。リヒトホーフェンの専門分野が自然地理学とくに地形学であることを踏まえると、東西の資料を踏まえた歴史的な論述の丁寧さに驚かされる。

こうしたリヒトホーフェンの中国研究を、小川琢治は高く評価している。小川は、中国は地理学の文書の豊富な点において比類のない国であり、それらを十分に活用すれば、大いに実地観察の助けになると指摘した上で、リヒトホーフェンに言及し、彼が漢字を重視し、China 中に掲載した地名の綴字に細心の注意を払っている点と中国地誌の文献を広範に参照にしている点とを賞讃している［小川1902］。リヒトホーフェンの漢字の綴りに関する配慮の一端は、この大著の第1巻の冒頭に「中国語およびその他のアジア諸言語から採集された言葉の綴り字法」という説明事項が掲げられていることからもうかがえる［Richthofen 1877, Bd. 1 : XXI-XIX］。

しかしながら、ヘディンは、中国の地理書の重要性を認識しつつも、残念なことに原典を解読する訓練を受けていなかったし、自身もそのことを率直に認めていた。そのため、他の中央アジア研究者たちの文献からの間接的な引用や、中国学の専門家たちの協力に頼らざるをえなかった[26]。最初の二度の中央アジア探検で収集した、さまざまな考古学的資料や文書類の検討を、西域考古学、中国学、東洋学などの専門家にゆだねたことも、そうした事情からである［ヴォルケスト 2001: 30］。こうした率直さは、記載岩石学や植物学、気象学の専門家たちに試料鑑定やデータ分析を仰ぐ態度とも共通する。他方、多分野にわたる研究関心を1つのプロジェクトとしてまとめ上げるヘディンの手腕が、後の西北科学考査団による大規模かつ総合的な学術調査の実現に不可欠な要素であったことも確かであろう。

4. ヘディンの京都来訪と
　　文科大学の教員たちとの交流

ヘディンが長らく、漢籍に書かれた中央アジアの地理的情報に対する強い関心を抱いていたとすると、彼にとって、日本に

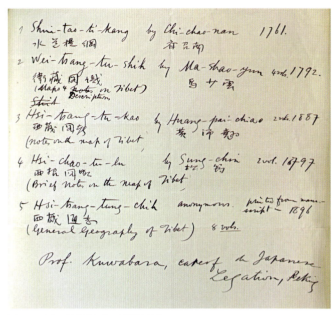

図1　5点の漢籍リスト（英訳付き）
出典：Stockholm, Riksarkivet Marieberg, Sven Hedins arkiv, 417.

おける東洋学研究の拠点として設立された京都帝国大学文科大学の教員たちとの交流は、願ったり叶ったりのものではなかっただろうか。ヘディンの探検調査の趣旨に沿って展示された漢籍コレクションが、彼を非常に喜ばせたであろうことは想像に難くない。また、漢籍学者としても知られる地理学者で、中国地理書の重要性を認める小川琢治との出会いは、ヘディンにとって、この上ないものであったにちがいない。

ヘディンと文科大学の教員たちとの交流は、大学での展示や公式の歓迎行事だけではなかったことを示す資料が存在する。ストックホルムの公文書館に保管されているヘディン関連の資料のなかに、日本との間の手紙類を収めたファイルがある[27]。その中に、文科大学との関わりを示すものがいくつかある。1つは、1907年12月10日付けの富岡謙三（当時、東洋史の講師）からヘディンに宛てた手紙である。絵入りの便せんに手書きで、「昨晩、一緒に歓談する時間を過ごせたことに大変感謝する」旨の内容が記されている。この手紙に書かれた昨晩、すなわち12月9日は、ヘディンが京都を発ってスウェーデンに帰国する直前で、京都での公式な歓迎行事がほぼ終わった時期である。

また、この同じファイルには、5点の漢籍を列挙したメモ書きも収められている（図1）。それぞれ、漢字とアルファベットの発音表記を併記し、簡単な内容が英語で添えられ、著者と刊行年も記されている。注目されるのは、リストの筆頭に挙げられた『水道提綱』である。この一部が小川によって翻訳されたのである。

このメモがいつ書かれたものかは、不明であるが、富岡謙三たち文科大学の教員たちがヘディンを囲んだ夕食会で書かれたのではないかという推測は不自然なものではない。1つの根拠は、メモの末尾に、北京の日本領事館気付として、桑原隲蔵の

---

(26) ヴォルケストによると、ヘディンだけでなく、彼と同時代の中央アジア研究者たち、たとえば、スタイン（Marc Aurel Stein）、ペリオ（Paul Pelliot）、ル・コックなども、中国語を含むアジア諸言語で書かれた文献の重要性を十分理解していた。ヘディンにはない、彼らの強みは、サンスクリット学や中国学、トルコ学などの体系的な訓練を受け、資料に精通していたことである［ヴォルケスト 2001: 61, 注(98)］。

(27) Stockholm, Riksarkivet Marieberg, Sven Hedins arkiv, 417.

名前が挙げられていることである。桑原は、1907年4月から文部省派遣により中国留学し、1909年4月に帰国し、文科大学の東洋史の教授に就任した。彼は1908年12月の京都での会食には同席しておらず、北京宛てに連絡する必要があるという事実と矛盾しない。メモには、誰が書いたものか推測できる情報も書かれていないが、少なくとも、英語の筆跡は、富岡謙三のものとは異なる。また、どのような顔ぶれが集まった会合であったかも不明であるが、小川琢治や内藤虎次郎もいたのではないだろうか。

ヘディンが、1908年12月9日夜の文科大学の教員たちとの会合を指して記述しているのではないかと推測できる箇所が、*Southern Tibet* の第1巻中、ツァンポ川に支流について論じた第9章にある。“So far as I have had an opportunity to control the Chinese statements I have found their drawing of these rivers very incorrect.”［Hedin 1917, vol. 1 : 96］。ヘディンが「漢籍の記述の内容を明確に把握することができた機会」というのが、上述の12月9日夜のことであった可能性をまったく排除することはできないであろう。文科大学の教員たちとの歓談は、さまざまな漢籍をとりあげ、それぞれの特徴や書かれた地理的情報について、率直に語ることができた機会であり、ヘディンにとって、意義のある楽しい時間ではなかっただろうか。

ヘディンが小川を含めた文科大学の教員たちに信頼感や親しみを感じていたのではないかという推測を、傍証的ではあるが、裏付けるのが、菊池大麓からヘディンに宛てた手紙である（図2）(28)。1911年9月17日付けの菊池の手紙には、ヘディンによる漢籍の翻訳依頼に関して、小川教授と内藤教授に取りかかるように指示したこと、また、適切な箇所があれば、羽田（亨）氏（当時、東洋史の講師）にその翻訳をさせるであろうことが書かれている。内藤については、中国学の権威であり、ヘディンが京都帝国大学を訪問したおりに目にした漢籍コレクションの大部分を所蔵する人であるとも書かれている。残念ながら、ヘディンがどのような漢籍の翻訳を依頼したのか、実際に翻訳されたのか、また、それが彼の研究や著作にどのように活かされたのかについては、まだ突き止められていない。今後の課題である。

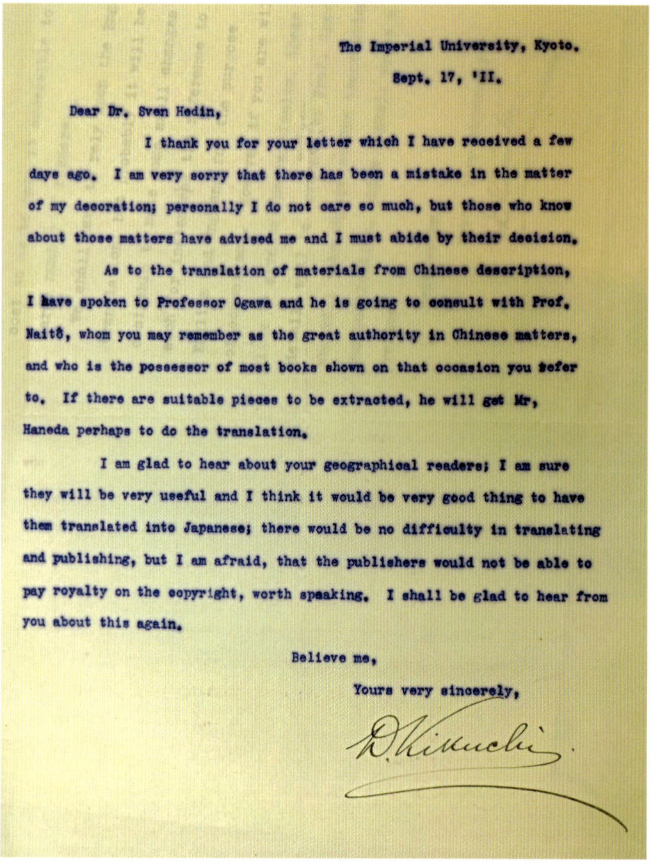
The Imperial University, Kyoto.
Sept. 17, '11.

Dear Dr. Sven Hedin,

I thank you for your letter which I have received a few days ago. I am very sorry that there has been a mistake in the matter of my decoration; personally I do not care so much, but those who know about those matters have advised me and I must abide by their decision.

As to the translation of materials from Chinese description, I have spoken to Professor Ogawa and he is going to consult with Prof. Naitō, whom you may remember as the great authority in Chinese matters, and who is the possessor of most books shown on that occasion you refer to. If there are suitable pieces to be extracted, he will get Mr. Haneda perhaps to do the translation.

I am glad to hear about your geographical readers; I am sure they will be very useful and I think it would be very good thing to have them translated into Japanese; there would be no difficulty in translating and publishing, but I am afraid, that the publishers would not be able to pay royalty on the copyright, worth speaking. I shall be glad to hear from you about this again.

Believe me,

Yours very sincerely,

D. Kikuchi

図2 菊池大麓からヘディンに宛てた書簡（1911年9月17日付）
出典：Stockholm, Riksarkivet Marieberg, Sven Hedins arkiv, 417.

本書の2章では、1908年におけるヘディンの京都訪問は、東洋学を一つの研究の柱とする方針で設立された文科大学とって、まさに待ち望んだ絶好の機会であったことが指摘されている。他方、ヘディンにとっても、彼が抱いていた漢籍とりわけ中国の地理書や地図に対する強い関心に応えるという点で、期待していた交流の実現ではなかっただろうか。

小川による『水道提綱』の翻訳は、京都におけるヘディンと文科大学の交流から生まれた出来事であり、ヘディンが著作に取り入れたことにより、学術的な成果として明確な形をとった。小川や内藤たちとヘディンとの出会いや語らいは、それだけにとどまらない影響をヘディンに及ぼした可能性もある。自然科学的な要素の強かった第1回と第2回の探検報告書から大きく様相を変え、東洋学の研究を大いに取り入れ、人文学的な要素を重視した第3回探検の学術報告書を構想するきっかけであったかもしれない。ひいては、後年の総合学術的な西北考査団の企画へと展開する契機の一つであったかもしれない。

5. おわりに

本稿では、ヘディンと漢籍のかかわりに焦点をあて、ヘディンと京都帝国大学文科大学の教員たちとの『水道提綱』をめぐる交流ならびに、その背景と意義とを検討した。

1908年、京都帝国大学を訪れたヘディンによる講演会にあわせて開催された展覧会では西域やチベットに関する漢籍コレクションが展示され、そのなかに『水道提綱』があった。この一部が小川琢治によって英訳され、京都滞在中のヘディンに渡され、のちに、二度にわたり、彼の著書に引用された。小川によって翻訳された『水道提綱』の内容はブラマプトラ川とサトレジ川の源流にかかわる記述であり、両河川の水源の発見というヘディンの第3回の中央アジア探検（1906–1908年）で挙げた大きな成果と密接に関わるもので、ヘディンにとって重要な意味を持つ地理情報であった。

『水道提綱』は、清の乾隆年間に、齊召南が撰述した地理書

（28） Stockholm, Riksarkivet Marieberg, Sven Hedins arkiv, 417.

である。当時、最新かつ最重要の文献に基づいて水脈を基準に各地の地勢を詳述した、極めて信頼性の高い書目であるとともに、「水道」を記述する方法を体系的に提示した最初の地理書でもあった。展覧会で展示された漢籍に関わって注目されるのは、「西域地誌」ではなく「中央亜細亜地誌」という分類が用いられたことである。博物学者フンボルトが1844年の著書で初めて用いたとされる「中央アジア」という、比較的新しい地域区分の概念を展覧会に用いた点やヘディンの関心に合わせて的確な地理書を選んだ点などに、当時の京都帝国大学東洋学の自由で柔軟な学術態度と確かな学識とが如実にうかがえる。

ヘディンは中国語の書物を読むことはできなかったが、漢籍とりわけ中国の地理書に情報の確かさに対して強い関心を持っていた。この関心が、報告書の構成の点でも内容の点でも、初めて明確に現れたのが第3回探検の学術報告書であった。展覧会を準備した文科大学の教員たちとヘディンとの夕食会は、ヘディンにとって、漢籍について語りあう貴重な機会でもあった。ヘディンの京都訪問は、彼が東洋学へ接近してゆく過程と重なるだけでなく、単身での調査から、自然科学だけでなく人文科学を含めた総合的な組織編成の調査へという探検スタイルの変化とも関わる面がある。ヘディンが『水道提綱』を目にし、小川のよる英訳によってその内容を自分のものとしたことは、ヘディンの研究にとって、小さいながらも一つの節目であったかもしれない。

20世紀初頭に小川琢治とヘディンとの間で行われた『水道提綱』の翻訳とその引用は、文献や地図に依拠しながら、現実世界の記述をめぐって行われた協働であり、文科大学の東洋学と中央アジア探検という異なる分野間での交流から生まれた成果でもある。こうした1世紀前の協働は、今日の多分野横断的な共同研究にも通ずる点で、大きな意義を有するものと評価できる。また、そこには、互いの興味をかき立てる興奮や楽しさがあったことも忘れてはならない大切な要素である。

［文献］

ヴォルケスト、ホーカン 2001「西域考古学の誕生と展開」冨谷至編著『流沙出土の文字資料——楼蘭・尼雅文書を中心に』京都大学学術出版会、pp.3–78.

小川琢治 1896「中央亜細亜の層位について」『地質学雑誌』3–33, pp.276–278.

小川琢治 1902「北清雑記（第一稿）」『地学雑誌』14（8）、pp.562–565.

菊池広治 1884『万国蚕業彙刊』楓水楼蔵、小松精一刊。

木田知生 2008「龍谷大学所蔵の龍藏について」『龍谷大学論集』471, pp.104–129.

田中和子 2015「京都大学が所蔵するスウェン・ヘディンにかかわる絵画資料について——1908年におけるヘディンの日本訪問による遺産とその意義」『人文地理』、67（1）: 57–70.

田中和子・木津祐子 2011「国立故宮博物院蔵『山西辺垣図』および『山西三関辺垣図』と京都大学蔵『山西辺垣布陣図』との比較」『京都大学文學部研究紀要』50, pp.1–29.

築島裕 1963「石山寺本大唐西域記の和訓の特性」『平安時代の漢文訓読

語につきての研究』第二章第三節、東京大学出版会。

東京地学協会編纂 1908「ヘディン号」『地学論叢』第4輯。

東京地学協会 1909「ヘディン博士滞洛記事」『地学雑誌』〈246号〉21（6）: 1–12.

中田祝夫 1958『古点本の国語学的研究』訳文篇（講談社、のち1979年に勉誠社より改訂再版）。

西徳二郎 1886『中亜細亜紀事』陸軍文庫。

富士谷孝雄 1888『如氏地理教科書：中等教育』第2秩第2巻、内田老鶴圃。

ヘディン、スウェン 1941「想ひ出」E.ドリガルスキー・S.ヘディン・E.ティーセン。高山洋吉訳『リヒトーフェン伝』慶應書房、pp.35–102.

松島剛 1895『新地理学・外国之部』春陽堂。

山崎直方 1908「将に来らむとする大探検家スエン、フォン、ヘディン氏」『地学雑誌』20（11）: 757–785.

恒慕義（A. W. Hummei）1990『清代名人伝略』中国人民大学清史研究所『清代名人伝略』翻訳組、青海人民出版社、pp.106–108.

陳瑞平 1995「水道提綱提要」唐錫仁主編『中国科学技術典籍通彙』五「地学巻」、河南教育出版社、pp.643–645.

Bretschneider, B. 1910. *Mediæval researches from eastern Asiatic sources fragments towardsthe knowledge of the geography and history of Cnetral and Western Asia from the 13th to the 17th century.* 2 volumes. London: K. Paul, Trench, Trübner.

de Rhins, J.-L. D. 1889. *L'Asie centrale, Thibet et régions limitrophes: texte et atlas.* Paris: E. Lerou.

Klaproth, J. 1826. Éclaircissemens sur une carte chinoise et japonaise de l'Asie et de l'inde. Mémoires relatifs à l'Asie. *Mémoires relatifs a l'Asie, contenant des recherches historiques, géographiques et philologiques sur les peuples de l'Orien*t, Tome II, pp.411–432.

Klaproth, J. 1828. Mémoire sur le cours de la grande rivière du Tubet, appelèe iraouaddy dans la royaume des birmans. *Mémoires relatifs a l'Asie, contenant des recherches historiques, géographiques et philologiques sur les peuples de l'Orien*t, Tome III, pp.370–417.

Klaproth, J. 1829, 1830. Description du Tubet, traduite du chinois en russe par le Père Hyacinthe, et du russe en français par M.*** ; revue sur l'original chinois, et accompagnée de notes, *Nouveau Journal Asiatique*, Tome 4, pp.81–158, Tome 6, pp.161–246, pp.321–350.

Hassenstein, B. 1885. *Atlas von Japan: sieben Blätter im Massstabe im 1:1,000,000 und eine Übersichtskarte im Massstabe im 1:7,500,000.* Gotha: J. Perthes.

Hedin, Sven 1900. *Die geographisch-wissenschaftlichen Ergebnisse meiner Reisen in Zentral-Asien 1894–1897.* Ergänzungsband 28 zu Petermanns Mitteilungen. Gotha. 399 S. + Karten.

Hedin, Sven 1904–1907. *Scientific results of a journey in Central Asia and Tibet 1899–1902.* 6 volumes and atlas including 3 parts. Stockholm: Lithographic Institute of the General Staff of the Swedish Army.

Hedin, Sven 1909–1913. *Trans-Himalaya: discoveries and adventures in Tibet*, vol.1–3. New York: MacMillan.（初版1909–1912）

Hedin, Sven 1917–1922. *Southern Tibet: discoveries in former times compared with my own researches in 1906–1908*, vol. 1–9. Lithographic Institute of the General Staff of the Swedish Army.

Humbolt, Alexander von, *Central-Asien: Untersuchungen über die Gebirgsketten und die vergleichende Klimatologie*, Berlin: Verlag von Carl. J. Klemann, 1844.

Le Coq, A. von 1922. Osttürkische Namenliste, mit Erklärungsversuch. In Hedin. S. *Southern Tibet: discoveries in former times compared with my own researches in 1906–1908*, vol. 9, Part II. Lithographic Institute of the General Staff of the Swedish Army, pp.87–123.

Montgomerie, T. G. and Pundit 1868. Report of a route-survey made by Pundit, from Nepal to Lhasa, and thence through the upper valley of the Brahmaputra to its source. *The Journal of the Royal Gepgraphical Society of London*, 38, 129–219.

Richthofen, F. von 1877–1912. *China: Ergebnisse eigener Reisen und darauf gegründeter Studien*. Bd. 1–5, Atlas 1–2. Berlin: D. Reimer.

Rockhill, W. Woodville 1891. Tibet: a geographical, ethnographical, and historical sketch, derived from Chinese sources. *Journal of the Royal Asiatic Society*.

Wiklund, K. B. 1905. Transcription of geographical names in Central Asia. In Hedin S. *Scientific results of a journey in Central Asia 1899–1902* Vol.2, Lop-Nor. Stockholm: Lithographic Institute of the General Staff of the Swedish Army, pp.647–660.

Column

ヘディンの「中央アジア　地形　風俗」画の模写を見て

平野 重光
HIRANO Shigemitsu

　ヘディンの「中央アジア　地形　風俗」画の模写を見せてもらったのは2014年夏のことであった。京都大学の田中和子氏から、スウェーデンの探検家スウェン・ヘディンが探検踏査中に描き写したスケッチの「模写」が地理学研究室にあるので見てくれないかという電話をもらった。相当数あり、その資料をもとに調査研究を始めたいと考えているので、美術的に何か指摘できるようなことがないか見てほしいということであった。

　「模写」資料は2つに分けて保管されており、Ⅰと書かれた厚紙の間に「石田金三、西村純二、安達伊太郎模写　中央アジア（？）地形・風俗」とあって26枚の絵が、Ⅱと書かれた封筒には「中央アジア　地形　風俗模写」とあり34枚の絵が入っていた。紐解いて見ると、どの絵も描写にためらいがなく、現地での現場写生を思わせる迫真性さえ持っている。それぞれの絵の右下とか左下に、たとえば「石田金三模写」というふうに模写者の名前が自署されている。そして模写者は上記の3名に加え、いま一人田中善之助がおり、封筒の表書きにある西村純二という名は、西川純二（のち筆名を西川純とする）の誤りであることがわかる。摸写者は複数だが同じ図柄の絵は1枚もない。

　模写画の内訳は、厚紙Ⅰの間のものについては安達が7点、石田が3点、田中が3点、西川が13点。封筒Ⅱについては安達が8点、石田が5点、田中が1点、西川が17点あって、無記名（模写者不明）が3点ある。2つを合わせると、安達15点、石田8点、田中4点、西川30点、不明3点で計60点である。2つに分けて保存されている理由は何だろう。描かれているものは、山岳

風景、寺院、祭壇、風俗人物、祭礼儀式の場景などだが、主題ごとにまとめてあるのではない。また模写者ごとでもない。誰が風景をもっぱら写すというような主題による偏りも見受けられない。そしてどの絵にも下隅に薄く鉛筆で地名や人名でも示すような書き込みが認められるが、残念ながらわたしには読み解くことができない。これも摸写者の摸写か。旅程の順に分けてあるのだとしたら絵の順序を乱すような見方はまずい。

　模写者の4人は、いずれも関西美術院の画学生である[1]。関西美術院とは1906年（明治39年）3月、京都に開設された私設の洋画研究所で、初代院長は浅井忠。顧問に中澤岩太、教授陣には伊藤快彦・都鳥英喜・鹿子木孟郎（当時フランス留学中）といった、京都洋画界の錚々たる人材を擁していた。東京美術学校の教授でいた浅井忠が京都に来ることになったのは、1900年（明治33年）ヨーロッパで中澤岩太（京都帝国大学理工科大学教授）と出会ったことがきっかけである。浅井はこの年パリで開かれた万国博覧会の鑑査官として、中澤は京都高等工芸学校開校準備のためパリ万博と工芸教育の視察を目的に、共に出張中であった。2人は彼の地で新しい時代の、わが国の美術や工芸のあり方について語り合って意気投合し、浅井は心機一転東京美術学校教授を辞して京都高等工芸学校に赴任することを約束したのであった。そして

1902年（明治35年）京都高等工芸学校の開校（校長・中澤）にあわせて一家挙げて京都へ移住、高等工芸学校教授として教壇に立つかたわら、別に自宅に聖護院洋画研究所を開き（1903年）、また各種展覧会の鑑審査や研究会の顧問として京都の美術、工芸界の発展に大いに意を用いた。関西美術院は聖護院洋画研究所が発展的に解消してなったものである[2]。安達と石田については画家としての実績を詳らかにしないが、のち田中は洋画家として西川は水彩画家として地元で相応の実績を残している。

＊

　ヘディンが京都帝国大学の学賓として入洛したのは1908年（明治41年）11月28日の夜であった。彼は早速翌29日午後2時からの大学歓迎の講演会に臨み、法科教室で「探検談」を行っている[3]。この年43歳になる彼はそれまで大規模な探検旅行を三度行っており、その三度目の探検（1905・10〜1908・9）を終えての帰途請われて来日、はじめ東京帝国大学に、ついで京都帝国大学に招かれたものであった。彼は12月12日（朝）まで足掛け15日間京都に滞在し、その間京都市内をはじめ宇治、奈良の社寺仏閣をはじめ、蹴鞠や芝居や能狂言の見学など連日連夜にわたって伝統文化の色濃い歓待を受けた。彼の動向は地元の『京都日出新聞』が連日のごとくよく伝え、たとえば12月4日付紙面では「昨三日本派本

---

(1)　田中と西川については聖護院洋画研究所時代から浅井の指導を受けていた画学生。西川はそれ以前に鹿子木の私塾でも学んでいる。石田は関西美術院開設の年（1906年3月）から、安達は翌年の11月に入学している。

(2)　聖護院洋画研究所の設立の際、伊藤快彦、桜井忠剛、牧野克次の各洋画私塾はここに合併した。

(3)　講演は英語でなされたが、講演に先立ってヘディンは九か国語に精通していると菊池総長が紹介している（『京都日出新聞』1908年（明治41年）11月30日付 p.2）。

願寺に於て朝餐を済まし光瑞法主其他連枝等一同と紀念の撮影をなし午前十時頃車を列ねて桂離宮に至り宮殿、御庭先等を拝観し亀岡技師の詳細なる説明を聴きて非常に崇敬の意を表し夫れより教王護国寺に至り京都ホテルより運べる書餐を済まし境内を徐歩して建築物其他に就て深く観察し是亦亀岡技師の説明によりて強く感動せるものゝ如く午後二時を過ぐる頃此所を出で東本願寺に至り法主大谷光演師に導かれ奥書院に入り同寺内寶物其他を観覧して枳殻邸に行きて茶菓の饗應を受け庭園の大規模なるを賞し夫れより帝室博物館に至りて陳列品を観たり、同日奈良博物館長は博士のために特に京都に出張し精細に説く所あらんと準備し居りしも時恰も日暮に近く室内電燈の光を籍るの頃となりしを以て憾を遺しつゝ旅館澤文に帰りたり時に五時を過ぐる二十分同日の一行は博士の外菊池京都帝國大學総長、松本（文）小川両教授同石橋助教授、亀岡京都府技師、堀賢雄師、鹿子木画伯なりき…〈原文のまま〉」といった調子である(4)。

ヘディンの講演は京都帝国大学のほか12月2日に本派本願寺（西本願寺）でも行われている。これは本派本願寺法主大谷光瑞の招きに応えて表敬訪問して行われたものである。大谷光瑞は仏教東漸の調査研究のため西域探検を本格的に行った人物であり、共に探検家として欧州巡遊中の知己であり、何が何でも逢うべき間柄だったのである。『京都日出新聞』は京都大学での講演要旨を5回に分けて、本派本願寺での話は2回に分けて掲載している。大学での話（記事）は学術講演ということもあり、探検踏査の歩みを順追って淡々と説明報告したものであったが、本願寺での話（記事）は同じような内容（の話）は反復を避け、先の講演を補うような話を紹介するといったような報告記事になっている(5)。

＊

さてヘディンの写生画の摸写は如何なる理由で行われたのであろうか。来日は探検旅行の帰途だったから絵は携えて来たのである。田中和子先生の調査によると、講演会当日（11月29日午後）写生画を含むヘディンの筆になる資料108点が文科大学地理学研究室で展観されたのだという［田中2015: 64]。そして講演会の聴講券をもつ人に限りその展示を見ることができたのだという。『京都日出新聞』は講演会翌日の11月30日付紙面で、「ヘヂン博士」と題する記事中に「…殊に絵画は最も得意とする所にして専門家と雖も或は及ばざるもの多からんと思はるゝ位なり…」と一行書いているが、肝心の資料展示のことについては触

(4)　光瑞法主：大谷光瑞　浄土真宗本願寺派（西本願寺）22世門主。仏教東漸の調査探検。

大谷光演：真宗大谷派（東本願寺）23世法主。俳人（俳号句仏）。

奈良博物館長：久保田鼎（1907・12・27～1931・10・7　奈良博館長）

旅館澤文：麩屋町にあった日本旅館。ヘディンの嗜好を聞き、同館3階に寝具、食器その他装飾一切を日本風の設備にして迎えたという（『京都日出新聞』11月29日付 p.3）。

菊池帝国大学総長：菊池大麓　京都帝国大学総長。東京地学協会副会長。

松本（文）教授：松本文三郎　文科大学学長。

小川教授：小川琢治　文科大学地理学教室初代教授。

石橋助教授：石橋五郎　同教室助教授。

亀岡技師：京都府技師。

堀賢雄：本派本願寺参事補。ヘディンのインド出発以来同行し、通訳を務める。

鹿子木画伯：鹿子木孟郎　洋画家。関西美術院教授、院長。京都高等工藝学校講師。

(5)　冒険譚のような話（エピソード）がないわけではない。たとえば「此河流地方（ヤンギキュル）には猛虎群棲せるを以て余は之を捕ふるために面白き一策を案出し彼等の脚下を焼きたりしが虎は脚の熱きに耐え兼ねて皆河砂の中に飛入り覚束なく水に泳ぎ喘ぎ喘ぎて対岸に渡らんとせり、余等は此處に乗じて各自手に持てる權を上げて其の首筋を討ち疲労して水に沈むを待ちて之を引き上げ皮を剥いで肉を味ひたり…」（『京都日出新聞』12月3日付 p.1）とか、本派本願寺での話（記事）の中では、「西域は非常に自力宗教の発達せる所にして難行苦行を積む程佛果を得ることの愈大なりと信ぜるを以て、結跏坐禅は勿論普通丘を掘り外より石其他土塊を以て密封し全く暗黒の室となしたる洞窟の中に端坐して死を待つ風習あり、行者に食物を運ぶには洞窟の下方に少く食隧道を穿ち長き竹片の先に僅少の食物を附して差入れ置くにあり、而して日に幾度か時を計りて之を抜き出しその食物の全く元の儘なるを見れば既に死せるものと推定し密閉せる洞窟より引き出すなり、洞中にありては固より四季及書夜をも知り得べからざれば只身の温寒によりて僅に之を想像し得べしと云う、余の西域に入りたる時六十九年間此の暗室中に生活せるものを見しが顔色灰白にして頭髪のみ長く生え伸び凄じき風貌をなし居たり、…」（同前紙12月5日付 p.1）といった話をしている。

れていない。そればかりか講演に先立つ菊池総長のあいさつのなかでも資料展示の紹介（記事）がない。先の記事のように、在洛中の動向については行き先をはじめ、出発や到着の時刻、同行者や案内人の名前、出迎えの状況までこと細かに伝えているのに、写生資料に関してはその後も一切触れるところがないのである[6]。

ヘディンの講演は、いつ、どこを、どう歩いて、何を見てきたか（どんな調査をして、何を明らかにしてきたか）ということを2時間あまり述べたもので、その何を見たかの「何」の実例がまさに写生であったのに、記事はそこが抜けている。総長のあいさつのなかにないのも不思議だが、記事中に「絵が得意」だったと記しているところから、記者は展示（資料）を実見したのかもしれない。摸写から受ける滞りのない筆遣いや迫真的な臨場感（リアリティ）は、（摸写者の技量によるところありとしても）原作者の技量を占うに十分なものがある。

摸写は原画のコピーである。どんなとき摸写が必要とされるか。たとえばわが国では、寺院や城などが所蔵する文化財を日常的に広く一般公開することを前提に、不慮の事故や被害を避けるため精度の高い摸写によって代替展示しようとするような場合。また、原画が他所（たとえば外国）に帰属しており、しかしゆかりのこの地（国内）でも是非保存・活用したいと強く思われる場合。そして3つ目は、先達の作例に倣いながら構図や筆遣いや配色等を学ぶ、すなわち絵の手ほどきを受けることを目的として行う場合である。

田中氏の調査によれば、展示は入洛翌日（講演と同時）のことであったのだから、時間的に代替展示用の摸写であったとは考えられない。摸写の目的はどうしてもビジュアル資料として大学の地理学研究室が保存・活用したいと考えたからであろう。ヘディンに原画のコピーを要望し、許可を得た上で実現したものと考えるのが自然である。コピーなら写真という方法もある。絵筆を振り回して原画を汚す危険を考えれば、写真はより安全である。しかし、どうしても色がほしかった。摸写60点中20点に彩色が見られる。当時カラー写真は未だ一般化していなかった。

摸写者は先に触れた4人であったが、彼らに摸写をさせた（指示した）人物は誰か。まず地理学教室の小川教授が、そのリアルな手描きの記録（画）を学術資料として研究室でも是非活用したいと考え、幸い中澤岩太高等工芸学校校長とは知己の間柄であり、講演会当日をはじめ、ヘディン在洛中の観光や見学について、一再ならずそのお伴、お相手をしてくれていることから、摸写の相談をもちかけたものと思われる。中澤には受けて立つ算段はいくらでもあるはずだからである。彼は工芸デザインの高等教育を目指す自分の学校の生徒よりは、洋画家の育成と指導を図る関西美術院の画学生の方がふさわしかろうと判断し、双方の指導者である鹿子木孟郎に人材の選

抜と指導を依頼したと考えられる。

ヘディンが来日する前年（1907年）、文部省は公募展・文部省主催美術展覧会（文展）を開設した。官製による初の綜合（日本画、洋画、彫刻）公募美術展である。この第一回展（10月25日〜11月30日、上野公園）の審査委員団は学識者と実作者あわせて42人で構成されたが、その中に中澤岩太（学）と浅井忠（洋）が任命されてその任に当たった。ところが展覧会終了間もない12月16日 浅井が急逝した。中澤にとっても京都の洋画・工芸界にとっても最も頼みにしていた人材を失うことになったのである。中澤はとりあえず浅井忠の後を継いで関西美術院の院長に就き、間もなくフランスから帰国した（1908年1月）鹿子木孟郎を待って京都高等工芸学校の講師に迎えたのであった（鹿子木はこの年の6月に美術院院長に就任、10月の第2回文展には中澤とともに審査委員として上京している）[7]。こうして浅井忠なきあと関西美術院ならびに京都高等工芸学校は当面鹿子木孟郎がその穴を埋め、京都における洋画界の指導的役割を担うことになるのである。彼が中澤校長から相談を受け、すすんで応えようとしたのは自然の流れであったろう。そして摸写者の人選も彼が行ったものと思われる。

ところで日本美術の近代化は、わが国の近代化政策・欧化主義の流れとともにあった。画家を志す若者たちのなかには、これからは洋画の時代だと信じ、西洋画の手本に学び、洋画研究所に通い、本格的に海外留学を目指すものがあらわれた[8]。日本画の世界でも、京都画壇の指導的役割を果た

---

(6) 田中氏の教示によれば、展示は講演会の後すぐに片づけられたらしい（夕方からの宴会のため）。また鹿子木は当日午後写生に出掛けて会場にいなかったらしく、ヘディンも午餐と講演をひかえ展示には関われなかったようである。（日出新聞記者がこの朝10時ごろヘディンを旅館に訪ねたときは未だ就寝中だったと記している『京都日出新聞』1908（明治41）年10月30日付p.1）。

(7) この第2回文展（1908）で田中善之助は「紀州風景」を出品し入選している。

表1 制作年別サイン表記の内訳

制作年の表記	封筒 I		封筒 II		計
	S. H.	S. Hn	S. H.	S. Hn	
1906	0	0	1	0	1
06	0	0	0	1	1
1907	6	5	1	5	17
07	3	0	0	1	4
1908	0	5	3	15	23
08	1	2	0	0	3
	10	12	5	22	49

＊模写が入っていた封筒別に分類

した竹内栖鳳は、パリ万博（1900年）視察後の取材で、これからの日本画にとって肝要なことは、まず西洋画が実現していて日本画に欠けているもの、すなわち描写力の克服、高い写実表現の実現だと語っている[9]。日本画が時代遅れの絵画といわれないように、西洋画に伍して存続し続けるために、伝統よりは進取、私塾よりは近代教育の必要が語られたのである[10]。現に日本画家を目指しながら、洋画研究所で基礎を学ぶ若者も少なくなかった。洋画家を目指すものが西洋人の肉筆を間近にすることは学習や研究の効果を図る上でこの上ない好材料である。ヘディンの絵を日本の職業画家鹿子木が画学生の手本とするに足る絵であると認めたと言い換えてもよい。

後日、田中氏を介して模写に対応する原画の写真（のコピー）を見る機会を得た。写真ではあるが、予想した以上に職業画家の筆と遜色がない。模写と原画を照応すると、厚紙 I（26点）に照応する原画は22点、封筒 II（34点）に照応する原画は27点あった（都合49点）。厚紙 I についていえば、彩色あるもの8点、ペン書きのもの4点、鉛筆書きのもの14点。封筒 II につては彩色13点、ペン書き14点、鉛筆書き7点であった。各図には制作年をはじめ、スウェン・ヘディンのサイン（「S.H.」とか「S.Hn」）や先に模写で見た、写生した場所や人名かと思しき短い書き込みのほか、簡単

な記号や数字を組み合わせたものもある[11]。制作年別では、1906年が2点、1907年が21点、1908年が26点で、来日した年（1908・明治41）のものが最も多い。サインに「S.H.」と「S.Hn」の2つの表記があるように、制作年にも「06」と「1906」というふうに異なる表記がみられる。図ごとに表記の仕方はまちまちで、決った組み合わせのようなものはない。それらの表記をまとめると表のようになる。ただこの分類表からも2つの封筒に分けて入れてあった理由を見つけることは無理で、結局は適当に入れてあったと結論づけるしかない。

それよりも場所や人名と思しき書き込みの筆跡が模写のそれと同じであることが判った。模写だけ見ていたときはこの書き込みも模写者が写したものかとも想像したが、もしそうなら記号（キャンプ地）や数字（モデルの年令）までも合わせて写しておくはずであろう。模写完成後ヘディンが自ら書き込んだものにちがいない。もとよりヘディンでなければわからない表記だし、正しく記さなければ資料としての意味をなさないからである。模写者が書き込んだのは自分の名前だけである。

彩色あるもの、ペン描きのもの、鉛筆描きのもの、それぞれに模写は原画とよく対応し、どの模写も見事に原画を再現して、模写者の描写力の高さをよく示している。模写という行為は、模写者に個性的表現は求めない。原画と模写の同図を比べて見ると、たしかに原画の方がいっそうリアリ

ティ高く見えるものがある。しかしここは芸術的感興の再現を求めているのではない。資料としての原像の記録性が重要なのである。原画（の写真コピー）との照合によって模写者の表現力はすでに初歩的な指導の段階をはるかに超えていることが確認できた。当初はヘディンの絵の模写作業は教育的配慮からなされたのではないかとも考えた。この場合、何より原作者は間近にいるのだから、教育的効果はこの上ない。ペンによる模写、鉛筆による模写をきちっと分けて行っているところにも指導者の教育的意図を慮ることはできる。単に資料（図像）を残すだけのことなら、ペンと鉛筆（ともに黒の単色）の区別をあえてする必要はないだろう。

しかしながら模写の結果は彼らの手元には戻らず、大学に残したのである。その点では指導的成果を問うことは難しい。彼らは指導を受けるべき画学生としてではなく、一人前の画家として遇され、模写作業を依頼されたと考える方が自然であろう。模写者は保存用資料の作成をもっぱらにしたものであったが、直接・間接に教育的恩恵を受けたことはこれまた紛れもない事実であろう。原作者も模写の出来映えに満足し、画学生の筆力を高く評価したに違いない。大袈裟にいえば、当を得た人選で短時日にもかかわらず資料作成と教育効果の2つの目的を果たすことができた成果の大きい事業であった。

模写の作業はいつ、どこで行われたのか。これも田中氏の教示によれば、鹿子木夫人（ハル）の日記（12月初旬）に「ヘディン博士の絵を模写するために学生たちが来る」という書き込みがあるそうだから、12月に入って鹿子木宅〈アトリエ〉で模写が

---

(8) 石田は1914年（大正3年）アメリカへ、田中善之助も1920年（大正9年）渡欧している。

(9) 「竹内栖鳳氏の談話（三）」（『日出新聞』1901年（明治34年）3月5日付 p. 4）。

(10) 1880年（明治13年）開校の京都府画学校は洋画を含む4つの絵画教室が設けられた。

(11) この簡単な記号や数字は、田中氏の教示によれば、ベースキャンプを示す記号番号であったり、人物の年令であったりするという。

行われたことが判る。ヘディンは12月12日に退洛するので、少なくともその前日までに原画を彼の手に戻さなければならない。60点の作品は予定された数なのか、制限時日内にこなせた数なのか、そして大学にとって必要かつ十分な数だったのか、そこのところはわたしにはわからない。

＊

　大探検家ヘディンの入洛は、例えていえば宇宙飛行士が古都の真ん中に降り立ったような騒ぎだったのだろうか。地図上空白のままになっている地域を、数年かけて探検踏査するなどということは、普通の人間には思いもよらない勇気と覚悟のいる冒険話である。だからその快挙を成し遂げた人はまぶしい英雄、仰ぎ見る巨星（スーパースター）であった[12]。規模は違うが、わたしには、絵修行のために単身ヨーロッパに渡り、何年か後一人前の画家になって帰ってきた絵描きを迎える図、とどこか重なるところがある。地球上に未だ踏査されないままの地が残っていた時代、そして日本の美術界にまだまだ洋画家が少なかった時代である。彼らがその道の先駆者・開拓者として、後進のものから尊敬の眼で迎えられたのは、彼らの快挙が私人としてだけでなく、むしろ新しい時代（近代）を希求する国の政策・国家的事業と軌を一にし、これを援けるところがあったからである。情報があふれ、地球上のことは隅々まで知り尽くされ、知らなくてもよい情報が溢れる時代にもスーパースターは量産されるが、それとこれとは成すことの目的も意義も重みもまるで違う。その意味ではまことにおお

らかな時代の、ロマンに満ちた冒険譚を地で行ったあっぱれな話であった。

　「当時の熱狂や感激の様子は、現在、ほとんど忘れられている」と田中氏は指摘されている［田中 2015: 67］。それは探検家の資料が研究室に眠りつづけていたからに他ならない。資料が原画でなく複数者による模写であり、その上名前が入った肉筆であることが、表に出て行きにくい縛りになっていたのであろう。目に触れないものは無いも同然、広がりようも伝わりようもない。それは我が国における洋画の発展とは真逆のような構図である。しかしその故に、この資料は、いま未知の時代の純な心、わくわくする熱い思いを、紐解いてくれることになったのだと思う。私が見たものは肉筆の模写だったが、その模写の一束はまさに京都における洋画黎明期のさわやかな鼓動の記録紙であった。

［文献］

田中和子2015「京都大学が所蔵するスウェン・ヘディンにかかわる絵画資料について──1908年におけるヘディンの日本訪問による遺産とその意義」『人文地理』67（1）: 57-70.

---

(12)　ヘディンは先に東京で明治天皇に謁見し、勲一等瑞宝章を授与されている。

| 254 | 第Ⅱ編　報告集

付録 *1*

ブラマプトラとサトレジの水源に関する
『水道提綱』の記述を引用した
"*Southern Tibet*" のテキストおよび和訳

田中和子［訳］

［テキストの掲載と訳出に際して］

1. 原テキストでは各頁ごとに脚注が付されていたが、文末注に変更し、通し番号を付した（1〜32）。原テキストの注番号を踏襲しているため、翻訳文での順番が前後しているものがある。
2. 訳注の番号（(1)〜(24)）は、右肩に付ける。
3. 小川琢治による英訳テキストでは地名が記されていないが、わかりやすくするために、地名を補った箇所がある。
4. ヘディンが書誌情報を明記せずに引用している箇所のうち、文献が特定できたものを文献リストに挙げる。
5. ヘディンが挙げた欧印系の人名には、カタカナ表記のあとに（欧文表記）を補った。

［原テキスト］

"CHAPTER XII.　THE SHUI-TAO-TI-KANG ON THE SOURCE OF THE BRAHMAPUTRA AND THE SATLEJ." [Hedin 1917, vol.1, Chapter 12: 114-122]

In the *Shui-tao-ti-kang* or *Outlines of Hydrography*, Book 22nd, complied by CHI CHAO NAN in the 26th year of Emperor CHIEN LUNG (1762 A. D.), we find the following description of the source of the Brahmaputra, which was translated for me by Professor OGAWA during my stay at Kyoto[1]. Under the heading: »*Waters of Hsi-tsang*» or Tibet, the author says: »The *Ya-lu-ts'ang-pu-chiang* is the *Ta-chin-sha-chiang* (=Great Gold Sand River). It is supposed by some geographers to be the *Pa-pu-chuan* of olden times. Some consider it to be the *Hei-shui* (= Black Water) in *Yü-kung*, but it is too far situated. Its sources come out from *Ta-mu-chu-ko-k'a-pa-pu-shan*[2] standing at a distance more than 340 li northwest of *Cho-shu-tê*[3] tribes in the western frontier of *Tsang*. [The north-western part of the mountain is near the source of the Lake *Ma-piu-mu-ta-la*[4] in the *Lang-ch'ien-k'a-pu-pa-shan*[5]. This mountain (*Ta-mu-chuk-k'a-pa-pu-shan*) is situated 300 li S.E. of *Kang-ti-ssŭ-shan* (Kailas Mountain). The mountain is very high and great, and its form resembles

a horse, whence it is named. The source of the *Ya-lu-tsang-pu-chiang*[6] is 35° W. (of Peking) and (the altitude of the north) Pole 29°.][7]　There are three sources, all of which flow north-eastwards and unite into one river. The river flows at first turning eastwards, then south-eastwards for more than 200 li. A stream of fore mountains of *Ku-mu-kang* comes from S.W. to meet the river. The river now turning to the north-east for 100 li, receives the *Chiang-chia-su-mu-la-ho* which flows south-eastwards from *Sha-ku-ya-la-ma-shan* on the north-west. [The river *Chiang-chia-su-mu-la* is in the west of *Cho-shu-tê*. Its source comes out from *Sha-ku-ya-la-ma-la-shan* and *Nieh-li-ling* of *Cha-ko-chia-la-shan*. There are four streams, which run eastwards, and unite in one. After the confluence the river flows southwards, and receiving the *Cha-êrh-ho* coming from the west, eastwards into the *Ya-lu-tsang-pu* River.]

The *Ya-lu-tsang-pu* River flows now eastwards for 50 or 60 li, and receives *A-la-chu-ho* coming from the fore mountains of *Sha-la-mu-kang*. The river now runs southwards for 50 li, then turns east by north for more than 100 li, to be met by the *Na-yu-ko-tsang-pu*[8] which flows south-westwards from *Lake Sang-li*[9] receiving several streams before the confluence. [The river *Na-yu-ko-tsang-pu* lies 30 li south-west of *Co-shu-tê*. Its source comes out from Lake *Sang-li* on the north-east, flows westwards for more than 250 li, and receives from the north two streams coming out from *Shang-li-ko-pa-ling* and *Mu-ko-ling*, and from the south three streams originating in *La-chu-ko-shan*, *Tsu-lun-shan* and *Yang-pa-mu-shan*. Passing the west of *Yang-pa-mu-ling* it turns southwards, and after flowing for 80 li, receives from the N.W. two streams coming out from *Ya-la-ling* and *Ta-ko-lung-shan*. Then it flows southwards for more than 60 li before entering the *Ya-lu-tsang-pu* River.]

The river flows south-eastwards more than 200 li, and recieves the *Kuo-yung-ho* which comes from *Ang-tsê-ling* on the S.E., and which flows north-eastwards and receives several tributaries before meeting the river. The river flows now south-eastwards for 50 li and then receives a stream coming from the S.W. It now turns south-east, then north-eastwards, for more than 200 li. The course becomes now more south-easterly, and the river receives a stream coming from the fore mountains of *Ni-ya-lung-kang* on the S.W. Further east it receives the *Sa-chu-tsang-pu* which comes with tributaries from N.E. [The river *Sa-chu-tsang-pu* lies more than 200 li S.W. of *Sa-ko* tribes. Its source comes out from the mountains of *Ye-lo-kang-kan*. There are six streams, all of which flow southwards for more than 100 li, and unite into the *Chia-pa-lan-ho*. The *Chia-pa-lan-ho* flows more than 50 li, and receives five streams, three from N.W. from *La-chu-ko-tsu-lêng-yang-pa-mu-shan*, and two from S.W. from *Ang-sê-ang-lê-sung-shan*. All these streams unite in one, and flow S.E., then turn S.W. The river, after receiving from north-east two streams of *Cha-sa-kung-ko-êrh-shan* and from south-west two streams of *Nieh-mu-shan* and *Liu-tsê-li-yang-ku-shan*, becomes the *Sa-chu-tsang-pu-ho*. It now flows south-westwards for more than 100 li before entering the *Ya-lu-tsang-pu* River.]

Further S.E. for 70 li, the river receives a small stream coming from the north. Further east for 30 li, the *Yung-chu-ho* comes from south to meet the river. Further east for 90 li, the *Shi-êrh-ti-ho* comes from south with its three affluents. Further east for 30 li the *Man-chu-tsang-pu-ho* comes from north to meet the river. [The river *Man-chu-tsang-pu-ho*, otherwise called the *Ma-chu-tsang-pu-pi-la*, lies in the south-west of the Sa-ko tribes. Two streams flow for more than 200 li southwards from *Hsieh-êrh-chung-shan* and *Pieh-lung-shan* on the north. After receiving three streams coming from *Kang-chung-cha-ta-ko-shan* on the east, and further one from *La-ko-tsang-cho-li-shan* on the west, the river becomes the *Man-chu-tsang-pu-ho*, and flows south-eastwards for 50 li before entering the *Ya-lu-tsang-pu* River.]

The river flows further eastwards for 60 li, and receives a stream coming from south. Further east for 70 li a stream comes from *A-li-tsung-chêng* on the south to meet it. Further east for 80 li, it turns to the north-east, and meets the *Sa-ko-tsang-pu-ho* which comes from Lake *La-pu* on the north-east, and which at first flows south-westwards but after gathering several streams turns south-eastwards to enter the river. [The river *Sa-ko-tsang-pu*, otherwise called *Sa-êrh-ko-pi-la*, lies on the south-east of *Sa-ko* Province. Its source is Lake *La-pu* on the north-east, and at first flows underground, and appearing on the surface, it has a sinuous course towards south-west for more than 400 li. A stream comes from *Pi-pu-ta-ko-la-ko-shan* on the north, and taking a south-easterly course and receiving a stream from *La-lung-a-êrh-shan* on the north-east, flows southwards to meet the river. Flowing further south-west for 150-160 li, another stream comes from north-west, and further 170 li south-west a stream from *La-pu-kang-chung-shan* on the north-east. Further 100 li south-west, a stream from *Lung-kan-shan* comes from the west to meet the river. The river now flows southwards for 60 li, then turns south-westwards, and receives a small stream from the north; further to south-west it receives another from the west. The river then takes a southerly course, and after receiving two streams from *Kang-lung-shan* and two from *Chao-yu-la-chung-shan* on the north-east, turns to the

south-west, and receives further a stream coming from *Chi-pu-lung-shan* on the south-east with another from the east. The river flows further for 80-60 li south-westwards, then south-eastwards. The river is called the *Sa-ko-tsang-pu-ho* from here down to the confluence with the *Ya-lu-tsang-pu* River for 150-160 li. The length of the river is 1,000 li long.» [10]

Here again, in the desctiption of the rivers of Hsi-tsang or Tibet, the source of the »Yaru-tsangpo-chiang» or Brahmaputra is placed in the »Tamchuk-khapap-shan». We are told that the north-western part of the Tamchok-kabab mountain is near the »Langchien-khapap» mountain, which in this description is called the source of the lake Mapam or Manasarovar. This is also interesting because it does not leave any doubt as to *which* affluent to the lake the Chinese text regards as the source or main feeder of the lake, namely Tage-tsangpo. The statement is important, as the original Chinese author has been at the place. Tamchok-kabab is said to be 300 li S.E. of the Kailas and is very high and great. The latitude is given more than one degree too far south.

When it is said that »there are three sources», one should at first think of Kubi-tsangpo, Chema-yundung and Maryum-chu, but this is not right, for with »there» is meant the astronomically given source of the Ya-lu-tsang-pu-chiang, and then it is said that all three sources flow north-eastwards and unite into one river, which is the Kubi-tsangpo or uppermost Brahmaputra. At first sight this statement seems to be correct[11]. For, indeed, the three principal source branches of the Kubi-tsangpo come out of three mighty glaciers, of which the one farthest west is double, although it gives rise only to one stream, namely the source of the Brahmaputra. But in reality the Chinese text does not at all mean the three sources of the Kubi. It means the Angsi-chu, Chema and Kubi, which we have found joined much too early on the Ta-ch'ing map. But the Chema seems to be regarded as the principal source.

The next passage of the Chinese text tells us that the river »at first» turns eastwards and then south-eastwards, of which the first is true for the Kubi-tsangpo, and Chema-yundung the second for the Tsangpo. From the S.W. a tributary meets the Yere-tsangpo and comes from a mountain called Kumu-gangri or something like it. As this tributary must be identical with Kubi-tsangpo, it may be that this river is not included in the three source branches mentioned above. Then Tamchok is obviously placed at the head of Chema-yundung, as appears cleary from the Ta-ch'ing text, where Kouben gang tsian is placed at 258 li and Tam tchouk khabab at 340 li west of Djochot. The shui-tao-ti-kang, which has the same distance, makes the bearing, in Ogawa's translation, N.W. of Cho-shu-tê (Djochot).

The next tributary mentioned comes from the left side and is called Kiang-chia-su-mu-la-ho. It corresponds to Kiankia somla of d'Anville's general map and Kiankia Somla R. of his detailed map, and Giangghia sum la of de Rhins. Its source comes from a mountain called Sha-ku-ya-la-ma-la-shan, which may be a transcription of Shakya-lama-la or »the pass of the Buddha priest». The Sha-ku-ya-la-ma-la-shan and Cha-ko-chia-la-shan are identical with de Rhins' Changou Yarak ri and the

Chadziar ri. Comparing the Chinese text and d'Anville's map with Ryder's map we find again that this river comes from the Transhimalaya and that the Maryum-chu, or rather the minimal brook coming from the pass Maryum-la, is only one of the smallest tributaries to the Chi-ang-chia-su-mu-la-ho, which itself is only a tributary to the Yere-tsang-po. The fact that it, in its lower parts, is called Maryum-chu, as I was told by the Tibetans, probably depends upon the *tasam* which follows up the brook to Maryum-la. The Chinese text does not even mention Maryum-chu. So all attempts to proclaim the Maryum-chu as one of the sources of the Brahmaputra has no foundation whatever.

As to the Chema-yundung it is not mentioned in Ogawa's version either.

The following tributaries from the north seem very doubtful, at any rate their derivations. A-la-chu-ho is d'Anville's Artchou R., but the Sha-la-mu-kang cannot be identified. The Na-yu-ko-tsang-pu is d'An-ville's Naouc Tsanpou R. and is probably identical with Ryder's Nak-chak and Nain Sing's Chu Nago. It is said to come from the lake Sang-li, d'Anville's Sanc-li, which, perhaps, may be Senit-tso, a lake situated on the southern side of the Transhimalaya water-parting as the Tibetans told me. But the river Na-yu-ku-tsang-pu cannot be S.W. of Cho-shu-tê, if this is the district of Toshut or Hor-toshut as I believe, for then it is N.W. of that district.

The mountains from which the tributaries come are as yet impossible to identify, unless Ya-la-ling is Yor-la, one of the chief passes of the Transhimalaya.

In the description of the many tributaries of Sa-chu-tsang-pu or Tsachu we easily recognise the reality. Most of the water of this river seems to come from Lunpo-gangri and flow to the S.W. The Man-chu-tsang-pu is my Men-chu.

The general description of the course of Sa-ko-tsang-pu is admirable. It is the same river which Nain Sing more than a hundred years later called Charta Sangpo and which I call Chaktak-tsangpo. The Chinese author simply gives it the same name as the province in which it is situated, Sa-ko, the Sarka-jong of Nain Sing, Saka-dzong of Ryder and myself. It is said to come from the lake La-pu on the N.E., and indeed, as I found in 1908, it comes from a lake Lap-chung-tso situated N.N.E. of its junction with the Tsangpo. It is also perfectly right to say that the river first flows south-westwards and, after receiving several tributatries, turns south-eastwards to join the Tsangpo. But when he comes to the explanatory details whithin brackets, he is difficult to follow. The La-pu-kang-chung-shan is all right, for the whole country round the lake is called Lap-chung, and there may easily be a Lap-chung-gangri. Kang-lung-shan may be my Kan-chung-gangri. The length he gives to the river, 1,000 li, is very much exaggerated, if the distance between the Kailas and the Tamchok-kabab shall be used for comparison and which is given as 300 li. For the distance from the Lap-chung-tso to the mouth of the Chaktak-tsangpo is not even so much as 300 li. But the general description of the river is incomparably better and more correct than the

fantastical representation given on d'Anville's map, where the river in a straight line goes to the S.W. the whole way. The Lio L. of d'Anville is meant to be the La-pu lake of Chi Chao Nan. About half way between the lake and the mouth of the river d'Anville has a range of mountains he calls Lop M., an echo from the Lap-chung mountains. He calls the river the Sanki Tsanpou.

We have seen that some of the Chinese writers makes the Che-ma the principle branch, coming from Tamchok-kabab, others say that Chema is only a tributary joining the Kubi. In all instances, both western and eastern, the Kubi-tsangpo has, however, been almost ignored. The Chinese authorities do not mention its name, although at least in one case, it is called the Yere-tsangpo. Only Kawaguchi seems to have heard its name, Kubi-chu. The Chinese and d'Anville cut the Chema into two parts, of which the upper joins the Kubi, the lower the Maryum-chu. Even on Ryder's map it is difficult to tell which river is meant to be the Kubi.

The source of the Brahmaputra has, in other words, wandered about in the periphery of a semi-circle, the centre of which is at the confluence of the different branches.

I have already once published[12] an extract from the Shu-tao-ti-kang about the Satlej and its relation to the two lakes:[13]

»The *Kang-ka-chiang*[14] comes out from *Kang-ti-ssŭ-shan*[15], on the south-east of which there stands *Lang-chuan-ka-pa-pu-shan*[16], magnificent like an elephant. [The relief is gradually accentuated more and more towards the south-western frontiers, and culminating at Kang-ti-ssŭ-shan[17]. The mountain has a circumference more than 140 li. On all sides the mountain forms precipitous walls, more than 1,000 feet high above the surrounding mountains, and accumulated snow seems as if hung on cliffs. Hundreds of springs pour down from the top, but flow under the ground on the foot of the mountain. It is situated on the extreme west of the Ts'ang Region, 310 li north-east of *Ta-ko-la-chêng*[18] in A-li[19], more than 5,590 li south-west of Hsi-ning-fu in Shensi Province. Its longitude is 36°4′ W. and its latitude 30°5′ N[20]. In olden times the place was unknown, but can be doubtfully referred to as A-nok-ta-shan in the annotation of Shui-ching. In the neighbourhood there are four high mountains, of which the southern is called Lang-chuan-ka-pa-pu-shan lying 250 li south by east of Kang-ti-ssŭ-shan, and 270 li east of Ta-ko-la-chêng. The natives call it so, because the form of the mountain resembles an elephant. On the east of this mountain there stands *Ta-ma-chu-ko-ka-pa-pu-shan*[21], which is the source of the *Ya-lu-tsang-pu-River*[22]. This mountain runs south-westwards to *Men-na-ko-ni-êrh-shan* and then to *Sa-mu-tai-kang-shan*, and extends to the south of A-li to the country of *E-no-tê-ko*.] Springs come out from the northern foot of the mountain, and accumulate into a lake [35°5′ W. and 29°1′ N.]. The water flows north-westwards for 70 li and receives a stream coming from the north-east. [The stream lies in the mountains 80 li north-west of Lang-chuan-ka-pa-pu. Two streams flow westwards from the mountain and turn north-westwards after their junction. It now takes a sinuous course for 60 li, turns south-westwards, and joins the main river. This is a source.]

The river flows further to the west-by-north for 40 li, then to the north-east, to be met by the water of Lake *K'ung-shêng*[23] which sinks underneath the ground of the lake basin, but which, after reappearing, and after receiving three northern affluents, runs south-westwards to the river.

[The Lake of *K'ung-shêng-o-mo* has two sources, one coming from the north-east, from *Ta-ko-la-kung-ma-shan*[24], and flowing 150-160 li, the other from the east, from the western foot of *Man-êrh-yo-mu-ling*[25] in the western frontiers of *Cho-shu-tê*. This last-mentioned mountain forms the eastern boundary of A-li and is the chief range going south-eastwards from Kang-ti-ssū. The water (of the Lake Kung-shéng) flows westwards for more than 50 li and forms another lake, 80 li wide and without an outlet. However, more than 10 li farther to the west, there is a third lake with a subterranean source and with a length of 30 li. A stream comes from north to the lake. The river now flows south-westwards for 60 li, and receives a stream coming from the north-east. 40 li farther south-westwards it receives a stream coming from the northern mountains, further south-westwards, the river meets the water from Lang-chuan-ka-pa-pu-shan.]

The water forms Lake *Ma-piu-mu-ta-lai*[26]. [From south to north it is 150 li long, from east to west 80 or 100 li wide, and has a circumference more than 200 li. On the northern side of the lake there are two streams coming from the north. The lake is situated 120 li to the south of Kang-ti-ssū.] The water flows out from the west of the lake into Lake Lang-ka[27] in a distance of 60 li. The latter lake receives a stream coming from the N.E. [Lake *Lang-ka* has a narrow rectangular shape, pointed and elongated, the length from south to north being 170 li and the width from east to west 100 li. Its northern pointed corner has the stream coming from north-east. There are three sources on the southern foot at a distance of 70 li from a southern branch of Knag-ti-ssū; they flow southwards, unite into a stream, which takes a south-westerly course for 150-160 li before entering the lake. The lake is same[28] in circumference and area, but different in outline.]

The water (of Lake Lang-ka) flows out from the west, and after running westwards for more than 100 li, it turns to the S.W. It is now called the *Lang-chu-ho*[29], and takes a sinuous course for more than 200 li. Then it receives the *Chu-ka-la-ho* coming from N.E. [The Chu-ka-la-ho comes out from the southern foot of Ts'ang-wên-ling, and first flows southwards, then south-westwards, and passing to the S.E. of *Ku-ko-cha-shi-lu-mu-po-tse-ching*, turns south-westwards and joins the Lang-chu-ho. The length of this stream is more than 200 li.]

This description is, according to Professor Ogawa, published in the 26th year of CHIEN LUNG's reign. When reading it again and again I cannot help getting the impression that it dates from the same documents and sketches which were delivered to the Jesuit Fathers and by them sent to d'Anville. For the description is in perfect harmony with

d'Anville's maps in du Halde and even the same names are to be found in both cases and written very much like each other, disregarding the French transcription of the Chinese syllables. And as the Shui-tao-ti-kang is only a compilation its author had to use any reliable material he could get hold of. From wherever it comes, this description is admirable and distinguished by the same careful conformity with the truth and conscientiousness as all other Chinese geographical descriptions[30].

The case is the same so far as the Shui-tao-ti-kang is concerned. A description in a few words of the Kang-ti-ssū (d'Anville has Kentaisse) could not possibly be more graphic and correct. The same mistake about the Ganges as on the Lama map is made here, when the author thinks the Kang-ka-chiang or Ganges is a continuation of the river which »comes out from» the Kailas, and which, on d'Anville's map is called Latchou R., or one of the feeders of Gar-chu, the S.W. branch of the Indus. In a preceding chapter I have tried to explain why the Lamas confounded the Indus and the Satlej with the Ganges, which gives an example of a geographical object they had not seen with their own eyes, and in which they therefore were mistaken.

The most interesting passage is, however, the one about the »high mountain» Langchen-kabab, which, quite correctly, is said to be S.E. of the Kailas and east of Taklakhar. It resembles an elephant, a quality which is now transferred to a little hill on the bank of the Satlej at Dölchu-gompa, west of Langak-tso. Then follows a description of the uppermost Satlej on its way from the northern foot of Langchen-kabab towards the N.W. When the author says that this river, which is the Tage-tsangpo, is met by a river from Gunchu-tso, he is wrong, for the Tage-tsangpo goes its own way to the Manasarovar and the statement that the water from the Guncho-tso should »sink under the ground» for a certain distance is of course impossible as the Guncho-tso is salt[31]. The Guncho-tso is said to have two source streams, one from the N.E., from the mountain Ta-ko-la-kung-ma, which is also to be found on d'Anville's map, under the name of Tacra Concla; the other comes from the west side of the pass Maryum-la, which agrees with Ryder's map in all particulars. Maryum-la is said to be on the western frontier of Cho-shu-tê, a district on the southern slopes of the Transhimalaya, and certainly identical with the Hor-toshut or Toshut-horpa of which I heard several times in 1908. Of the two lakes said to be situated west of Guncho-tso, only one is marked on d'Anville's map, but both may be quite small and temporary.

It is worth while to notice that the compilor of the Chinese hydrography regards the Mapama-talai simply as a formation of the water from Langchen-kabab or as a part of the hydrographical system, which from several points of view is correct. At the western side »the water», i. e. the water from Langchen-kabab flows into the lake Lanka, or Lanken as d'Anville writes. The distance between the lakes is said to be 60 li, which corresponds to my 5½ miles. As a rule the distance are very unreliable. For if it is 60 li between the lakes along the channel, it should be 180 li and not 120 between lake Mapama and the Kailas. And if the lake is 150 and 80 or 100 li across, its circumference must of course be much more than 200 li. At any rate we have here a positive statement regarding the channel, and a perfectly true view of its character of being the continuation of the Satlej from Langchen-kabab.

Finally, »the water»[32], i. e. the water from the uppermost Langchen-kabab or Satlej flows out from the western side of the lake and is now called Lang-chu-ho, the Lanctchou R. of d'Anville. From the Chinese text it seems that this name was not used for the uppermost part of the river-course. This is doubtful. For the name Langchen-kamba is still used for a spring on the Tage-tsangpo. But Tage-tsangpo is at least nowadays the name of the uppermost Satlej.

Finally it is said that Chu-kar (Chu-ka-la) comes from the N.E. and joins the head river. Unless there are two rivers of this name, the statement is wrong, as the Chu-kar of Strachey comes from the south. But even here it is pointed out that the Satlej is the head-river and the Chu-ka-la a tributary.

<notes>

1   To avoid misunderstandings I give Ogawa's translation literally, as I got it from him.

2   Tamchok-kabab.

3   Choshut.

4   Mapam-tala, Manasarovar.

5   Langchen-kabab-mountains.

6   Yere-tsangpo-river.

7   Professor Ogawa tells me that the passages within brackets [ ] in the original Chinese text are given with smaller characters as annotations or explications to the geographical names mentioned in the text.

8   The Naouc Tsanpou R. on d'Anville's map.

9   The L. Sanc-li on d'Anville's map.

10   According to Rockhill Chi Chao Nan was also one of the principal editors of Ta-ch'ing-i-t'ung-chih; Shui-tao-ti-kang was, according to Rockhill, written in 1776. The resemblance between the two works depends, therefore, on the fact that the author is the same, or that he, in both cases, has used the same material.

11   Compare »Trans-Himalaya», Vol.II, p.96 and 101, and the map.

12   Trans-Himalaya, Vol.II, p.183 et seq.

13   Professor Ogawa of Kyoto has kindly made the translation for me. I have not altered his English.

14   Kang-ka-chiang means the Ganges river.

15   Kang-tise, Kailas.

16   Langchen-kabab-mountains, or the mountains of the source of the Satlej, as Langchen is the Tibetan name for Satlej and ka means mouth, and bab (pa-pu) pouring out; thus the mouth from which the Elephant river is pouring out.

17   The passage within brackets are printed in the original Chinese text with smaller characters as explanatory notes to the geographical names mentioned in the text.

18   Taklakhar.

19   Ngari(-khorsum).

20   In reality its latitude is $31°2\frac{1}{2}'$.

21   Tamchok-kabab or the Source of the horse-river, i. e. Brahmaputra.

22   Yaru-tsangpo or Brahmaputra.

23   Gunchu-tso.

24   Tacra Concla on d'Anville's map.

25   Maryum-la.

26   Mapama-talai, or Manasarovar.

27   Langak-tso or Rakas-tal.

28   i. e. of the same size as Mapama-talai.

29   i. e. the Satlej.

30   Nobody has ever known Chinese cartography better than the late Baron von Richthofen who, speaking of the maps of the Jesuits, says: »Mehr und mehr waren sie mit dem überaus reichen Material der einheimischen Kartographie bekannt geworden; sie mussten sehen, dass dasselbe hinsichtlich der Eintragungen von Flüssen und Ortschaften den Ansprüchen an Gewissenhaftigkeit und Treue in so weit entsprach, als nur wirklich Vorhandenes aufgezeichnet war, dass aber den Chinesen das Geschick in der richtigen Zusammenstellung des Materials abging, da sie nicht fähig waren, astronomische Ortsbestimmungen mit Genauigkeit auszuführen.« (China, I, p.681) In his classical article on Lop-nor the same great authority has pointed out the fact, that the Chinese topographers never enter any geographical feature upon their maps unless they have themselves actually seen it. Verhandlungen der Ges. f. Erdkunde, Berlin, Vol.V, 1878, pp.121 et seq. Compare also my book Through Asia, London 1898, I, p.18 and II, 867, as well as my Scientific Results of a Journey in Central Asia 1899-1902, Vol.II, p.263 et seq. And everybody who has had an opportunity to travel in parts of Asia which has been surveyed by Chinese explorers will have been struck by their reliability.

31   The Guncho-tso cannot have had fresh water and an underground outlet 150 years ago; the Chinese explorers have made a mistake in this point.

32   In his translation Professor Ogawa has put between brackets: (of lake Lanka), which of course is also correct.

［和訳］

『南チベット』（第1巻）第12章「ブラマプトラ川とサトレジ川の水源に関する『水道提綱』の記述（Hedin, 1917, vol.1: 114-122）

『水道提綱』あるいは河川誌概要第22巻は、乾隆帝の26年（1762年）に斉召南が編録したものであるが、そのなかにブラマプトラ川の水源について次のような記述がある。小川教授は、私が京都に滞在中に、それを私のために翻訳してくれた[1]。著者は、「西蔵（チベット）の諸河川」という表題のもとに、次のように述べている。

「ヤルツァンポ江（Ya-lu-ts'ang-pu-chiang）は、大金沙江（Ta-chin-sha-chiang）（つまり、黄金の砂の川）である。地理学者たちのなかには、それをいにしえのバブ川（Pa-pu-chuan）と考える者もある。また、それを「禹貢」[(1)]に書かれた黒水（Hei-shui）と考える者たちもいるが、それでは、離れすぎである。その水源は、蔵（Tsang）の西の境界地帯にあるダショト（Cho-shu-tê[3]）県から北西に340里以上離れたタムチョクカバブ山（Ta-mu-chu-ko-k'a-pa-pu-shan[2]）から流れ出す。[その山の北西部は、ランチェンカバブ山（Lang-ch'ien-k'a-pu-pa-shan[5]）の中にあるマピンダラ（イ）（Lake Ma-piu-mu-ta-la[4]）の水源に近い。この山（タムチョクカバブ山（Ta-mu-chuk-k'a-pa-pu-shan））は、ガンディス山（Kang-ti-ssū-shan（カイラス山））から南東に300里に位置している。この山はとても高く大きくて、その形は馬に似ている。それゆえ、この

ように名付けられている。ヤルツァンポ江（*Ya-lu-tsang-pu-chiang*[6]）の水源は、（北京より）35°西で、（北緯）29°のところにある[(2)]。[7] そこには３つの水源があり、いずれも北東に流れ、合流して１つの川になる。この川は、まず東に曲がり、ついで南東に曲がって200里以上、流れる。クムガン（*Ku-mu-kang*）の前山に発する小川は、南西から流れて来て、この川に合流する。この川は、そこから北東に曲がって100里流れ、北西にある シャキャラマラ山（*Sha-ku-ya-la-ma-shan*）から南東に流れるジャンキャソムラ河（*Chiang-chia-su-mu-la-ho*）を受け入れる。［このジャンキャソムラ（*Chiang-chia-su-mu-la*）という河は、ダショト（*Cho-shu-tê*）の西に位置している。その水源は、ジャクラ山（*Cha-ko-chia-la-shan*）のニエリ峰（*Nieh-li-ling*）とシャキャラマラ山（*Sha-ku-ya-la-ma-la-shan*）から流れ出る。４本の小川があり、それらは東に流れ、１つに合流する。合流の後、この川は南に流れ、西から来るチャル河（*Cha-êrh-ho*）を受け入れ、東に流れてヤルツァンポ（*Ya-lu-tsang-pu*）江に入る。］

ヤルツァンポ（*Ya-lu-tsang-pu*）江は、ここから東に50から60里流れ、シャラムガン（*Sha-la-mu-kang*）の前山から出てくる アラチュ河（*A-la-chu-ho*）を受け入れる。この川は、南に曲がって50里流れ、さらに、そこから東微北に向きを変えて100里以上流れ、ナウクツァンポ（*Na-yu-ko-tsang-pu*[8]）とぶつかる。このナウクツァンポ（*Na-yu-ko-tsang-pu*）は、サンリ（*Sang-li*[9]）池から出て、いくつもの小川を受け入れながら、合流点まで南西に流れてくる。［ナウクツァンポ（*Na-yu-ko-tsang-pu*）河は、ダショト（*Co-shu-tê*）の南西30里に位置している。その水源は、北東にあるサンリ池（Lake *Sang-li*）から発しており、西方に250里以上流れ、シャンリガパ峰（*Shang-li-ko-pa-ling*）とムクロン山（*Mu-ko-ling*）を源として北から流れて来る２本の小川と、ラヂュク山（*La-chu-ko-shan*）とヅォレン山（*Tsu-lun-shan*）とヤンパム山（*Yang-pa-mu-shan*）を源として南から流れてくる３本の小川を受け入れる。ンパム峰（*Yang-pa-mu-ling*）の西を通過した後、この川は南に向きを変え、80里流れてから、ヤラ峰（*Ya-la-ling*）とタクロン山（*Ta-ko-lung-shan*）を源として北西から流れてくる２本の小川を受け入れる。その後、この川は、南に60里以上流れてから、ヤルツァンポ（*Ya-lu-tsang-pu*）江に入る。］

ヤルツァンポ（*Ya-lu-tsang-pu*）江は、南東に200里以上流れ、グオヨン河（*Kuo-yung-ho*）を受け入れる。このグオヨン河（*Kuo-yung-ho*）は、南東にあるアンツェ峰（*Ang-tsê-ling*）に源があり、北東に流れて、合流までにいくつもの支流を受け入れる。このヤルツァンポ（*Ya-lu-tsang-pu*）江は、ここから50里、南東に流れてから南西から来る１本の小川を受け入れる。そこから、この川は、南東に向きを変え、ついで、北東に200里以上、流れる。川の流路は、ここからさらに南東寄りとなり、南西にある ニャロンガン（*Ni-ya-lung-kang*）山の前山に源がある１本の小川を受け入れる。さらに東で、ヤルツァンポ（*Ya-lu-tsang-pu*）江は、北東から来るいくつかの支流とともにサチュツァンポ（*Sa-chu-tsang-pu*）江を受けれる。［このサチュツァンポ河（River *Sa-chu-tsang-pu*）は、サガ（*Sa-ko*）から南西に200里以上離れたところに位置する。その水源は、ヨロガンチェン山脈（*Ye-lo-kang-kan*）にある。６本の支流があり、いずれも南に100里以上流れ、合流してカバラン河（*Chia-pa-lan-ho*）となる。こ

のカバラン河（*Chia-pa-lan-ho*）は50里以上流れて、５本の支流を受け入れる。そのうちの３本は、ラヂュク、ヅォレン、ヤンパム山（*La-chu-ko-tsu-lêng-yang-pa-mu-shan*[(3)]）に源があって北西から流れてくるものであり、２本は、アンセ、アンラゾン山（*Ang-sê-ang-lê-sung-shan*）に源があって南西から流れてくるものである。これらすべての小川が１つになって、南東に流れ、その後、南西に向きを変える。この川は、チャサゴンガルタラ山（*Cha-sa-kung-ko-êrh-shan*）に源があって北東から流れてくる２本の小川と、ニェム山（*Nieh-mu-shan*）とルセリヤンゴ山（*Liu-tsê-li-yang-ku-shan*）に源があって南西から流れてくる２本の小川を受け入れた後、サチュツァンポ河（*Sa-chu-tsang-pu-ho*）となる。この川は、ヤルツァンポ（*Ya-lu-tsang-pu*）江に入るまでに、さらに100里以上南西に流れる。］

さらに南東に70里流れて、ヤルツァンポ（*Ya-lu-tsang-pu*）江は、北から流れてくる１本の小川を受け入れる。さらに東に30里先で、南から来るヨンチュ河（*Yung-chu-ho*）がヤルツァンポ（*Ya-lu-tsang-pu*）江と合流する。さらに東に90里行ったところで、３本の支流とともに、シルディ河（*Shi-êrh-ti-ho*）が南から流れてくる。さらに東に30里進んだところで、北から流れてくるマンチュツァンポ河（*Man-chu-tsang-pu-ho*）がヤルツァンポ（*Ya-lu-tsang-pu*）江に合流する。［マンチュツァンポ河（*Man-chu-tsang-pu-ho*）もしくは、マチュツァンポビラ（*Ma-chu-tsang-pu-pi-la*）と呼ばれる川は、サガ（*Sa-ko*）地方の南西に位置している。２本の小川が、北にあるシャルチュン山（*Hsieh-êrh-chung-shan*）とピエロン山（*Pieh-lung-shan*）から南に向かって200里以上流れる。東にあるガンチュンチャダク山（*Kang-chung-cha-ta-ko-shan*）から流れ出る３本の小川と西にあるラクツァンヂョリ山（*La-ko-tsang-cho-li-shan*）から流れ出る１本の小川を受け入れた後、この川はマンチュツァンポ河（*Man-chu-tsang-pu-ho*）となり、南東に50里流れてから、ヤルツァンポ（*Ya-lu-tsang-pu*）江に入る。］

ヤルツァンポ（*Ya-lu-tsang-pu*）江は、さらに東へ60里流れ、南から流れてくる１本の小川を受け入れる。さらに東へ70里進んだところで、南にあるンガリゾン（ンガリ城）（*A-li-tsung-chêng*）から１本の小川が流れ出て、この川に合流する。さらに東に80里流れて、ヤルツァンポ（*Ya-lu-tsang-pu*）江は北東に向きを変え、サガツァンポ河（*Sa-ko-tsang-pu-ho*）と合流する。このサガツァンポ河（*Sa-ko-tsang-pu-ho*）は、北東に位置するラプ（*La-pu*）水から出て、まず、南西に流れるが、いくつかの小川を集めた後、南東に向きを変えて、ヤルツァンポ（*Ya-lu-tsang-pu*）江に入り込む。［サガツァンポ河（*Sa-ko-tsang-pu-ho*）、あるいはサルゲビラ（*Sa-êrh-ko-pi-la*）と呼ばれる川は、サガ（*Sa-ko*）地方の南東に所在する。その水源は、北東にあるラプ（*La-pu*）水であり、まず地下を流れ、地上に出て、南西に向かって400里以上にわたり曲がりくねった流路をたどる。北にあるピプタクラク山（*Pi-pu-ta-ko-la-ko-shan*）に水源をもつ１本の小川は、南東方向の流路をとり、北東にあるラロンアル山（*La-lung-a-êrh-shan*）から流れ出る１本の小川を受け入れながら、南に流れ、この川と合流する。さらに南西に向かって150から160里流れると、別の小川が北西から流れてくる。さらに南西に170里流れると、北東に位置するラプガンチュン山（*La-pu-kang-chung-shan*）から１本の小川が流れてくる。さらに南西に100里流れたところで、ロンチェン山（*Lung-kan-shan*）から流れ出た１本の小川が西から来て、この川に合流する。この川は、ここから南に向かって60

里流れ、そこで南西に向きを変え、北から来る1本の小さな小川を受け入れる。さらに南西に向かって流れて、この川は、西から流れてくる別の小川を受け入れる。この川は、そこから南寄りのコースをとり、北東にあるジョウルチュン山（Chao-yu-la-chung-shan）から2本の小川を、また、ガンロン山（Kang-lung-shan）からも2本の小川を受け入れた後、南西に向きを変え、さらに、南東にあるキプロン山（Chi-pu-lung-shan）から来る1本の小川を、東から来る別の小川とともに受け入れる。この川はさらに、南西に、次いで南東に80から60里流れる。この川は、ここから下流のヤルツァンポ（Ya-lu-tsang-pu）江との合流点まで150から160里は、サガツァンポ河（Sa-ko-tsang-pu-ho）と呼ばれる。この川の全長は、1000里である。」[(4)]」[10]

ここで再び、西蔵（Hsi-tsang）もしくは、チベットの河川に関する記述において、「ヤルツァンポ江（Yaru-tsangpo-chiang）」あるいはブラマプトラ河（Brahmaputra）の水源は、「タムチョクカバブ山（Tamchuk-khapap-shan）」の中に置かれている。私たちは、「タムチョクカバブ（Tamchok-kabab）」の北西部は、「ランチェンカバブ（Langchien-khapap）」山に近いと聞かされた。この「ランチェンカバブ（Langchien-khapap）」山は、この記述のなかでは、マパム（Mapam）湖あるいはマナサロワル（Manasarovar）の水源と呼ばれている。このこともまた興味深い。というのは、その湖の水源あるいは主要な水脈がこの湖に注ぐ支流のどれかであるかについて、この漢籍はきわめて明白にタゲツァンポ（Tage-tsangpo）だと述べているからである。この漢籍の著者は現地に行ったことがあるという点で、この記述は重要である。タムチョクカバブ（Tamchok-kabab）は、カイラス（Kailas）の南東300里のところに位置すると言われており、極めて標高が高く大きい。その緯度は、1度以上もはるか南に位置づけられる。

「そこには三つの水源がある」という記述があると、まず、クビツァンポ（Kubi-tsangpo）と、チェマエンドウン（Chema-yundung）とマルエムチュ（Maryum-chu）とを考えるが、それは正しくない。というのは、「そこ」という語は、天文学的に緯度経度で示されたヤルツゥアンポ江（Ya-lu-tsang-pu-chiang）の水源を意味するからである。さらにテキストでは、これら3つの水源は北東に流れて、1つの川になると記述される。この1つの川とは、クビツァンポ（Kubi-tsangpo）あるいはブラマプトラ河（Brahmaputra）の最上流部である。一見、この記述は正しいように思われる[11]。というのは、実際、クビツァンポ（Kubi-tsangpo）の3つの主要な源流河川は、3つの大きな氷河から出てきているからである。それらの氷河のなかで、最も西にある氷河は、たった1つの流れ、すなわち、ブラマプトラ河（Brahmaputra）の水源しか生じさせていないが、2倍も大きい。けれども、実際には、この漢籍は、クビ（Kubi）の3つの水源を意味しているのではない。漢籍が述べているのは、アンスイチュ（Angsi-chu）とチェマ（Chema）とクビ（Kubi）である。これら3つの川は、『大清図』[(5)]では、かなり上流の位置で合流していることがわかる。けれども、チェマ（Chema）が主要な水源と見なされているようである。

この漢籍の次の記述の部分は、この川は「まず」、東に、つぎ

に南東に向きを変えると述べている。この記述のなかで、最初の東に向きを変えるという箇所は、クビツァンポ（Kubi-tsangpo）とチェマエンドウン（Chema-yundung）について当てはまり、二番めの南東に向きを変えるという箇所は、ツァンポ（Tsangpo）について当てはまる。南西から流れてくる1本の支流は、ヤルツァンポ（Yere-tsangpo）江と合流し、クム ガンリ（Kumu-gangri）あるいはそれに似た名前のところから流れ出る。この支流はクビツァンポ（Kubi-tsangpo）に一致するはずであるため、この川は、上述の3つの源流河川には含まれていないのかもしれない。『大清』[(6)]のテキストから明らかなように、タムチョク（Tamchok）は、はっきりとチェマエンドウン（Chema-yundung）の上流部に置かれている。このテキストでは、コベンガンチェン（Kouben gang tsian）とタムチョクカバブ（Tam tchouk khabab）は、それぞれ、ダショト（Djochot）の西258里、同じく西340里に位置づけられている。『水道提綱』も同じ距離を記しているが、小川の翻訳では、ダショト（Cho-shu-tê（Djochot））の北西と記載されている。

次に記述されている支流は、左側から流れてくるもので、ジャンキャソムラ河（Kiang-chia-su-mu-la-ho）と呼ばれている。これは、ダンヴィル（d'Anville, J.-B. B.）の一般図[(7)]に描かれるジャンキャソムラ（Kiankia somla）、彼の詳細図ではジャンキャソムラ河（Kiankia Somla R.）、また、ラン（de Rhins, D.）[(8)]の言うジャンキャソムラ（Giangghia sum la）に対応する。その水源は、シャキャラマラ山（Sha-ku-ya-la-ma-la-shan）と呼ばれる山から流れ出る。この山は、シャキャラマラ（Shakya-lama-la）の転写、もしくは「仏僧の峠」かもしれない。シャキャラマラ山（Sha-ku-ya-la-ma-la-shan）とジャクラ山（Cha-ko-chia-la-shan）とは、ランの言うシャキャラマラ山（Changou Yarak ri）とジャクラ山（Chadziar ri）と同じである。漢籍（『水道提綱』）とダンヴィルの地図を、ライダー（Ryder, C. H. D.）の地図[(9)]と比べてみると、この川がトランスヒマラヤから流れ出ていること、また、マルエムチュ（Maryum-chu）あるいはマルエムラ（Maryum-la）から流れ出る小さな小川が、ジャンキャソムラ河（Chiang-chia-su-mu-la-ho）に注ぐ最も小さな支流の一つにすぎないことがわかる。そして、このジャンキャソムラ河（Chiang-chia-su-mu-la-ho）自体、ヤルツァンポ（Yere-tsangpo）に注ぐ1本の支流にすぎない。わたしがチベット人たちから聞いたように、下流部では、この川がマルエムチュ（Maryum-chu）と呼ばれているという事実は、この支流に沿ってマルエムラ（Maryum-la）に至る「タサム tasam」[(10)]による情報である。この漢籍は、マルエムチュ（Maryum-chu）には言及すらしていない。したがって、マルエムチュ（Maryum-chu）をブラマプトラ（Brahmaputra）水源の一つと断定しようというあらゆる試みには、根拠がない。

チェマエンドウン（Chema-yundung）に関しては、小川の翻訳では言及されていない。

次の、北から流れてくる複数の支流については、それらから派生した河川であるとしても、きわめて疑わしく思われる。アラチュ河（A-la-chu-ho）は、ダンヴィルの言うアラチュ（Artchou）河であるが、シャラムガン（Sha-la-mu-kang）を特定することができない。ナウクツァンポ（Na-yu-ko-tsang-pu）は、ダンヴィルの言

うナウクツァンポ（Naouc Tsanpou）であり、おそらくは、ライダーの言うNakchakやナイン・シン（Nain Singh Rawat）[11]の言うChu Nagoと同じ川である。この川は、サンリ（Sang-li）池、すなわちダンヴィルの言うサンリ（Sanc-li）から流れ出ると言われている。この湖は、おそらく、サンリ池（Senit-tso）、すなわち、チベット人たちが私に話してくれたところによると、トランスヒマラヤの分水嶺の南側に位置する湖である。しかし、もし、ダショト（Cho-shu-tê）が、わたしの信じているように、トシュト（Toshut）あるいはホルートシュト（Hor-toshut）地方であるならば、ナウクツァンポ（Na-yu-ku-tsang-pu）は、ダショト（Cho-shu-tê）の南西には所在しえない。この川の位置は、その地方の北西にあたるはずである。

ヤラ峰（Ya-la-ling）がヨルラ（Yor-la）、すなわち、トランスヒマラヤの主要な峠の一つでないかぎり、これらの支流が流れ出る山々はまだ特定できていない。

サチュツァンポ（Sa-chu-tsang-pu）河あるいはサチュ（Tsachu）の多くの支流についての記述においては、実態を容易に把握することができる。この川を流れる水の大部分は、ルンポ ガンリ（Lunpo-gangri）から流れ出て、南西に下るように思われる。マンチュツァンポ（Man-chu-tsang-pu）は、わたしの命名したところによるとマンチュ（Men-chu）である。

サガツァンポ（Sa-ko-tsang-pu）の流路の概要を記述している部分は、すばらしい。この川は、漢籍（『水道堤綱』）が刊行されてから100年以上後に、ナイン・シンがCharta Sangpoと呼び、わたしがChaktak-tsangpoと呼ぶのと同じ川である。漢籍の著者は、この川に、それが位置しているサガ（Sa-ko）地方と同じ名前を与えている。この地方をナイン・シンはサガゾン（Sarka-jong）、また、ライダーとわたしはサガゾン（Saka-dzong）と呼んでいる。この川は、北東にあるラプ（La-pu）水から流れ出ると言われており、実際、わたしが1908年に発見したように、ツァンポ（Tsangpo）との合流点の北北西に位置するラプチュン湖（Lap-chung-tso）から流れ出ている。この川が、まず南西に流れ、いくつかの支流を受け入れた後、南東に向きを変えて、ツァンポ（Tsangpo）に合流するというのは、完全に正しい。しかし、［　］内に書いた詳細な説明部分にくると、著者の記述を辿るのは困難である。ラプガンチュン山（La-pu-kang-chung-shan）については、問題ない。というのは、その湖を囲む一帯はラプチュン（Lap-chung）と呼ばれており、ラプチュン ガンリ（Lap-chung-gangri）があるかもしれない。ガンロン山（Kang-lung-shan）は、わたしの名付けたガンチェン ガンリ（Kan-chung-gangri）かもしれない。比較のためにカイラス（Kailas）山とタムチョクカバブ（Tamchok-kabab）との間の距離を用いて、それを300里とすると、著者がこの川の長さとする1000里は、長く見積もられ過ぎている。というのも、ラプチュン（Lap-chung-tso）湖からChaktak-tsangpoの出口までの距離は、300里もないからである。しかし、この川の全体的な記述は、ダンヴィルの地図上で与えられた空想的な表現とは比較にならないほど、適切で正確である。ダンヴィルの地図では、この川は、全流路が直線で、南西に流れている。ダンヴィルの言うLio湖は、斉召南の言うラプ（La-pu）水を意味している。ダンヴィルは、この湖と川の出口との間の中程に、ダンヴィルは、彼がラプ（Lop）山と呼ぶ山を位置づけている。このラプ（Lop）山の地名には、ラプチュン（Lap-chung）山脈の名前の響きが反映している。彼はこの川をSanki Tsanpouと呼んでいる。

わたしたちは、中国人著者のあるものは、チェマ（Chema）をタムチョクカバブ（Tamchok-kabab）から流れ出る主要な支流とし、また別の著者は、チェマ（Chema）をクビ（Kubi）に合流する唯一の支流であると述べるのを見てきた。しかしながら、東西を問わず、すべての文献において、クビツァンポ（Kubi-tsangpo）はほとんど無視されてきた。少なくとも１つの文献では、それはヤルツァンポ（Yere-tsangpo）と呼ばれているが、中国に詳しい人々たちは、その名前を挙げていない。河口（慧海）[12]だけが、クビチュ（Kubi-chu）という名前を聞いたことがあるようである。中国人著者もダンヴィルも、チェマ（Chema）を２つの部分に分けており、その上流はクビ（Kubi）に合流し、また、下流はマルエムチュ（Maryum-chu）に合流する。ライダーの地図においてさえ、どの川がクビ（Kubi）にあたるのか、特定するのは困難である。

別の言い方をすると、ブラマプトラの水源は半円にそって動いており、その円の中心はさまざまな支流の合流点にある。

わたしは、すでに１度、サトレジ（Aatlej）河および、サトレジ河と２つの湖[13]との関係について述べた『水道提綱』からの抜粋を、出版している[12]。

「ガンガ江（Kang-ka-chiang[14]）はガンディス山（Kang-ti-ssū-shan[15]）から流れ出る。このガンディス山（Kang-ti-ssū-shan）の南東には、象のような偉容をしたランチェンカバブ山（Lang-chuan-ka-pa-pu-shan[16]）がそびえている。［その起伏は南西の端に向かうにつれより大きくなり、ガンディス山（Kang-ti-ssū-shan）で頂点に達する[17]。この山の周囲は140里以上ある。この山のまわりすべて、周囲の山々よりも1000フィート以上高い、厳しい絶壁をなしており、積もった雪が崖の上に垂れ下がったように見える。何百ものわき水がその頂点から流れ降りているが、山の麓では地下を伏流している。この山はツァン（Tsang）（蔵）地方の最も西に位置し、ンガリ（A-li[19]）に所在するダクラ城（Ta-ko-la-chêng[18]）の北東310里、陝西省の西寧府から南西5590里以上のところにある。（北京より）西36° 4′、北緯30° 5′である[20]。いにしえの時代には、この地は知られていなかったが、『水経注』[13]のなかでアノクダ山（A-nok-ta-shan）として、あいまいに参照されている。その周辺には、４つの高山があり、そのうち、南の山はランチェンカバブ山（Lang-chuan-ka-pa-pu-shan）と呼ばれ、ガンディス山（Kang-ti-ssū-shan）の南微東250里、また、ダクラ城（Ta-ko-la-chêng）の東270里に位置している。土地の人々がそのような名前で呼んでいるのは、山の形が象に似ているからである。この山の東にはタムチョクカバブ山（Ta-ma-chu-ko-ka-pa-pu-shan[21]）があり、これはヤルツァンポ（Ya-lu-tsang-pu-River[22]）江の水源である。この山は南西に延びてメンナクニル山（Men-na-ko-ni-êrh-shan）に、さらにサムタイガン山（Sa-mu-tai-kang-shan）に達し、ンガリ（A-li）の南に延びてエナタク（E-no-tê-ko）地方に至る。］いくつものわき水が、この山の北麓から流れ出て、集まって１つの湖となる［（北京より）西35°

5′、北緯29°1′］。この水は、北西に70里流れ、北東から来る1本の小川を受け入れる。［この小川はランチェンカバブ（Lang-chuan-ka-pa-pu）の北東80里のところにある山脈の中に位置している。山から2本の小川が西に流れ出て、互いに合流した後、北西に向きを変える。そこから、曲がりくねった流路で60里流れ、南西に向きを変えて、主河川と合流する。これが1つの水源である。］

この川は、さらに西微北に40里流れ、さらに北東に向かい、ゴンヂュ（K'ung-shêng）池[23]からの流れと合流する[(14)]。この池の水は、池の底の地下に潜り、再び地上に出た後、北から来る3本の支流を受け入れ、さらに南西に流れて（サトレジ）川に達する。

［ゴンヂュオモ（K'ung-shêng-o-mo）には、2つの水源がある。1つは、北東のタクラコンマ山（Ta-ko-la-kung-ma-shan）[24]から150～160里流れてくる。他の1つは東から、つまりダショト（Cho-shu-tê）の西の端にあるマルユム峰（Man-êrh-yo-mu-ling）[25]の西麓から流れてくる。最後に挙げたマルユム峰（Man-êrh-yo-mu-ling）は、ンガリ（A-li）の東の境界をなし、ガンディス（Kang-ti-ssū）から南東に延びる主要な山域となっている。ゴンヂュ（Kung-shéng）の水は、西の方向に50里以上流れ、別の湖を作る。この湖は幅が80里で、出口がない。だが、西に10里以上のところに、地下に水源をもつ、幅30里の三番目の湖がある。北から1本の小川が流れてきて、この湖に入る。川は、ここから南西に60里流れ、北東から来る1本の小川を受け入れる。さらに40里進んだところで、北部の山々から流れてくる1本の小川を受け入れる。さらに南西に流れて、この川は、ランチェンカバブ山（Lang-chuan-ka-pa-pu-shan）から来る水路と合流する。］

この水がマパムタライ（Ma-piu-mu-ta-lai）[26]を作る。［その南北の長さは150里、東西の長さは80あるいは100里で、周囲は200里以上である。湖の北側には、北から来る1本の小川がある。この湖は、ガンディス（Kang-ti-ssū）の南120里のところに位置している。］水は、この湖の西から流れ出て、60里離れたランガ（Lang-ka）池[27]に入る。後者の湖は、北東から流れてくる1本の小川を受け入れる。［ランガ（Lang-ka）池は、細長い長方形をしており、南北の長さは170里、東西の幅は100里である。その北側の尖った角には、北東から流れてくる小川が入り込んでいる。ガンディス（Kang-ti-ssū）の南の支脈から70里離れた南麓に3つの水源がある。これらは南に流れて、1つの小川になる。この小川は、南西の流路をたどって、この湖に入るまでに150から160里流れる。この湖は、周囲の長さと面積は（マパムタライ（Ma-piu-mu-ta-lai）の池のと）同じ[28]であるが、形状は異なっている。］

［（ランガ（Lang-ka）池の）水は、西から流れ出て、西へ100里以上流れ、南西に向きを変える。そこから川は、ランチュ河（Lang-chu-ho）[29]と呼ばれ、200里以上、曲がりくねった流路をとる。それから、川は、北東から流れてくるチュガル河（Chu-ka-la-ho）を受け入れる。［チュガル河（Chu-ka-la-ho）は、ツァンウェン峰（Ts'ang-wên-ling）の南麓から流れ出て、まず南に流れ、次いで、南西に流れ、グゲギャシルンポツェ（Ku-ko-cha-shi-lu-mu-po-tse-ching）の南東を通り過ぎ、南西に向きを変えて、ランチュ河（Lang-chu-ho）と合流する。この川の長さは200里以上ある。］

小川教授によると、この記述は、乾隆26年に刊行されている。

それを何度も何度も読むと、イエスズ会の神父たちに届けられ、彼らによってダンヴィルに送られた文書や図と同じ時期のものであるという印象を受けざるを得ない。というのは、この記述は、デュ・アルド（Du Halde, J. B.）の本[(15)]に掲載されたダンヴィルの地図と完全に一致するからであり、また、中国語音節のフランス式転写を別にすれば、二つの文献で、同じ地名が互いによく似た書き方で書かれているのがわかる。また、『水道提綱』は編纂本にすぎないため、その著者は、彼が入手しうる、信頼できる資料を何か使ったはずである。その資料の出所がいずれであるにせよ、この記述は、他のすべての漢籍の地理的記載に見られるのと同様、真実であることと克明であることを注意深く調和させている点で、傑出した、すばらしいものである[30]。

問題は、水道提綱に関するかぎり、同じである。短い言葉で記されたガンディス（Kang-ti-ssū）（ダンヴィルのガンディス（Kentaisse））についての記述は、おそらく、より写実的かつ正確にはならないであろう。『水道提綱』の著者が、ガンガ江（Kang-ka-chiang）あるいはガンジス（Ganges）川を、カイラス（Kailas）山から「流れ出る」川に続くものであると考えているならば、ガンジス（Ganges）川に関しては、ラマ図に見られるのと同様の誤りがある。このカイラス山から流れ出る川は、ダンヴィルの地図上ではラチョウ（Latchou）河と呼ばれるもの、あるいは、インダス（Indus）川の南西の支流であるガルチュ（Gar-chu）に注ぎ込む川の1つである。前章において、わたしは、なぜラマ僧たちがインダス（Indus）川とサトレジ（Satlej）川とをガンジス（Ganges）川と混同したかを説明しようと試みた。これは、彼らが実際に目でみることのなかった地理的対象の一例を示すものであり、実見していないゆえに、彼らは誤りを犯したのである。

しかしながら、最も興味深い箇所は、「高山」ランチェンカバブ（Langchen-kabab）についての箇所である。この山は、きわめて正確に、カイラス（Kailas）山の南東、ダクラ城（Taklakhar）の東にあると述べられている。それは象に似ている。この特徴は、現在は、ランガツォ（Langak-tso）の西にあるドルチュ ゴンパ（Dölchu-gompa）に所在するサトレジ（Satlej）川の土手の上の小さな丘に譲られている。続いて、サトレジ（Satlej）川の最上流部の記述を、ランチェンカバブ（Langchen-kabab）の北麓から北西に向かう流路にそってたどる。著者が、この川、すなわちタゲツァンポ（Tage-tsangpo）がゴンヂェツォ（Gunchu-tso）から流れ出る1本の川とぶつかるという箇所では、彼は間違っている。なぜならば、タゲツァンポ（Tage-tsangpo）は、独自の流路をとってマナサロワル（Manasarovar）湖に達するからである。また、ゴンヂェツォ（Gunchu-tso）からの水が一定の距離、「地下に潜る」という記述は、ゴンヂェツォ（Gunchu-tso）が塩湖[31]であるため、もちろんありえない。ゴンヂェツォ（Gunchu-tso）には2つの源流があると述べられている。1つは、タクラコンマ（Ta-ko-la-kung-ma）から出て北西から流れてくる川である。この山は、ダンヴィルの地図でも、Tacra Concla という名前で記載されている。他の1つは、マルユムラ（Maryum-la）の西側から出てくるものであり、あらゆる詳細な点において、ライダーの地図と一致する。マル

ユムラ（Maryum-la）は、ダショト（Cho-shu-tê）の西の端にあると
述べられている。ここは、トランスヒマラヤの南麓に位置する
地区であり、1908年に、わたしが何度も耳にしたホルートシュ
ト（Hor-toshut）あるいはトシュト　ホルパ（Toshut-horpa）と同じ
はずである。ゴンヂュツォ（Guncho-tso）の西に所在すると述べ
られている2つの湖のうち、1つだけは、ダンヴィルの地図に
記されているが、2つの湖はいずれも、極めて小さく、かつ一
時的なものかもしれない。

　この中国の河川誌の編者がマパムタラ（イ）（Mapama-tala）を単
にランチェンカバブ（Langchen-kabab）から流れ出た水で形成され
たもの、あるいは、水系の一部と見なしていることを示してお
く価値がある。水系の一部というのは、さまざまな観点から正
しい。「水」すなわち、ランチェンカバブ（Langchen-kabab）の西
側から流れ出る水は、ランガ（Lanka）池、あるいは、ダンヴィ
ルが書いているようにLankenに入り込む。これら2つの湖の間
の距離は60里と述べられているが、わたしの測定した5.2マイル
に対応する。概して、距離はきわめて不確かである。という
のは、もし、これら2つの湖の間の水路にそった距離が60里なら
ば、マパム（Mapama）湖とカイラス（Kailas）山の間の距離は120
里ではなく、180里のはずだからである。また、もし、この湖が
150里×80あるいは100里の大きさであれば、その周囲は、むろ
ん200里以上となるはずだ。いずれにせよ、ここでは、この水
路に関しては肯定的に述べておくし、それが、ランチェンカバ
ブ（Langchen-kabab）からサトレジ（Satlej）に続くものであるとい
う特性をまったく正しいと考える。

　最後に、「水」[32]、すなわちランチェンカバブ（Langchen-kabab）
の高所から出る流れ、あるいはこのランガ（Lanka）池の西側から
流れ出るサトレジ（Satlej）河の最上流部は、ランチュ河（Lang-chu-
ho）、すなわちダンヴィルの地図ではランチュ河（Lanctchou）と呼
ばれる。この漢籍（『水道提綱』）の記述からは、この名前はこの
川の流路の最上流部には使われなかったように思われる。この
ことは疑わしい。というのは、このランチェン　ゴンパ（Langchen-
kamba）という名前は、今もなお、タゲツァンポ（Tage-tsangpo）に
ある1つの泉に使われているからである。けれども、タゲツァ
ンポ（Tage-tsangpo）は、少なくとも今日では、サトレジ（Satlej）
川の最上流部の名前である。

　最後に、チュガル（Chu-kar（Chu-ka-la））は、北東から流れて
きて、この川の上流部に合流すると書かれている。同じ名前を
もつ川が2本ないかぎり、この記述は誤りである。なぜなら、
ストレイチーの言うチュガル（Chu-kar）[16]は、南から流れてく
るからである。しかし、ここでも次のことを指摘しておく。サ
トレジ（Satlej）川が主流であり、チュガル（Chu-ka-la）は支流で
ある。

［原テキストの注］
1　誤解を避けるために、わたしは、小川の翻訳を文字通り、彼から
　　受け取ったそのままに、提示する。

2　タムチョクカバブ（Tamchok-kabab）。

3　ダショト（Choshut）。

4　マパムラタ（イ）（Mapam-tala）、マナサロワル（Manasarovar）。

5　ランチェンカバブ山（Langchen-kabab-mountains）。

6　ヤルツァンポ河（Yere-tsangpo-river）。

7　小川教授がわたしに語ったところによると、漢籍のテキスト中の
　　[]に入った箇所は、テキスト中で言及された地名についての注釈あ
　　るいは説明として、本文より小さな文字で書かれている。

8　ダンヴィルの地図ではナウクツァンポ（Naouc Tsanpou）河 [17]。

9　ダンヴィルの地図ではサンリ池 [18]。

10　ロックヒルによると、斉召南は、『大清一統志』の主要な編者の一
　　人でもある [19]。ロックヒルによると、『水道提綱』は1776年に書か
　　れたものである [20]。従って、2つの文献が類似しているのは、著
　　者が同じであること、もしくは、著者が、いずれの場合にも、同じ
　　資料を用いたことによる。

11　『トランスヒマラヤ』第2巻、96頁、101頁、および地図と比較せ
　　よ。

12　『トランスヒマラヤ』第2巻、183頁以降。

13　京都の小川教授は、わたしのために親切に翻訳をしてくれた。わ
　　たしは、彼の英語に変更を加えていない。

14　ガンガ江（Kang-ka-chiang）は、ガンジス（Ganges）河を意味する。

15　ガンディス（Kang-tise）、カイラス（Kailas）。

16　ランチェンカバブ（Langchen-kabab）山脈、あるいは、サトレジ
　　（Satlej）の水源の山脈。ランチェン（Langchen）はサトレジ（Satlej）
　　のチベット名であり、ka は口、bab（pa-pu）は流れ出ることを意味
　　する。従って、象の川が流れ出る出口を意味する。

17　[]の中の箇所は、漢籍の原文では、本文中で言及された地名の註
　　釈として、本文より小さな文字で印刷されている [21]。

18　ダクラ城（Taklakhar）。

19　ンガリ（Ngari（-khorsum））。

20　実際には、緯度は31°2$_{1/2}'$。

21　タムチョクカバブ（Tamchok-kabab）あるいは、馬の川すなわちブ
　　ラマプトラ（Brahmaputra）の水源。

22　ヤルツァンポ（Yaru-tsangpo）あるいは ブラマプトラ（Brahmaputra）。

23　ゴンヂュツォ（Gunchu-tso）。

24　ダンヴィルの地図では、Tacra Concla [22]。

25　マルユム峰（Maryum-la）。

26　マパムタライ（Mapama-talai）あるいは マナサロワル（Manasarovar）。

27　ランガツォ（Langak-tso）あるいは Rakas-tal。

28　すなわちマパムダライ（Mapama-talai）と同じ大きさ。

29　すなわち、サトレジ（Satlej）。

30　故リヒトフォーフェン（Ferdinand Freiherr von Richthofen）男爵以
　　上に、中国の地図学について詳しく知る者はいない。リヒトフォー
　　フェン男爵は、イエズス会の地図について次のように述べている。
　　「イエズス会の宣教師たちは、中国人の地図学がよりどころとする豊
　　富な資料について、ますます精通していった。河川や場所を書き込
　　むことに関する業務は、実際に存在するもののみを記載する限りに
　　おいて、勤勉さと誠実さを要求するのと同じであること、また、中
　　国人は天文学的に正確な場所特定ができないため、資料を適切に編
　　纂する技術が彼らに欠けていることを、イエズス会の宣教師たちは
　　理解しなければならなかった。」（China, I, p.681）[23]。彼のロプノ
　　ールについての古典的な論文において、この偉大な学者は、「中国
　　人の地図学者たちは、彼ら自身の目で実見しないかぎり、決して地
　　図上に地理学的な特徴を書き入れないと指摘した。Verhandlungen der
　　Ges. f. Erdkunde, Berlin, Vol.V, 1878, 121頁から以降 [24]。わたしの著書

| 264 | 第Ⅱ編　報告集

である *Through Asia*, London 1898, I, p.18 and II, 867頁および, *Scientific Results of a Journey in Central Asia 1899-1902*, Vol.II, 263頁から以降と比較せよ。また、中国人の探検家が調査したことのあるアジアの地域を旅する機会を得た者は誰でも、かれらの著述の信頼性の高さに衝撃を受けるだろう。

31　ゴンヂュツォ（Guncho-tso）は、150年前には、淡水ならびに地下の出口を持ってはいなかった。この点でこの中国人探検家は誤りを犯している。

32　小川教授は、彼の翻訳の中で、（of lake Lan-ka）と（　）に入れて補っているが、これもむろん、正しい。

［訳注］

(1) 『禹貢』は、中国の経書『書経』の篇名。成立年代不詳。中国全国を九州に分け、各地の山や川、物産を記した古代の地理書として後世にも影響を与えた。

(2) 小川の英訳では、経度について（北京より）、また緯度について（北緯）と（　）内に補足を入れている。ちなみに現在の北京の経度は東経116度17分で、北京より西35度は東経81度17分にあたる。

(3) 小川の英訳では、ラヂク、ヅラン、ヤンバム山（*La-chu-ko-tsu-lêng-yang-pa-mu-shan*）と1語として表記されているが、これは、先に、ナウクツァンポ（*Na-yu-ko-tsang-pu*）に注ぐ支流の源としてあげられた3つの山、すなわちラチュク山（*La-chu-ko-shan*）とツゥルン山（*Tsu-lun-shan*）とヤンバム山（*Yang-pa-mu-shan*）に対応すると考えられる。『水道提綱』では、ナウクツァンポ（*Na-yu-ko-tsang-pu*）の場合は、これらの山々から北西に下る流路について記述し、カバラン河（*Chia-pa-lan-ho*）の場合は、同じ山々から南東に下る流路について記述している。

(4) *Southern Tibet* のテキスト中には、漢籍の注釈の終わりを示す] が欠けている。ヘディンの手稿（スウェーデン公文書館所蔵資料、Sven Hedin: No.204）でも同様に、欠けている。

(5) ヘディンが挙げる Ta-ch'ing Map に該当する可能性が高いのは、『大清一統輿圖』（乾隆25年（1760）銅版印行）、『皇朝中外壹統輿圖（大清一統輿圖）』（同治2年（1863））、『欽定大清會典圖』（巻235～237、西藏）（光緒25年（1899））などである。

(6) これは、『大清一統志』のテキストを指すと考えられる。『大清一統志』には、356巻（乾隆8（1744）完成）、424巻（乾隆49（1784）完成の勅撰本は424巻だが、500巻に改編されたものが流通）、560巻（道光22（1842）完成）の3つの版がある。ヘディンが引用しているRochhillが資料として用いたのは、500巻の乾隆49年版［Rockhill 1891. 3]。

(7) ダンヴィルの一般図は、"CARTE GENERALE DU THIBET OU BOUT-TAN ET DES PAYS DE KASHGAR ET HAMI " を指す [d'Anville 1737]。このアトラスは、イエズス会修道士のデュ・アルド（J. B. Du Halde）が、中国に派遣されたイエズス会士の報告をもとに編纂した『中国全誌』全4巻 [Du Halde 1735] のために描かれた。ダンヴィルは、康煕帝のもとで宣教師が行った測量データを用いており、非常に精密な地図が作成された。これらの書物とアトラスは、18世紀ヨーロッパに大きな影響をもたらした。

(8) ランは、"Thibet Sud-Occidental" と題する Carte No.21および No.22 上では、ヘディンがランのものとして表記する Giangghia sum la ではなく、Dxian dzia と表記している [de Rhins 1889: Carte No.21, No.22]。ラン（1846-1894）は、フランスの探検家、地図製作者。

(9) ライダーの地図とは、"Tibet: Map showing explorations by Major C. H. D. Ryder, R. E., D. S. O. and Captains H. Wood, R. E. & H. M. Cowie,

R. E. of the Tibet Frontier Commission 1904" である [Ryder 1905]。著作本文中に、Saka-dzong の記載がある [Ryder 1905: 383]。

(10) タサム（tasam）は、ヘディンの地図にも、「驛站」のルートとして描かれている。池田巧氏（京都大学人文科学研究所・教授）によると、チベット語のスペルでは rta zam 発音は [tazam] あるいは [tasam]。直訳すると「馬＋橋」という構成の単語で、「驛站」と訳するのが適切。馬を乗り継いで公文書などを運ぶルートの馬を乗換える中継点（の集落）を指す。ヘディンは地図上で、この「驛站」の設置された（馬の通れる）ルートを黒い線で示し、tasam と記載している。駅站の置かれた地点は「隊商宿」と呼んでよいような交易点であったはずで、補給のできる集落があったものと考えられる。

(11) ナイン・シンの地図とは、"Map showing Route Survey from Nepal to Lhasa and thence through the upper valley of the Brahmaputra, made by Pundit" である [Montgomerie and Pundit 1868]。ナイン・シンは、19世紀後半、イギリスのためにヒマラヤを探検し、ブラマプトラ川流域の地図を作製した。

(12) 河口慧海は、アルファベットでは "Kobei-chu" [Kawaguchi, 1909: 185]、日本語では、「コーベイチュ」[河口、上巻1904: 211] と表記している。ヘディンは、河口が Kobei-chu と呼んだ川を、Kubi-tsangppo の最下流部と解釈し [Southern Tibet, vol.2, 1917: 240-241]、クビチュ（Kubi-chu）として引用した [Southerm Tibet, vol.1, 1917: 118-119]。河口慧海（1866-1945）は、黄檗宗の僧侶。梵語・チベット語の仏典を求めて、日本人として初めてチベットに入った。

(13) 『水経注』は、北魏時代に作成された中国の河川誌。撰者は酈道元。全40巻。延昌4年（515）の成立と推定される。3世紀頃に成立したと考えられる『水経』に挙げられた河川を綱目の柱とし、当時の文献や実際の見聞録をもとに、河川の流域ごとに、物産、遺跡、神話伝説などを記した、内容豊富な歴史地理書となっている。

(14) 小川の英訳では、The river flows to the west-by-north for 40 li, then to the north-east, to be met by the water of Lake *Kung-shêng* とある。これは、『水道提綱』のテキストとその翻訳の内容（付録2参照）とも、『大清一統輿圖』に描かれた状況とも齟齬する。この川の流路が北西に向かうこと、ゴンヂュ（*Kung-shêng*）池はこの川の北東に位置すること、両者の水が合流して、西にあるマナサロワル湖に注ぎ込むこと、という3つの地理的な条件を踏まえると、"then to the north-east" を字義通りとらえた場合、位置関係が把握しづらい。なお、ヘディンの手稿（スウェーデン公文書館所蔵資料、Sven Hedin: No.204）でも、"then to the north-east" と書かれている。

(15) デュ・アルドの本とは、『中国全誌』全4巻 [Du Halde 1735]。

(16) Chu-kar は、ストレイチーの論文の地図（"Map of West Nari, with the adjoining Provinces of the Indian Himalaya; *to illustrate* Capt. n H. Strachey's *Memoir on the Phisical Geography of Western Tibet*"）中および本文中では、Chukar として記載されている [Strachey 1853: 39 , and map]。

(17) Map 8 [d'Anville 1737]。

(18) Map 8 [d'Anville 1737]。

(19) Rockhill [1891: 3]。

(20) Rockhill [1891: 3]。

(21) 小川琢治による英訳中、[　] の中の箇所は、漢籍の原文では、本文中で言及された地名の註釈として、小さな文字で、本文1行を2行に割った双行注（または割注）の形式で、記されている。

(22) Map 8 [d'Anville 1737]。

(23) フェルディナント・フォン・リヒトホーフェン男爵（Ferdinand Freiherr von Richthofen）（1833- 1905）は、ドイツの地理学者・探検家。近代的な地形学研究を確立し、中国の地域研究を通じて、初めて、シルクロード（Seidenstraßen）を提唱した。ベルリン大学時代

の弟子の一人がヘディンである。主著の 1 つに、*China* 全 5 巻がある [Richthofen 1877-1911]。

（24）　リヒトフォーフェンのロプノールに関する論文 [Richthofen 1878]。

［文献］

・ヘディンがテキスト中で言及した漢籍の基礎資料

『大清一統輿圖』、胡林翼撰・嚴樹森補訂、乾隆25（1760）年。（本稿執筆にあたり、『皇　朝中外壹統輿圖』（31巻首 1 巻）湖北撫署景桓樓、同治 2 （1863）年刊本、また、天龍長城文化藝術公司編 2003『大清一統輿圖』所収の清乾隆二十五年銅版印行の地図の復刻を参照し、内容を確認した。）

『欽定大清會典圖』（270巻首 1 巻）、崑岡等撰、光緒25（1899）年刊本。（巻235〜237、西藏）

『大清一統志』（500巻目録 1 巻）、乾隆29（1764）年勅撰。（光緒28（1902）年石印本（上海：寶善齋）により、内容を確認）

・ヘディンがテキスト中で言及した欧文文献

d'Anville, J.-B. B. 1737. *Nouvel atlas de la Chine, de la Tartarie chinoise et du Thibet*. 42 maps. GDZ Sammlung Sibirica.

de Rhins, D. 1889. *L'Asie centrale, Thibet et régions limitrophes: texte et atlas*. Paris: E. Leroux.

Du Halde, J. B. 1735. *Description géographique, historique, chronologique, politique, et physique de l'Empire de la Chine et de la Tartarie chinoise: enrichie des cartes générales et particulières de ces pays, de la cartes générales & des cartes particulières du Thibet, & de la Corée, & ornée d'un grand nombre de figures & de vignettes gravées en taille-douce*. 4 T., Paris: Chez P. G. Le Mercier.

Kawaguchi, E. 1909. *Three years in Tibet with the original Japanese illustrations*. Benares: Theosophist Pub. Society.（河口慧海 1904『西藏旅行記』（上・下巻）博文館）。

Hedin, Sven 1898. *Through Asia*, vol. 1-2. London: Methuen.

Hedin, Sven 1905. *Scientific Results of a Journey in Central Asia and Tibet 1899-1902*, vol.1-3. Stockholm: Lithographic Institute of the General Staff of the Swedish Army.

Hedin, Sven 1909-1913. *Trans-Himalaya: discoveries and adventures in Tibet*, vol.1-3. New York: MacMillan.（初版1909-1912）．

Hedin, S. 1917. *Southern Tibet: discoverries in former times compared with my own researches in 1906-1908*. Vol.1: Lake Manasarovar and the souces of the great Indian rivers. - from the remotest antiquity to the end of the eighteenth century; Vol.2: Lake Manasarovar and the souces of the great Indian rivers. - from the end of the eighteenth century to 1913. Stockholm: Lithographic Institute of the Staff of the Swedish Army.

Montgomerie, T.G. and Pundit 1868. Report of a route-survey made by Pundit, from Nepal to Lhasa, and thence through the upper valley of the Brahmaputra to its source. *The Journal of the Royal Gepgraphical Society of London*, 38, 129-219.

Richthofen, F. F. von. 1877-1911. *China: Ergebnisse eigener Reisen und darauf gegründeter Studien*. 5 Bd. Berlin: D. Reimer.

Richthofen, F. F. von. 1878. Bemerkungen zu den Ergebnissen von Oberstlieutenant Prjewalski's Reise nach dem Lop-noor und Altyn-tagh. *Verhandlungen der Gesellschaft für Erdkunde zu Berlin*, Bd. 5, S.121-144.

Rockhill, W. W. 1891. Tibet: a geographical, ethnographical, and historical sketch, derived from Chinese Sources. *Journal of the Royal Asiatic Society*.

Ryder, C. H. D. 1905. Exploration and survey with the Tibet Frontier Commission, and from Gyangtse to Simla viâ Gartok. *The Geographical Journal*, 26 (4), 369-391.

Strachey, H. 1853. Physical geography of Western Tibet. *The Journal of the Royal Geographical Society of London*, 23, 1-69.

| 266 | 第Ⅱ編　報告集

付録 *2*

齊召南著『水道提綱』巻二十二　訳注

木津祐子［訳］

水道提綱 巻二十二

原任禮部侍郎臣齊召南編録

西藏諸水

雅魯藏布江, 即大金沙江, 疑即古之跋布川。或指為禹貢黑水, 則太遠矣。源出藏之西界, 卓書特部落西北三百四十餘里之達木楚克哈巴布山。

雅魯藏布（ヤルツァンポ）江[(1)]、即ち大金沙江は、古の跋布（バブ）川[(2)]かと思われる。『禹貢』の黑水[(3)]を指すという人もいるが、それは遠すぎる。水源は、チベットの西境界にある卓書特（ダショト）部落の西北三百四十里余りに位置する達木楚克哈巴布（タムチョクカバブ）[(4)]山である。

> 注)[(5)]山西北與郎千喀普巴山馬品木達拉池源相近。即岡底斯山之東南三百里也。山甚高大, 形似馬, 故名。雅魯藏布江源, 西三十五度, 極二十九度。

このタムチョクカバブ山の西北は、郎千喀普巴（ランチェンカバブ）山[(6)]（の）馬品木達拉（マパムダライ）[(7)]池源に近い。つま

(1)　「藏布（ツァンポ）」は、チベット語で、「河」の意。なお、「大金沙江」という名称が史書に最初に現れるのは、『明史』地理志七「雲南」であるが、それは現在「金沙江」と称される長江上流域を指すもので、西藏境域内のヤルツァンポ江とは一致しない。

(2)　「跋布川」という名称は、史書では『新唐書』吐蕃伝上に最初に現れる。

(3)　「禹貢黑水」とは、『尚書』「夏書・禹貢」に、「華陽黑水惟梁州……黑水西河惟雍州」とあるのを言い、『禹貢』の記述では梁州と雍州にまたがって流れるという。梁州と雍州はともに「禹貢」の「九州」に属し、現在の四川省から陝西省の漢中にかけての地域と、甘肅省にまたがる地域を指すと考えられ、原注で「それでは遠すぎる」というのも首肯される。

(4)　後出の「達木楚克喀布山」と同じ。『大清一統志』には見えないが、『衛藏図識』に「打母朱喀巴珀山」と記されるのが或いはこの山か。

(5)　以下、注は原文では全て双行注。

(6)　後出の「狼千喀巴布山」に同じ。『大清一統志』は「狼千喀巴布山」、『衛藏図識』は「狼千喀巴珀山」と表記する。

(7)　『大清一統志』は「馬品木達綱池」と表記する。

り岡底斯（ガンディス）山の東南三百里である。山は極めて高大で、形状は馬に似ている。故にそう名付けられた。雅魯藏布（ヤルツァンポ）の江源は（北京の）西三十五度、北緯二十九度である。

三源倶東北流而合, 折東流而東南二百里, 有枯木岡前山水, 自西南來會。又東北百餘里, 有江加蘇木拉河, 自西北沙苦牙拉麻拉山, 東南流來會。

（ヤルツァンポ江の）三つの水源はいずれも東北方向に流れて一つになり、東に折れて東南方向に二百里流れた所で、枯木岡前（クムガンチェン）山[(8)]の河が西南から流れて合流する。さらに東北に百余里流れると、江加蘇木拉（ジャンキャソムラ）河が、西北の沙苦牙拉麻拉（シャキャラマラ）山から東南に流れ来て合流する。

> 江加蘇木拉河在卓書特西, 源出西北沙苦牙拉麻拉山及查克佳拉山涅立嶺, 四水東流合為一。又南流, 合西來之查爾河, 又東流, 入雅魯藏布江。

江加蘇木拉（ジャンキャソムラ）河は卓書特（ダショト）の西にあり、水源は西北の沙苦牙拉麻拉（シャキャラマラ）山と査克佳拉（ジャクラ）山[(9)]の涅立（ニエリ）嶺で、四本の河が東に流れて一つになる。さらに南に流れて、西から流れ来る査爾河（チャル河）と合流し、さらに東に流れてヤルツァンポ江に入る。

又東數十里, 有阿拉楚河北自沙拉木岡前山來會。折南流五十

(8)　小川琢治は、「枯木岡の前山」と解釈するが、本稿は「前」を、チベット語「chen（チェン）」の音訳と見なした。「chen（チェン）」は「大きい」を表す形容詞語幹。『水道提綱』では「千」の表記も用いられる。後出の「沙拉木岡前山」「拉魯岡前山」「蓋楚岡前山」「隆千山」「岡里窪千山」など全て同じ。

(9)　『大清一統志』には「査克佳拉山」は見えないが、「（蓬多）城西南二十七里有査克拉嶺」との記述が有り、或いはこの「査克拉嶺」が「査克佳拉山」を指すか。

里，又東稍北百餘里，有那烏克藏布必拉自東北桑里池西南流，合數水來會。

さらに東に数十里行くと、阿拉楚（アラチュ）河[10]が、北は沙拉木岡前（シャラムガンチェン）山[11]から流れ来て合流する。南に折れ曲がって五十里流れ、さらに東のやや北よりに百余里行くと、那烏克藏布（ナウクツァンポ）必拉[12]が東北の桑里（サンリ）池から西南に流れて、幾つかの川を合わせて一つになる。

　　河在卓書特西南三十里。源出東北桑里池，西流二百五十餘里，受北來尚里噶巴嶺及木克龍山流出之二水，南來拉主客山、祖倫山、羊巴木山流出之三水，由羊巴木嶺西轉，南流八十里。又受西北來牙拉嶺、達克龍山流出之二水，又南流六十餘里，入雅魯藏布江。

　　（ナウクツァンポ）河は卓書特（ダショト）の西南三十里にある。水源は東北の桑里（サンリ）池から出て、西に二百五十余里流れ、北から来る尚里噶巴嶺（シャンリガパ峰）及び木克龍（ムクロン）山から流れ出る二本の河と、南から来る拉主客（ラヂュク）山・祖倫（ヅォレン）山・羊巴木（ヤンパム）山[13]から流れ出る三本の河を受け入れて、羊巴木（ヤンパム）嶺を西に折れ南に八十里流れる。さらに西北の牙拉（ヤラ）嶺と達克龍（タクロン）山から流れ出る二本の河を受け入れて、さらに南に六十余里流れて、ヤルツァンポ江に入る。

又東南二百餘里，有郭永河自東南昂則嶺，東北流，合數水來會。

さらに東南に二百余里流れると、郭永（グオヨン）河が東南の昂則（アンツェ）嶺から東北に流れ、幾つかの河を合わせて流れ来るのと合流する。

　　河在卓書特東南，有四源。一出昂則嶺名龍列河，一出蓋楚岡前山名蓋楚河，一出塞丹山名朱克河，一出拉魯岡前山，名拉出河。俱東北流三百餘里，合為一水，又東北流，入雅魯藏布江。〇此水，源流五百里。

　　（グオヨン）河は卓書特（ダショト）の東南にあり、四つの水源がある。一つは昂則（アンツェ）嶺から出て龍列（ロンリエ）河と名付けられ、一つは蓋楚岡前（ゲチュガンチェン）山から出て蓋楚（ゲチュ）河と名付けられ、一つは塞丹（セダン）山から出て朱克（ヂュク）河と名付けられ、一つは拉魯岡前（ラルガンチェン）山から出て拉出（ラチュ）河と名付けられる。ともにに東北に三百余里流れ、合わさって一つの川となり、さらに東北に流れて、ヤルツァンポ江に入る。〇此の河は、水源からの流域は五百里の長さがある。

又東南五十里，受西南來一水。又東南，折東北流二百餘里，稍東南，有一水西南自你牙隆岡前山來會。又東，有薩楚藏布河自東北合諸水來會。

さらに東南に五十里いくと、西南から来る一本の河を受け入れる。さらに東南に流れ、東北に折れて二百餘里流れると、やや東南に一本の川が、西南の你牙隆岡前（ニャロンガンチェン）山[14]から流れてきて合流する。さらに東にいくと薩楚藏布（サチュツァンポ）河が、東北から何本かの川を集めてきて流れ込む。

　　河在薩噶部落西南二百餘里，源出岳洛岡千諸山。有六水，俱南流百餘里，會為加巴蘭河。又流五十餘里，西北有拉主克、祖楞、羊巴木山之三水，西南有昂色、昂勒宗山之二水，俱會為一。又東南，折而西南，與東北查薩公噶爾他拉山之二水，西南捏木山及六色立羊古山之二水，會為薩楚藏布河。又西南流百餘里，入雅魯藏布江。

　　この（サチュツァンポ）河は薩噶（サガ）部落の西南二百余里に有り、源流は岳洛岡千[15]（ヨロガンチェン）諸山に有る。六本の川が、倶に南に百余里流れ、合流して加巴蘭（カバラン）河になる。さらに五十余里流れると、西北に拉主克・祖楞・羊巴木（ラヂュク・ヅォレン・ヤンパム）山から出る三本の河と、西南に昂色・昂勒宗（アンセ・アンラヅォン）山の二本の河が有って、ともに合流して一つになる。さらに東南に流れ、折れて西南に流れ、東北の査薩公噶爾他拉（チャサゴンガルタラ）山の二本の河と、西南の捏木（ニェム）山及び六色立羊古（ルセリヤンゴ）山の二本の河が、合流して薩楚藏布（サチュツァンポ）河になる。さらに西南に流れること百余里で、ヤルツァンポ江に流れ込む。

又東南七十里，受北來一小水，又東三十里，有甕出河自南來會。

さらに東南に七十里流れ、北から一本の小川が流れ込むのを受け、さらに東に三十里流れると、甕出（ヨンチュ）河が南から来て合流する。

　　河在薩噶部西南二百里。有四源，一出西南查木東他拉泉，如星宿然，東北流二百餘里。一出南稍西之圖克馬爾他拉泉，東北流五十里。一源出正南那木噶山之北，北流七十里來會，又東北流四十里。一源出東南達克拉他泉，泉眼尤多，匯西流六十里來會。三水既合，北流曲曲七十里，與西南源合，又北四十里，入雅魯藏布江。

　　（ヨンチュ）河は薩噶（サガ）部の西南二百里にある。四つの水源があり、一つは西南の査木（チャム）の東のまるで星座のように湧き出る他拉（タラ）泉で、東北に二百余里流れている。南のやや西よりの圖克馬爾他拉（トウクマルタラ）泉からの河

---

(10)　『大清一統志』には「阿拉楚河」ではなく、「拉楚河」と記される。
(11)　小川は、「沙拉木岡の前山」と解釈する。この「前」については、注8を参照のこと。
(12)　『大清一統志』には「那烏克藏布河」と表記される。「必拉」（ビラ）は、満州語で「河」を意味するbiraの音訳。
(13)　後出の、「拉主克、祖楞、羊巴木山」と同じ山を指すと思われる。チベット語からの音訳の揺れか。

(14)　小川は「你牙隆岡の前山」と解す。この「前」については注8を参照されたい。
(15)　「岳洛岡千」の「千」は印刷が不鮮明であることもあり、小川琢治は字体が似る「干」に読むが、「千」が正しい。『大清一統志』なども「岳洛岡千」と表記する。山名に付く「千（チェン）」については、注8を参照されたい。

は、東北に五十里流れ、水源を真南の那木噶（ナムガ）山の北にし北に七十里流れ来た河と合流し、さらに東北に四十里流れる。もう一つの水源は東南の達克拉他（ダクタラ）泉で、湧水口は非常に多く、それらが集まって西に六十里流れてそれと合流する。この三本の河が合流すると、北に曲がりくねりつつ七十里流れ、西南の水源からの河と合流し、さらに北に四十里流れて、ヤルツァンポ江に入る。

又東九十里，有式爾的河，自南合三水来會。

さらに東に九十里のところに式爾的（シルディ）河があり、南から三本の河を集めて流れ込む。

河在薩噶部西南百數十里。有三源，一出西南沙盤嶺，東北流二百餘里。一源南出舒拉嶺者，東北流，折而北百餘里來會，北流五十里。一源出東南，出岡里窪千山者，北流二百里，折西北而西流百餘里來會，又北流曲曲百餘里，入雅魯藏布江。

シルディ河は薩噶（サガ）部の西南百数十里にある。三つの水源があり、一つは西南の沙盤（シャパン）嶺から出て、東北に二百余里流れる。南の舒拉（シュラ）嶺に水源を有するものは、東北に流れ、折れ曲がって北に百余里流れたところで合流し、北に五十里流れる。もう一つの水源は東南の、岡里窪千（ガンリワチェン）山[16]から出るもので、北に二百里流れ、西北に折れて西に百余里流れて合流し、さらに北に曲がりながら百余里流れて、ヤルツァンポ江に入る。

又東三十里，有滿楚藏布河，自北來會。

さらに東に三十里行くと、滿楚藏布（マンチュツァンポ）河が北から流れて合流する。

亦曰馬楚藏布必拉，在薩噶部西南。北有斜爾充山、撤龍山二水，南流二百餘里，合東來岡充查達克山之三水，又合西來拉克藏卓立山之一水，合為河。又東南流五十里，入雅魯藏布江。

マンチュツァンポ河のまたの名は馬楚藏布必拉（マンチュツァンポビラ）といい、薩噶（サガ）部の西南にある。北には斜爾充（シャルチュン）山[17]と撤龍（ピエロン）山の二本の河が有り、南に二百余里流れたところで、東から来る岡充査達克（ガンチュンチャダク）山の三本の河と合流し、さらに西からの拉克藏卓立（ラクツァンヂョリ）山の河とも合流してこの河となる。さらに東南に五十里流れて、ヤルツァンポ江に入る。

又東六十里，受南來一小水，又東七十里，有河南自阿里宗城來會。

さらに東に六十里流れ、南から小さな川が流れ込むのを受け、さらに東に七十里流れると、南の阿里宗（ンガリゾン）城から流れ来る河と合流する。

河二源。一出西南岡里窪千山之東北麓，東北流。一出南牛拉嶺，北流，合而北，經阿里宗城西，又北，而東北二百里，有

─────────────

(16) 『大清一統志』には、「岡拉窪千山」と表記される。

(17) 『大清一統志』には「斜爾冲山」という表記も同時に用いられる。

一水自東南來會，又北九十里，入雅魯藏布江。

この河には二つの水源がある。一つは西南のガンリワチェン山の東北山麓から流れ出て東北に流れる。もう一つは南の牛拉（ニウラ）嶺から出て、北に流れ、二つが合流して北上し、ンガリゾン城の西を通ってさらに北に流れ、東北に二百里流れたところで、東南から来る一本の河と合流し、さらに九十里北に流れ、ヤルツァンポ江に入る。

又東八十里，折東北流，有薩噶藏布河自東北拉布池，西南合諸水，折東南流來會。

さらに東に八十里、東北に折れて流れたところで、薩噶藏布（サガツァンポ）河[18]が東北の拉布（ラブ）池から流れ出て、西南で幾つかの川を集め、東南に折れて流れ来て合流する。

亦曰薩爾格必拉。在薩噶部東南。源自東北拉布池，伏地復出。西南流，曲曲四百餘里，有一水北自必普塔拉克山，東南流，合東北拉攏阿爾山水，而南來會。又西南百數十里，合西北來一水，又西南百七十里，有拉普岡沖山水自東北來會。又西南百里，有隆千山水自西來會。正南流六十里，又西南流，合北來一小水，又西南，合西來一水。又南，有東北岡隆山流出之二水，交烏拉沖山流出之二水，合而西南流，合東南几布隆山一水，又合東一水，而西來會。又西南數十里，折而東南流，曰薩噶藏布河。又百數十里，入雅魯藏布江。○此河，源流長千里。

サガツァンポ河はまたの名を薩爾格必拉（サルゲビラ）と言う。サガ部の東南に有る。水源は東北のラブ池で、河は伏流水で地中に潜って再び地表に出る。西南に曲りくねりながら四百余里流れると、北の必普塔拉克[19]（ビプタクラク）山から流れ出る一本の川が有って、東南に流れて、東北の拉攏阿爾（ラロンアル）山の河と一つになり、南に流れて合流する。さらに西南百数十里のところで、西北から来た河と一つになり、さらに西南に百七十里流れると、拉普岡沖（ラプガンチュン）山の河が東北からやってきて合流する。さらに西南に百里流れると、隆千（ロンチェン）山[20]の川が西から流れ来て合流する。真南に六十里流れて、さらに西南に流れ、北から来る小川と一つになり、さらに西南に流れて、西から来た一本の河と合流する。さらに南に流れると、東北の岡隆（ガンロン）山[21]から流れ出る二本の河と、交烏拉沖[22]（ジョウルチュン）山から流れ出る二本の河が有って、それらが合流して西南に流れ、東南の几布隆（キプロン）山の河と一つになり、さらに東の一

─────────────

(18) 『大清一統志』では、直後の注に別名として挙げられる「薩爾格必拉」及び「薩爾格藏布河」と記される。

(19) 『大清一統志』には「必普達克拉克」と記される。

(20) 小川は、この「千」も字形の似通った「干」に読む。この「隆千山」は、『大清一統志』には「龍前嶺」「龍前山」と表記されることから、やはり「千」に読むのが正しい。この「千」「前」は、チベット語で「大きい」という意味の形容詞語幹「chen（チェン）」の音訳字である。

(21) 『大清一統志』では、「岡龍前山」とも記される。

(22) 『大清一統志』では、「角烏爾冲山」という表記も同時に用いられる。

本の河を飲み込んで、西に流れて合流する。さらに西南に数十里流れて、折れまがって東南に流れる。これをサガツァンポ河というのである。さらに百数十里流れて、ヤルツァンポ江に入る。〇この河は、水源から千里もの長さがある。

岡噶江，源出岡底斯山東南，有狼千喀巴布山，高大如象。

岡噶（ガンガ）江は、水源は岡底斯（ガンディス）山の東南の狼千喀巴布（ランチェンカバブ）山で、その山は高く大きくそびえて象のようである。

地勢自西南微外漸高，至岡底山而極。周一百四十餘里，四面峯巒陡絕，高出眾山百餘丈，積雪如懸崖，頂上百泉流注，至麓即伏地。在藏地極西。阿里之達克喇城東北三百十里，直陝西甯府西南五千五百九十餘里。西三十六度四分，極出地三十度五分。實諸山之祖，前古未知其地，疑即水經注所言阿耨達山也。相近有四大山，其南幹所始，曰狼千喀巴布山，在岡底斯南稍東二百五十里，達克喇城之東二百七十里，土人以山形似象，故名。其東即達木楚克喀巴布山，為雅魯藏布江源所出。而此山蜿蜒西南，為悶那克尼兒山，為薩木泰岡山，亘阿里之南，入厄訥特克國。

地勢は西南の境界から徐々に高くなり、岡底山に至って極まる。山の周囲は一百四十里で、四方の峰峰は険しく切り立ち、他の諸山よりも百余丈も高くそびえる。積雪は懸崖を成し、頂上から百もの泉が流れ出し、山麓に至り伏流する。西蔵の地の西の極みに位置し、阿里の達克喇（ダクラ）城(23)の東北三百十里、陝西の西寧府の西南五千五百九十余里、（北京の）西三十六度四分、北緯三十度五分である。誠に諸山の祖で、これまでの記録でこの地がどれに当たるか明らかではないが、『水經注』に言う「阿耨達（アノクダ）山」かと思われる。隣接して四つの大山がある。南の中心から言えば、まず最初はランチェンカバブ山で、ガンディスの南やや東に二百五十里、達克喇（ダクラ）城の東二百七十里にあり、現地の人々は山の形が象に似ていることから、そう名付けている。その東にあるのが達木楚克喀巴布（タムチュクカバブ）山で、ヤルツァンポ江の水源地である。この山はぐねぐねと西南に延びて、悶那克尼兒（メンナクニル）山となり、薩木泰岡（サムタイガン）山となり、阿里（ンガリ）の南をわたって、厄訥特克（エナタク）國に入る。

山北麓泉出。匯為池。

山の北麓に泉が湧き出て、その水が集まって池となっている。

西三十五度五分，極二十九度一分。

（北京の）西三十五度五分、北緯二十九度一分。

西北流七十里，合東北來一水。

西北に七十里流れ、東北から流れて來た一本の河と合流する。

水在狼千喀巴布山東北八十。山中二水，西流而合，西北曲

曲六十里，折西南流九十里，與會，亦一源也。

その河はランチェンカバブ山の東北八十里にある。山中の二本の河が西に流れて合流し、西北に曲がりながら六十里流れ、西南に折れて九十里流れて合流する。これもまたもう一つの水源である。

又西稍北四十里，而東北公生池水伏而復出。合北來三水，西南流來會。

さらにやや北よりの西方に四十里流れると、東北の公生（ゴンヂュ）池の水が地中に潜って再び地表に出ている。北から来る三水を合わせ、西南に流れて来て合流して、

公生鄂模兩源。一東北出達克拉公馬山，西南流百數十里。一東出卓書特西界麻爾岳木嶺西麓，阿里之東界，即岡底斯向東南之榦山也。水西流五十餘里，匯為池，廣八十里而不流。西十餘里有池，湧地而西，長三十里，有一水自北來會，西南流六十里，又合東北來一水，又西南四十里，有一水自北山來會。又西南而狼千喀巴布山水會焉。

公生鄂模（ゴンヂュオモ）には二つの水源があり、一つは東北の達克拉公馬（タクラコンマ）山から出て、西南に百数十里流れる。もう一つは東の卓書特（ダショト）の西の境界にある麻爾岳木（マルユム）嶺の西麓にあり、ンガリの東の境界、即ちガンディスから東南に向いた中心の山である。水は西方に五十余里流れて、集まって池となり、その廣さは八十里あるが流れ出さない。西十余里のところに池があり、地中から湧き出て西に流れ、長さ三十里となったところで、北から来る一本の河と一つになり、西南に六十里流れ、さらに東北から来る一本の河と合流し、さらに西南に四十里行ったところで、北山から来る一本の河と合流する。さらに西南に流れ、ランチェンカバブ山の河と合流する。

為馬品木達賴池。

馬品木達賴（マパムダライ）池となる。

南北百五十里，東西徑八十里或百里。周二百餘里，池北又有二水自北來會。〇池，直岡底斯南百二十里。

（この池は）南北百五十里、東西の直径は八十里から百里、周囲は二百余里である。池の北でさらに二本の河が北から流れ来て合流する。〇池は、ガンディスまでまっすぐ南百二十里にある。

自西流出六十里，為郎噶池，受東北來一水。

西から流れ出ること六十里で、郎噶（ランガ）池となり、東北から流れ来る一本の河を受ける。

郎噶池似狹方，四角尖長。南北徑百七十里，東西徑百里。其水北尖。受東北一河，即岡底斯南支峯七十里南麓水，三源南流，合而西南百數十里入池。池周廣與馬品木達賴同。但方圓形異耳。

ランガ池は細長い長方形のようで、四角が尖っている。南北の径は百七十里、東西の径は百里。北が尖っている。東北から

---

(23) 『大清一統志』では、「達克拉城」とも表記される。

の一河を受けるが、これはつまりガンディスの南の支峰七十里の南麓にある水で、三つの水源が南に流れ一つになり、西南百数十里流れて池に入る。池の周囲は広く、マパムダライと同じくらいだが、方圓の形状のみが異なる。

從西流出百餘里，折向西南，曰狼楚河，曲曲二百餘里。有楚噶拉河，自東北來注之。

西から流れ出ること百余里で、西南方向に折れる。これを狼楚（ランチュ）河といい、曲がりながら二百余里流れると、楚噶拉（チュガル）河が東北から来てそれに注ぐ。

楚噶拉河，出藏文嶺南麓，南流折而西南，經古格札什魯木布則城東南。又西南流，入郎楚河。○此水源流二百餘里。

チュガル河は、藏文（ツァンウェン）嶺の南麓から出て、南に流れ折れ曲がって西南に流れ、古格札什魯木布則（グゲヂャシルンポツェ）城の東南を通り、さらに西南に流れ、狼楚（ランチュ）河に入る。○この水源は二百余里流れる。

※本訳注のチベット語及び満州語に関する注作成には京都大学人文科学研究所池田巧氏の御教示を得た。

齊召南著『水道提綱』巻二十二書影
乾隆26年(1776)傳經書屋刊本
（京都大学文学研究科図書館蔵）

付表

ブラマプトラとサトレジの水源域の記述にかかわる地名一覧表

地名No.	『水道提綱』における地名表記	『大清一統志』等における表記(『大清一統志』の書名は無標示)/それ以外の地名表記(出典の書名)	Southern Tibet, Vol.1, Chapter 22における地名のアルファベット表記 [表記した人(引用を含む)](原著での表記が異なるものは併記)[注]	カタカナ表記(付録1と2、付図に記載)
1	西藏	西藏	Hsi-tsang [小川]	—
			Tibet [ヘディン]	チベット
2	雅魯藏布江	雅魯藏布江/雅魯藏布江(『衛藏圖識』)	Ya-lu-ts'ang-pu-chiang [小川]	ヤルツァンポ江
			Ya-lu-tsang-pu-chiang [小川/ヘディン]	ヤルツァンポ江
			Yere-tsangpo-river [ヘディン]	ヤルツァンポ江
			Yaru-tsangpo-chiang [ヘディン]	ヤルツァンポ江
			Ya-lu-tsang-pu-River [小川/ヘディン]	ヤルツァンポ江
			Yaru-tsangpo [ヘディン]	ヤルツァンポ
			Tsangpo [ヘディン]	ツァンポ
			Brahmaputra [ヘディン]	ブラマプトラ河
	大金沙江	大金沙江/大金沙江(『明史』地理志七)	Ta-chin-sha-chiang [小川]	—
	跋布川	跋布川/跋布川、跋布川(『新唐書』吐蕃伝上)	Pa-pu-chuan [小川]	バブ川
3	黒水	黒水(『尚書』「夏書」禹貢』,『山海経』「南山経」雞山・昆侖山)	Hei-shui [小川]	ヘイシュイ
4	達木楚克哈巴布山	—	Ta-mu-chu-ko-k'a-pa-pu-shan [小川]	タムチョクカバブ山
	達木楚克哈巴布山	—	Ta-mu-chuk-k'a-pa-pu-shan [小川]	タムチョクカバブ山
	達木楚克喀巴布山	達木楚克喀巴布山/打母朱喀巴珀山(『衛藏圖識』)	Ta-mu-chu-ko-ka-pa-pu-shan [小川]	タムチョクカバブ山
			Tamchok-kabab [ヘディン]	タムチョクカバブ
			Tamchok-kabab-shan [ヘディン]	タムチョクカバブ山
			Tamchok [ヘディン]	タムチョク
			Tam tchouk khabab [ヘディン]	タムチョクカバブ
5	卓書特	卓書特	Cho-shu-tê [小川]	ダショト
			Co-shu-tê [小川]	ダショト
			Choshut [ヘディン]	ダショト
			Djochot [ヘディン]	ダショト
6	藏	藏	Tsang [小川]	ツァン
7	馬品木達拉池	—	Lake Ma-piu-mu-ta-la [小川]	マパムダラ(イ)
	馬品木達賴	馬品木達賴池/馬品木達賴池(『清史稿』)	Ma-piu-mu-ta-lai [小川]	マパムダライ
			Mapama-talai [ヘディン]	マパムダライ
			Mapam-tala [ヘディン]	マパムダラ(イ)
			the lake Mapam [ヘディン]	マパム湖
			Manasarovar [ヘディン]	マナサロワル
8	郎千喀普巴山	—	Lang-ch'ien-k'a-pu-pa-shan [小川]	ランチェンカバブ山
	狼千喀巴布山	狼千喀巴布山/郎千喀巴珀山(『衛藏圖識』)	Lang-chuan-ka-pa-pu-shan [小川]	ランチェンカバブ山
	狼千喀巴布	—	Lang-chuan-ka-pa-pu [小川]	ランチェンカバブ
			Langchen-kabab [ヘディン]	ランチェンカバブ
			Langchen-kabab-mountains [ヘディン]	ランチェンカバブ山
			Langchien-khapap [ヘディン]	ランチェンカバブ
9	岡底斯山	岡底斯、岡底斯山/岡底斯、岡底斯山(『衛藏圖識』)	Kang-ti-ssŭ-shan [小川]	ガンディス山
			Kailas Mountain [小川]	カイラス山
			Kentaisse [ダンヴィル]	ガンディス
			Kang-tise [ヘディン]	ガンディス
			Kailas [ヘディン]	カイラス
	阿耨達山	阿耨達山、阿耨達山(『史記』大宛列傳,『洛陽伽藍記』巻五等)	A-nok-ta-shan [小川]	アノクダ山
10	枯木岡・枯木岡前	枯木岡前山/枯木岡(『清史稿』)	Ku-mu-kang [小川]	クムガン、クムガンチェン
			Kum-gangri [ヘディン]	クムガン
11	江加蘇木拉河	江加蘇木拉河	Chiang-chia-su-mu-la-ho [小川]	ジャンキャソムラ河
			Kiang-chia-su-mu-la-ho [ヘディン]	ジャンキャソムラ河
			Kiankia somla [ダンヴィル]	ジャンキャソムラ
			Kiankia Somla R. [ダンヴィル]	ジャンキャソムラ河
			Giangghia sum la [ラン]/Dxian dzia [de Rhins 1899: Carte No.21]	ジャンキャソムラ/ジャンキャ

12	沙苦牙拉麻拉山	沙苦牙拉麻拉山	Sha-ku-ya-la-ma-shan [小川]	シャキャラマラ山
			Changou Yarak ri [ラン]	シャキャラマラ山
			Shakya-lama-la [ヘディン]	シャキャラマラ山
13	涅立嶺	涅立嶺	Nieh-li-ling [小川]	ニエリ峰
14	査克佳拉山	査克拉嶺	Cha-ko-chia-la-shan [小川]	ジャクラ山
			Chadziar ri [ラン]	ジャクラ山
15	査爾河	査爾河	Cha-êrh-ho [小川]	チャル河
16	阿拉楚河	阿拉楚河／阿拉楚河(『清史稿』)	A-la-chu-ho [小川]	アラチュ河
			Artchou R. [ダンヴィル]	アラチュ河
17	沙拉木岡／沙拉木岡前	沙拉木岡／沙拉木岡(『清史稿』)	Sha-la-mu-kang [小川]	シャラムガン／シャラムガンチェン
18	桑里池	桑里池	Lake Sang-li [小川]	サンリ池
			Senit-tso [ヘディン]	サンリ池
			L. Sanc-li [ダンヴィル]	サンリ池
19	那烏克藏布必拉	那烏克藏布河／那烏克藏布河(『清史稿』)	Na-yu-ko-tsang-pu [小川]	ナウクツァンポ
			Na-yu-ku-tsang-pu [ヘディン]	ナウクツァンポ
			Naouc Tsanpou R. [ダンヴィル]	ナウクツァンポ
			Nakchak [ライダー]	—
			Chu Nago [ナイン・シン]	—
20	尚里噶巴嶺	尚里噶巴嶺	Shang-li-ko-pa-ling [小川]	シャンリガパ峰
21	木克龍山	木克龍山	Mu-ko-ling [小川]	ムクロン山
22	拉主客山	拉主客山、拉祖克	La-chu-ko-shan [小川]	ラヂュク山
23	祖倫山	祖倫山	Tsu-lun-shan [小川]	ヅォレン山
24	羊巴木山	羊巴木山	Yang-pa-mu-shan [小川]	ヤンパム山
25	羊巴木嶺	羊巴木嶺	Yang-pa-mu-ling [小川]	ヤンパム峰
26	牙拉嶺	牙拉嶺	Ya-la-ling [小川]	ヤラ峰
27	達克龍山	達克龍山	Ta-ko-lung-shan [小川]	タクロン山
28	郭永河	郭永河	Kuo-yung-ho [小川]	グオヨン河
29	昂則嶺	昂則嶺	Ang-tsê-ling [小川]	アンツェ峰
30	你牙隆岡／你牙隆岡前山	—	Ni-ya-lung-kang [小川]	ニャロンガン／ニャロンガンチェン山
31	薩楚藏布河	薩楚藏布河	Sa-chu-tsang-pu [小川]	サチュツァンポ河
			Tsachu [ヘディン]	サチュ
32	薩噶	薩噶	Sa-ko [小川]	サガ
			Saka-dzong [ヘディン／ライダー]	サガゾン
			Sarka-jong [ナイン・シン]	サガゾン
33	岳洛岡干	岳洛岡千	Ye-lo-kang-kan [小川]	ヨロガンチェン
34	加巴蘭河	加巴蘭河	Chia-pa-lan-ho [小川]	カバラン河
35	拉主克、祖楞、羊巴木山	拉祖克、祖楞、羊巴木山	La-chu-ko-tsu-lêng-yang-pa-mu-shan [小川]	ラヂュク、ヅォレン、ヤンパム山
36	昂色、昂勒宗山	—	Ang-sê-ang-lê-sung-shan [小川]	アンセ、アンラヅォン山
37	査薩公噶爾他拉山	査薩公噶爾他拉山	Cha-sa-kung-ko-êrh-shan [小川]	チャサゴンガルタラ山
38	捏木山	—	Nieh-mu-shan [小川]	ニェム山
39	六色立羊古山	六色立羊古山	Liu-tsê-li-yang-ku-shan [小川]	ルセリヤンゴ山
40	甕出河	甕出河	Yung-chu-ho [小川]	ヨンチュ河
41	式爾的河	式爾的河	Shi-êrh-ti-ho [小川]	シルディ河
42	滿楚藏布河	滿楚藏布河	Man-chu-tsang-pu-ho [小川]	マンチュツァンポ河
	馬楚藏布必拉	—	Ma-chu-tsang-pu-pi-la [小川]	マンチュツァンポビラ
			Man-chu-tsang-pu [ヘディン]	マンチュツァンポ
			Men-chu [ヘディン]	マンチュ
43	斜爾充山	斜爾充山、斜爾冲山	Hsieh-êrh-chung-shan [小川]	シャルチュン山
44	撇龍山	撇龍山	Pieh-lung-shan [小川]	ピエロン山
45	岡充査達克山	岡充査達克山	Kang-chung-cha-ta-ko-shan [小川]	ガンチュンチャダク山
46	拉克藏卓立山	拉克藏卓立山	La-ko-tsang-cho-li-shan [小川]	ラクツァンヂョリ山
47	阿里宗城	阿里宗城	A-li-tsung-chêng [小川]	ンガリゾン、ンガリ城
48	薩噶藏布河	薩爾格藏布河	Sa-ko-tsang-pu-ho [小川]	サガツァンポ河
	薩爾格必拉	薩爾格必拉	Sa-êrh-ko-pi-la [小川]	サルゲビラ／サガル(ビラ)
			Chaktak-tsangpo [ヘディン]	

			Charta Sangpo［ナイン・シン］	
			Sanki Tsanpou［ダンヴィル］	
49	拉布池	拉布池	La-pu（Lake）［小川］	ラプ水、ラプ池
			Lio L.［ダンヴィル］	
50	必普塔克拉克山	必普達克拉克諸山	Pi-pu-ta-ko-la-ko-shan［小川］	ビプタクラク山
51	拉攏阿爾山	—	La-lung-a-êrh-shan［小川］	ラロンアル山
52	拉普岡沖山	—	La-pu-kang-chung-shan［小川］	ラプガンチュン山
53	隆千山	龍前嶺、龍前山	Lung-kan-shan［小川］	ロンチェン山
54	岡隆山	岡龍前山	Kang-lung-shan［小川］	ガンロン（チェン）山
			Kan-chung-gangri［ヘディン］	ガンチェン ガンリ
55	交烏拉沖山	角烏爾沖山	Chao-yu-la-chung-shan［小川］	ジョウルチュン山
56	几布隆山	—	Chi-pu-lung-shan［小川］	キプロン山
57			Tage-tsangpo［ヘディン］	タゲツァンポ
58	狼楚河	狼楚河	Satlej［ヘディン］	サトレジ河
			Lang-chu-ho［小川］	ランチュ河
			Lanctchou R.［ダンヴィル］	ランチュ河
59			Kubi-tsangpo［ヘディン］	クビツァンポ
			Kubi［ヘディン］	クビ
			Kubi-chu［河口］／Kobei-chu［Kawaguchi 1909: 185］	クビチュ
60			Chema-yundung［ヘディン］	チェマエンドゥン
			Chema［ヘディン］	チェマ
61			Maryum-chu［ヘディン］	マルエムチュ
62			Angsi-chu［ヘディン］	アンスィチュ
63			Tsangpo［ヘディン］	ツァンポ
64			Kumu-gangri［ヘディン］	クム ガンリ
65			Kouben gang tsian［ヘディン］	コペンガンチェン
66			Maryum-la［ヘディン］	
	麻爾岳木嶺	麻爾岳木嶺	Man-êrh-yo-mu-ling［小川］	マルユム峰
67			Toshut［ヘディン］	トシュト
			Hor-toshut［ヘディン］	ホルートシュト
			Toshut-horpa［ヘディン］	トシュト ホルパ
68			Yor-la［ヘディン］	ヨルラ
69			Lunpo-gangri［ヘディン］	ルンポ ガンリ
70			Lap-chung-tso［ヘディン］	ラプチュン湖
71			Lop［ダンヴィル］	ラプ
			Lap-chung［ヘディン］	ラプチュン湖
72			Lap-chung-gangri［ヘディン］	ラプチュン ガンリ
73	岡噶江	岡噶江／岡噶江（『衛藏圖識』）	Kang-ka-chiang［小川］	ガンガ江
			Ganges［ヘディン］	ガンジス河
74	達克喇城	達克喇城、達克拉城	Ta-ko-la-chêng［小川］	ダクラ城
			Taklakhar［ヘディン］	
75	阿里	阿里	A-li［小川］	ンガリ
			Ngari（-khorsum）［ヘディン］	ンガリ
76			Ta-ma-chu-ko-ka-pa-pu-shan［小川］	
77	悶那克尼兒山	悶那克尼兒山	Men-na-ko-ni-êrh-shan［小川］	メンナクニル山
78	薩木泰岡山	薩木泰岡山、薩木泰岡諸山	Sa-mu-tai-kang-shan［小川］	サムタイガン山
79	厄訥特克	厄訥特克、厄訥特克国	E-no-tê-ko［小川］	エナタク
80	公生	公生池（『清史稿』）	K'ung-shêng［小川］	ゴンヂュ
			Gunchu-tso［ヘディン］	ゴンヂュツォ
81	公生鄂模	—	K'ung-shêng-o-mo［小川］	ゴンヂュオモ
82	達克拉公馬山	—	Ta-ko-la-kung-ma-shan［小川］	タクラコンマ山
			Ta-ko-la-kung-ma［ヘディン］	タクラコンマ
			Tacra Concla［ダンヴィル］	
83	郎噶	郎噶池	Lang-ka［小川］	ランガ
			Langak-tso［ヘディン］	ランガツォ
			Lanka［ヘディン］	ランガ
			Lanken［ダンヴィル］	

			Rakas-tal [ヘディン]	
84	楚噶拉河	楚噶拉河／楚噶拉河(『清史稿』)	Chu-ka-la-ho [小川]	チュガル河
			Chu-kar [ヘディン／ストレイチー]／Chukar [Strachey 1853, and Map]	チュガル
			Chu-ka-la [ヘディン]	チュガル
85	藏文嶺		Ts'ang-wên-ling [小川]	ツァンウェン峰
86	古格札什魯木布則城	古格札什魯木布則城	Ku-ko-cha-shi-lu-mu-po-tse-ching [小川]	ググヂャシルンポツェ城
87			Latchou [ダンヴィル]	ラチョウ
88			Gar-chu [ダンヴィル]	ガルチュ
89			Dölchu-gompa [ヘディン]	ドルチュ ゴンパ
90			Langchen-kamba [ヘディン]	ランチェン ゴンパ

以下、小川が訳出しなかった『水道提綱』の注に登場する地名

地名No.	『水道提綱』における地名表記	『大清一統志』等における表記(『大清一統志』の書名は無標示)／それ以外の地名表記(出典の書名)	カタカナ表記(付録2に記載)
91	龍列河	龍列河	ロンリエ河
92	葢楚岡前山	葢楚岡前山	ゲチュガンチェン
93	葢楚河	葢楚河	ゲチュ河
94	塞丹山	塞丹山	セダン山
95	朱克河	朱克河	ヂュク
96	拉魯岡前山	拉魯岡前山	ラルガンチェン山
97	拉出河	拉出河	ラチュ河
98	査木	査木	チャム
99	他拉泉	他拉泉	タラ泉
100	圖克馬爾他拉泉	圖克馬爾他拉泉	トウクマルタラ泉
101	那木噶山	那木噶山	ナムガ山
102	達克拉他泉	達克拉他泉	ダクタラ泉
103	舒拉嶺	舒拉嶺	シュラ峰
104	沙盤嶺	沙盤嶺	シャバン峰
105	岡里窪千山	岡拉窪千山	ガンリワチェン山
106	牛拉嶺	—	ニウラ峰

[作成：木津祐子・田中和子・池田巧]

[注]

この欄に掲載したアルファベット表記の地名の出典は、以下のとおりである。

(a) ヘディン［Sven Hedin］と小川［小川琢治］による表記は、すべて、*Southern Tibet*, vol.1, Chapter 22の本文および注に記載されたものである。

Hedin, S. 1917. *Southern Tibet: discoverries in former times compared with my own researches in 1906-1908.* vol.1: *Lake Manasarovar and the souces of the great Indian rivers. - from the remotest antiquity to the end of the eighteenth century.* Stockholm: Lithographic Institute of the Staff of the Swedish Army.

(b) ダンヴィル［Jean-Baptiste Bourguignon d'Anville］による地名表記の出典：d'Anville, J.-B. B. 1737. *Nouvel atlas de la Chine, de la Tartarie chinoise et du Thibet.* 42 maps. GDZ Sammlung Sibirica with "CARTE GENERALE DU THIBET OU BOUT-TAN ET DES PAYS DE KASHGAR ET HAMI".

(c) ラン［Jules-Léon Dutreuil de Rhins］による地名表記の出典：de Rhins, D. 1889: *L'Asie centrale, Thibet et régions limitrophes : texte et atlas.* Paris: E. Leroux.

Southen Tibet, Vol.1, Chapter 22中で、ヘディンがGiangghia sum la として引用している地名について、ラン自身は、"Thibet Sud-Occidental" と題する Carte No.21および No.22 [de Rhins 1889: Atlas] 上では、Dxian

dzia と表記している。ヘディンは、de Rhins の地図（Carte No.21）の当該部分を、Southerh Tibet に掲載しているが、この地図上での表記も Dxian dzia である［Hedin, vol.1: 1917, Pl.VII］。

Hedin, 1917: Pl. VII. The region of the Manasarovar and the Sources of the great Indian rivers, as represented o the Ta-ch'ing Map.（After Dutreuil de Rhins）In Hedin, S. 1917. *Southern Tibet*, vol.1.

(d) ライダー［C.H. D. Ryder］による地名表記の出典：Nakchak は論文中の地図に、また、Saka-dzong は本文 p.383に記載されている。

Ryder, C. H. D. 1905: Exploration and survey with the Tibet Frontier Commission, and from Gyangtse to Simla viâ Gartok. *The Geographical Journal*, 26(4), 369-391 with "Tibet: Map showing explorations by Major C. H. D. Ryder, R. E., D. S. O. and Captains H. Wood, R. E. & H. M. Cowie, R. E. of the Tibet Frontier Commission 1904".

(e) ナイン・シン［Nain Singh Rawat］による地名表記の出典："Map showing Route Survey from Nepal to Lhasa and thence through the upper valley of the Brahmaputra, made by Pundit" In Montgomerie, T.G. and Pundit 1868. Report of a route-survey made by Pundit, from Nepal to Lhasa, and thence through the upper valley of the Brahmaputra to its source. *The Journal of the Royal Gepgraphical Society of London*, 38, 129-219.

(f) 河口［河口慧海］による地名表記の出典：Kawaguchi, E. 1909. *Three years in Tibet with the original Japanese illustrations.* Benares: Theosophist Pub.

Society.（河口慧海 1904『西蔵旅行記』（上・下巻）博文館）。

河口は、アルファベットでは"Kobei-chu"［Kawaguchi, 1909: 185］、日本語では、「コーベイチュ」［河口、上巻1904: 211］と表記している。ヘディンは、河口がKobei-chuと呼んだ川を、Kubi-tsangppoの最下流部と解釈し［*Southern Tibet*, vol.2, 1917: 240-241］、Kubi-chuとして引用した［*Southern Tibet*, vol.1, 1917: 118-119］

Hedin, S. 1917. *Southern Tibet: discoverries in former times compared with my own researches in 1906-1908*. Vol.2: *Lake Manasarovar and the souces of the great Indian rivers. - from the end of the eighteenth century to 1913*. Stockholm: Lithographic Institute of the Staff of the Swedish Army.

(g) 　ストレイチー［H. Strachey］の地名表記の出典：ヘディンが引用したChu-karは、ストレイチー論文の地図中および本文中では、Chukarとして記載されている［Strachey 1853: 39, and map］。

Strachey, H. 1853. Physical geography of Western Tibet. *The Journal of the Royal Geographical Society of London*, 23, 1-69 with "Map of West Nari, with the adjoining Provinces of the Indian Himalaya; to illustrate Capt.n H. Strachey's Memoir on the Phisical Geography of Western Tibet".

［地名参考図書］

武振華［主編］《西藏地名》中国藏学出版社，1996年.

李万瑛、達哇才譲［主編］《西藏自治区行政村名及寺院山川名漢藏対照》民族出版社，2016年.

《中国分省系列地図冊　西藏》中国地図出版社. 2016年.

《西藏自治区地名録》西藏自治区革命委員会測絵局. 1978年.

《西藏地名資料簡編》西藏自治区革命委員会測絵局. 1979年.

『欽定西域同文志』（上 / 中 / 下；研究篇）東京：東洋文庫，1961-1964年.

付図

ブラマプトラとサトレジの水源域の水系と山岳

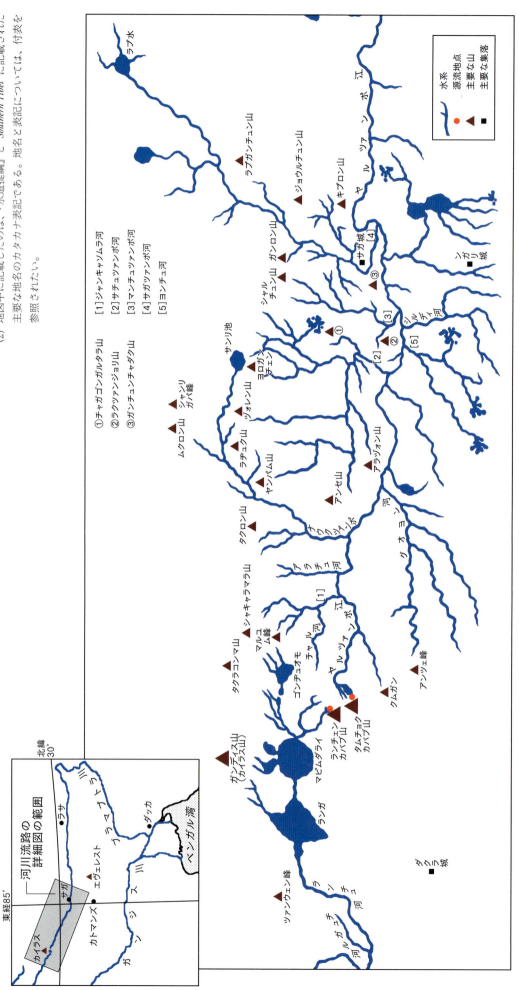

[作成：田中和子]

索 引

人 名

浅井忠　171, 173, 175, 176, 177, 249, 251

安達伊太郎　170, 174, 249

石川一　160, 173, 174, 176, 177

石田金三　170, 249

石橋五郎　162, 174, 176, 177, 250

今西錦司　155, 156, 177, 215

梅棹忠夫　155, 156, 157, 215

奕劻（愛新覚羅奕劻）　184, 185

大谷光瑞　158, 159, 160, 163, 167, 168, 169, 174, 175, 176, 179, 183, 184, 185, 186, 187, 188, 189, 190, 191, 192, 193, 194, 195, 196, 240, 241, 242, 250

小川琢治　160, 161, 162, 163, 164, 167, 169, 172, 173, 174, 175, 176, 177, 179, 237, 238, 240, 241, 245, 246, 247, 250, 251

貝塚茂樹　199, 241

鹿子木孟郎　171, 172, 173, 174, 175, 176, 177, 249, 250, 251, 252

河口慧海　186, 197, 198, 211

菊池大麓　160, 161, 162, 163, 164, 173, 218, 241, 246, 249, 250, 251

鈴木文太郎　171, 173, 174, 176

スタイン（Marc Aurel Stein）　163, 199, 207, 245

スタンリー（Henry Morton Stanley）　209, 212, 214

齊召南　238, 239, 240, 246

西太后　183, 184, 185, 186, 192, 241, 242

タシラマ　148, 149, 190, 191

田中薫　176, 199

田中善之助　170, 249, 251, 252

ダライ・ラマ14世　146, 148, 149

張蔭棠　190, 191, 192

坪井正五郎　155, 210

唐紹儀　188, 191

富岡謙三　164, 168, 245, 246

鳥居龍蔵　155, 210

那桐　189, 190, 191, 192

中澤岩太　161, 173, 174, 175, 176, 177, 249, 251

内藤虎次郎（湖南）　155, 160, 163, 164, 167, 168, 169, 172, 198, 237, 240 241, 246

中尾佐助　155, 215

西川純（二）［西村純二］　170, 171, 172, 249

西堀栄三郎　155, 177

能海寛　186, 197, 198

野村栄三郎　192, 193

ノルデンショルド（Nils Adolf Erik Nordenskiöld）　158, 221, 230, 233

パンチェン・ラマ　149, 151, 190, 201, 230

平田知夫　194, 195

プルジェワリスキー（Nikolai Mikhailovich Przheval'skii）　199, 202, 233

フンボルト（Alexander von Humboldt）　223, 230, 241, 247

ヘディン（Sven Hedin）　146, 147, 148, 150, 151, 155, 157, 158, 159, 160, 161, 162, 163, 164, 165, 167, 168, 169, 170, 171, 172, 173, 174, 175, 176, 177, 179, 180, 181, 183, 186, 187, 188, 189, 190, 191, 192, 193, 194, 195, 196, 197, 198, 199, 200, 201, 202, 203, 205, 207, 208, 209, 210, 211, 212, 213, 214, 215, 216, 218, 219, 221, 222, 223, 224, 225, 226, 227, 228, 229, 230, 231, 232, 233, 234, 235, 236, 237, 238, 240, 241, 242, 243, 244, 245, 246, 247, 249, 250, 251, 252, 253

堀賢雄　158, 159, 160, 161, 173, 175, 188, 192, 193, 250

山崎直方　146, 175, 237, 238

ヤングハズバンド（Francis Edward Younghusband）　163, 199

リヒトホーフェン（Ferdinand Freiherr von Richthofen）　158, 207, 208, 210, 229, 230, 243, 244, 245

リビングストン（David Livingstone）　206, 207, 209, 212, 213, 214

事 項

アジア広域調査活動　183, 184, 185, 186, 187, 192, 193, 194

雍和宮　184, 185, 192, 193

アルナーチャル・プラデーシュ　146, 150, 151

英露協商　189, 190, 192, 193

大谷探検隊　183, 184, 186, 187, 192, 193, 196

　第一次——　185, 186, 187

　第二次——　192, 193

カシュガル　194, 210

関西美術院　171, 172, 173, 176, 177, 249, 250, 251

黄教　184, 185

ギャンツェ　190, 194

京都高等工芸学校　161, 171, 172, 173, 176, 177, 249, 251

京都帝国大学　155, 158, 160, 161, 162, 163, 164, 167, 168, 169, 170, 171, 172, 173, 175, 176, 177, 183, 187, 215, 218, 219, 231, 237, 240, 241, 242, 245, 246, 247, 249, 250

勲一等瑞宝章　158, 187, 193, 197, 253

五臺山会談　192, 193

サトレジ　147, 164, 210, 237, 238, 243, 244, 246

サンスクリット経典　185, 186

史学研究会　158, 164, 167, 168, 169

シガツェ　148, 149, 151, 190, 191, 210, 230

四天王寺　179, 180, 181

シムラ　146, 171, 172, 187, 233

聖護院洋画研究所　171, 249

シルクロード　202, 203, 207, 230, 242

正教　184, 185

西蔵に関する英清条約　188, 189, 191, 192, 193

西北科学考査団（中国―スウェーデン遠征隊）　210, 215, 219, 228, 231, 232, 233, 234, 235, 236, 245

総理衙門　184, 185, 188

第3回中央アジア探検　158, 237, 244

大乗非仏説論　186, 187, 195

タクラマカン砂漠　146, 202, 203, 207, 210, 231

タシルンポ　148, 149, 151, 190, 230

タワン寺　149, 150

中国―スウェーデン遠征隊　→西北科学考査団

地理学教室（京都帝国大学文科大学／京都大学文学部）　164, 168, 170, 171, 172, 174, 175, 176, 177, 179, 218, 219, 250, 251

東京地学協会　146, 147, 148, 150, 158, 159, 160, 161, 163, 168, 172, 173, 174, 175, 176, 177, 187, 196, 197, 198, 202, 209, 218, 219, 230, 231, 237, 238, 250

東京帝国大学　155, 158, 159, 160, 161, 162, 163, 167, 168, 169, 176, 177, 197, 210, 219, 241, 249

トランス・ヒマラヤ　146, 158, 202, 210, 237, 238

西本願寺　158, 159, 160, 163, 167, 168, 169, 172, 174, 175, 179, 183, 184, 185, 186, 187, 188, 192, 196, 197, 250

日本山岳会　156, 159, 197, 198, 202

「入蔵熱」　197, 211

パノラマ　223, 225, 226, 227, 228, 229, 230

パリ万国博覧会　175, 208, 249, 252

東本願寺　186, 250

フィールドノート　157, 223, 226

ブラマプトラ　147, 164, 210, 226, 227, 228, 237, 238, 243, 244, 246

文科大学　155, 158, 160, 162, 163, 164, 167, 168, 169, 170, 172, 173, 177, 187, 237, 238, 240, 241, 245, 246, 247, 250

ペルシャ、アフガニスタン及びチベットに関する英露条約　189, 190, 193

ペルテス社（Justus Perthes）　225, 228, 233, 235

ライティング・カルチャ　212, 214, 215, 216

ラサ　146, 147, 149, 151, 186, 188, 190, 191, 192, 197, 201, 202, 214, 215, 222, 223

ラサ条約　188, 191

ラダック　146, 147, 148, 149, 151

喇嘛教　148, 192, 197

ルートマップ　223, 226, 227, 229, 230, 233, 234, 235

レー　147, 149, 188

ロプ・ノール　202, 203, 210, 233

資　料

「さまよえる湖」　202, 203, 210

『水道提綱』　163, 164, 169, 237, 238, 239, 240, 242, 243, 244, 245, 246, 247

第 3 回中央アジア探検報告書　→ *Southern Tibet*

『大清一統志』　163, 238, 239, 241, 243

『トランスヒマラヤ』　→ *Trans-Himalaya*

「龍蔵」　183, 184, 185, 240, 241, 242

Southern Tibet（第3回中央アジア探検報告書）　164, 230, 237, 238, 242, 243, 244, 246

Trans-Himalaya（『トランスヒマラヤ』）　164, 171, 183, 190, 219, 237, 238

◉──執筆者（五十音順）　＊は編者

池田　巧（いけだ たくみ）
京都大学人文科学研究所教授／シナ＝チベット語方言史

木津祐子（きづ ゆうこ）
京都大学大学院文学研究科教授／中国語学・中国文献学

高本康子（こうもと やすこ）
北海道大学スラブ・ユーラシア研究センター共同研究員／
比較文化論・日本近代史

白須淨眞（しらす じょうしん）
広島大学敦煌学プロジェクト研究センター研究員／
内陸アジア近代探検史

田中和子（たなか かずこ）＊
京都大学大学院文学研究科教授／人文地理学

出口康夫（でぐち やすお）
京都大学大学院文学研究科教授／哲学

平野重光（ひらの しげみつ）
美術史家／近代美術

ホーカン・ヴォルケスト（Håkan Wahlquist）
スウェン・ヘディン財団最高責任者／
人類学・探検史

松田素二（まつだ もとじ）
京都大学大学院文学研究科教授／社会人間学

水野一晴（みずの かずはる）
京都大学大学院文学研究科教授／自然地理学

山極壽一（やまぎわ じゅいち）
京都大学総長／霊長類学

◉──撮　影

佐藤兼永（さとう けんえい）
写真家

◉──ヘディン関連画像提供

The Sven Hedin Foundation

※本研究はJSPS科研費15H03275の助成を受
　けたものです。

探検家ヘディンと京都大学
── 残された60枚の模写が語るもの

2018年3月30日　初版第一刷発行

編　者　　　田中　和子
撮　影　　　佐藤　兼永
発行者　　　末原　達郎
発行所　　　京都大学学術出版会
　　　　　　京都市左京区吉田近衛町69番地
　　　　　　京都大学吉田南構内（〒606-8315）
電　話　　　075-761-6182
ＦＡＸ　　　075-761-6190
ＵＲＬ　　　http://www.kyoto-up.or.jp/
振　替　　　01000-8-64677
印刷・製本　　亜細亜印刷株式会社
デザイン　　森　華

ISBN 978-4-8140-0149-1
定価はカバーに表示してあります
Printed in Japan　©Kazuko TANAKA et al. 2018

本書のコピー，スキャン，デジタル化等の無断複製は著作
権法上での例外を除き禁じられています．本書を代行業者
等の第三者に依頼してスキャンやデジタル化することは，た
とえ個人や家庭内での利用でも著作権法違反です．